촛불의
헌법학

촛불의 헌법학

헌법학자가 쓴 대통령 탄핵 백서

1판 1쇄. 2017년 4월 17일

지은이. 이준일

펴낸이. 정민용
편집장. 안중철
편집. 최미정, 윤상훈, 이진실, 강소영

펴낸 곳. 후마니타스(주)
등록. 2002년 2월 19일 제300-2003-
108호
주소. 서울 마포구 양화로6길 19, 3층
편집. 02-739-9929, 9930
제작·영업. 02-722-9960
팩스. 02-733-9910
블로그. http://humabook.blog.me
페이스북, 인스타그램/Humanitasbook

인쇄. 천일 031-955-8083
제본. 일진제책 031-908-1407

값 16,000원

ISBN 978-89-6437-273-9 03300

이 도서의 국립중앙도서관
출판시도서목록(CIP) 은 e-CIP
홈페이지(http://www.nl.go.kr/ecip)에
서 이용하실 수 있습니다(CIP제어번호:
CIP2017008719).

촛불의 헌법학

헌법학자가 쓴 대통령 탄핵 백서

이준일 지음

후마니타스

차례

서문   7

1   판도라의 상자가 열리다   12

2   탄핵 소추를 만들어 낸 촛불   36

3   탄핵 결정에 이르는 지난한 길   156

4   대통령을 파면하다   216

〈부록1〉 대통령(박근혜) 탄핵 소추 의결서(안)   249

〈부록2〉 대통령(박근혜) 탄핵 심판(2016헌나1) 선고 요지   284

〈부록3〉 대통령(박근혜) 탄핵 사건 선고 결정문   294

일러두기

___ 단행본, 정기간행물에는 겹낫표(『 』)를, 법명에는 홑낫표(「 」)를, 기사 제목에
    는 큰따옴표(" ")를, 공연·영상물·노래 제목에는 가랑이표(〈 〉)를 사용했다.

___ 본문에 등장하는 인물의 직책은 사건 당시의 현직을 기준으로 했다.

___ 세 차례에 걸친 대국민 담화문, 대통령(박근혜) 탄핵 소추 의결서(안), 그리
    고 헌법재판소 결정문은 원문을 그대로 인용하되, 띄어쓰기와 오타, 날짜 표
    기법('2016. 3. 4.'를 '2016년 3월 4일'로)만을 국립국어원 맞춤법과 후마니
    타스 편집 원칙에 따라 수정했다.

서문

1

필자가 대학 3학년이던 1987년, 광장으로 쏟아져 나온 시민들이 대통령 직선제 개헌을 요구하며 역사적인 6월 항쟁이 일어났다. 그 결과 대한민국 헌법은 대통령을 국민이 직접선거로 선출하고 대통령직을 오로지 한 번만 수행할 수 있다는 내용의 '대통령 5년 단임 직선제 헌법'으로 마침내 개정되었다. 그것이 지금의 헌법인데 정확하게 30년이 지난 2017년, 대한민국은 다시 시민들을 광장으로 쏟아져 나오게 만든 전대미문의 게이트를 경험하고 있다.

대통령의 최측근들이 비선 실세가 되고, 심지어 청와대 참모를 포함한 고위 공직자들이 그들을 도와 국정을 농단했다는 보도가 나오자 시민들은 촛불을 들고 광장으로 나와 대통령의 하야를 요구했다. 국회는 대통령 탄핵 소추안을 발의해 가결시키고, 헌법재판소는 대통령의 탄핵 여부를 결정하기 위해 고심했다. 그리고 2017년 3월 10일 11시, 이정미 헌법재판소장 권한대행은 "피청구인 대통령 박근혜를 파면한다."는 결정을 선고한다.

2

이번 게이트와 대통령 탄핵은 대통령제 정부 형태를 채택한 헌법 체계에 대한 논란을 다시금 불러일으켰다. 대통령제는 민주적 정당성(국민의 신임)을 이원화해 국회뿐만 아니라 대통령도 시민의 선거를 통해 선출되도록 함으로써 대통령에게 확고한 임기를 보장하고, 막강한 권한을 부여하기 때문이다. 하지만 민주적 정당성을 일원화해 국회의 구성원만을 선거로 직접 선출하고 국회가 정부를 구성하는 의원내각제가 곧바로 대통령제의 문제점을 해소한 대안이라고 단정하기는 어렵다. 물론 이런 의원내각제가 정부의 권력을 대통령과 총리에게 분점시키는 이원집정부제(분권형 대통령제)와 함께 대통령의 독주나 독재를 예방할 가능성이 없는 것은 아니다. 그러나 헌법을 개정해 정부 형태를 바꾸는 것보다 중요한 것은, 수개월 동안 평화적인 집회를 통해 국민주권의 의지를 분명히 밝힌 시민의 성숙한 정치적 수준만큼 한국 정치인이나 정당의 정치적 수준을 향상시키는 일이다. 민주주의가 어차피 국민이 대의기관을 통해 통치하는 대의제 형태로 실현될 수밖에 없다면, 대의기관을 구성하는 정치인들이나 그 정치인들을 성장시켜야 할 정당의 역할과 책임이 대단히 중요하기 때문이다.

헌법은 국가 공동체의 기본 가치를 담는다. 기본 가치는 국가 공동체의 구성원이라면 누구나 준수해야 하는 것으로 민주주의나 법치주의 혹은 사회 복지주의 같은 국가의 '기본 원리'뿐만 아니라 인간의 존엄이나 자유, 평등과 같은 시민의 기본권에도 담겨 있다. 헌법에 규정된 통치 구조, 특히 정부 형태는 이런 기본 가치를 실현하기 위한 것일 뿐이다. 따라서 최근에 정부 형태를 중심으로 정치권에서 진행되고 있는 헌법 개정 논의도 어떻게 하면 헌법의 기본 가치를 효과적으로 구현할 수 있는지에 초점을 맞춰야 한다. 이미 헌법에 보장된 권리들이 실효적으로 보장될 수 있도록 이런 권리들을 체계적으로 정리·보완하며, 보편적 인권으로 인정되고 있지만 아직 헌법적 권리로 인정되지 않은 권리들을 헌법에 추가하는 것이 헌법 개정 논의에서 우선적으로 고려되어야 한다. 대통령의 임기나 연임 가능성 조정, 의원내각제로의 개헌, 대통령 선거에서 결선투표제 도입 여부 등에 관한 결정도 정치공학적 고려가 아니라 국민의 기본권을 최대한 실현할 수 있는 방법이 무엇인지에 대한 고려에서 이루어져야 한다.

헌법을 위반한 대통령의 파면으로 국민들은 헌법적 가치의 중요성을 새삼 인식했다. 앞으로 대통령이나 정치 지도자가 되고자 하는 사람들에게도 공직 수행에서 헌법적 가치의 존중과 수호가 갖는 무거운 의미를 깨닫게 했을 뿐만 아니라, 고위 공직자의 헌법위반 행위에 대해서도 뚜렷한 경종을 울렸다. 헌법은 헌법재판소가 지킬 수 없다. 헌법을 수호하는 최후의 보루는 그 헌법을 만든 국민이다. 대통령을 포함한 고위 공직자의 헌법위반을 감시하고, 실제로 그런 헌법위반이 발생했을 때 헌법적 책임을 요구할 수 있는 주체도 국민이다. 국민주권의 의미는 주기적으로 돌아오는 선거를 통해 대표(대통령과 국회의원)를 선출하는 데서 그치지 않는다. 그 대표가 헌법을 준수하고 헌법적 가치를 수호하는지를 지속적으로 감시하고 견제하는 권리와 의무를 부여받은 존재가 바로 국민인 것이다. 대통령을 파면에 이르게 한 광장의 위대한 촛불은 국가의 주인인 국민을 비로소 국민답게 만들고, 그들이 함께 제정해 국가 공동체의 기초로 삼은 헌법을 수호하는 최후의 감시자임을 다시금 확인하는 훌륭한 계기였다. 추운 겨울바람을 이겨내고 광장의 촛불로 헌법을 지킨 시민의 힘은 위대했다.

3

평소에 존경하던 경북대학교 법학전문대학원 김두식 교수는 탄핵 국면에서 등장한 여러 가지 헌법적 쟁점에 관한 칼럼을 언론에 꾸준히 게재하던 필자에게 지금은 '헌법의 시대'라며 지나가는 말로 '촛불의 헌법학'이라는 책을 한 번 써보면 어떻겠냐는 제안을 한 적이 있다. 이 책은 거기서 영감을 받아 구상되었다. 대통령 탄핵 과정을 헌법 쟁점을 중심으로 재구성해 분석하고 평가하면서 일종의 백서를 만들어 보는 것이 이 책의 본래 의도였다. 이 과정에서 헌법의 기본 원리와 기본권을 이해할 수 있다면 그것은 덤이다. 이런 백서 형태의 책을 만드는 이유는 잘못된 역사를 기록해 반면교사로 삼으려는 것이기도 하지만 다시는 이런 역사를 반복하지 않고 더 나은 세상을 만들어 보려는 것이기도 하다. 역사는 반복된다. 잘못된 역사도 반복될 수 있으므로 기록을 남겨야 한다. 자료 수집과 교정을 위해 수고를 아끼지 않은 고려대학교 대학원 박사과정의 엄선희 조교에게도 감사의 마음을 전한다.

2017년 봄
이준일

1

판도라의
상자가
열리다

이화여대 사태

2016년 5월, 이화여자대학교는 고졸 직장인들에게
학위를 취득하도록 지원한다는 내용의 교육부 '평생교육 단과
대학 지원 사업'[1]에 선정된다. 2017학년도부터 150명 정원으
로 뉴미디어산업 전공(멀티미티어 콘텐츠 제작 및 기획)과 웰니스
산업 전공(헬스·뷰티·패션)으로 구성된 '미래라이프 대학'이라
는 단과대학을 설립하는 것이 골자였다. 재학생들은 교육의
질을 저하시키는 '학위 장사'라며 같은 해 7월 28일부터 본관
을 점거하고 농성을 시작했다. 이 과정에서 다섯 명의 교수와
직원이 본관 밖으로 나가지 못하다가 46시간 만에 풀려나기도
했다. 점거 셋째 날인 7월 30일 경찰 1천6백여 명이 교내에
진입해 농성 중이던 학생 1백여 명을 강제로 해산시켰다. 나
중에 총장이 직접 경찰에 교내 진입을 요청했다는 사실이 밝

---

1 교육부의 '평생교육 단과대학 지원 사업'은 대학의 평생교육원에서
실시되던 교육과정을 4년제 단과대학에 편입시켜 '평생교육의 질을 제
고'함으로써 고졸 또는 30세 이상의 취업자가 일과 학습을 병행할 수
있도록 하여 경력 개발에 도움을 준다는 취지로 시작되었다. 하지만 구
체적 사업 내용도 결정되지 않은 상태에서 사업 일정을 촉박하게 잡아
무리하게 추진되는 바람에 졸속 사업이라는 비판이 끊임없이 제기되었
다. 최종적으로 이화여대를 포함하여 10개 대학이 선정되었는데, 선정
된 대학에는 각 30억 원씩 총 3백억 원이 투입되었다.

혀지면서 학생들의 농성이 계속되자 총장은 8월 3일, 결국 미래라이프 대학 설립 계획을 철회했다. "학내 일이 사회적 문제로 비화된 것을 죄송하게 생각합니다. 학생들을 보호하고 구성원의 의견을 존중하는 차원에서 미래라이프 대학 설립을 철회하기로 했습니다." 당시 최경희 총장의 말이다.

학생들은 총장의 사퇴를 요구하며 농성을 이어 가고 교수들까지 이에 가세하면서, 대통령의 비선 실세로 알려진 최순실(개명 후 최서원)의 딸 정유라(개명 전 정유연)의 부정 입학 의혹이 제기됐다. 정 씨가 2015학년도 입학원서 접수 마감일인 2014년 9월 15일로부터 닷새나 지난 9월 20일에 아시안게임에서 획득한 금메달을 입학 전형 평가에 반영시켜 합격했으며, 그 기록조차 평가에 반영되는 개인전 종목이 아닌 단체전 기록이라는 것이었다. 면접 당일 정 씨는 승마복을 착용하고 금메달을 지참한 채 고사장에 입실했으며, 입학처장이 면접 위원들에게 금메달을 딴 학생을 뽑으라고 지시했다는 사실도 드러났다. 그 윗선으로는 해당 단과대학의 학장과 총장이 있다는 수사 결과가 발표됐다.

또한 입학 후에도 수업에 전혀 출석하지 않은 정 씨의 출석이 인정되었고, 과제물조차 제출하지 않은 그를 위해 담당 교수가 직접 과제물을 만들어 본인이 제출한 것으로 꾸몄으며, 기말시험에는 대리 시험을 봤다는 의혹까지 제기되었다.[2] 이후

2   교육부는 2016년 10월 31일부터 11월 15일까지 16일 동안 이화여대에 대한 특별 감사를 실시해 정 씨에 대한 부정 입학과 학사

부정 입학과 학사 특혜에 관여한 교수들은 총장을 제외하고 모두 특검에 의해 구속되었고, 관련자 모두 '업무방해죄'로 기소되었다. 게이트의 실체를 파고든 특검은 총장에 대한 수사를 보완한 뒤 구속영장을 재청구해 법원으로부터 구속영장을 발부받았다. 업무방해죄는 허위 사실을 유포하거나 위계 또는 위력으로 업무를 방해했을 때 해당하는 범죄다(「형법」 제314조). 입시 부정이나 학사 특혜는 대학의 정상적인 업무 활동을 방해하는 행위이므로 업무방해죄에 해당한다.

문제의 발단을 거슬러 올라가자, 이미 2013년 5월에 이화여대가 체육 특기자 선발 전형 대상에 승마를 포함시켰을 때부터 정 씨에게 특혜를 주려 했다는 정황이 드러났다.[3] 승마는 선수층이 얇은데다 2014년 당시 대한승마협회에 등록된, 고등학교 3학년 여자 승마 선수는 정 씨가 유일했기 때문이다. 실제로 그는 이화여대의 승마 특기생 선발이 결정되지 않은 고등학교 2학년 초부터, 승마 특기생으로 이화여대에 갈 것이라고 주위에 말하고 다녔다는 보도가 이어졌다.[4] 특히 그가 SNS에 "능력 없으면 니네 부모를 원망해. 있는 우리 부모를 가지고 감 놔라 배 놔라 하지 말고. 돈도 실력이야."라는 글을 올린 사

특혜가 대부분 사실이었음을 확인하고, 관련자들에 대한 중징계를 학교 측에 요구함과 동시에 관련자들을 검찰에 고발했다(교육부 보도자료 2016/11/18 참조).

3　언론 보도에 따르면, 당시 최순실과 친분이 있는 체육과학부 교수가 체육 특기자 전형 종목에 승마를 포함시키는 것을 제안하고 주도했다(『한겨레』 2016/12/28 참조).

4　『한국일보』(2016/11/09) 참조.

실이 알려지면서 비난은 더욱 거세졌다.

결국 정 씨는 2017년 12월 28일, 이화여대로부터 입학 취소 결정을 받았다.[5] 당시 덴마크에 은신하고 있던 그는 현지 시간으로 2017년 1월 1일, 정 씨를 추적하던 한국 기자의 신고로 출동한 덴마크 경찰에 체포됐다. 특검은 덴마크 검찰에 범죄인 인도(송환)를 요구했고, 덴마크 검찰은 2017년 3월 17일, 그를 한국에 인도하기로 최종 결정했다. 하지만 정 씨는 이에 불복해 소송을 제기할 것으로 알려지면서 그의 한국 송환은 시간이 좀 더 걸릴 것으로 예상된다.

『조선일보』 주필 사건

2016년 8월 26일 당시 새누리당 소속 김진태 의원[6]은 『조선일보』와 대우조선해양의 유착설을 제기했다. 2011년 대우조선해양으로부터 『조선일보』의 고위직 간부가 초호화 향응을 제공받았다는 내용의 폭로였다. 그리고 그는 사흘 후 문

---

5 이후 2017년 3월 8일, 정 씨는 출신 고등학교인 청담고로부터도 졸업 취소 및 퇴학 처분을 받았다. 이는 대한승마협회가 허위로 작성한 국가 대표 합동훈련 소집 공문 등을 근거로 2014년 190일을 결석했는데도 이 가운데 105일을 출석 처리받은 것 등을 정정한 데 따른 결과였다.

6 그는 헌법재판소의 탄핵 심판 과정에서 몸에 태극기를 걸치고 탄핵에 반대하는 집회에 꾸준히 참석했고, 대통령이 파면된 후에는 대통령 선거에 출마하겠다고 선언했다.

제가 된 『조선일보』 관련 인물이 당시 주필을 맡고 있던 송희영 씨라고 밝혔다. 언론은 이전에 『조선일보』가 대통령비서실 민정수석비서관의 비리 의혹을 기사화해 청와대의 미움을 샀다는 주장을 제기했다.[7] 김 의원이 폭로한 정보는 검찰이나 청와대 민정수석실에서 제공받았을 것이라는 의혹이 언론과 정치권에서 제기되기도 했다. 곧바로 회사에 사직서를 제출한 송 주필은 해임되었고, 2017년 1월 17일 검찰은, 대우조선해양에 유리한 기사를 써주는 대가로 금품과 향응을 수수한 배임수재죄[8] 혐의로 송 주필을 기소했다.

7 『시사저널』(인터넷 판)(2016/08/29) 참조.

8 '배임수재죄'는 타인의 사무를 처리하는 자가 그 임무에 관해 부정한 청탁을 받고 재물 또는 재산상의 이익을 취득하거나 제3자로 하여금 이를 취득하게 했을 때 성립하는 범죄다(「형법」 제357조). '부정한 청탁' 없이, 타인의 사무를 처리하는 자가 그 임무에 위배하는 행위로써 재산상의 이익을 취득하거나 제3자로 하여금 이를 취득하게 해 본인에게 손해를 가했을 때는 단순히 '배임죄'가 된다(「형법」 제355조 제2항). 배임죄와 유사한 범죄로 '횡령죄'가 있는데, 이 범죄는 타인의 재물을 보관하는 자가 그 재물을 횡령하거나 그 반환을 거부했을 때 성립한다(동조 제1항). 횡령죄와 배임죄는 나란히 재산범죄로 규정되지만 차이가 있다. 횡령죄의 주체는 '타인의 재물을 보관하는 자'인 반면에 배임죄의 주체는 '타인의 사무를 처리하는 자'이고, 횡령죄의 대상은 '재물'인 반면에 배임죄의 대상은 '재산상의 이익'이다. 이처럼 횡령과 배임은 그 주체와 대상의 측면에서 볼 때 특별법과 일반법의 관계에 있다.

정운호 게이트

　청와대와 『조선일보』 사이에 벌어진 격전의 발단은 1백억 원이 넘는 회삿돈을 횡령하고 현직 부장판사에게 억대의 뇌물을 공여한 혐의로 기소된 이른바 '정운호 게이트'로 거슬러 올라간다. 정운호는 2003년에 중저가 화장품 회사인 더페이스샵을 창업해 성장시킨 뒤 대기업에 매각해 큰돈을 벌었고, 2010년에는 또 다른 중저가 화장품 회사 네이처리퍼블릭의 대표로 취임해 다시금 회사를 크게 성장시켰다. 하지만 2015년 10월 상습 해외 불법 도박 혐의로 기소되어 실형을 선고받은 뒤 항소하면서 전관 변호사를 고용해 법조 로비를 한 사실이 발각됐다. 그가 고용한 부장판사 출신의 변호사[9]와 수임료를 둘러싸고 다툼을 벌였는데, 이 변호사가 정 씨를 폭행 혐의로 검찰에 고발하면서 정 씨의 광범위한 법조 로비를 폭로한 것이다. '정운호 리스트'라 불린, 로비를 받은 법조인 명단에는 현직 부장판사까지 포함되어 있어 엄청난 충격을 주었는데, 그는 정 씨로부터 억대의 뇌물을 받은 혐의로 구속된 뒤 재판에 회부됐다.

　로비 대상에는 검사장 출신의 변호사도 포함되어 있었는데, 그가 당시 청와대 민정수석비서관과 특별한 관계에 있고, 청와

9　부장판사 출신의 이 변호사는 보석이나 집행유예를 재판부에 청탁해 주겠다며 그 대가로 1백억 원의 부당한 수임료를 받아 「변호사법」 위반으로 기소됐다. 2017년 1월, 1심에서 징역 6년형을 선고받았으며, 현재 고등법원에 항소해 재판을 받고 있다.

대에 들어오기 전 변호사 활동을 하던 바로 그 민정수석과 함께 정 씨를 변호했다는 의혹이 제기되었다. 한편 현직 검사장이 기업으로부터 공짜로 주식을 받은 뒤 그 기업이 상장되어 수백억 원의 차익을 얻었다는 의혹도 제기되었다. 게다가 주식을 제공한 기업이 그 검사장과 친구인 청와대 민정수석비서관의 처가 땅을 매입해 주었으며, 그 보답으로 그가 검사장으로 승진하는 과정에서 검증을 맡은 민정수석이 이런 주식 특혜 논란을 눈감아 주었다는 이야기까지 나왔다.

이처럼 검사장 출신의 전관 변호사와 현직 검사장, 그리고 민정수석비서관을 둘러싼 비리 의혹이 연일 언론에 보도되자 청와대가 '언론 길들이기'에 나서면서 『조선일보』 주필 사건이 발생했다는 것이 세간의 공통된 견해였다. 그즈음 검찰 출신의 고위 공직자를 수사하는 것이 현실적으로 곤란하다는 비판이 등장하면서 '고위 공직자 비리 수사처'(공비처)의 신설이 필요하다는 주장이 제기되기도 했다. 공비처가 설치되면 수사권과 기소권을 모두 가진 국가기관이 검찰과 공비처로 나뉘기 때문에 검찰의 권한이 약화되므로 검찰로서는 이런 방안에 반대할 수밖에 없다. 하지만 그동안 고위 공직자 수사에 망설이거나 수사를 해도 형식적 수사에 그쳤던 검찰이 받아야 할 업보라는 주장이 설득력을 얻고 있다.

사실 TV조선은 2016년 7월부터 미르 재단과 케이스포츠 재단 기부금 모금에 청와대가 관련되어 있다는 의혹을 제기해오고 있었다. 그러나 송 주필 사건을 계기로 두 재단과 관련한 보도를 중단했다. 이때 『한겨레』는 두 재단의 배후에 대통령의 최측근으로 알려진 최순실이 관련되어 있다는 보도를 내보냈다. 잠시 그때 기사를 살펴보자.

여기 '의문의 재단' 두 곳이 있다. 재단법인 미르와 재단법인 케이스포츠다. 두 재단은 지난해 10월과 올해 1월 재벌들이 8백억 원 가까운 거금을 내 만든 것이다. 그런데 두 재단은 설립 이후 별 성과가 없다. '개점휴업' 상태다. 그래도 재벌들은 재단이 뭘 하는지 모르고 알려 하지조차 않는다. 재단 설립은 신청한 지 하루 만에 허가가 떨어졌다. 대놓고 가짜 서류를 제출하고 그나마도 서로 베긴 것인데 문화체육관광부는 재까닥 도장을 찍어 줬다. 도대체 두 재단의 배후에는 누가 있는 것일까? 박근혜 대통령의 비선 실세인 최순실(60) 씨가 재단 설립과 운영에 깊숙이 개입한 정황이 드러났다. 케이스포츠 재단 이사장 자리에 자신이 단골로 드나들던 스포츠마사지센터 원장을 앉힌 것이다.[10]

대기업으로부터 기부금을 출연받아 두 개의 공익 재단이 설립되었는데 그 배후에 대통령의 40년 지기 최측근이 존재한다는 매우 파괴력이 강한 보도였다. 하지만 당시에는 전혀 주목받지 못했다.

10 『한겨레』(2016/09/20).

특별 감찰관 문건 유출 사건

한편 2016년 7월 말 청와대 민정수석비서관의 가족 회사 횡령 의혹이 제기되면서 특별 감찰관은 민정수석비서관에 대한 감찰을 시작했다. 하지만 청와대는 특별 감찰관과 『조선일보』 기자가 메시지를 주고받은 사실을 꼬투리 잡아 특별 감찰 내용의 유출을 국기 문란 사건으로 규정했으며, 검찰은 보수 단체가 이를 고발함에 따라 수사를 개시했다. 검찰 수사를 받으면서 압수·수색까지 당한 특별 감찰관은 곧바로 사표를 제출하고, 특별 감찰관실 공무원들까지 자동 퇴직을 통보받으면서 특별 감찰관실은 사실상 해체 수준에 이르렀다.[11] 특별 감찰관실은 청와대 참모들이 미르 재단 설립에 관여했다는 첩보도 입수해 감찰을 수행하고 있었는데, 같은 해 9월 30일부터 국회의 국정감사가 예정되어 있어 이를 감추기 위한 것 아니냐는 의혹이 제기되기도 했다. 나중에 특별 감찰관은 특별검사팀에 출석해 민정수석비서관이 감찰을 방해하고 특별 감찰관실의 해체를 주도했을 뿐만 아니라 특별 감찰관에 대한 검찰의 과잉 수사에도 영향력을 미쳤다는 진술을 했다. 「특별 감찰관법」에 따르면 위계 또는 위력으로써 특별 감찰관이나 파견 공무원의 직무 수행을 방해한 사람은 처벌을 받기 때문

---

11 서울행정법원은 특별 감찰관의 사임으로 특별 감찰관실 공무원(특별 감찰담당관)들이 자동적으로 퇴직하는 것으로 볼 수 없다며 이 공무원들이 청구한 가처분 신청을 받아들여 이들의 임기(3년)가, 원래 특별 감찰관의 임기가 만료되는 2018년 3월 18일까지 유지될 길을 열었다.

에(동법 제25조 제1항) 민정수석비서관이 특별 감찰관의 감찰 활동을 방해했다면 처벌을 받을 수 있는 중대 사안이다.

'특별 감찰관 제도'는 2012년 대통령 선거 당시 박근혜 후보가 권력형 비리에 대처하는 방안이라며 내놓은 대선 공약이었는데, 대통령의 친인척 등 '대통령과 특수한 관계에 있는 사람의 비위 행위[12]'에 대한 감찰을 목적으로 2014년에 제정된 「특별 감찰관법」에 따라 도입되었다. 그동안 권력형 비리에 대한 수사에서 검찰이 정권의 눈치를 본다는 지적에 따라 특별 감찰관은 무엇보다도 대통령 직속으로 설치해 '직무의 독립성'을 보장받도록 했다. 특별 감찰관의 감찰 대상자는 ① 대통령의 배우자 및 사촌 이내 친족, ② 대통령비서실의 수석비서관 이상의 공무원이므로(동법 제5조) 문제가 된 민정수석비서관은 당연히 감찰 대상자가 된다. 특별 감찰관은 3년 임기로 선출되는데 국회가 세 명의 후보자를 추천하면 그 가운데 한 명을 대통령이 국회의 인사 청문을 거쳐 임명했다(동법 제7조). 특별 감찰관과 파견 공무원은 감찰 착수 및 종료 사실, 감찰 내용을 공표나 누설해서는 안 되는 의무가 있고(동법 제22조), 이를 위반하면 처벌을 받는데, 특별 감찰관이 기자와 문자를 주고받은 사실은 여기에 해당한다. 불법 도청을 통해 이런 사실이 포착

---

12 비위 행위에는 다음과 같은 것들이 포함된다. ① 실명이 아닌 명의로 계약을 하거나 알선·중개하는 등으로 개입하는 행위, ② 공기업이나 공직 유관 단체와 수의 계약하거나 알선·중개하는 등으로 개입하는 행위, ③ 인사 관련 등 부정한 청탁을 하는 행위, ④ 부당하게 금품·향응을 주고받는 행위, ⑤ 공금을 횡령·유용하는 행위(「특별 감찰관법」 제2조).

되었다는 의혹이 제기되기도 했다. 수사를 통해 진실이 가려져야 하는 대목이다. 어쨌든 특별 감찰관의 사표가 수리된 후 탄핵 정국으로 접어들면서 후임 특별 감찰관이 임명되지 않은 채 지금에 이르고 있다.

그녀의 태블릿 피시

2016년 10월 24일 〈JTBC 뉴스룸〉은 최순실이 사용했던 것으로 보이는 태블릿 피시를 입수해 보도했다. 이 피시는 최 씨가 운영하던 더블루케이 사무실에서 발견되었고, 거기에는 청와대로부터 전달받은 것으로 판단되는 중요한 기밀문서가 다수 포함되어 있었다. 며칠 뒤 최 씨는 유럽에서 진행한 신문 인터뷰를 통해 이 피시가 자신의 것이 아니며 자신은 태블릿 피시를 사용할 줄도 모른다고 주장했다.

나중에 검찰은 이 피시에서 접속된 이메일, 피시에 저장되어 있던 그녀의 사진, 피시에 남아 있는 위성 위치 정보 등을 통해 이 피시가 그녀의 것임을 확인했다. 하지만 대통령을 지지하는 보수 단체들은 지속적으로 이 피시가 그녀의 것이 아니며 심지어 피시에 포함된 자료의 내용도 조작되었다는 음모론을 제기했다. 나중에 그녀의 조카 장시호가 특검 수사 과정에서 최순실이 사용하던 또 다른 태블릿 피시를 특검에 제출하면서 피시를 사용할 줄도 모른다던 최 씨의 말이 거짓이라는 사실이 드러났다. 특검은 최 씨가 직접 이 두 번째 피시를 개통했다는 수사 결과를 발표하기도 했다. 최 씨의 태블릿 피시는 그녀와 대통령 사이의 밀접한 관계를 입증해 줄 뿐만 아니라, 비선 실세인 그녀가 대통령의 권력을 사유화해 사익 추구에 사용했음을 보여 주는 결정적 증거가 되었다.

최순실의 아버지, 최태민

최순실이 특별히 주목을 받은 것은 최태민의 딸이었기 때문이다. 최태민은 1970년대 박정희 정권 시절, '대한구국선교단'(나중에 '구국봉사단'을 거쳐 '새마음봉사단'으로 이름을 바꾸었다)을 만들어 박근혜와 함께 활동했던 인물이다. 1974년 8월 15일 광복절 기념식 행사장에서 모친인 육영수 여사가 총격으로 사망한 후 모친을 대신해 영부인 역할을 수행하던 이십대 초반의 박근혜에게 접근한 최태민은 대한구국선교단의 총재로 있으면서 그녀를 명예총재 자리에 앉혔다. 그는 박근혜의 후광을 입고 적극적으로 활동하면서 기업으로부터 엄청난 기부금을 모았는데, 그것이 종잣돈이 되어 현재 최 씨 일가가 소유한 막대한 재산으로 증식되었다는 의혹이 제기되었다.

애초에 1912년생으로 알려졌으나 묘비에는 1918년생으로 기록되어 있는 그는 여러 차례 이름을 바꾸고 직업도 바꾸었다. 그에게는 다섯 명의 부인이 있었는데 최순실은 그의 네 번째 부인이 낳은 세 딸 중 한 명으로 알려져 있다.[13] 천주교 세례를 받기도 했고, 불교·기독교·천도교를 합쳐 '영세교'라는 종교를 창시한 그는 1975년 4월 대한구국선교단을 만든 뒤 그 산하에 종교와 유사 군사 단체를 결합시킨 '구국십자군'이라는 조직을 설치해 반공 활동을 벌이기도 했다. 1979년 10월 26일 박정희 대통령이 김재규 중앙정보부장의 총격으로 사망하고, 1980년 전두환의 신군부가 등장하면서 최 씨는 삼청교육대에서 고초를 당하기도 했다. 그의 세 번째 부인이 낳은 아들은 이복 여동생 최순실이 그녀의 친모 및 자매들과 함께 아버지 최태민을 독살하고 재산을 차지했다며 특검에 수사를 의뢰하기도 했다.[14]

최태민과 최순실 부녀는 박근혜가 청와대를 나와 영남대학교가 속한 학교법인 영남학원의 이사장과 이사로 재직하던 시절(1980~88년)에 그들의 측근을 통해 부정 입학과 학교 재단 매각 등 재단을 파행적으로 운영했다는 의혹도 받는다. 영남대학

---

13 『한겨레』가 최태민의 의붓 손자인 조영래가 쓴 『또 하나의 가족』을 인용하며 작성한 기사에 따르면, 한국전쟁 직전 최태민은 사고로 남편을 잃고 아들 하나(조영래의 아버지)를 둔 여성 임선이와 결혼해 세 딸을 두었는데 그중 둘째가 최순실이다(『한겨레』 2017/03/08).

14 최태민의 세 번째 부인이 낳은 아들 최재석의 증언에 따르면, 아버지 최태민은 1994년 3월 18일부터 26일까지 8일 동안 만성신부전증으로 병원에 입원했다가 건강한 몸으로 퇴원한 뒤 갑자기 사망했다고 한다. 또한 최 씨의 네 번째 부인인 임선이와 그녀의 딸 최순실 측은 그동안 1994년 5월 1일에 최 씨가 사망했다고 주장해 왔는데, 최 씨의 사망 신고일이 그로부터 두 달이나 지난 7월 1일이라는 것이다. 이처럼 최 씨가 건강했는데 갑자기 사망했고, 사망신고도 통상적인 경우보다 늦게 이루어졌다는 점을 근거로 고의적 살해설을 제기한 것이다.

교는 경주 부자 최준이 해방 직후 사재를 털어 세운 대구대학을 전신으로 한다. 이 대학은 5·16 군사 쿠데타가 일어나고 군부의 압력을 받아 이병철 삼성 회장에게 넘어간 뒤,[15] 1967년 당시 박정희 대통령이 사실상 지배하던 청구대학[16]과 합병했으며, 현재의 영남대학교로 이름을 바꾼다. 박근혜는 최초에 이사장으로 취임했으나(당시 28세) 나중에 이사로 물러났다. 그러나 여전히 사실상 이사장으로 대학의 실질적인 의사 결정권자였으며, 최 씨 일가의 최측근 네 명[17]이 대학을 좌지우지했다는 점에서, 영남대학교를 매개로 결합된 박근혜와 최 씨 일가의 관계는 박근혜와 최 씨가 경제적 이익 공유 관계(경제적 공동체)라는 의혹을 입증하는 증거로 간주되었다.

한편 최 씨 일가는 육영재단의 운영에도 깊이 관여한 것으로 보인다. 육영재단은 1969년에 설립된 공익 재단으로 산하에 어린이회관을 설치하고 어린이 잡지들을 발행했다. 현재 서울 능동에 위치한 어린이회관은 10만여 제곱미터(3만여 평)의 대지를 소유하고 있는데, 시가가 수조 원에 달하고 건물의 임

15 1966년 삼성의 계열사인 한국비료가 인공감미료인 사카린을 건축 자재로 속여 밀수입하다 적발되는 사건이 발생하는데, 이 때문에 정권에 약점을 잡힌 삼성이 경영난에 봉착한 대구대학을 인수했다는 의혹이 제기되었다. 실제로 삼성은 한국비료를 국가에 헌납하고, 삼성의 실질적 소유주인 이병철은 경영 일선에서 은퇴한다고 선언하면서 처벌을 면했다.

16 청구대학은 최해청이 설립했는데, '야청(也靑) 최해청 선생 기념사업회'가 1977년에 발간한 『청구유언』(靑丘有言)에 청구대학이 헌납된 과정이 자세히 서술돼 있다.

17 그중 한 명은 최태민의 네 번째 부인이 전 남편과의 사이에서 낳은 아들로 나중에 최 씨와 박근혜의 밀접한 관계를 폭로하는 녹취록을 남긴다.

대료만 매년 수십억 원에 이르는 것으로 알려져 있다. 박근혜는 1982년부터 육영재단의 이사장을 맡았는데, 1990년 재단에 분규가 발생하면서 물러났다(이 분규의 원인도 최태민이 재단에서 벌인 전횡으로 알려져 있다). 박근혜의 여동생인 박근령 씨가 이사장을 이어받았으며 1999년에 물러났다가 다시 2004년에 이사장으로 취임했다. 당시 국회의원이었던 박근혜가 대통령 선거에 출마하려던 2007년, 육영재단에서 조직폭력배를 동원한 분규가 또다시 발생하면서 재단의 운영은 남동생 박지만 씨와 그 측근들이 담당하게 됐다. 이 과정에서 주도적 역할을 담당했던 대통령의 오촌 조카가 2011년에 의문의 죽음을 당하면서 육영재단의 분규와 관련해 벌어졌던 살벌한 폭력 사태가 새롭게 언론의 주목을 받기도 했다.[18]

18 SBS 〈그것이 알고 싶다〉는 2011년 9월에 박근혜의 오촌 조카인 박용철이 북한산 국립공원 입구에서 참혹하게 살해되었는데 그 범인은 박씨의 사촌 형이었으며, 사촌 동생을 살해한 후 자살했다는 수사 결과가 발표되었지만 이 살인 사건의 배후에 살인을 기획한 제3자가 개입되었다는 의혹을 제기했다(방영일 2016/12/17). 사망한 박용철은 박근혜의 남동생인 박지만 회장과 제부인 신동욱 공화당 총재 사이에 벌어진 소송에서 결정적 증거가 될 녹음 파일을 가지고 있다고 주장했는데, 법정에 출석하기로 한 날을 앞두고 살해되었다는 것이다.

정윤회 문건

『세계일보』는 2014년 11월 28일, 이른바 '정윤회 문건'에 관한 기사를 단독 보도했다.

지난해 말과 올해 초 사이 속칭 '증권가 지라시'에 떠돌던 '김기춘 대통령비서실장 교체설'은 정윤회(59) 씨가 자신의 비선 라인을 활용해 퍼트린 루머였던 것으로 확인됐다. 이 과정에 박근혜 대통령 핵심 측근으로 불리는 '문고리 권력' 3인방이 포함된 청와대 안팎 인사 열 명이 관여한 것으로 드러났다. 이 같은 사실은 청와대 민정수석실 산하 공직기강비서관실 감찰 결과 확인됐다.

같은 해 1월 청와대 민정수석비서관실 소속 공직기강비서관실에서 작성한 이 감찰 보고서에 따르면 대통령의 최측근인 정 씨는 이른바 '문고리 3인방'으로 불리는 청와대의 핵심 비서관 세 명을 포함한 비선 실세 열 명(이른바 '십상시'19)과 함께 수시로 식당에 모여 청와대와 정부의 동향에 대해 논의했다고 한다. 감찰 보고서는 공식 직함이 없는 정 씨가 국정에 개입해 청와대에 영향력을 행사했다는 내용으로 비선 실세의 국정 농단을 밝힐 수 있는 중요한 계기였던 셈이다. 곧바로, 감찰 보고

---

19 '십상시'(十常侍)는 2세기경 중국 한나라 시대에 영제(靈帝)라는 군주가 지배하던 시절, 열세 살의 어린 나이에 즉위한 황제의 권력을 등에 업고 매관매직 등 횡포를 부리던 열 명의 환관을 지칭한다.

서를 작성한 청와대 파견 경찰관이 원대로 복귀하고, 이를 지시한 공직기강비서관도 사표를 제출했다는 사실이 알려지면서 야당은 수사를 촉구했다.

당시 공직기강비서관이었던 조응천 의원(더불어민주당)은 대통령비서실장의 지시로 문고리 3인방의 동향을 감찰해 보고서를 올렸는데, 그 보고서가 정작 문고리 3인방에게 넘어가 자신이 배신당했다고 언론에 밝혔다. 그러나 사건의 본질이 문건의 내용이 아니라 문건의 유출로 모아지면서, 문건을 청와대에서 가지고 나온 경찰관과 이를 언론에 유출한 다른 경찰관들이 수사를 받게 됐다. 2014년 12월 1일에 열린 청와대 수석비서관회의에서 박근혜 대통령은 문건 유출에 대해 "결코 있을 수 없는 국기 문란 행위"라고 강하게 질타했으며, 이에 대해 야당은 대통령이 검찰 수사에 대한 가이드라인을 제시한다며 반발했다. 이 과정에서 언론에 문건을 유출했다는 혐의를 받던 경찰관 한 명은 스스로 목숨을 끊었으며, 문건을 보도한 『세계일보』는 압수·수색을 당하고 사장까지 물러났다. 나중에 사장 해임 과정에 청와대가 개입했다는 의혹이 제기되었고, 대통령 탄핵 사유에도 언론의 자유를 침해한 행위로 명시됐다. 박 대통령이 "검찰은 내용의 진위를 포함해서 이 모든 사안에 대해 한 점 의혹도 없이 철저하게 수사해서 명명백백하게 실체적 진실을 밝혀 주길 바랍니다."라고 발언해 『세계일보』에 대한 탄압의 빌미를 제공했기 때문이다.

실제로 검찰은 2015월 1월 5일 문건의 내용이 모두 허위이고, 이른바 '십상시'로 불리는 비선 실세의 회동도 없었다는 수

사 결과를 발표했다. 검찰의 수사만 제대로 이루어졌어도 국정
농단의 실체가 훨씬 더 빨리 확인되었을 텐데 그렇지 못한 점
은 계속해서 아쉬움으로 남는 대목이다. 당시 수사를 지휘했던
서울중앙지검장은 검찰총장이 되었고, 민정비서관은 민정수석
비서관으로 영전해 수사를 무마하고 받은 혜택이 아니었는지
에 관한 의구심이 언론에 의해 꾸준히 제기되었다.

대한승마협회 살생부와 공무원 좌천 파동

2014년 12월, 박근혜 정부에서 초대 문화체육관광
부 장관을 지낸 유진룡이, 대통령이 "나쁜 사람"으로 지목한
소속 고위직 공무원들이 좌천되었다는 충격적인 사실을 폭로
했다. 이 공무원들은 이른바 살생부 작성으로 물의를 일으킨 대
한승마협회의 감사를 주도한 사람들이다. 대한승마협회의 살생
부는 2013년 4월에 진행된 승마대회가 발단이 되었다. 이 대회
에 출전한, 최순실과 정윤회의 딸 정유라가 그들의 예상과 달리
낮은 점수를 받으면서 심판들이 경찰에 소환돼 수사를 받는 초
유의 사태가 벌어졌다. 당시 『시사저널』은 이렇게 보도했다.

그렇다면 어떻게 이런 일이 가능했을까. 당시 대회 관계자들은
경찰 조사 배경으로 한결같이 문화체육관광부를 지목했다. 문
체부의 지시 없이 승마대회에 대한 유례없는 경찰 조사가 이뤄

질 수 없다는 것이다. 문체부를 움직인 사람으로는 정 선수의 아버지인 정윤회 씨와 어머니 최순실 씨가 거론됐다. …… 지난해 7월 당시 문체부는 체육계에 대해 전반적인 감사를 실시했는데, 당시 실무자였던 노 아무개 체육국장과 진 아무개 체육정책과장이 그해 9월 돌연 좌천됐다. 이 경질성 인사에 정 씨와 정 씨의 전 부인 최 씨의 입김이 작용했다는 의혹이 제기되고 있다. 노 전 국장과 진 전 과장이 승마 선수인 정 씨의 딸에 대한 특혜 여부를 조사했는데, 이때 정 씨 쪽의 비리 정황을 상부에 보고했고 이로 인해 좌천됐다는 것이다.[20]

나중에 특검의 공소장에서 드러난 바에 따르면, 대한승마협회에 대한 문화체육관광부의 감사는 최 씨의 부탁을 받은 청와대의 지시로 이루어진 것이었다. 감사를 실시한 문화체육관광부 공무원들이 좌천된 이유는, 그들이 작성한 감사 보고서에서 문제의 본질을 파벌 싸움으로 보고, 당시 대한승마협회 전무를 맡고 있던 최 씨 측 인사와 그 반대편 측 모두에게 문제가 있다고 결론을 낸 데 있었다. 중립적인 감사 보고서를 제출한 것이 본래의 감사 목적과 달리 최 씨 측에 불리하게 결론이 나자 감사 결과를 전해 들은 최 씨가 불만을 품고 다시 청와대에 해당 공무원들을 "나쁜 사람"으로 지목한 것이었다.

신분이 보장된 공무원을 징계 절차도 거치지 않고 불이익을 주거나 심지어 사퇴를 강요했다면 이것은 '공무원의 기본

20 『시사저널』(인터넷판)(2014/12/08).

권'(공무담임권)을 침해하는 행위일 뿐만 아니라 헌법이 보장하는 '직업 공무원 제도'를 침해하는 중대한 위법행위에 해당하는데, 탄핵 사유에 이와 같은 사항이 포함되어 있다(이 책 2장 참조).

어쨌든 청와대 문건과 대한승마협회 살생부에 관한 보도가 비선 실세의 실체를 밝혀낼 수 있는 중요한 계기가 될 수 있었음에도 불구하고, 문제의 본질이 모두 문건 유출로 왜곡되면서 비선 실세의 국정 농단을 밝힐 수 있는 또 하나의 결정적 계기를 놓치고 말았다.

비선 실세의 국정 농단

판도라의 상자가 열리면서 드러난 모든 사건은, 그 양태는 다양하지만, 한마디로 '비선 실세의 국정 농단'으로 정리될 수 있다. '비선 실세'는 어떤 공식 직함도 없지만 대통령과의 특별한 관계 덕분에 얻은 영향력을 행사해 실질적으로 국가정책을 결정할 수 있는 사람들을 의미한다. '국정 농단'은 그들이 법적 근거나 권한도 없이, 따라서 아무런 법적 통제도 받지 않은 채, 국가정책 결정권을 독점해 행사하는 것을 의미한다. 최태민부터 시작해 그의 딸 최순실과 박근혜 대통령이 맺은 특별한 관계에 힘입어 최 씨는 자신이 낙점한 인사들을 정부 요직에 앉혔다. 그러고는 자신의 사익을 위해 대통령에게 특정인을 공직에 임명하도록 지시하고, 대통령은 그에 따라 참모들에게 정책을 결정하도록 지시한 것이다.

'권력의 사유화'로 요약될 수 있는 비선 실세의 국정 농단에서 박근혜 전 대통령은 핵심적인 역할을 수행했다. 처음에는 '최순실 게이트'로 불렸지만 나중에 진실이 밝혀지면서 '박근혜 게이트'로 불린 이유가 바로 여기에 있다. 박근혜는 아버지인 박정희 전 대통령 시절 어머니가 총격으로 사망한 후 이십 대 초반부터 퍼스트레이디 역할을 수행하면서 '최태민'이라는 정체불명의 종교인 혹은 무속인과 친분을 쌓았고, 그의 딸인 '최순실'과도 40여 년에 걸쳐 사적 인연을 맺어 왔다. 대통령이 사적인 친분이나 인연을 만드는 것 자체가 문제시될 수는 없다. 그렇지만 그렇게 인연을 맺은 사람들이 은밀하게 집단을 형성하고 조직적으로 활동하면서 이른바 '비선 실세'가 되어 국정에 개입하고, 각종 이권에 관여해 사익을 추구했다면 큰 문제다. 박 대통령은 비선 실세의 국정 농단을 방치했거나 심지어 적극적으로 지원했다. 만약 소극적으로 방치했다면 무능하거나 무책임한 것이고, 적극적으로 지원하거나 지시했다면 징계나 처벌이 필요한 위법행위에 해당한다.

대통령에게 책임을 묻는 방식은 두 가지가 있다. '탄핵'은 강제로 법적 책임을 묻는 수단이고, '하야'는 자발적으로 정치적 책임을 지는 방법이다. 나중에 자세히 살펴보겠지만 헌법재판소에 따르면 대통령을 탄핵하기 위해서는 재임 기간 동안 파면시킬 만큼의 중대한 법위반 행위가 존재해야 한다. 대통령의 취임 전 행위는 논외로 하고, 대통령이 취임한 뒤 헌법에 위배

될 정도로 비선 실세의 국정 농단을 적극적으로 지원했거나 고의로 방치해 여러 사태들을 유발시켰다면, 파면에 이를 정도의 중대한 법위반이 있었다고 볼 수밖에 없다. 그렇지 않고 대통령이 사교邪教를 기반으로 하는 특정인에게 속아 비선 실세의 국정 농단을 몰랐거나 그저 무능하게 지켜보았다면, 국민으로부터 민주적 절차에 따라 부여받은 권한 행사를 게을리한 셈이니, 헌법이 보장한 임기의 자발적 포기와 같은 정치적 책임을 지는 것이 마땅하다. 다만 탄핵이나 하야는 국정 공백, 심지어 무정부상태를 의미할 수 있으므로 분명한 대안을 마련한 뒤에 실행할 필요가 있었다.

물론 대통령제 정부 형태가 모든 문제의 원인은 아니지만 막강한 권한을 가진 대통령이 독주 혹은 독재의 위험성은 항상 존재한다. 특히 한국의 대통령제는 '제왕적 대통령제'로 불릴 만큼 대통령에게 막강한 권한을 부여함으로써 비선 실세의 국정 농단이 출현하는 데 일정한 원인을 제공했다. 철저한 진상규명을 통해, 권력을 사유화해 국정을 농단한 세력에게 책임을 묻는 동시에, 이제는 국가권력을 합리적으로 분산시킬 수 있는 헌법적 시스템의 개선을 근본적으로 고민할 필요도 있다.

제왕적 대통령제의 문제점은 대통령이 독점한 행정부의 권력을 이원화하여 대통령과 총리에게 분담시키거나, 아예 대통령직을 폐지하고 의회에서 행정부의 수반인 총리를 선출함으로써 해결될 수 있다. 하지만 대통령제에서도 대통령직을 수행하는 개인의 리더십 스타일에 따라 소통과 설득을 강조하는 대통령은 제왕으로 변질될 가능성이 줄어들기 때문에, 대통령제를 폐지하는 개헌이 제왕적 대통령제의 대안이라고 단언할 수는 없다. 게다가 대통령제의 대안으로 제시되는 의원내각제도 정당 내부의 민주주의가 성숙되지 않으면 정당의 수뇌부가 권력을 독점함으로써 대통령제와 동일한 문제점이 발생할 수 있다. 새로운 정부 형태를 선택하는 개헌은 다양한 정치환경적 요소들을 고려하면서 신중하게 이루어져야 한다. 어떤 정부 형태든 헌법이 할 수 있는 일은 헌법에 위배되게 직무를 수행하는 최고 권력자를 헌법이 정한 사법절차에 따라 제거하는 것이다.

2

탄핵 소추를
만들어 낸
촛불

촛불 집회

2016년 10월 24일, JTBC는 최순실이 사용한 것으로 보이는 태블릿 피시를 그녀의 회사인 더블루케이 사무실에서 입수해 그 안에 들어 있는 내용을 보도했다. 그리고 그 주 토요일부터, 시민들은 광장으로 쏟아져 나와 대통령의 하야(퇴진)를 요구하기 시작했다. 2016년 10월 29일, 청계광장에 수만 명이 모인 것을 시작으로 국회의 탄핵 소추 의결을 앞두고 광화문광장에서 열린 제6차 촛불 집회(2016년 12월 3일)에는 1백만 명이 넘는 사상 최대 인파가 모였다(전국적으로 230만 명이 넘었다).[1] 2016년 12월 31일 '송박영신'送'朴'迎新 촛불 집회로 연인원 1천만 명을 넘긴 이후에도, 토요일마다 촛불 집회는 계

---

[1] 집회 초기부터 집회 참석 인원의 정확도에 대한 논란이 계속되었다. 주최 측과 경찰 측 추산 인원 사이에 큰 격차가 존재했기 때문이다. 하지만 2016년 11월 12일 광화문에 모인 인파가 1백만 명 정도라고 주최 측은 발표했는데 당일 광장 근처 지하철을 이용한 시민의 숫자가 전년도 같은 달 기준 평균 지하철 이용객 수보다 80만 명 이상 늘어나 하차 승객을 기준으로 하면 대략 125만 명이 집회 참석을 위해 광장 근처 지하철역을 이용했다는 통계가 도출된다는 보도가 있다. 『연합뉴스』(인터넷판)(2016/11/13) 참조. 또한 2016년 한 여론조사에 따르면 전체 국민의 3분의 1 정도가 촛불 집회에 참석했다고 응답한 것으로 나타났는데 이것은 주최 측 추산으로 연인원 1천6백만 명 정도가 참석했다는 주장이 틀리지 않았음을 잘 보여 준다. 『시사저널』(인터넷판)(2017/03/17) 참조.

속됐다. 대통령에 대한 탄핵 결정이 내려진 그 주의 주말 집회까지 총 20회에 걸쳐 연인원 1천6백만 명 가까이 모인 촛불 집회는 대통령을 탄핵에 이르도록 추동한 힘의 원천이었다. 또한 피를 흘리지 않고 오로지 헌법에 정해진 사법절차에 따라 주권자인 국민이 대통령을 그 직으로부터 끌어내림으로써 말 그대로 주권자의 이름을 되찾은 '명예혁명'이었다. 20주 동안 지속된 이 혁명의 시간은 감히 '10월 혁명'이라고 불러도 틀리지 않을 것 같다.

넉 달 넘게 진행되는 동안 적게는 수십만 명, 많게는 1백만 명이 넘는 인파가 한꺼번에 광장으로 쏟아져 나왔지만, 단 한 건의 인명 피해도 없이 평화롭게 진행된 집회는 전 세계의 이목을 집중시켰다. 그동안 흔히 볼 수 있었던, 복면을 한 시위대뿐만 아니라 물대포와 소화기를 든 경찰의 모습도 찾아볼 수 없었다. 촛불 집회가 평화적으로 진행되자, 집회 참여자가 더욱 급증했다는 분석도 나왔다. 유모차를 끌고 나온 가족 단위 참가자들을 비롯해 직업이나 나이와 상관없이 자발적으로 집회에 참여한 시민들은 진보와 보수라는 진영 논리에서 벗어나 정의와 불의의 명백한 대결 앞에서 정의를 지켜 내기 위해 촛불을 들었다.

탄핵 정국에서 매주 중단 없이 계속된 촛불 집회는 국회와 정당만이 국가 의사를 결정하는 주체가 아니라 시민의 참여로 국가 의사 결정이 변화할 수 있다는 사실을 보여 주었다. 나아가 집회와 시위는 시민의 의사를 전달하는 매우 효과적인 방법일 뿐만 아니라 민주주의를 실현하는 축제의 장이라는 사실도

확인시켜 주었다. "바람이 불면 촛불은 꺼진다."는 어느 국회
의원의 망발을 비웃기라도 하듯, '촛불이 횃불이 되게 하겠다'
는 다짐으로 모여 하나 된 주권자의 함성은 마침내 대통령을
권좌에서 내렸다. 다시금 주권자의 자리를 회복한 시민들은 대
통령의 파면 결정이 내려진 다음 날(2017년 3월 11일), 마지막으
로 열린 촛불 집회에서 폭죽을 터뜨리고 춤을 추며 함께 기뻐
했다. 국민의 신임을 배반한 대통령을 헌법에 규정된 사법절차
에 의지해 파면시키고 헌법이 보장한 민주주의와 국민주권의
이념을 제자리로 돌려놓은 시민들은 국가의 주인이자 헌법의
최종 수호자였다.

'박사모'와 태극기 집회

JTBC의 태블릿 피시 보도가 나간 뒤 2016년 10월
31일, JTBC 사옥 앞에서의 항의 시위를 시작으로 '박사모'(박
근혜를 사랑하는 모임), 자유총연맹 등 친박 보수 단체를 중심으
로 한 박근혜 하야 반대 시위도 시작됐다. 이 집회는 같은 해
12월 9일, 국회의 탄핵 소추안이 가결되자 헌법재판소의 탄핵
기각을 주장하는 집회가 되었다.

대통령 대리인단은 처음부터 탄핵 심판을 지연하는 전략을
사용했고, 대통령을 지지하는 단체들의 탄핵 기각 집회 규모가
조금씩 커지면서 촛불 집회의 규모도 점차 확대되어 갔다. 대

통령 대리인단 중 일부 변호사들은 법정에서 법리 싸움을 벌이는 대신, 탄핵 기각 집회에 연사로 참석해 다분히 정치적인 논리로 탄핵 심판 과정을 여론전으로 이끌어 갔다.

집회 참가자들이 손에 태극기를 들고 나와 이른바 '태극기 집회'로 불린 탄핵 반대 집회는 자발적 참가자도 상당수 있었지만 참가자들이 돈을 받고 동원되었다는 보도가 잇달았다. 노숙자들이 외모를 단정하게 하고 왔다거나, 유모차를 끌고 나온 참가자에게는 웃돈이 붙는다는 기사까지 이어졌다.[2] 참가자들이 태극기와 함께 미국 국기(성조기)를 들거나 종교적 상징인 십자가를 들고 나와 집회의 성격에 의문을 제기하는 사람들도 많았다. 집회에서 '군대여 일어나라'거나 '계엄령을 선포하라'는 구호까지 등장하자, 야당은 내란을 선동한다는 비판 성명을 내놓기도 했다.

탄핵 반대 집회에는 정기간행물을 가장한 가짜 신문들이 쏟아 낸 가짜 뉴스도 판을 쳤다. 보수 단체라고 부르기에는 민망한 극우 단체 혹은 박 대통령에 대한 종교적 신앙에 가까운 맹목적 지지를 보내는 사람들의 단체가 주도한 탄핵 반대 집회에서는 출처도 알 수 없는 허위 기사들을 담은 가짜 신문들이 대량 배포되었는데, 이런 신문들을 만드는 데 소요되는 비용이 상당하다는 점에서 비용의 출처에도 의문이 제기되었다. 헌법재판소의 탄핵 결정이 있었던 당일에는 집회가 격화된 나머지

---

2 "목욕하고 오면 5만 원, 친박 집회 참가자 자격표"〈JTBC 뉴스룸〉(2017/01/26) 참조.

세 명의 참가자가 사망했다. 집회가 이렇게 격렬해진 데는 집회를 주도한 주최 측 인사들의 극단적이고 무책임한 발언에도 일부 책임이 있었다.

대통령의 제1차 대국민 담화

박근혜 대통령은 태블릿 피시 보도가 나온 다음 날인 2016년 10월 25일, 몸을 낮춘 채, 심지어 목소리마저 잘 들리지 않을 정도로 위축된 태도로 짧은 대국민 담화를 발표했다(강조는 필자).

존경하는 국민 여러분, 최근 일부 언론 보도에 대해 국민 여러분께 제 입장을 진술하게 말씀드리기 위해 이 자리에 섰습니다. 아시다시피 선거 때는 다양한 사람들의 의견을 많이 듣습니다. 최순실 씨는 과거 제가 어려움을 겪을 때 도와준 인연으로 지난 대선 때 주로 연설이나 홍보 등의 분야에서 저의 선거 운동이 국민들에게 어떻게 전달되는지에 대해 개인적인 의견이나 소감을 전달해 주는 역할을 하였습니다. **일부 연설문이나 홍보물도 같은 맥락에서 표현 등에서 도움을 받은 적이 있습니다. 취임 후에도 일정 기간 동안은 일부 자료들에 대해 의견을 들은 적도 있으나** 청와대의 보좌 체계가 완비된 이후에는 그만두었습니다.

저로서는 좀 더 꼼꼼하게 챙겨 보고자 하는 순수한 마음으로 한 일인데 이유 여하를 막론하고 국민 여러분께 심려를 끼치고, 놀라고 마음 아프게 해드린 점에 대해 송구스럽게 생각합니다. 국민 여러분께 깊이 사과드립니다.

"순수한 마음"에서, 연설문이나 홍보물의 표현에서 도움을 받았고, 청와대 보좌 체계가 완비된 이후에는 더 이상 비선 실세의 도움을 받지 않았다는 대통령의 담화문에 여론은 들끓었다. 실제로 최순실의 "의견을 들은 적"이 있고, 연설문이나 홍보물에서 "도움을 받은 적이 있"다는 말은 비선 실세의 국정 농단을 방치하고 지원했다는 '자백'에 다름없었다.

검찰이 대통령을 수사해야 한다는 주장도 제기되었다. 여기서 "대통령은 내란 또는 외환의 죄를 범한 경우를 제외하고는 재직 중 형사상의 소추를 받지 아니한다."(헌법 제84조)라는 규정에 따라 '불소추 특권'을 가지는 대통령을 수사할 수 있는지 논란이 일었다. 쟁점은 "형사상의 소추"를 '기소'로만 해석해야 하는지, 아니면 '수사'와 기소를 모두 포함하는 것으로 해석해야 하는지였다. 대체로 "소추"를 기소로만 한정해서 해석해야 하므로, 현직 대통령에 대한 수사는 가능하다는 쪽으로 의견이 모아졌다.

이제 문제는 압수·수색이나 체포·구속을 포함한 강제수사가 가능한지 여부가 되었다. 수사가 가능하다면 강제수사도 가능하다는 견해와 비록 강제수사가 가능해도 압수·수색에만 국한된다는 견해가 대립했다. 검찰은 대통령을 수사하면서 대면

조사에 응할 것을 대통령에게 요구했고, 청와대를 압수·수색하기 위해 법원으로부터 영장을 발부받기도 했으나 모두 불발됐다.[3] 청와대는 검찰의 중립성과 공정성을 문제 삼으며 대면조사를 거부했고, 「형사소송법」의 규정[4]을 들어 군사상 혹은 공무상 비밀이 요구되는 청와대는 책임자의 승낙이 없으면 압수·수색을 할 수 없다고 주장했기 때문이다. 하지만 법원이 청와대에 대한 압수·수색영장을 발부함에 따라, 불소추 특권을 가진 대통령 역시 수사의 대상이 되며, 대통령에 대한 수사를 위해 압수·수색 역시 가능하다는 쪽으로 법원의 유권해석이 자연스럽게 나온 셈이 되었다.

---

3   청와대에 대한 검찰 특별수사본부의 압수·수색은 2016년 10월 29일과 30일 이틀에 걸쳐 진행되었다. 첫날의 압수·수색은 검찰이 요구한 자료를 청와대가 직접 찾아 제출하는 임의 제출 형식으로 이루어졌고, 청와대가 임의로 제출한 자료가 수사에 별 의미가 없어 검찰이 직접 원하는 자료를 찾아 압수하는 방식을 시도하자 청와대는 이를 거부했다.

4   「형사소송법」 제110조에 따르면 군사상 비밀을 요하는 장소는 그 책임자의 승낙 없이는 압수 또는 수색할 수 없다. 단지 그 책임자는 국가의 중대한 이익을 해하는 경우를 제외하고는 승낙을 거부하지 못할 뿐이다. 또한 같은 법 제111조에 따르면 공무원 또는 공무원이었던 자가 소지 또는 보관하는 물건에 관해서는 본인 또는 그 해당 공무소가 직무상의 비밀에 관한 것임을 신고한 경우 그 소속 공무소 또는 당해 감독 관공서의 승낙 없이는 압수하지 못한다. 다만 소속 공무소 또는 당해 감독 관공서는 국가의 중대한 이익을 해하는 경우를 제외하고는 승낙을 거부하지 못할 뿐이다.

대통령의 하야를 둘러싼 논란

대통령의 하야를 주장하는 국민의 목소리가 커지면서 여론은 여러 갈래로 나뉘었다. 하나는 국정 농단 사태에 대한 책임을 지고 즉각 자진 사퇴해야 한다는 주장(자진 사퇴론)이었고, 또 하나는 대통령이 국무총리에게 권한을 위임하고 2선으로 물러나야 한다는 주장(2선 후퇴론)이었으며, 다른 하나는 국회가 탄핵 소추안을 발의해야 한다는 주장(탄핵 소추론)이었다.

우선 '자진 사퇴론'부터 살펴보자. 헌법은 국민에게 표현의 자유(헌법 제21조 제1항), 특히 정치적 표현의 자유를 보장하고 있으므로 국민들은 광장에 모여 촛불을 들고 대통령의 하야를 주장할 수 있다. 헌법은 주권이 국민에게 있고 모든 국가권력이 국민으로부터 나온다(헌법 제1조 제2항)는 '국민주권'의 원리에 기반을 두고 있다. 이것은 국민이 국가의 주인이라는 명제로 요약될 수 있고, 한마디로 말해서 이는 민주주의에 대한 헌법적 표현이라 할 수 있다. 하지만 대부분의 현실에서 민주주의는 선거를 통해 국민으로부터 민주적 정당성을 부여받은 대표 기관(대통령과 국회)을 통해 구현된다. 그리고 이런 대표 기관을 구성하는 방식은 '정부 형태'라는 이름으로 의원내각제 혹은 대통령제로 구체화된다.

의원내각제 정부 형태를 가진 국가에서는 헌법이 부여한 '내각 불신임권'과 '의회 해산권'을 통해 정부든 의회든 언제든지 해체될 수 있으므로, 사실상 대표 기관의 임기는 보장되지 않는다. 반면 대한민국처럼 대통령제 정부 형태를 가진 나라에서는 원칙적으로 대표 기관의 임기가 헌법에 따라 확고하게 보장된다. 물론 대통령제 정부하에서도 국민은 헌법이 보장하는 '정치적 표현의 자유', 특히 집회 및 시위의 자유를 통해 국민의 의사에 반하거나 국민의 신임을 배반한 대표 기관에 대해 임기 중이더라도 사퇴(하야)를 요구할 수 있다. 따라서 광장에 모여 촛불을 들고 대통령의 퇴진을 요구하는 것은 헌법의 테두리 안에서 전적으로 정당한 행위다. 다만 대통령의 자진 사퇴(하야)는 말 그대로 자발적으로 대통령직에서 물러나는 것을 의미하기 때문에 대통령의 의지와 결단이 있어야 한다. 따라서 자진 사퇴론에는 국민이 아무리 강력하게 요구해도 대통령은 임기가 다하기 전까지 하야하지 않고 버틸 수도 있다는 문제가 있었다.

한편, 대통령은 2선으로 후퇴하고 책임 총리를 임명해야 한다는 주장에는 헌법과 일치하지 않는다는 문제점이 있었다. 헌법상 국무총리는 대통령의 "보좌 기관"에 지나지 않기 때문에 (헌법 제86조 제2항), 대통령이 명백한 사고나 궐위인 상태가 아님에도 국무총리가 사실상 대통령의 권한을 위임받는 것이나 마찬가지인 이른바 '책임 총리제'는 헌법을 우회하는 편법이기 때문이다. 특히 대통령과 달리 국민의 선거로 선출되지 않은 국무총리가 대통령의 권한을 위임받아 행사하는 것은 헌법에 위배될 여지도 있다. 어떤 이유에서든 민심의 이반으로 대통령이 정치적 지도력을 상실했다고 이것만으로 대통령이 직무를 수행할 수 없는 "궐위"나 "사고"에 해당하지 않는다(헌법 제71조). 설령 이를 궐위나 사고에 해당한다고 무리해서 해석하더라도 대통령제를 채택한 현행 헌법에서 국무총리는 물론 내각(각부 장관)도 대통령의 "보좌 기관"에 지나지 않는다(헌법 제86조 제2항 및 제87조 제2항). 또 대통령이 의장이 되고 국무총리가 부의장이 되는 국무회의는 "심의기관"에 불과하므로(헌법 제88조 제1항) 그 결정이 대통령을 법적으로 구속하지도 않는다. 다시 말해, 아무리 국무총리가 국무회의에 부의장 자격으로 참여한다고 해도 실질적인 발언권도 갖지 못할 뿐만 아니라 국무회의의 결정 자체도 대통령을 법적으로 구속할 수 없는 것이다. 책임 총리나 중립 내각이 위헌적이라고 할 수는 없어도 헌법적 정도正道가 아닌 이유가 바로 여기에 있다. 대통령이 외치外治만 맡거나 형식적으로만 대통령직을 유지한 채 모든 권한을 총리나 내각 혹은 의회에 이양하는 이른바 '2선 후퇴'는 이원집정부제나 의원내각제 정부 형태로 헌법이 개정되기 전까지는 결코 현행 헌법에 부합하는 용어가 될 수 없었다.

결국 남은 선택은 탄핵인데, 이것이 헌법적 측면에서 가장 합리적인 선택으로 보였다. '입헌주의'로도 불리는 헌정주의constitutionalism는 헌법에 입각한 정치를 요구하기 때문이다. 헌정주의의 진가는 정치가 헌법을 위반한 현실을 처리하는 방식이, 헌법에 입각해 진행될 때 비로소 발휘된다. 최순실 게이트는 헌법으로부터 권한을 부여받은 대통령이 스스로 권한을 포기한 채 헌법적 권한을 갖지 않은 사인(민간인)에게 그 권한을 행사하게 함으로써 헌정주의 질서를 근본적으로 뒤집었다는 데 본질이 있다. 하지만 헌정주의를 끝까지 견지하려면 전복된 헌정주의를 회복하는 과정에서도 헌법에 입각한 방식만이 허용된다. 헌법은 대통령을 강제로 퇴진시킬 수 있는 정당한 방법으로 '탄핵 제도'를 마련하고 있다. 대통령이 헌법이나 법률을 위배했다는 법위반이 확인되면 파면시킬 수 있는 제도를 두고 있는 것이다(헌법 제65조 제1항).

다만 대통령의 탄핵 소추를 의결할 수 있는 정족수는 재적 국회의원 3분의 2 이상이기 때문에 야당이 과반을 조금 넘는 의석 구조에서는 여당의 참여가 없다면 탄핵 소추 의결이 현실적으로 어려운 게 사실이었다. 또한 국회에서 탄핵 소추가 의결된다고 해도 탄핵 심판의 최종적 권한은 헌법재판소가 가지고 있는데 헌법재판관의 구성 상황에 따라 탄핵 결정이 나오기 어려울 수도 있다는 비관적 견해가 제시되기도 했다. 하지만 헌법재판소가 대통령의 명백하고 중대한 법위반에 대해서 눈감는다면 주권자인 국민의 냉혹한 비판과 헌법재판소의 존재 이유에 대한 근본적 회의에 부딪힐 수밖에 없었다. 헌법재판소의 부적절한 처신은 개헌 논의 과정에서 헌법재판소의 존치 여부에 대한 논란으로 이어질 수도 있는 일이었다.

한편에서는 탄핵이라는 헌법적 절차도 사법(재판)절차이므로 시간이 많이 걸린다는 우려가 제기되기도 했다. 이런 우려는 국회가 별도의 특별검사법을 제정함으로써 상당 부분 해소될 수 있었다. 특검의 수사로 대통령의 법위반에 관한 실체적 진실이 많은 부분 밝혀질 수 있기 때문이다. 국민이 늘 의심의 눈초리를 보내는 검찰도 나중에 출범할 특검을 의식해 수사를 적극적으로 진행할 수밖에 없고, 특검도 국민의 여망을 고려해 수사에 속도를 낼 것이기 때문에 특별검사의 수시 기간은 상당히 단축될 수 있었다. 법률은 탄핵 재판을 포함해 헌법재판소의 모든 재판이 180일 이내에 종료되도록 규정하고 있지만(「헌법재판소법」 제38조), 헌법재판소의 탄핵 재판도 특검의 수사와 동시에 진행하면 180일이라는 권고 규정에도 불구하고 길어도 석 달 이내로 단축될 수 있었다. 따라서 진상 규명과 탄핵 재판을 가능한 한 신속하게 진행한 뒤 헌법에 규정된 대로 대통령이 궐위된 상태에서 60일 이내에 선거를 실시하면 빠르면 5개월 이내에 정부 구성이 완성될 수 있다는 점에서 탄핵이 헌법이 예정한 정도였다. 대통령이 헌정 질서를 왜곡한 탓에 발생한 난국은 헌정 질서가 예정하고 있는 탄핵 제도를 통해 극복되어야 바람직할 뿐만 아니라 가장 헌법에 부합하는 일이었다.

대통령의 제2, 3차 대국민 담화

2016년 11월 2일, 박근혜 대통령은 국회의 동의도 받지 않은 채 일방적으로 참여정부 시절 부총리를 지낸 김병준 씨를 새로운 국무총리 후보자로 지명했다. 그리고 비선 실세 최순실이 직권남용죄 등으로 구속된 다음 날인 11월 4일, 제2차 대국민 담화를 발표했다(강조는 필자).

존경하는 국민 여러분, 먼저 이번 최순실 씨 관련 사건으로 이루 말할 수 없는 큰 실망과 염려를 끼쳐 드린 점 다시 한 번 진심으로 사과드립니다. 무엇보다 저를 믿고 국정을 맡겨 주신 국민 여러분께 돌이키기 힘든 마음의 상처를 드려서 너무나 가슴이 아픕니다. 저와 함께 헌신적으로 뛰어 주셨던 정부의 공직자들과 현장의 많은 분들, 그리고 선의의 도움을 주셨던 기업인 여러분께도 큰 실망을 드려 송구스럽게 생각합니다.

국가 경제와 국민의 삶에 도움이 될 것이라는 바람에서 추진된 일이었는데, 그 과정에서 **특정 개인이 이권을 챙기고 여러 위법행위까지 저질렀다고 하니 너무나 안타깝고 참담한 심정**입니다. 이 모든 사태는 모두 저의 잘못이고 저의 불찰로 일어난 일입니다. 저의 큰 책임을 가슴 깊이 통감하고 있습니다. 어제 최순실 씨가 중대한 범죄 혐의로 구속됐고, 안종범 전 정책조정수석이 체포돼 조사를 받는 등 검찰 특별수사본부에서 철저하고 신속하게 수사를 진행하고 있습니다. 앞으로 검찰은 어떠한 것에도 구애받지 말고 명명백백하게 진실을 밝히고 이를 토대로 엄정한 사법 처리가 이뤄져야 할 것입니다.

저는 이번 일의 **진상과 책임을 규명하는 데 있어서 최대한 협조**하겠습니다. 이미 청와대 비서실과 경호실에도 검찰의 수사에 적극 협조하도록 지시했습니다. 필요하다면 저 역시 **검찰의 조사에 성실하게 임할 각오이며 특별검사에 의한 수사까지도 수용**하겠습니다.

국민 여러분, 저는 청와대에 들어온 이후 혹여 불미스러운 일이 생기지는 않을까 염려하여 가족 간의 교류마저 끊고 외롭게 지내 왔습니다. 홀로 살면서 챙겨야 할 여러 개인사들을 도와줄 사람조차 마땅치 않아서 오랜 인연을 갖고 있었던 최순실 씨로부터 도움을 받게 되었고, 왕래하게 되었습니다. 제가 가장 힘들었던 시절에 곁을 지켜 줬기 때문에, 저 스스로 경계의 담장을 낮췄던 것이 사실입니다. 돌이켜 보니 개인적 인연을 믿고 제대로 살피지 못한 나머지 주변 사람들에게 엄격하지 못한 결과가 되고 말았습니다. 저 스스로를 용서하기 어렵고, 서글픈 마음까지 들어 밤잠을 이루기도 힘이 듭니다. 무엇으로도 국민들의 마음을 달래 드리기 어렵다는 생각을 하면 **내가 이러려고 대통령을 했나 하는 자괴감이 들 정도로 괴롭기만 합니다.**

국민의 마음을 아프지 않게 해드리겠다는 각오로 노력해 왔는데 이렇게 정반대의 결과를 낳게 돼 가슴이 찢어지는 느낌입니다. 심지어 제가 사이비 종교에 빠졌다거나 청와대에서 굿을 했다는 이야기까지 나오는데, 이는 결코 사실이 아니라는 점을 분명히 말씀드립니다. 우리나라의 미래 성장 동력을 만들기 위해 정성을 기울여 온 국정 과제들까지도 모두 비리로 낙인찍히고 있는 현실도 참으로 안타깝습니다. 일부의 잘못이 있었다고 해도 대한민국의 성장 동력만큼은 꺼뜨리지 말아 주실 것을 호소드립니다.

다시 한 번 저의 잘못을 솔직하게 인정하고 국민 여러분께 용서를 구합니다. 이미 마음으로는 모든 인연을 끊었지만, **앞으로 사사로운 인연을 완전히 끊고 살겠습니다.** 그동안의 경위에 대해 설명을 드려야 마땅합니다만, 현재 검찰의 수사가 진행 중인 상황에서 구체적인 내용을 일일이 말씀드리기 어려운 점을 죄송스럽게 생각합니다. 자칫 저의 설명이 공정한 수사에 걸림돌이 되지 않을까 염려해 오늘 모든 말씀을 드리지 못하는 것뿐이며, 앞으로 기회가 될 때 밝힐 것입니다.

또한 어느 누구라도 이번 수사를 통해 잘못이 드러나면 그에 상응하는 책임을 져야 할 것이며, **저 역시도 모든 책임을 질 각오**가 돼있습니다. 국민 여러분, 지금 우리 안보가 매우 큰 위기에 직면해 있고 우리 경제도 어려운 상황입니다. 국내외의 여러 현안이 산적해 있는 만큼 국정은 한시라도 중단돼서는 안 됩니다. 대통령의 임기는 유한하지만, 대한민국은 영원히 계속되어야만 합니다. 더 큰 국정 혼란과 공백 상태를 막기 위해 진상 규명과 책임 추궁은 검찰에 맡기고 정부는 본연의 기능을 하루속히 회복해야만 합니다.

국민들께서 맡겨 주신 책임에 공백이 생기지 않도록 사회 각계의 원로님들과 종교 지도자분들, 여야 대표님들과 자주 소통하면서 국민 여러분과 국회의 요구를 더욱 무겁게 받아들이겠습니다. 다시 한 번 국민 여러분께 깊이 머리 숙여 사죄드립니다.

제2차 대국민 담화에서 대통령은 모든 책임을 비선 실세 최순실의 개인적 일탈로 돌리고, 가끔씩 울먹이기도 하며 국민의 감성을 자극하려 했다. 하지만 같은 날 실시된 여론조사에서 대통령의 지지율은 5퍼센트로 떨어진 뒤로 상승할 기미를 보이지 않았다. 거대한 게이트의 원인을 오로지 최측근인 최순실의 사익 추구로만 돌리고 자신의 선의와 순수성을 강조하며 선 긋기를 시도했지만, 청와대 정책조정수석비서관이었던 안종범이 '강요미수와 직권남용 권리행사 방해' 등의 혐의로, 청와대 부속비서관이었던 정호성이 '공무상 비밀 누설' 혐의로 구속되면서 대통령은 점점 사면초가에 빠졌다. 담화문에서 밝힌 약속과 달리 검찰 수사를 거부한 대통령에 대한 여론은 계속 나빠졌다. 더욱이 11월 20일 발표된 검찰 특별수사본부의 발표에는 대통령과 최순실이 직권남용죄와 강요죄에서 '공모 관계'에 있다는 내용까지 포함돼 있었다. 검찰이 대통령을 기소하지는 않았지만 사실상 피의자로 간주하고 있다는 뜻이었다. 이에 박 대통령은 11월 29일, 제3차 대국민 담화를 발표하기에 이른다.

존경하는 국민 여러분, 저의 불찰로 국민 여러분께 큰 심려를 끼쳐 드린 점 다시 한 번 깊이 사죄드립니다. 이번 일로 마음 아파하시는 국민 여러분의 모습을 뵈면서 저 자신 백번이라도 사과를 드리는 것이 당연한 도리라고 생각하고 있습니다. 하지만 그런다 해도 그 큰 실망과 분노를 다 풀어 드릴 수 없다는 생각에 이르면 제 가슴이 더욱 무너져 내립니다.

국민 여러분, 돌이켜 보면 지난 18년 동안 국민 여러분과 함께했던 여정은 더없이 고맙고 소중한 시간이었습니다. 저는 1998년 처음 정치를 시작했을 때부터 대통령에 취임하여 오늘 이 순간에 이르기까지 오로지 국가와 국민을 위하는 마음으로 모든 노력을 다해 왔습니다. **단 한순간도 저의 사익을 추구하지 않았고 작은 사심도 품지 않고 살아왔습니다.**

지금 벌어진 여러 문제들 역시 저로서는 국가를 위한 공적인 사업이라고 믿고 추진했던 일들이었고 그 과정에서 어떠한 개인적 이익도 취하지 않았습니다. 하지만 주변을 제대로 관리하지 못한 것은 결국 저의 큰 잘못입니다. 이번 사건에 대한 경위는 가까운 시일 안에 소상히 말씀을 드리겠습니다.

국민 여러분, 그동안 저는 국내외 여건이 어려워지고 있는 상황에서 나라와 국민을 위해 어떻게 하는 것이 옳은 길인지 숱한 밤을 지새우며 고민하고 또 고민하였습니다. 이제 저는 이 자리에서 저의 결심을 밝히고자 합니다.

저는 제 대통령직 임기 단축을 포함한 진퇴 문제를 국회의 결정에 맡기겠습니다. 여야 정치권이 논의하여 국정의 혼란과 공백을 최소화하고 안정되게 정권을 이양할 수 있는 방안을 만들어 주시면 그 일정과 법 절차에 따라 대통령직에서 물러나겠습니다.

저는 이제 모든 것을 내려놓았습니다. 하루속히 대한민국이 혼란에서 벗어나 본래의 궤도로 돌아가기를 바라는 마음뿐입니다. 다시 한 번 국민 여러분께 죄송하다는 말씀을 드리며 대한민국의 희망찬 미래를 위해 정치권에서도 지혜를 모아 주실 것을 호소드립니다.

제3차 대국민 담화에서 박근혜 대통령은 결코 사익을 추구하지 않았다고 강변하면서 자진 사퇴까지 암시하는 초강수를 두면서도 자신의 진퇴 문제를 국회의 결정에 맡기겠다고 해 진정성을 의심받았다. 자진 사퇴는 문자 그대로 본인의 의지에 따라 스스로 물러나는 것이므로 그 결정을 국회에 맡길 성격이 아니었기 때문이다.

진상 규명을 위한 국정조사 실시와 특별검사 임명을 위한 입법을 마련한 국회는 대통령 탄핵 소추안을 2016년 12월 9

일 본회의에서 3백 명의 국회의원들 가운데 불참 1명, 찬성 234표, 반대 56표, 무효 7표, 기권 2표로 가결시켰다. 헌법은 대통령에 대한 탄핵 소추를 위한 의결정족수로 재적 국회의원의 3분의 2를 요구하고 있어(헌법 제65조 제2항) 2백 명의 국회의원만 찬성하면 탄핵 소추안이 가결되는데, 이보다 훨씬 많은 국회의원이 탄핵 소추에 찬성한 것이었다. 이로써 헌법에 따라 곧바로 대통령의 권한 행사가 정지되었다(헌법 제65조 제3항). 권한 정지의 법적 효과는 국회의 탄핵 소추 의결서가 대통령에게 전달되는 시점부터라는 점을 이용해 박 대통령은 마치 자신의 탄핵 소추를 대비하기라도 한 듯 권한 정지 직전에 이미 사표를 제출한 민정수석비서관을 면직시키고 새로운 민정수석비서관을 임명하는 꼼수를 부렸다.5

국회의 탄핵 소추 사유

이제부터는 국회가 헌법재판소에 제출한 대통령 탄핵 소추 의결서의 헌법적 쟁점들과 이에 대한 헌법재판소의 판결을 하나씩 상세하게 살펴보자.

5 대통령이 탄핵 소추로 권한이 정지되기 직전에 임명한 민정수석비서관은 대통령의 변호인이 검찰 수사 결과를 부인하는 발언을 하자 박근혜 정부를 "불타는 수레"에 비유하며 사표를 제출했다.

탄핵 소추 사유

헌법 제1조는 "대한민국은 민주공화국이다. 대한민국의 주권은 국민에게 있고, 모든 권력은 국민으로부터 나온다."라고 선언하고 있다. 대통령은 주권자인 국민으로부터 직접선거를 통하여 권력을 위임받은 국가의 원수이자 행정부의 수반으로서 헌법을 준수하고 수호할 책무를 지며 그 직책을 성실하게 수행해야 한다(헌법 제66조 제2항, 제69조). 이러한 헌법의 정신에 의하면 대통령은 '법치와 준법의 존재'이며, "헌법을 경시하는 대통령은 스스로 자신의 권한과 권위를 부정하고 파괴하는 것"이다(헌재 2004. 5. 14. 선고 2004헌나1 결정).

헌법 제65조 제1항은 대통령이 그 직무 집행에 있어서 헌법이나 법률을 위배한 때에는 국회는 탄핵의 소추를 의결할 수 있다고 규정하고 있다. 그런데 박근혜 대통령은 직무 집행에 있어서 헌법과 법률을 광범위하게 그리고 중대하게 위배하였다.

아래에서 보는 것처럼 박근혜 대통령은 국민주권주의(헌법 제1조) 및 대의민주주의(헌법 제67조 제1항), 법치국가 원칙, 대통령의 헌법 수호 및 헌법 준수 의무(헌법 제66조 제2항, 제69조), 직업 공무원 제도(헌법 제7조), 대통령에게 부여된 공무원 임면권(헌법 제78조), 평등 원칙(헌법 제11조), 재산권 보장(헌법 제23조 제1항), 직업 선택의 자유(헌법 제15조), 국가의 기본적 인권 보장 의무(헌법 제10조), 개인과 기업의 경제상의 자유와 사적자치에 기초한 시장경제 질서(헌법 제119조 제1

항), 언론의 자유(헌법 제21조) 등 헌법 규정과 원칙에 위배하여 헌법 질서의 본질적 내용을 훼손하거나 침해, 남용하였다.

또한 박근혜 대통령은 특정범죄가중처벌등에관한법률위반(뇌물)죄(「특정범죄 가중처벌 등에 관한 법률」 제2조 제1항 제1호, 「형법」 제129조 제1항 또는 제130조), 직권남용권리행사방해죄(「형법」 제123조), 강요죄(「형법」 제324조), 공무상비밀누설죄(「형법」 제127조) 등 각종 범죄를 저질러 법률의 규정에 위배하였다.

박근혜 대통령의 위와 같은 위헌, 위법행위는 헌법 수호의 관점에서 볼 때 대한민국 헌법 질서의 본질적 요소인 자유민주적 기본 질서를 위협하는 행위로서 기본적 인권의 존중, 권력분립, 사법권의 독립을 기본 요소로 하는 법치주의 원리 및 의회 제도, 복수 정당 제도, 선거제도 등을 기본 요소로 하는 민주주의 원리에 대한 적극적인 위반임과 동시에 선거를 통하여 국민이 부여한 민주적 정당성과 신임에 대한 배신으로서 탄핵에 의한 파면 결정을 정당화하는 사유에 해당한다. 이에 박근혜 대통령을 파면함으로써 헌법을 수호하고 손상된 헌법 질서를 다시 회복하기 위하여 탄핵 소추안을 발의한다.

국회는 탄핵 소추 의결서 첫머리에서 피소추자 박근혜 대통령의 탄핵 소추 사유를 헌법위반 사항 다섯 가지(①~⑤), 법률 위반 사항 여덟 가지(⑥~⑬) 등 총 열세 가지로 정리했다.

① 민주주의와 법치주의 위배

② 공무원 임면권 남용과 직업 공무원제 침해

③ 재산권 침해와 시장경제 질서 위배

④ 언론의 자유 침해

⑤ 생명권 보호 의무 위반

⑥ 미르·케이스포츠 재단 관련 범죄

⑦ 롯데 추가 출연금 관련 범죄

⑧ 케이디코퍼레이션 관련 범죄

⑨ 플레이그라운드 관련 범죄

⑩ 포스코 관련 범죄

⑪ 케이티 관련 범죄

⑫ 그랜드코리아레저 관련 범죄

⑬ 문서 유출 관련 범죄

　　탄핵 소추 사유는 사실관계를 중심으로 탄핵 심판에 적합하게 특정되어 있어야 하는데, 국회의 탄핵 소추 의결서는 탄핵 소추 사유와 사실관계가 다소 정리되지 못한 채 혼합·중복되어 있어 대통령 대리인단은 이 부분에 대한 적법성 문제를 제기했다.

　　하지만 헌법재판소는 다음과 같이 판단하며 대통령 대리인단의 주장을 받아들이지 않았다.[6]

---

6 이하에서 등장하는, 대통령 박근혜 탄핵에 관한 헌법재판소 결정문 출처는 '헌재 2017. 3. 10. 2016헌나1'로 따로 표기하지 않았다.

헌법은 물론 형사법이 아닌 법률의 규정이 형사법과 같은 구체성과 명확성을 가지지 않은 경우가 많으므로 탄핵 소추 사유를 「형사소송법」상 공소사실과 같이 특정하도록 요구할 수는 없고, 소추 의결서에는 피청구인이 방어권을 행사할 수 있고 헌법재판소가 심판 대상을 확정할 수 있을 정도로 사실관계를 구체적으로 기재하면 된다고 보아야 한다. 공무원 징계의 경우 징계 사유의 특정은 그 대상이 되는 비위 사실을 다른 사실과 구별될 정도로 기재하면 충분하므로(대법원 2005. 3. 24. 선고 2004두14380 판결), 탄핵 소추 사유도 그 대상 사실을 다른 사실과 명백하게 구분할 수 있을 정도의 구체적 사정이 기재되면 충분하다. 이 사건 소추 의결서의 헌법 위배 행위 부분은 사실관계를 중심으로 기재되어 있지 않아 소추 사유가 분명하게 유형별로 구분되지 않은 측면이 없지 않지만, 소추 사유로 기재된 사실관계는 법률 위배 행위 부분과 함께 보면 다른 소추 사유와 명백하게 구분할 수 있을 정도로 충분히 구체적으로 기재되어 있다.

헌법재판소는 재판이 진행되는 동안 계속해서 헌법재판은 형사재판이 아니라는 점을 강조했는데, 탄핵 소추 사유의 특정과 관련해서도 형사재판에서 공소를 제기하는 검사가 공소장에서 공소 사실을 특정할 때 요구되는 만큼 구체적으로 탄핵 소추 사유가 특정될 필요가 없음을 확인한 것이다. 탄핵 소추 의결서에 제시된 탄핵 소추 사유는 탄핵 재판을 하는 데 필요한 만큼 구체적으로 특정되어 있다고 본 것이다.

특히 그동안 탄핵 소추 사유를 정리하면서 전혀 문제를 제기하지 않다가 제16차 변론에서야 비로소 적법성 문제를 제기한 대통령 대리인단의 태도에도 문제가 있다고 지적했다.

소추 의결서에 소추 사유의 구체적 사실관계가 기재되어 있어 소추 사유를 확정하는 데 어려움이 없고, 이미 변론 준비 기일에 양 당사자가 소추 사유의 유형별 정리에 합의하고 열다섯 차례에 걸쳐 변론을 진행해 온 점 등에 비추어 볼 때 소추 사유가 특정되지 않았다는 피청구인의 주장은 받아들일 수 없다.

또한 헌법재판소는 탄핵 소추 사유에 적용될 헌법이나 법령이 무엇인지가 특정되지 않았다는 주장도 다음과 같은 이유에서 받아들이지 않았다.

헌법재판소는 원칙적으로 국회의 소추 의결서에 기재된 소추 사유에 의하여 구속을 받고, 소추 의결서에 기재되지 아니한 소추 사유를 판단의 대상으로 삼을 수 없다. 그러나 소추 의결서에서 그 위반을 주장하는 '법 규정의 판단'에 관하여 헌법재판소는 원칙적으로 구속을 받지 않으므로, 청구인이 그 위반을 주장한 법 규정 외에 다른 관련 법 규정에 근거하여 탄핵의 원인이 된 사실관계를 판단할 수 있다. 또 헌법재판소는 소추 사유를 판단할 때 국회의 소추 의결서에서 분류된 소추 사유의 체계에 구속되지 않으므로, 소추 사유를 어떤 연관 관계에서 법적으로 고려할 것인가 하는 것은 전적으로 헌법재판소의 판단에 달려 있다(헌재 2004. 5. 14. 2004헌나1).

국회가 탄핵 소추 의결서에서 제시한 탄핵 소추 사유는 헌법재판소가 마음대로 건드릴 수 없어 임의로 추가하거나 삭제할 수 없다는 뜻이다. 하지만 국회에 의해 제시된 탄핵 소추 사유에 대해 어떤 헌법 조항이나 법률 조항을 적용할지는 어차피 헌법재판소가 직권으로 결정할 수 있으므로 국회의 탄핵 소추 의결서에 탄핵 소추 사유에 적용될 헌법 조항이나 법률 조항을 미리 정확하게 기재할 필요는 없고, 나중에 헌법재판소가 직접 관련된 헌법 조항이나 법률 조항을 찾아서 적용하면 충분하다는 뜻이다.

끝으로 국회 탄핵 소추위원단은 2017년 2월 1일에 탄핵 소추 사유를 네 가지로 정리하는 준비서면을 제출하면서 탄핵 소추 사유를 일부 변경함과 동시에 탄핵 소추 사유를 추가하기도 했는데, 대통령 대리인단은 이 부분도 문제 삼았다. 헌법재판소는 대통령 대리인단의 주장을 일부 받아들였다.

> 국회가 탄핵 심판을 청구한 뒤 별도의 의결 절차 없이 소추 사유를 추가하거나 기존의 소추 사유와 동일성이 인정되지 않는 정도로 소추 사유를 변경하는 것은 허용되지 아니한다. 따라서 청구인이 2017년 2월 1일 제출한 준비서면 등에서 주장한 소추 사유 중 소추 의결서에 기재되지 아니한 소추 사유를 추가하거나 변경한 것으로 볼 여지가 있는 부분은 이 사건 판단 범위에서 제외한다.

국회가 탄핵 소추 의결서에서 제시한 탄핵 소추 사유를 변경하거나 추가하려면 별도의 의결 절차를 다시 거쳐야 한다는 것이 요지다. 따라서 국회가 탄핵 소추 의결서를 헌법재판소에 제출한 뒤에 별도의 의결 절차 없이 탄핵 소추 사유를 변경하거나 추가하면 헌법재판소는 그런 탄핵 소추 사유에 대해서는 심판의 대상으로 삼아 검토할 필요가 없는 것이다.

/ 탄핵 소추 사유 ① 민주주의와 법치주의 위배

1. 헌법 위배 행위

가. 국민주권주의(헌법 제1조), 대의민주주의(헌법 제67조 제1항), 국무회의에 관한 규정(헌법 제88조, 제89조), 대통령의 헌법 수호 및 헌법 준수 의무(헌법 제66조 제2항, 제69조) 조항 위배

박근혜 대통령은 공무상 비밀 내용을 담고 있는 각종 정책 및 인사 문건을 청와대 직원을 시켜 최순실(최서원으로 개명. 이하 '최순실'이라고 한다)에게 전달하여 누설하고, 최순실과 그의 친척이나 그와 친분이 있는 주변인 등(이하 '최순실 등'이라고 한다)이 소위 비선 실세로서 각종 국가정책 및 고위 공직 인사에 관여하거나 이들을 좌지우지하도록 하였다. 그 과정에서 국무위원이 아닌 최순실에게 국무회의의 심의를 거쳐야 하는 사항을 미리 알려 주고 심의에 영향력을 행사하도록 하였다.

이러한 과정을 통하여 박근혜 대통령은 최순실 등의 사익을 위하여 대통령의 권력을 남용하여 사기업들로 하여금 각 수십억 원에서 수백억 원을 갹출하도록 강요하고 사기업들이 최순실 등의 사업에 특혜를 주도록 강요하는 등 최순실 등이 국정을 농단하여 부정을 저지르고 국가의 권력과 정책을 최순실 등의 '사익 추구의 도구'로 전락하게 함으로써, 최순실 등 사인(私人)이나 사조직(私組織)이 아닌 박근혜 대통령 자신에게 권력을 위임하면서 '헌법을 수호하고 국민의 자유와 복리의 증진을 위하여 대통령으로서의 직책을 성실히 수행할 것'을 기대한 주권자의 의사에 반하여 국민주권주의(헌법 제1조) 및 대의민주주의(헌법 제67조 제1항)의 본질을 훼손하고, 국정을 사실상 법치주의(法治主義)가 아니라 최순실 등의 비선 조직에 따른 인치주의(人治主義)로 행함으로써 법치국가 원칙을 파괴하고, 국무회의에 관한 헌법 규정(헌법 제88조, 제89조)을 위반하고 대통령의 헌법 수호 및 헌법 준수 의무(헌법 제66조 제2항, 제69조)를 정면으로 위반하였다.

광장에 나와 촛불을 든 시민들은 '민주공화국'과 '국민주권'의 의미를 담은 두 개의 헌법 조항을 단순한 멜로디에 담아 노래로 불렀다. 민주공화국과 국민주권의 회복에 대한 간절한 염원을 노래에 담은 것이다. 헌법에 따르면 "대한민국은 민주공화국"이다(헌법 제1조 제1항). 이처럼 헌법에 명시된 핵심적 국가 원리인 '민주주의'는 국민이 국가의 주인이 되어야 한다는 원칙이다. 주인은 노예와 대치되는 개념으로, 주인은 노예와 달리 스스로 의사를 결정할 수 있다. 따라서 국민이 국가의 주인이라는 것은 국민이 자신이 속한 국가 공동체의 의사를 결정할 수 있다는 뜻이다. 헌법은 곧이어 "대한민국의 주권은 국민에게 있고, 모든 권력은 국민으로부터 나온다."(헌법 제1조 제2항)라고 선언함으로써 민주주의는 본질적으로 '국민주권주의'를 포함하고 있음을 확인한다. 다만 현실적으로 국가 공동체의 모든 의사를 국민이 직접 결정할 수는 없으므로 실제로는 국가 공동체의 의사를 결정할 수 있는 권한을 국가기관에 위임한다. 주권자인 국민이 국가기관이라는 국민의 대표 기관을 통해 국가권력을 행사하도록 하는 것을 '대의민주주의'라고 부른다.

헌법은 국가권력의 한 축인 '입법권'은 '국회'라는 국가기관에 맡기면서(헌법 제40조 제1항) 국회의 구성원인 국회의원을 국민이 선거로 선출하도록 하고(헌법 제41조 제1항), 또 다른 국가권력인 '행정권'(집행권)은 대통령을 수반으로 하는 '정부'라는 국가기관에 맡기면서(헌법 제66조 제4항) 행정부의 수반인 대통령도 국민이 선거로 선출하도록 요구한다(헌법 제67조 제1항). 이처럼 주권자인 국민이 헌법에 근거해 국가권력을 국가기관에 위임하는 절차는 '선거'이다. 선거는 주권자인 국민이 국가권력을 행사하는 국가기관에 대해 민주적 정당성을 부여하는 절차인 것이다. 선거를 통해 민주적 정당성을 부여받은 국가기관은 비로소 '국민의 대표'가 된다. 국가기관이 국민의 대표로 국가권력을 행사할 수 있는 것은 선거를 통해 주권자인 국민으로부터 민주적 정당성을 부여받았기 때문이므로, 선거로 선출되지 않은 사람은 어떤 식으로든 선거가 아닌 다른 방식의 민주적 정당성을 획득하지 않는 이상 국가권력을 행사할 수 없다. 따라서 대통령의 최측근들이 공식적 직함도 없이 이른바 비선 실세가 되어 국가권력을 행사한 것은 헌법의 기본 원리인 민주주의와 국민주권주의, 특히 대의민주주의를 심각하게 훼손한 것이다.

　물론 헌법은 '사법권'을, 법관으로 구성된 국가기관인 '법원'에 맡기면서(헌법 제101조 제1항) 최고법원인 대법원의 구성원인 대법원장과 대법관을 국민이 선거로 선출하도록 요구하지는 않는다. 하지만 대법원장과 대법관은 국민의 대표인 국회의 동의를 얻도록 요구함으로써(헌법 제104조 제1항 및 제2항) 법원도 직접적이지는 않지만 적어도 국회의 동의를 통해 간접적으로나마 민주적 정당성을 확보하게 하고 있다. 같은 맥락에서 우리 헌법은 법원과 함께 또 하나의 사법부로 헌법재판(위헌 법률 심판, 헌법 소원 심판, 탄핵 심판, 정당 해산 심판, 권한쟁의 심판)을 담당하는 '헌법재판소'를 설치하도록 규정하는데(헌법 제111조 제1항) 헌법재판소 재판관 9인이 모두 국회의 동의를 얻도록 하지 않은 것은 민주적 정당성이라는 측면에서 문제점으로 지적된다. 민주적 정당성이라는 관점에서 보면 헌법재판이라는 사법의 권한을 담당하는 헌법재판소 구성원 역시 모두 국회의 동의를 받을 필요가 있다는 뜻이다.

　민주주의와 함께 헌법의 중요한 국가 원리는 '법치주의'(법치국가)다. 헌법이 명시적으로 법치주의라는 표현을 사용하지는 않지만 법의 지배rule of law를 의미하는 법치주의는 헌법적 국가 원리로 인정된다. 이런 법치주의에 따르면 국가기관은 법에 근거해 법이 부여한 범위의 권한만을 법이 정한 절차에 따라 행사할 수 있다. 역사적 경험을 통해 알 수 있듯이 법의 지배가 이루어지지 않으면 사람의 지배人治가 이루어지고, 이로 말미암아 국민의 기본적 인권이 심각하게 침해될 우려가 있기에 국가권력의 행사는 법적 근거를 가지고 법적 범위 내에서 법적 절차를 따라서만 가능하도록 한 것이다. 아무리 선거를 통해 민주적 정당성을 부여받아 국가권력을 행사하는 국가기관이라고 하더라도 법적 근거나 절차 없이 국가권력을 행사하면 남용될 가능성이 크다. 사실 반드시 법적 근거를 필요로 하지는 않는 '권력'power이라는 말은 법적 근거와 법적 범위가 정해진 '권한'competence이라는 표현과 구분해 사용되어야 하므로 법치주의하에서 국가기관이 행사할 수 있는 것은 엄격하게 말하면 권력이 아니라 권한이다. 물론, 헌법이 직접 "모든 권력"이라는 표현을 사용하고는 있지만, 헌법에 적시된 '권력'은 법적 근거와 법적 범위를 가진 권한을 의미한다고 보는 것이 맞다. 이런 법치주의에 따르면 국가기관은 법적 근거가 없거나 법이 허용한 범위를 넘어서 혹은 법적 절차를 지키지 않은 채 권한을 행사할 수 없다. 또한 법치주의는 권력의 집중으로 국민의 기본권이 침해되는 것을 방지하기 위해 '권력분립 원칙'에 따라 국가권력을 분산시킴으로써 통제하기도 한다. 법치주의의 관점에서 비선 실세의 국정 농단이 문제되는 근본적 이유는 말 그대로 '비선'이기 때문에 어떤 공식적 직함도 없는 사람, 즉 아무런 법적 권한도 없는, 대통령의 최측근이 헌법과 법

률이 대통령에게 부여한 권한을 행사했다는 데 있다. 더욱이
이런 '비선'은 어떤 법적 절차도 거치지 않고 법적 통제도 받지
않은 채 활동하므로 법이 정한 절차와 통제 수단에 따라 공개
적이고 투명하게 권한을 행사하지 않는다는 점에서 법치주의
와 정면으로 충돌할 수밖에 없다.

특히 아무리 권한이 막강한 대통령이라도 대통령의 권한
행사와 관련해 헌법은 몇 가지 한계를 설정하고 있다. 우선
"대통령의 국법상 행위는 문서로써 하며, 이 문서에는 국무총
리와 관계 국무위원이 부서"해야 한다(헌법 제82조). 이와 같은
'문서'와 '부서'(부가적 서명)라는 형식적 한계 이외에도 대통령
의 권한 행사에서 헌법이 열거한 사항은 반드시 국무회의의
'심의'를 거쳐야 하는 절차적 한계도 있다. 헌법은 국무회의 심
의 사항으로 열일곱 가지를 열거하고 있다(헌법 제89조).

① 국정의 기본 계획과 정부의 일반 정책

② 선전(宣戰)·강화(講和) 기타 중요한 대외정책

③ 헌법 개정안·국민투표안·조약안·법률안 및 대통령령안

④ 예산안·결산·국유재산 처분의 기본 계획·국가의 부담이 될
계약 기타 재정에 관한 중요 사항

⑤ 대통령의 긴급명령·긴급재정경제처분 및 명령 또는 계엄과
그 해제

⑥ 군사에 관한 중요 사항

⑦ 국회의 임시회 집회의 요구

⑧ 영전 수여

⑨ 사면·감형과 복권

⑩ 행정 각부 간의 권한의 획정

⑪ 정부 안의 권한의 위임 또는 배정에 관한 기본 계획

⑫ 국정 처리 상황의 평가·분석

⑬ 행정 각부의 중요한 정책의 수립과 조정

⑭ 정당 해산의 제소

⑮ 정부에 제출 또는 회부된 정부의 정책에 관계되는 청원의
심사

⑯ 검찰총장·합동참모의장·각군 참모총장·국립대학교 총장·
대사 기타 법률이 정한 공무원과 국영기업체 관리자의 임명

⑰ 기타 대통령·국무총리 또는 국무위원이 제출한 사항"

이처럼 헌법이 정한 형식적·절차적 요건을 준수하지 않은
채 대통령이 권한을 행사하면 이것도 헌법을 위반한 것으로 탄
핵 사유에 해당한다. 비선 실세의 국정 농단이 헌법적으로 문
제가 될 수밖에 없는 이유들 가운데 하나가 바로 이런 형식적·
절차적 요건을 완전히 무시한다는 데 있다.

대통령은 취임식에서 다음과 같은 '취임 선서'를 한다.

나는 헌법을 준수하고 국가를 보위하며 조국의 평화적 통일과
국민의 자유와 복리의 증진 및 민족문화의 창달에 노력하여 대
통령으로서의 직책을 성실히 수행할 것을 국민 앞에 엄숙히 선
언합니다(헌법 제69조).

이것은 단지 대통령이 취임식에서 해야 하는 의례적이고 형식적인 선서문에 지나지 않는 것이 아니라 실제로 대통령의 헌법적 의무를 명시하고 있는 것이다. 여기서 특히 중요한 것은 '헌법 준수의 의무'와 '성실한 직책 수행의 의무'로 이런 헌법적 의무를 이행하지 않으면 헌법위반으로 탄핵의 사유가 된다. 따라서 대통령이 자신의 최측근인 비선 실세가 국정 농단을 하도록 적극적으로 지원하거나 소극적으로 방치했다면 헌법의 국가 원리인 민주주의와 법치주의를 위반해 헌법을 준수하지 않았을 뿐만 아니라, 대통령의 직책을 성실하게 수행하지도 못한 것이다. 하지만 헌법재판소는 노무현 전 대통령 탄핵 심판 사건에서 헌법 준수 의무와 달리 성실한 직책 수행의 의무는 헌법적 의무이기는 하지만 헌법재판소의 심판 대상이 될 수 없어 탄핵 사유가 되지 않는다고 보았다(헌재 2004. 5. 14. 2004 헌나1 참조). 따라서 박근혜 전 대통령 탄핵 심판 사건에서도 성실한 직책 수행의 의무가 헌법적 의무로서 헌법재판소의 심판 대상이 되고 대통령의 탄핵 사유가 되는지의 여부가 핵심 쟁점으로 등장한다.

공무원 임면권 남용과 직업 공무원제 침해

나. 직업 공무원 제도(헌법 제7조), 대통령의 공무원 임면권(헌
   법 제78조), 평등 원칙(헌법 제11조) 조항 위배

박근혜 대통령은 청와대 간부들 및 문화체육관광부의 장, 차
관 등을 최순실 등이 추천하거나 최순실 등을 비호하는 사람
으로 임명하였다. 이러한 예로는 김종덕 문화체육관광부 장관
(차은택의 대학원 지도교수), 김종 문화체육관광부 차관(최순실
의 추천), '문고리 삼인방'(이재만, 정호성, 안봉근), 윤전추 3급
행정관(최순실의 헬스트레이너), 차은택 문화창조융합본부장,
김상률 교육문화수석(차은택의 외삼촌), 송성각 한국콘텐츠진
흥원장(차은택의 지인) 등을 들 수 있다. 박근혜 대통령은 이들
이 최순실 등의 사익 추구를 방조하거나 조장하도록 하였는데
예를 들어 김종은 2013년 10월 최순실의 추천으로 문화체육
관광부 차관으로 임명되어 2016년 10월 30일 사퇴할 때까지
최순실 등의 체육계 인사 개입과 이권 장악을 도왔다. 김 전
차관은 문체부 산하 공기업 그랜드코리아레저(GKL)가 창단한
장애인 펜싱팀 대행업체로 더블루케이를 선정하도록 압박하
고, 케이스포츠 재단 설립 과정을 돕고, 더블루케이에 평창동
계올림픽 관련 이권 사업을 몰아주었다.
   또한 박근혜 대통령은 최순실 등의 사익 추구에 방해될 문
화체육관광부의 고위 공직자들을 자의적으로 해임시키거나

전보시켰는데 이러한 예로는 2013년 4월 최순실의 딸 정유라가 한국마사회컵 승마대회에서 우승을 못 하자 청와대의 지시로 문화체육관광부가 승마협회를 조사·감사하였고, 그 결과가 흡족하지 않자 박근혜 대통령은 2013년 8월 유진룡 문화체육관광부 장관에게 동 조사·감사에 관여한 노○강 국장과 진○수 과장을 두고 "나쁜 사람"이라고 언급하고 경질을 사실상 지시하였고, 그 후 이들은 산하 기관으로 좌천된 일을 들 수 있다. 이와 관련하여 2014년 7월 유진룡 장관이 갑자기 면직되었고, 그 후 2014년 10월 청와대 김기춘 비서실장으로부터 문화체육관광부 김○범 차관에게 문화체육관광부 1급 공무원 6명의 일괄 사표를 받으라는 부당한 압력이 행사되었고 이들은 명예퇴직을 하게 되기도 하였다. 이와 같이 '국민 전체에 대한 봉사자로서 신분이 보장되는' 공무원을 최순실 등의 '사익에 대한 봉사자'로 전락시키고 공무원의 신분을 자의적으로 박탈시킴으로써 직업 공무원 제도(헌법 제7조)의 본질적 내용을 침해하고, 대통령에게 부여된 공무원 임면권(헌법 제78조)을 남용하였다.

또 박근혜 대통령은 애초에 최순실 등을 비호하기 위한 공무원 임면을 통하여 최순실 등이 문화체육관광부로부터 동계스포츠영재센터(최순실의 조카 장시호 운영)를 통하여 6억7천만 원을, '늘품체조'(차은택이 제작)로 3억5천만 원의 예산 지원을 받는 등 각종 이권과 특혜를 받도록 방조하거나 조장함으로써 '국가가 법 집행을 함에 있어서 불평등한 대우를 하지 말아야 한다'는 평등 원칙(헌법 제11조)을 위배하고 정부 재정의 낭비를 초래하였다.

헌법은 일정한 '제도'를 보장하기도 하는데, 이를테면 정당
제도, 선거제도, 공무원 제도, 지방자치제도와 같은 제도들이
그에 해당한다. 이것은 법리적으로 '제도 보장'으로 지칭된다.
헌법이 어떤 제도를 보장하면, 이를 법률로 구체화해야 하는
입법자(의회)는 그 과정에서 제도의 본질을 훼손해서는 안 되
고, 제도가 사실상 폐지되는 결과를 초래하는 내용의 입법을
해서도 안 된다. 특히 직업 공무원 제도의 본질은 "공무원의
신분"과 "정치적 중립성"에 대한 보장에 있는데(헌법 제7조 제2
항) 헌법으로부터 공무원 임면권을 부여받은 대통령은(헌법 제
78조) 공무원의 신분이나 정치적 중립성을 해치면서까지 헌법
이 부여한 임면권을 행사할 수 없다. 따라서 신분이 보장된 공
무원들에게 압력을 가해 사직을 강요한 것은 공무원의 신분보
장을 침해한 것으로 볼 수 있다. 법리적으로 볼 때, 헌법이 동
일한 내용을 제도로 보장하는 것과 기본권으로 보장하는 것은
차이가 있다. 하지만 공무원 사직 강요와 관련해 국회가 소추
의결서에서 전개한 법적 논리는 아쉬움을 남긴다. 법리적으로
볼 때 공무원들에 대한 사직 강요는 직업 공무원 제도의 보장
을 침해하는 것으로 구성하기보다 공무담임권(헌법 제25조)을
침해하는 것으로 구성하면 좀 더 바람직했을 듯하다. 헌법재판
소는 제도 보장에 대한 침해보다는 기본권에 대한 침해에 엄격
한 심사 기준을 적용하기 때문이다.

헌법은 기본권 장章에서 "모든 국민은 법 앞에 평등하다."라고 '평등권'을 규정하고 있는데(헌법 제11조 제1항), 이를 개인의 주관적 권리가 아니라 공동체에 요구되는 객관적 규범으로 이해할 경우, 평등권은 '평등 원칙'을 의미한다. 평등이라는 용어는 민주적 선거 원칙들 가운데 하나인 '평등선거 원칙'으로도 등장하고(헌법 제41조 제1항 및 제67조 제1항), 교육을 받을 권리에서 "균등하게"라는 표현으로도 나타난다(헌법 제31조 제1항). 평등권이든 평등 원칙이든 중요한 것은 평등의 의미인데 대체로 평등은 '상대적 평등'으로 이해된다. 상대적 평등은 모든 대상을 항상 동등하게 대우(취급)하는 '절대적 평등'과 대치되는 개념으로 '본질적으로 동일한 것은 동등하게 대우하고, 본질적으로 상이한 것은 차등적으로 대우해야 한다'는 요청을 내용으로 한다. 따라서 상대적 평등으로 이해된 평등에서 가장 중요한 것은, 과연 문제가 되고 있는 대상들이 비교 가능한 대상인지의 여부이다. 다시 말해 평등을 주장하려면 적어도 서로 비교가 가능한 대상들이 존재해야 한다. 비교가 가능한 대상이 존재할 경우, 그다음 일은 그 비교 대상들이 본질적으로 동일한지 아니면 본질적으로 상이한지를 판단하는 것이다. 만약 비교 대상들이 본질적으로 동일하면 동등한 대우를 해야 하고, 본질적으로 상이하면 차등적 대우를 해야 한다. 따라서 본질적으로 동일한 비교 대상들을 차등적으로 대우하거나 본질적으로 상이한 비교 대상들을 동등하게 대우하면 그것은 '차별적 대우(처우)'로서 원칙적으로 차별에 해당할 수 있다는 의심을 받게 된다.

그렇지만 본질적으로 동일한 비교 대상들을 차등적으로 대우하거나 본질적으로 상이한 비교 대상들을 동등하게 대우해도 그런 차별적 대우에 '합리적 근거'가 존재하면 평등에 위배되지 않고, 그런 차별적 대우에 합리적 근거가 존재하지 않는 경우에만 확정적으로 평등에 위배되는 '차별'에 해당된다. 이처럼 헌법이 보장하는 평등에 위배되는지 여부는 ① 비교 대상의 존재(비교의 가능성), ② 차별적 대우의 존재, ③ 합리적 근거의 존재에 관해 차례로 확인하는 절차를 거쳐서 판단될 수 있다. 대통령이 비선 실세들에게 특혜를 준 것은, 비교 대상이 되는 다른 국민들과 비교해, 합리적 근거가 없는 차등적 대우를 한 것으로 평등에 위배되는 차별로 볼 수밖에 없다. 나중에 특검의 수사 결과에 따르면 대통령은 청와대 참모들에게 지시해 최순실 씨의 지인들에게 인사상 특혜를 준 사실도 드러났다. 하지만 헌법재판소가 국회 탄핵 소추 위원단이 주장한 평등 원칙의 문제를 판단 이유에서 검토하지 않은 것으로 보아, 평등 원칙은 직결된 쟁점이 아니라고 본 것으로 추정된다.

/ 탄핵 소추 사유 ③
재산권 침해와 시장경제 질서 위배

> **다.** 재산권 보장(헌법 제23조 제1항), 직업 선택의 자유(헌법 제
> 15조), 기본적 인권 보장 의무(헌법 제10조), 시장경제 질서
> (헌법 제119조 제1항), 대통령의 헌법 수호 및 헌법 준수 의
> 무(헌법 제66조 2항, 제69조) 조항 위배
>
> 박근혜 대통령은 청와대 수석비서관 안종범 등을 통하여 최순
> 실 등을 위하여 사기업에게 금품 출연을 강요하여 뇌물을 수
> 수하거나 최순실 등에게 특혜를 주도록 강요하고, 사기업의
> 임원 인사에 간섭함으로써 '국민의 자유와 복리'를 증진하고
> '기본적 인권을 보장할 의무'를 지니는 대통령이 오히려 기업
> 의 재산권(헌법 제23조 제1항)과 개인의 직업 선택의 자유(헌
> 법 제15조)를 침해하고, 국가의 기본적 인권의 보장 의무(헌법
> 제10조)를 저버리고, '개인과 기업의 경제상의 자유와 사적자
> 치에 기초한' 시장경제 질서(헌법 제119조 제1항)를 훼손하고,
> 대통령의 헌법 수호 및 헌법 준수 의무(헌법 제66조 제2항, 제
> 69조)를 위반하였다.

헌법은 경제 질서의 기본 원칙으로 '자본주의적 시장경제
질서'를 채택하고 있다. "대한민국의 경제 질서는 개인과 기업
의 경제상의 자유와 창의를 존중함을 기본으로 한다."고 선언

하고 있는 것이다(헌법 제119조 제1항). 다만 시장에 대한 국가의 개입은 다음과 같이 예외적으로 허용한다.

국가는 균형 있는 국민경제의 성장 및 안정과 적정한 소득의 분배를 유지하고, 시장의 지배와 경제력의 남용을 방지하며, 경제주체 간의 조화를 통한 경제의 민주화를 위해 경제에 관한 규제와 조정을 할 수 있다(헌법 제119조 제2항).

자본주의적 시장경제 질서에 대한 수정 혹은 보완을 위해 국가의 시장 개입을 요구하는 것이다. 이에 따라 대한민국의 경제 질서는 흔히 '사회적 시장경제 질서'라고 불린다. 어쨌든 경제 질서의 기본 원칙이 자본주의적 시장경제 질서이기 때문에 그 기본이 되는 재산권 보장과 사유재산제도(헌법 제23조 제1항), 직업 선택의 자유(헌법 제15조), 거주·이전의 자유(헌법 제14조), 계약의 자유와 사적자치의 원칙과 같은 기본권들과 그에 상응하는 제도와 원칙이 헌법적으로 보장되고 있다. 따라서 대통령이 재단의 기부금을 모금하면서 기업을 강요하고, 사기업의 임원 인사에 개입했을 뿐만 아니라, 대기업에 대해 특정 중소기업에 혜택을 주도록 강제했다면 그것은 자본주의적 시장경제 질서와 이런 경제 질서를 위해 헌법상 보장된 기본권들을 침해한 것이 된다.

사회적 시장경제 질서는 민주주의, 법치주의와 함께 헌법의 세 가지 기본 원리들 가운데 하나인 '사회 복지주의'와 밀접한 관련성을 갖는다. 사회 복지주의는 자본주의적 시장경제 질

서가 가지는 문제점으로부터 발생할 수밖에 없는 '사회적 약
자'에 대한 사회보장이나 사회복지를 국가의 과제로 설정하기
때문이다(헌법 제34조 제2항). 헌법은 사회적 약자에 대한 배려를
사회 복지주의라는 국가 원리뿐만 아니라 다양한 '사회적 기본
권'(사회권)의 보장을 통해 국가에 요구한다. 교육을 받을 권리
(헌법 제31조 제1항), 근로의 권리(헌법 제32조 제1항), 노동3권(헌
법 제33조 제1항), 인간다운 생활을 할 권리(헌법 제34조 제1항), 환
경권 및 주거권(헌법 제35조 제1항 및 제3항), 혼인과 가족에 관한
권리 및 모성권과 보건권(헌법 제36조 제1항 및 제2항과 제3항)이
헌법에 열거된 사회적 기본권들이다. 이런 사회적 기본권들은
원칙적으로 모든 국민의 권리이지만 특히 생활 능력이 없는 경
제적 약자의 권리다.

/ 탄핵 소추 사유 ④ 언론의 자유 침해

라. 언론의 자유(헌법 제21조 제1항), 직업 선택의 자유(헌법 제
15조) 조항 위배

언론의 자유는 "민주국가의 존립과 발전을 위한 기초"가 되
며, 따라서 "특히 우월적인 지위"를 지닌다. 그런데 최순실 등
'비선 실세'의 국정 농단과 이를 통한 사익 추구를 통제해야
할 박근혜 대통령 및 그 지휘·감독을 받는 대통령비서실 간부
들은 오히려 최순실 등 비선 실세의 전횡을 보도한 언론을 탄

압하고, 언론사주에게 압력을 가해 신문사 사장을 퇴임하게 만들었다. 일례로 세계일보는 2014년 11월 '박근혜 대통령의 국회의원 시절 비서실장이자 최태민의 사위인 정윤회가 문고리 3인방을 포함한 청와대 안팎 인사 10명을 통해 각종 인사 개입과 국정 농단을 하고 있다.'라며 '정윤회 문건'을 보도하였다. 이에 대하여 박근혜 대통령은 2014년 12월 1일 비정상적인 국정 운영이 이루어지고 있다는 보도 내용의 사실 여부에 대해서는 언급이 없이 '기초적인 사실 확인조차 하지 않은 채 외부로 문건을 유출하게 된 것은 국기 문란'이라면서 문건의 외부 유출 및 보도가 문제라는 취지로 발언하였다. 그 후 김기춘 비서실장은 2014년 12월 13일 문건 수사를 '조기 종결토록 지도하라.'라고 김영한 전 민정수석비서관에게 지시하였고, 우병우 당시 민정비서관은 당시 문건 유출자로 지목받던 한○ 전 경위에게 '자진 출두해서 자백하면 불기소 편의를 봐줄 수 있다.'라고 하였으며, 김상률 청와대 교육문화수석비서관은 2015년 1월 세계일보 편집국장 한○걸을, 신○호 청와대 홍보특보는 세계일보 조○규 사장을 만나 세계일보의 추가 보도에 대하여 수습을 원하는 메시지를 전달하였다. 한편 그 무렵 청와대 고위 관계자는 세계일보의 사주(社主)인 통일교의 총재(한학자)에게 전화하여 조○규 사장의 해임을 요구하였고, 조○규 사장은 2016년 2월 세계일보 사장에서 물러났으며, 세계일보는 그 후 추가 보도를 자제하였다. 이러한 청와대의 세계일보 보도의 통제 및 언론사 사장 해임은 최순실 등의 비선 실세에 대한 언론 보도를 통제하고 다른 언론에도 위축 효과를 가져온 것으로서, 박근혜 대통령과 최순실의 긴밀한 관계 및 박근혜 대통령의 위 2014년 12월 1일 발언을 고려하면, 청와대의 세계일보 언론 탄압은 박근혜 대통령의 지시 혹은 묵인하에서 벌어진 것이므로 박근혜 대통령은 언론의 자유(헌법 제21조 제1항) 및 직업의 자유(헌법 제15조)의 침해에 대한 책임이 있다.

인간은 문화 활동을 하면서 그 존엄성을 발현시킬 수 있기 때문에 헌법은 다양한 '문화적 기본권'들을 보장한다. 그런데 인간이 수행하는 문화 활동은 인간 내면에서 이루어진 정신 활동과 그 결과물을 외부에 표현하는 활동을 포함하기 때문에 문화적 기본권은 '정신적 기본권'으로 불리기도 한다. 양심의 자유(헌법 제19조 제1항), 종교의 자유(헌법 제20조 제1항), 학문의 자유와 예술의 자유(헌법 제22조 제1항), 언론·출판·집회·결사의 자유(헌법 제23조 제1항)가 그에 해당한다. 그중에서도 언론·출판·집회·결사의 자유는 '표현의 자유'로도 불리며, 정치 활동에서도 중요한 의미를 가진다. 정치적 표현의 자유는 민주주의에서 본질적인 요소이기 때문이다. 따라서 특정한 신문사가 정부의 비리를 폭로하거나 정부의 정책을 비판하는 보도를 했다는 이유로 사장을 해임하도록 강요한 것은 문화적 기본권이자 정치적 기본권인 언론의 자유를 심대하게 침해한 것으로 볼 수 있다. 또한 언론사도 기업이므로 언론사에 대한 탄압은 표현의 자유뿐만 아니라 기업의 자유를 포함하는 직업의 자유(헌법 제

15조)를 침해하기도 한다.

국가는 원칙적으로 문화 영역에 대해 자율성을 보장하고, 문화를 진흥시키기 위해 다양한 형태의 재정적·제도적 지원을 제공할 수 있도록 노력해야 한다. 더욱이 국가는 문화적 창작물의 평등한 향유를 위해서 재정적·제도적 지원을 아끼지 않아야 한다. 문화에 대한 이런 국가의 과제와 책임을 '문화국가 원리'라고 지칭한다.7 이로써 문화국가 원리는 민주주의, 법치주의, 사회 복지주의와 함께 헌법이 국가에 부여한 핵심적인 과제와 책임의 하나로 이해된다. 하지만 문화국가 원리의 핵심은 문화영역에 대한 자율성과 다양성의 보장이기 때문에, 국가가 특정한 성향의 문화 활동을 배제하거나 혹은 특정한 성향의 문화 활동에 특혜를 부여하는 행위는 허용되지 않는다. 같은 맥락에서 문화·예술계에 대한 정부 지원에서 배제하는 사람들의 명단을 의미하는 블랙리스트를 작성해 정부 지원 과정에서 활용한 행위는 문화국가 원리에 대한 중대한 침해를 의미하기도 한다.

그렇지만 블랙리스트는 탄핵 소추 사유에 포함되지 않아 헌법재판소는 이 쟁점에 대해서는 검토하지 않았다. 국회가 블랙리스트를 탄핵 소추 사유에 포함시키지 않은 이유는 블랙리스트에 관한 검찰의 수사가 그때까지 충분히 진행되지 않아 탄

---

7 "우리나라는 건국 헌법 이래 문화국가의 원리를 헌법의 기본 원리로 채택하고 있다. …… 문화국가 원리는 국가의 문화 국가 실현에 관한 과제 또는 책임을 통해 실현되는바, 국가의 문화 정책과 밀접 불가분의 관계를 맺고 있다"(헌재 2004. 5. 27. 2003헌기1).

핵 소추 사유로 주장하기 위한 증거자료가 부족했던 데 있었던 것으로 추정된다.

/ 탄핵 소추 사유 ⑤ 생명권 보호 의무 위반

마. 생명권 보장(헌법 제10조) 조항 위배

대통령은 국가적 재난과 위기 상황에서 국민이 생명과 안전을 지켜야 할 의무가 있다. 그러나 이른바 세월호 참사가 발생한 당일 오전 8시 52분 소방본부에 최초 사고 접수가 된 시점부터 당일 오전 10시 31분 세월호가 침몰하기까지 약 1시간 반 동안 국가적 재난과 위기 상황을 수습해야 할 박근혜 대통령은 어디에도 보이지 않았다. 침몰 이후 한참이 지난 오후 5시 15분경에야 대통령은 재난안전대책본부에 나타나 "구명조끼를 학생들은 입었다고 하는데 그렇게 발견하기가 힘듭니까?" 라고 말하여 전혀 상황 파악을 하지 못하였음을 스스로 보여주었다. 대통령은 온 국민이 가슴 아파하고 눈물 흘리는 그 순간 국민의 생명과 안전을 책임지는 최고 결정권자로서 세월호 참사의 경위나 피해 상황, 피해 규모, 구조 진행 상황을 전혀 인지하지 못하고 있었던 것이다.

그 후 박근혜 대통령은 국민들과 언론이 수차 이른바 '세월호 7시간' 동안의 행적에 대한 진실 규명을 요구하였지만 비협조와 은폐로 일관하며 헌법상 기본권인 국민의 알 권리를 침해해 왔다. 최근 청와대는 박 대통령이 당일 오전 9시 53분 경에 청와대 외교안보수석실로부터, 10시경에 국가안보실로 부터 각 서면 보고를 받았고, 오전 10시 15분과 10시 22분 두 차례에 걸쳐 국가안보실장에게 전화로 지시하였으며, 오전 10시 30분에는 해양경찰청장에게 전화로 지시하였다고 일방적 으로 발표하였다. 그러나 이를 확인할 수 있는 근거 자료는 전 혀 제시하지 않았다. 만일 청와대의 주장이 사실이라 하더라 도 대통령은 처음 보고를 받은 당일 오전 9시 53분 즉시 사태 를 정확히 파악하고 동원 가능한 모든 수단과 방법을 사용하 여 인명 구조에 최선을 다했어야 한다. 또한 청와대 참모회의 를 소집하고, 관계 장관 및 기관을 독려했어야 한다. 그러나 박근혜 대통령은 편면적인 서면 보고만 받았을 뿐이지 대면 보고조차 받지 않았고 현장 상황이 실시간 보도되고 있었음에 도 방송 내용조차 인지하지 못했다. 결국 국가적 재난을 맞아 즉각적으로 국가의 총체적 역량을 집중 투입해야 할 위급한 상황에서 행정부 수반으로서 최고 결정권자이자 책임자인 대 통령이 아무런 역할을 수행하지 않은 것이다. 세월호 참사와 같은 국가 재난 상황에서 박 대통령이 위와 같이 대응한 것은 사실상 국민의 생명과 안전을 보호하기 위한 적극적 조치를 취하지 않는 직무유기에 가깝다 할 것이고 이는 헌법 제10조 에 의해서 보장되는 생명권 보호 의무를 위배한 것이다.

2014년 4월 16일, 474명이 탑승한 여객선 세월호가 제주도를 향해 항해하다가 진도 앞바다에서 침몰해 304명이 희생되는 상황에서 대통령이 무엇을 했는지는 탄핵 국면에서 중요한 쟁점이 되었다. 참사 당일 대통령이 미용 시술을 했다는 의혹이 구체적 증거에 힘입어 꾸준히 제기되었지만, 대통령은 부인으로 일관하면서 구체적으로 무슨 일을 했는지는 밝히지 않은 채 청와대 관저에서 직무를 수행했다는 말만 반복했다. 심지어 대통령이 있는 곳이 집무실이고, 관저도 집무실이라는 강변까지 내놓았다.

　　'생명권'은 비록 헌법에 명시되어 있지는 않지만, 인간의 존엄과 가치에 관한 기본권(헌법 제10조 제1문)을 모든 기본권의 최종적 근거로 보장하는 현행 헌법에서 그 어떤 이론도 없이 도출될 수 있는 기본권으로 이해된다. 인간의 생명권에 대한 존중 없이 인간의 존엄과 가치는 기대할 수 없기 때문이다. 이에 따라 국민의 기본권을 보호해야 할 책임이 있는 국가는, 국민의 생명권을 보호해야 할 의무와 책임도 부담하는데, 대통령은 참사 당일 인명을 구조하기 위한 적절한 조치를 취하지 않음으로써, 그런 의무와 책임을 다하지 못했다는 지적이 지속적으로 제기되었다.

　　대통령은 오전 8시 48분에 발생한 침몰 사고에 관해 오전 10시에야 비로소 처음으로 보고를 받았고, 10시 30분에는 '최선을 다해 구조하라.'는 지시를 해양경찰(해경)청장에게 내렸다는 주장을 반복했다. 그리고 국가안보실장에게 여러 차례 유선으로 구조 지시를 내렸다고도 주장했지만, 구체적인 물증(통화

자료)을 제시하지는 못했다. 당일, 대통령은 오후 5시 15분이 되어서야 비로소 중앙재난안전대책본부(중대본)를 찾아, 참사 발생 후 일곱 시간 동안의 대통령 행적에 대한 궁금증을 꾸준히 자아냈다. 구체적인 증언이 나온 것은 오후 3시 20분부터 대략 20분 정도 단골 미용사로부터 머리 손질을 받았다는 것이 전부였기 때문이다.

중대본에서 보고를 받은 대통령은 "구명조끼를 학생들은 입었다고 하는데 그렇게 발견하기가 힘듭니까?"라는 엉뚱한 질문을 함으로써, 전혀 상황을 파악하지 못했다는 의혹을 불러일으켰다. 대통령은 여러 차례 서면으로 보고를 받았다고 꾸준히 주장했다. 사고 후 처음으로 청와대가 국회에 보고하는 회의에서도 대통령비서실장은 오전 10시에 대통령에게 서면 보고를 했다고 주장했지만, 그 시각 대통령이 어디에 있는지는 몰랐다는 납득하기 어려운 진술을 함으로써 국민의 분노를 불러일으켰다. 이후 사라진 일곱 시간 동안 밀회를 즐겼다느니, 굿을 했다느니, 미용 시술을 했다느니, 수면제를 먹고 잤다느니 하는 각종 의혹이 제기되었다. 이런 의혹은 대통령이 참사 당일 본인의 행적을 적극적으로 해명하지 않아 발생한 측면이 크다.

게이트가 터지고 다시 일곱 시간 의혹이 봇물처럼 쏟아지자 청와대는 홈페이지에 "세월호 일곱 시간, 대통령은 어디서 뭘 했는가?: 이것이 팩트입니다"라는 자료를 올려 대통령은 서른 번도 넘게 국가안보실과 정무수석실을 통해 보고를 받고 지시를 내렸다고 주장했다. 그리고 사고를 당한 학생 진원이 구조되었다는 오보로 사실 확인이 늦어졌다고 언론에 책임을 돌렸다. 청와대는 언론사의 오보를 확인하고 피해 상황을 정확하게 인지한 시각은 오후 2시 50분이라고 주장했지만, 기록에 따르면 청와대는 이미 오전 11시 7분에 해경 본청과 통화하면서 전원 구조가 오보라는 사실을 확인했다. 오전 11시 19분에 이루어진 청와대와 해경 본청의 통화에서도 구조된 인원이 161명으로 아직 구조되지 못한 인원이 3백 명이 넘는다는 사실을 인지하고 있었다. 오후 1시 4분에 해경은 한때 구조 현장에 떠돌던 소문을 믿고 370명이 구조되었다는 보고를 청와대에 하지만 곧바로 1시 11분에 그것이 잘못 확인된 숫자라는 사실을 보고했다.

오후 2시 24분 해경과의 통화에서 최종적으로 구조된 인원이 164명(사망자 2명 제외)이라는 사실을 확인한 국가안보실이 사태의 심각성을 깨닫고 대통령에게 정확한 구조 인원을 보고한 시각이 바로 오후 2시 50분이었다. 오후 3시 30분이 되어서야 대통령비서실장은 수석비서관회의를 소집하고, 오후 4시 10분에 비로소 첫 번째로 청와대에서 회의가 열렸으나 이 회의에도 대통령은 출석하지 않았다.[8]

---

8 세월호 참사 당일 대통령의 일곱 시간 행적과 관련된 청와대의 해명에 대한 시간대별 객관적 반박 자료는 『한겨레』(2016/11/26) 참조.

2. 법률 위배 행위

가. 재단법인 미르, 재단법인 케이스포츠 설립·모금 관련 범죄

(1) 사실관계
(가) 재단 설립에 이르게 된 경위

박근혜 대통령은 정부의 수반으로서 법령에 따라 중앙 행정기관의 장을 지휘·감독하여 정부의 중요 정책을 수립·추진하는 등 모든 행정 업무를 총괄하는 직무를 수행하고, 대형 건설 사업 및 국토 개발에 관한 정책, 통화, 금융, 조세에 관한 정책 및 기업 활동에 관한 정책 등 각종 재정·경제 정책의 수립 및 시행을 최종 결정하며, 소관 행정 각부의 장들에게 위임된 사업자 선정, 신규 사업의 인허가, 금융 지원, 세무조사 등 구체적 사항에 대하여 직접 또는 간접적인 권한을 행사함으로써 기업체들의 활동에 있어 직무상 또는 사실상의 영향력을 행사할 수 있는 지위에 있음을 이용하여 최순실, 안종범과 공모하여 문화 발전 및 스포츠 산업 발전을 구실로 박근혜 대통령 본인 혹은 최순실 등이 지배하는 재단법인을 만들고 전국경제인연합회(이하 '전경련'이라 한다) 소속 회원 기업들로부터 출연금 명목으로 돈을 받기로 마음먹었다.

박근혜 대통령은 2015년 7월 20일경 안종범에게 '10대 그룹 중심으로 대기업 회장들과 단독 면담을 할 예정이니 그룹 회장들에게 연락하여 일정을 잡으라.'는 지시를 하고 안종범은 10대 그룹 중심으로 그 대상 기업을 선정한 다음 대통령의 승인을 받아 삼성 등 7개 그룹을 최종적으로 선정하여 각 그룹 회장들에게 대통령이 2015년 7월 24일 예정인 창조경제혁신센터 전담 기업 회장단 초청 오찬 간담회 직후 단독 면담을 원한다는 의사를 전달하고 협의를 통하여 2015년 7월 24~25일 양일간 단독 면담을 진행하기로 한 다음 그 사실을 대통령에게 보고하였다.

박근혜 대통령은 2015년 7월 24일 오후 현대자동차 그룹 회장 정○구, 부회장 김○환, 씨제이그룹 회장 손○식, 에스케이이노베이션 회장 김○근을, 같은 달 25일 같은 장소에서 삼성그룹 부회장 이재용, 엘지그룹 회장 구○무, 한화그룹 회장 김○연, 한진그룹 회장 조○호 등 대기업 회장들과 순차적으로 각 단독 면담을 하고, 그 자리에서 위 대기업 회장들에게 문화, 체육 관련 재단법인을 설립하려고 하는 데 적극 지원을 해달라는 취지로 발언하였다. 대기업 회장들과 단독 면담을 마친 박근혜 대통령은 안종범에게 '전경련 산하 기업체들로부터 금원을 갹출하여 각 3백억 원 규모의 문화와 체육 관련 재단을 설립하라.'는 취지의 지시를 하고, 안종범은 그 직후인 2015년 7월 하순경부터 8. 초순경까지 사이에 전경련 상근 부회장인 이○철에게 '청와대에서 문화 재단과 체육 재단을 만들려고 하는데 대통령께서 회의에서 기업 회장들에게 이야기를 했다고 하니 확인을 해 보면 알고 있을 것이다.'라고 하면서 재단 설립을 추진하라는 취지로 지시하였다.

　박근혜 대통령은 그 무렵 최순실에게 '전경련 산하 기업체들로부터 금원을 갹출하여 문화 재단을 만들려고 하는데 재단의 운영을 살펴봐 달라.'는 취지의 요청을 하고, 이러한 요청을 받은 최순실은 재단의 이사장 등 임원진을 자신이 지정하는 사람들로 구성하여 재단 업무 관련 지시를 내리고 보고를 받는 등 재단의 인사 및 운영을 장악하였다.

　재단법인을 설립하기 위해 대통령이 기업들에 출연금을 강요한 행위는 헌법적으로 볼 때 대통령의 권한을 남용한 행위이며 기본권, 특히 재산권을 침해하는 행위일 뿐만 아니라 법률적 측면에서 범죄에 해당하기도 한다. 대통령의 직권을 남용한 직권남용죄(「형법」 제123조)에 해당하고, 기업의 의사에 반하는 행위를 강요한 강요죄(「형법」 제324조) 혹은 대가를 바라고 행한 뇌물죄(「형법」 제129조 및 제130조)에 해당하는 것이다. 검찰 특별수사본부는 기업에 대한 출연금 강요와 관련해 대통령과 최순실의 공모 관계를 인정하는 취지로 최 씨를 기소했다. 또한 특검은 더 나아가 박 전 대통령과 최 씨가 공모해 삼성으로부터 뇌물을 받았다는 혐의를 밝혀내기도 했다. 애초에 출연 기업은 재계 서열 10위 내 기업들로 한정되어 모금 액수는 미르 재단 3백억 원과 케이스포츠 재단 3백억 원을 합해 6백억 원이었으나 나중에 출연 기업도 30대 그룹으로 확대되고 모금 액수도 각 재단별 5백억 원씩 총 1천억 원으로 증액된 것으로 알려진다. 또한 박 전 대통령은 출연금을 낼 기업 명단과 각 기업에 할당된 출연금 내역을 직접 작성했다는 의혹도 제기되어 검찰은 이 점을 주요 수사 대상으로 삼고 있다.

역대 정권마다 대기업을 대상으로 한 강제 모금은 권력형 비리로 논란이 되었고, 대기업은 이를 거부할 경우에 발생할 수도 있는 세무조사의 위험성과 인허가상 어려움 등 각종 불이익을 두려워한 나머지, 이른바 '준조세'의 성격을 가진 출연금의 납부를 거부할 수 없었던 것이 현실이다. 따라서 앞으로도 재발할 수 있는 대기업 대상 강제 모금이 반복되지 않도록 강제 모금을 지시한 대통령을 직권남용죄와 강요죄 혹은 뇌물죄로 처벌하는 선례를 남길 필요가 있다.

(나) 재단법인 미르 설립 및 모금

최순실은 위와 같이 2015년 7월경 재단 설립에 대한 논의가 시작된 후 실제 기업체들의 자금 출연 등이 이루어지지 않아 재단 설립이 지체되던 중, 2015년 10월 하순경 리커창 중국 총리가 방한 예정이라는 사실을 알고 정호성 비서관에게 '리커창 중국 총리가 곧 방한 예정이고 대통령이 지난 중국 방문 당시 문화 교류를 활발히 하자고 하셨는데 구체적 방안으로 양국 문화 재단 간 양해 각서(MOU)를 체결하는 것이 좋을 것으로 보인다. 이를 위해서는 문화 재단 설립을 서둘러야 한다.'라고 말하였고 정호성을 통하여 이를 전달받은 박근혜 대통령은 2015년 10월 19일경 안종범에게 '2015년 10월 하순경으로 예정된 리커창 중국 총리 방한 때 양해 각서를 체결하여야 하니 재단 설립을 서두르라.'는 지시를 하였다. 이에 안종범은 2015년 10월 19일경 이○철에게 전화하여 '급하게 재단을 설립하여야 하니 전경련 직원을 청와대 회의에 참석시켜라.'고 지시하고, 청와대 경제수석비서관실 소속 경제금융비서관인 최○목에게 '3백억 원 규모의 문화 재단을 즉시 설립하라.'라는 취지로 지시하였다. 안종범의 지시를 받은 최○목은 2015년 10월 21일 청와대 경제금융비서관 사무실에서 청와대 행정관, 전경련 사회본부장, 사회공헌팀장이 참석한 회의(1차 청와대 회의)를 주재하면서 '10월 말로 예정된 리커창 총리의 방한에 맞추어 3백억 원 규모의 문화 재단을 설립하여야 하고 출연하는 기업은 삼성, 현대차, 에스케이, 엘지, 지에스, 한화, 한진, 두산, 씨제이 등 9개 그룹이다.'라는 취지로 지시하였고, 이에 전경련 관계자들은 급하게 재단 설립 절차 등을 확인한 후 9개 그룹에 대한 출연금 분배 방안 문건 등을 준비하였다.

한편 최순실은 2015년 9월 말경부터 10월경까지 문화 재단에서 일할 임직원을 직접 면접을 본 후 선정하였고 같은 달 하순경 문화 재단의 명칭을 '미르'라고 정하였으며, 위 재단 이사장을 '김○수', 사무총장을 '이○한'으로 정하는 등 임원진 명단과 조직표 및 정관을 마련하였다. 최순실로부터 위와 같은 경과를 들은 박근혜 대통령은 2015년 10월 21일 안종범에게 '재단 명칭은 용의 순수어로 신비롭고 영향력이 있다는 뜻을 가진 미르라고 하라.'라고 하면서 이사장, 이사 및 사무총장 인선 및 사무실 위치 등에 관한 지시를 하였고, 안종범은 이를 다시 최○목에게 지시하였다. 안종범의 지시를 받은 최○목은 2015년 10월 22일 오후 전경련 관계자, 문화체육관광부 소속 공무원 등이 참석한 회의(2차 청와대 회의)를 주재하면서 전경련이 준비해 온 문건 등을 보고받고, '재단은 10월 27일까지 설립되어야 한다. 전경련은 재단 설립 서류를 작성·제출하고, 문체부는 10월 27일 개최될 재단 현판식에 맞추어 반드시 설립 허가가 이루어질 수 있도록 하라.'고 지시하면서 전경련이 보고한 9개 그룹의 분배 금액을 조정하여 확정하였다. 위와 같은 회의 결과에 따라 전경련 관계자들은 2015년 10월 23일 아침에 삼성, 현대차, 에스케이, 엘지 등 4대 그룹 임원 조찬 회의를, 오전에 지에스, 한화, 한진, 두산, 씨제이 등 5개 그룹 임원 회의를 각 개최하여, 각 그룹 임원들에게 '청와대의 요청으로 문화 및 체육 관련 재단을 만들어야 한다. 문화 재단은 10월 27일까지 설립하여야 한다. 출연금을 낼 수 있는지 신속히 확인해 달라.'고 요청하면서 그룹별 출연금 할당액을 전달하였다. 한편 전경련 측은 문화체육관광부에 설립 허가를 위한 서류 및 절차 등을 문의하였다. 최○목은 2015년 10월 23일 다시 전경련 관계자 및 문화체육관광부 소속 공무원들이 참석한 회의(3차 청와대 회의)를 주재하면서 '아직까지도 출연금 약정서를 내지 않은 그룹이 있느냐. 그 명단을 달라.'고 말하며 모금을 독촉하고, '미르'라는 재단 명칭과 주요 임원진 명단을 전경련 관계자들에게 전달하면서 '이사진에게 따로 연락은 하지 말라.'라는 주의를 주었다. 같은 날(2015년

10월 23일) 전경련은 9개 그룹으로부터 출연금 총 3백억 원에 대한 출연 동의를 받아 설립 허가 신청에 필요한 재산 출연 증서 등의 서류를 받아두고, 정관(기본재산과 보통재산의 비율이 9:1), 창립총회 회의록의 작성도 마무리 중이었다. 그런데 최○목은 같은 날 전경련에 '롯데도 출연 기업에 포함시켜라.'고 지시하였고, 전경련 관계자들은 롯데를 포함시키는 방안을 검토하기 시작하였다.

최순실 게이트에서 결정적인 증거를 뜻하는 이른바 '스모킹 건'smoking gun의 역할을 한 것 가운데 하나가 안종범 수석비서관의 업무 수첩이었다. 그의 업무 수첩에는 그가 수시로 참석한 회의의 내용과 대통령이 그에게 지시한 사항이 꼼꼼하게 적혀 있었는데, 첫 번째로 발견된 그의 업무 수첩은 2014년 6월부터 2015년 11월까지 작성한 열일곱 권으로 총 5백여 쪽에 이른다. 이것은 검찰 특별수사본부에 의해 압수된 것으로 여기에는 대통령과 대기업 총수들의 독대 관련 내용, 블랙리스트 작성의 기폭제가 된 문화·예술계의 좌편향성에 대한 지적 내용이 포함되어 있었다.

두 번째 업무 수첩은 같은 기간에 작성되어 그로부터 폐기를 지시받은 그의 보좌관이 청와대에 은닉했다가 특검에 임의로 제출한 서른아홉 권이다. 한때 비선 진료 의혹을 받던 성형외과 의사의 부인으로부터 뇌물을 받은 혐의가 포착되자 안 씨가 특검에 선처를 호소하기 위해 자발적으로 제출한 것으로 알려졌으나, 특검 수사에 부담을 느끼던 그의 보좌관이 열람만 시키기 위해 특검에 가져갔다가 압수당한 것으로 법정에서 증언했다. 안 씨 측도 형사 법정에서 재판을 받으며 두 번째 수첩들은 위법하게 수집된 증거이므로 증거로 사용될 수 없다고 주장하고 있다. 어쨌든 여기에는 2016년 2월 대통령과 이재용 삼성 부회장의 3차 독대에 관한 내용, 대통령이 문화 융성과 스포츠 분야에 대한 지원 지시, 삼성 관계자들이 국정감사에 출석하지 않도록 조치를 요구하는 대통령의 지시, 삼성전기 전무를 지낸 인사가 미얀마 대사로 임명되는 과정과 정부의 개발원조사업ODA에 최순실이 관여한 정황에 관한 내용이 들어 있었다.

헌법재판소는 결정문에서 박 전 대통령이 경제수석비서관인 안종범에게 문화와 체육 관련 재단법인을 설립하는 방안을 검토하라고 지시했다는 점, 안종범이 소속 비서관에게 대통령의 지시를 전달하고 이에 따라 대기업이 출연해 비영리법인을 설립하고 이 법인에서 정부 예산이 투입되는 사업을 시행한다는 취지의 간략한 보고서가 작성되었다는 점을 사실로 인정했다. 또한 대통령이 대기업 회장들에게 문화와 체육 분야에 적극적으로 투자해 줄 것을 요청한 뒤 안종범에게 대기업 회장들과 개별 면담을 계획하라고 지시했다는 점, 안종범이 7개 대기업 회장 면담 일정을 확정하고 각 기업별 현안 등을 정리한 면담 자료를 만들어 대통령에게 보고했다는 점도 사실로 인정되었다. 그리고 대통령이 이틀에 걸쳐 7개 대기업 회장들과 개별 면담을 가졌고 이 자리에서 각 기업의 애로 사항이나 투자 상황 등을 청취하는 동시에 문화 및 체육 관련 재단법인 설립의 필요성을 강조하면서 법인 설립에 필요한 지원을 요구했다는 점도 헌법재판소는 사실로 인정했다. 미르 재단 설립 과정에 청와대가 개입되어 있다는 언론 보도와 검찰의 수사 결과가 그대로 인정된 것이다.

또한 헌법재판소의 결정문에 따르면 전경련이 재단법인 설립을 본격적으로 추진하기 전에 이미 최순실이 재단 설립 사실을 알고 차은택 등의 추천을 받아 여러 사람을 면담하고 이들을 문화 재단 임원진으로 선정했다는 점, 최순실과 안종범은 서로 모르는 사이였다고 주장하고 있고 이 두 사람이 서로 연락한 흔적도 전혀 발견되지 않지만 최순실이 대통령의 지시로 문화 관련 재단법인이 설립되리라는 사실을 미리 알 수 있었던 것으로 보아 대통령이 그런 계획을 미리 알려 주었을 가능성이 매우 높다는 점도 사실로 인정되었다. 이를 종합하면 재단법인의 설립은 청와대가 주도했고, 대기업은 청와대의 요구여서 어쩔 수 없이 참여했으며 이 사실을 대통령을 통해 미리 알게 된 비선 실세 최순실이 재단법인의 이사진 구성과 운영에 깊이 개입한 것으로 볼 수 있다.

한편 안종범은 2015년 10월 24일 전경련 관계자에게 '재단법인 미르의 출연금 규모를 3백억 원에서 5백억 원으로 증액하라. 출연 기업에 케이티, 금호, 신세계, 아모레는 반드시 포함시키고, 현대중공업과 포스코에도 연락해 보고, 추가할 만한 그룹이 더 있는지도 알아보라.'라고 지시하였다. 이에 따라 전경련 관계자들은 5백억 원 기준으로 새로운 출연금 분배안을 작성하고, 기존에 출연이 결정되어 있던 삼성, 현대차, 에스케이, 엘지, 지에스, 한화, 한진, 두산, 씨제이 등 9개 그룹에는 증액을, 안종범이 추가로 출연 기업으로 포함시키라고 지시한 롯데, 케이티, 금호, 신세계, 아모레, 현대중공업, 포스코 등 7개 그룹과 전경련이 추가한 엘에스와 대림 등 2개 그룹에는 '청와대의 지시로 문화 재단을 설립한다. 출연 여부를 결정하여 달라.'고 요청하였다. 위와 같은 요청을 받은 18개 그룹 중 현대중공업(재무 상태가 극도로 악화)과 신세계(문화 분야에 이미 거액 투자)를 제외한 16개 그룹은 재단의 사업계획서 등에 대한 사전 검토 절차도 제대로 거치지 아니한 채 출연을 결정하게 되었다.

2015년 10월 26일 서울 서초구 소재 팔레스호텔에서 재단 법인 미르의 이사로 내정된 사람들이 상견례를 하는 한편, 전경련 관계자들은 5백억 원을 출연하는 각 그룹사 관계자들을 불러 재산 출연 증서 등 서류를 제출받고, 전경련에서 준비한 정관 및 마치 출연 기업 임원들이 재단 이사장 등을 추천한 것처럼 작성된 창립총회 회의록에 법인 인감을 날인받았다. 그러던 중 안종범은 최○목을 통해 전경련 측에 '재단법인 미르의 기본 재산과 보통재산 비율을 기존 9 : 1에서 2 : 8로 조정하라.'는 취지의 지시를 하였고, 팔레스호텔에서 기업 회원사의 날인을 받고 있던 전경련 관계자는 급히 지시에 따라 정관과 창립총회 회의록 중 기본재산과 보통재산 비율 부분을 수정한 후 이미 날인을 한 회원사 관계자들에게 다시 연락하여 위와 같이 수정한 정관과 창립총회 회의록에 날인해 줄 것을 부탁하였으나, 결국 발기인으로 참여한 19개 법인 중 1개 법인(에스케이하이닉스)으로부터는 날인을 받지 못하였다. 다급해진 전경련 측은 문화체육관광부 하○진 대중문화 산업 과장에게 연락하여 법인 설립 허가 신청 서류를 서울에서 접수할 수 있도록 협조해 달라고 요청하고, 세종특별자치시 소재 문체부 대중문화 산업과 사무실에 있던 하○진은 소속 주무관에게 지시하여 서울로 출장을 가서 전경련으로부터 신청 서류를 접수받도록 하였다.

한편 관련 법령에 의하면 정상적으로 법인을 설립하기 위해서는 발기인 전원이 날인한 정관과 창립총회 회의록이 구비 서류로 제출되어야 함에도 불구하고, 전경련 측은 청와대에서 지시한 시한(10월 27일)까지 설립 허가를 마치기 위하여 서울 용산구 소재 문체부 서울 사무소에서 문화체육관광부 주무관에게 에스케이하이닉스의 날인이 없는 정관과 창립총회 회의록 등 설립 허가 신청 서류를 접수하였고, 이와 같은 하자가 있음에도 위 주무관은 같은 달 26일 20 : 07경 재단법인 미르의 설립 허가에 관한 기안을 하였고 문화체육관광부는 다음 날 09 : 36경 내부 결재를 마치고 설립 허가를 해주었다.

결국, 위 16개 그룹 대표 및 담당 임원들은 박근혜 대통령과 최순실, 안종범의 요구에 따라 2015년 11월경부터 2015년 12월경까지 위와 같이 결정한 출연 약정에 따라 재단법인 미르(2015년 10월 27일 설립)에 합계 486억 원의 출연금을 납부하였다.

사실상 권력(지배·복종) 관계에 놓여 있는 정부와 국민 사이에서, 정부가 법적 권한 없이 행한 지시나 명령에 국민은 법적으로 복종할 의무가 없다. 그러나 정부가 부과할 수 있는 여러 가지 불이익을 두려워한 나머지 그런 지시나 명령에 복종하는 경우, 이런 정부의 행위를 '권력적 사실행위'라고 부른다. 헌법재판소는 이 같은 권력적 사실행위도 공권력에 의해 기본권을 침해당했을 때 청구하는 헌법 소원심판의 대상이 된다고 일관되게 판시했다.9 따라서 재단 설립을 위해 대통령이 기업에 기부금 출연을 요구한 행위는 권력적 사실행위에 해당할 수 있다.

헌법재판소는 결정문에서, 대통령이 경제수석비서관인 안종범에게 리커창李克强 중국 총리의 방한에 즈음해 양국 문화 재단 사이에 양해 각서를 체결할 수 있도록 재단법인 설립을 서두르라고 지시했다는 점, 안종범이 즉시 전경련 부회장과 경제금융비서관에게 3백억 원 규모의 문화 재단을 설립하라고 지시했다는 점, 경제금융비서관이 나흘 동안 매일 청와대에서 전경련 관계자 및 관계 부처 공무원들과 재단 설립 관련 회의를 하면서 재단 설립 절차 등을 논의했다는 점 등을 사실로 인정했다. 또한 헌법재판소는 대통령이 안종범에게 재단의 명칭을 '미르'로 하라고 지시하면서 재단의 이사장 등 임원진 명단 등을 알려 주고 임원진 이력서와 재단 로고 등 자료를 전달했다는 점, 최순

---

9 "행정청이 우월적 지위에서 일방적으로 강제하는 권력적 사실행위는 헌법 소원의 대상이 되는 공권력의 행사에 해당한다는 것이 우리 재판소의 판례이다"(헌재 2003. 12. 18. 2001헌마754).

실이 재단의 주요 임원을 면접 등을 통해 미리 선정해 둔 사실 등에 비추어 볼 때 이런 자료는 최순실이 대통령에게 전달한 것으로 보인다는 점도 사실이라고 확인했다. 그리고 헌법재판소의 결정문에 따르면, 경제금융비서관을 비롯한 대통령비서실 비서진과 관계 부처 공무원 및 전경련 관계자들이 중국 총리가 방한하기 전에 문화 재단을 반드시 설립하라는 대통령의 지시에 따라 재단법인 설립을 서둘렀고, 전경련의 사회협력회계 분담금 기준으로 기업별 출연금액을 정한 다음 법인 설립 절차는 문화체육관광부에서 적극적으로 협력하기로 했으며, 전경련 관계자가 해당 기업들에게 개별적으로 출연 요청을 했다는 점도 사실로 인정되었다. 끝으로 헌법재판소는 전경련 관계자들이 청와대에서 요구한 시한까지 재단 설립 허가 절차를 마치기 위해 미르의 설립 허가 신청서를 문화체육관광부 서울 사무소에 접수할 수 있도록 요청했다는 점, 문화체육관광부 담당 공무원이 서울 사무소로 담당 주무관을 출장 보내 에스케이하이닉스의 날인이 누락된 설립 허가 신청서를 접수하도록 했으며, 다음 날 설립 허가 절차를 마무리한 뒤 곧바로 전경련에 미르 설립 허가를 통보했다는 점, 미르에 출연하기로 약정한 기업들은 총 486억 원의 출연금을 납입했다는 점도 사실로 인정했다. 이처럼 대통령이 직접 이름을 지어 주고 임원진까지 구성한 재단을 대통령의 의중대로 중국 총리의 방한 시점에 맞추어 서둘러 설립하고자 청와대와 정부가 적극적으로 개입했다는 사실은 재단 설립이 기업들의 자발적인 행위가 아니라 대통령의 지시에 따른 결과임을 분명하게 보여 준다.

청와대의 주도로 이루어진 재단법인 설립은 문화체육관광부의 지원을 받아 신속하게 진행되었다. 이는 재단법인 설립을 위해 일반적으로 소요되는 시간보다 훨씬 단축된 3개월 정도에 재단법인 설립이 계획되고 실행에 옮겨진 것으로, 문화체육관광부가 재단법인 설립에 필요한 법적 요건을 충분히 검토했는지 의심스러운 대목이다. 또한 재단법인의 설립을 주도적으로 지휘한 청와대의 참모가 문화와 체육 분야를 전담하는 교육문화수석비서관이 아니라 경제수석비서관이라는 점도 주목할 필요가 있다. 기업에 영향력을 행사할 수 있는 실질적 권한을 가진 경제수석비서관이 재단 설립을 주도함으로써 재단법인에 대한 기부금 출연을 요구받은 기업들로서는 사실상 요구를 거부하기 어렵기 때문에 청와대의 기부금 출연 요구는 권력적 사실행위로 볼 수 있는 여지가 크다. 대통령이 파면되자, 문화체육관광부는 2017년 3월 20일 직권으로 미르 재단과 케이스포츠 재단에 대한 설립 허가를 취소해 두 재단을 해산시킴으로써, 재단 설립의 불법성을 간접적으로 시인했다.

(다) 재단법인 케이스포츠 설립 및 모금

최순실은 2015년 12월 초순경 스포츠 재단에 대한 사업계획서를 작성하고 재단법인 케이스포츠에서 일할 임직원을 면접을 거쳐 선정한 다음 임원진 명단을 이메일로 정호성에게 보냈다. 최순실로부터 위와 같은 내용을 들은 박근혜 대통령은 같은 달 11일 및 20일, 안종범에게 임원진 명단을 알려 주고 재단의 정관과 조직도를 전달하면서 서울 강남에 사무실을 구하라는 지시를 하였다. 안종범은 2015년 12월 중순경 전경련 관계자에게 전화하여 '예전에 말한 대로 3백억 원 규모의 체육 재단도 설립해야 하니 미르 때처럼 진행하라.'고 지시하였고, 전경련 관계자들은 재단법인 미르 설립 과정에서 연락했던 그룹 명단 및 각 그룹의 매출액을 기초로 출연금액을 할당하고, 각 그룹의 담당 임원들에게 '청와대 요청에 따라 3백억 원 규모의 체육 재단도 설립하여야 한다. 할당된 출연금을 납부하라.'고 전달하였다.

전경련 관계자들은 2015년 12월 21일 청와대 행정관으로부터 재단법인 케이스포츠 정관, 주요 임원진 명단 및 이력서를 팩스로 송부받고 재단법인 미르 때와 마찬가지로 마치 출연 기업 임원들이 재단 이사장 등을 추천한 것처럼 창립총회 회의록을 작성한 다음, 2016년 1월 12일 전경련 회관으로 해당 기업 관계자들을 불러 재산 출연 증서 등 서류를 제출받고 정관과 창립총회 회의록에 날인을 받았다. 결국 현대자동차 등 재단법인 케이스포츠에 자금을 출연하기로 한 16개 그룹은 박근혜 대통령과 최순실, 안종범의 요구에 따라 2016년 2월경부터 2016년 8월경까지 재단법인 케이스포츠(2016년 1월 13일 설립)에 합계 288억 원의 출연금을 납부하였다.

특검은 특정 기업들의 경우에 대통령의 강요로 출연금을 낸 것이 아니라 기업이 대통령에게 부정한 청탁을 하고 그 내가로 출연금을 납부한 것이라며 뇌물죄 혐의를 수사했다. 특히 삼성은 경영권 승계와 관련해 현안인 삼성물산과 제일모직의 합병에 국민연금이 찬성해 주도록 부탁하면서 그 대가로 미르 재단과 케이스포츠 재단에 2백억 원이 넘은 자금을 출연했으며, 대통령의 최측근인 최순실의 딸 정유라의 말 구입 비용과 승마 훈련비로 2백억 원을 넘는 지원 계약을 체결했다는 것이 핵심이었다. 특검은 2016년 10월 삼성이 비타나브이(v)를 포함한 말 세 마리를 말 중개업자에게 팔고, 최 씨가 같은 중개업자로부터 블라디미르를 포함한 말 두 마리를 구입한 사실에 주목했다. 이미 같은 해 9월부터 삼성이 최 씨 측에 말 두 마리를 사주었다는 보도가 나오는 상황이었고, 삼성은 그 말들이 삼성의 소유였지만 다시 팔았다는 주장을 했기 때문에 언론으로부터 의혹을 받는 상황을 은폐하기 위한 전략으로 풀이된다.

한편 특검은 청와대에 대한 압수·수색영장을 법원으로부터 발부받아 이를 집행하려 했으나 청와대가 「형사소송법」을 인용하며 압수·수색에 대한 승인을 거부하자 이런 불승인 처분에 대해 행정소송을 제기하며 가처분까지 신청한다. 이 과정에서 특검은 대통령과 최순실이 2016년 4월부터 10월까지 하루 평균 3회에 해당하는 총 570회 정도의 통화를 차명폰으로 했으며, 특히 최 씨가 독일로 도피한 9월 3일부터 10월 말까지는 무려 127차례나 통화한 자료를 증거로 제시하며 대통령과 최 씨가 특별한 관계에 있다고 주장했다. 2017년 2월 16일, 특검은 뇌물 공여자로 지목된 이재용 삼성전자 부회장에 대한 구속영장을 청구하고, 법원은 유례를 찾아볼 수 없는 일곱 시간 반 동안의 영장 실질 심사 끝에 다음 날 새벽 5시 반경, 이 부회장에 대한 구속영장을 발부했다. 이것은 뇌물 공여자의 범죄 혐의가 충분히 소명된 것을 뜻해 뇌물 수수자인 대통령의 혐의도 이미 상당 부분 소명된 것을 의미하는 것이었다. 이로써 뇌물죄의 피의자가 되어 버린 대통령은 대통령의 법위반을 판단하는 헌법재판소의 탄핵 심판에서도 불리한 위치에 놓이게 되었다.

헌법재판소는 결정문에서 최순실이 한 체육계 인사에게 체육 관련 재단법인 설립에 관한 사업계획서를 작성해 달라고 요청했고, 향후 설립될 재단법인에서 일할 임직원을 자신이 면접을 통해 선정했으며, 청와대 부속비서관인 정호성을 통해 대통령에게 그 명단을 전달했다는 점, 대통령이 경제수석비서관인 안종범에게 최순실로부터 받은 임원진 명단을 알려 주고 서울 강남에 재단법인 사무실을 구하라고 지시한 뒤 정관과 조직도도 전달했다는 점, 안종범이 그 체육계 인사를 만나 전경련과 협조해 재단을 설립하라고 한 뒤 경제수석실 행정관에게 재단의 임원진 명단과 정관 등을 주면서 그 인사와 연락해 재단 설립을 진행하라고 지시했다는 점, 안종범이 전경련 부회장에게 미르 재단과 별도로 3백억 원 규모의 체육 재단도 설립해야 하니 미르 재단 때처럼 진행하라고 요청했다는 점을 사실로 인정했다. 이를 토대로 헌법재판소는 케이스포츠 재단의 설립도 미르 재단과 마찬가지로 청와대 주도로 전경련을 통해 대기업으로부터 출연받아 이루어졌으며 대통령과 최순실이 임원진을 선정하는 등 재단의 설립을 사실상 주도했다고 결론을 내린다. 또한 재단의 운영과 관련해 대통령으로부터 미르 재단과 케이스포츠 재단의 운영을 살펴봐 달라고 요청을 받은 최순실이 미르 재단과 케이스포츠 재단에 출연한 것도 아니고 아무런 직책이나 이해관계가 없음에도 재단 관계자로부터 보고를 받고 구체적 업무 지시를 했으며 재단의 임직원 임명, 추진하는 사업의 내용, 자금의 집행 등을 결정했던 반면, 미르 재단과 케이스포츠 재단 이사회의 결정은 형식적인 것에 불과했고, 출연 주체인 기업들 역시 재단 운영에 전혀 관여하지 못했다는 점도 사실로 인정했다. 미르 재단과 케이스포츠 재단은 설립과 운영 과정이 마치 쌍둥이 재단처럼 닮아 있다. 대통령과 비선 실세가 구상을 하고 임원진까지 직접 구성한 뒤 전경련에 지시를 내려 회원 기업들로부터 출연금을 모금해 재단이 설립되면 기부금을 출연한 기업이나 재단 이사회가 아니라 바로 그 비선 실세가 재단의 의사를 결정해 재단을 직접 운영한 것이다.

(2) 법률적 평가

(가) 특정범죄가중처벌등에관한법률위반(뇌물)죄

대통령은 정부의 수반으로서 중앙 행정기관의 장을 지휘·감독하여 정부의 중요 정책을 수립·추진하는 등 모든 행정 업무를 총괄하는 직무를 수행하고, 대형 건설 사업 및 국토 개발에 관한 정책, 통화, 금융, 조세에 관한 정책 및 기업 활동에 관한 정책 등 각종 재정·경제 정책의 수립 및 시행을 최종 결정하며, 소관 행정 각부의 장들에게 위임된 사업자 선정, 신규 사업의 인허가, 금융 지원, 세무조사 등 구체적 사항에 대하여 직접 또는 간접적인 권한을 행사함으로써 기업체들의 활동에 있어 직무상 또는 사실상의 영향력을 행사할 수 있는 지위에 있다. 또한 뇌물죄는 직무 집행의 공정과 이에 대한 사회의 신뢰에 기하여 직무 행위의 불가 매수성을 그 직접의 보호법익으로 하고 있고, 뇌물성을 인정하는 데에는 특별히 의무 위반 행위의 유무나 청탁의 유무 등을 고려할 필요가 없는 것이므로 뇌물은 대통령의 직무에 관하여 공여되거나 수수된 것으로 족하고 개개의 직무 행위와 대가적 관계에 있을 필요가 없으며, 그 직무 행위가 특정된 것일 필요도 없다. (대법원 1997. 04. 17. 선고 96도3377 전원합의체 판결[특정범죄 가중처벌 등에 관한 법률 위반(뇌물·뇌물 방조·알선수재)·특정경제범죄 가중처벌 등에 관한 법률 위반(저축 관련 부당 행위)·뇌물공여·업무방해] 참조)

그런데 박근혜 대통령은 2015년 7월 24~25일, 위와 같이 7개 그룹 회장과 각각 단독 면담을 하기 전 안종범에게 지시하여 각 그룹으로부터 '각 그룹의 당면 현안을 정리한 자료'를 제출받도록 하였다. 이때 제출된 내용은 '오너 총수의 부재로 인해 큰 투자와 장기적 전략 수립이 어렵다'(에스케이 및 씨제이), '삼성물산과 제일모직의 합병에 헤지펀드 엘리엇의 반대가 심하다'(삼성), '노사 문제로 경영 환경이 불확실하다'(현대차) 등의 내용이다. 안종범은 이러한 내용을 정리하여 대통령에게 전달하였다. 민원적 성격을 가진 위의 '당면 현안'은 대통령의 사면권, 대통령 및 경제수석비서관(안종범)의 재정·경제·금융·노동 정책에 관한 권한과 직간접적으로 관련이 있는 것이다. 실제로 기업들이 두 재단법인에 출연금 명목의 돈을 납부한 시기를 전후하여 박근혜 대통령은 위 '당면 현안'을 비롯하여 출연 기업들에게 유리한 조치를 다수 시행하였다. 삼성 그룹의 경우, 박근혜 대통령의 지휘·감독을 받는 문형표 보건복지부 장관은 2015년 6월 국민연금 의결권 행사 전문위원들에게 전화를 하여 삼성물산과 제일모직의 합병에 찬성해 달라는 취지의 요청을 하였다. 국민연금공단은 보건복지부 산하 공공 기관이며 대통령은 공단 이사장에 대한 임면권을 가지고 있다(「국민연금법」 제30조 제2항). 합병 결의를 위한 주주총회일(2015년 7월 17일) 직전인 2015년 7월 7일에는 국민연금 기금운용본부장 홍○선이 내부 반발에도 불구하고 삼성 이재용 부회장과 면담을 했다. 홍 본부장은 외부 전문가 9명으로 구성된 의결권 전문행사위원회가 아닌 자신이 위원장을 겸했던 투자위원회에서 삼성물산 합병에 찬성키로 결정하기도 했다. (삼성 그룹 출연액 204억 원)

총자산 350조 원, 연 매출 4백조 원을 자랑하는 글로벌 기업 삼성은 2014년 5월 이건희 회장이 갑작스럽게 병환으로 쓰러지면서 '당면 현안'인 경영권 승계에 속도를 내기 위해 삼성물산과 제일모직의 합병뿐만 아니라 순환 출자 금지의 완화, 금산 분리 정책의 우회 수단 등이 필요했다. 이에 따라 특검의 수사 결과에 따르면 삼성의 이재용 부회장은 대통령과 세 차례 독대하면서 대통령에게 경영권 승계와 직결된 기업 현안에 관한 청탁을 하고, 대통령은 청탁을 들어주는 대가로 최측근인 최순실의 딸 정유라의 승마 훈련 지원을 요구했다. 두 사람은

2014년 9월 15일 대구 창조경제혁신센터 출범식에서 처음으로 독대했는데, 여기서 대통령은 삼성이 대한승마협회 회장사를 맡아 정유라와 같은 승마 유망주를 지원해 달라는 부탁을 했다. 많은 사람들은 이때 처음으로 삼성이 정유라의 모친인 최순실의 존재를 알게 되었고, 경영권 승계를 위해 그들을 활용하기로 계획했다고 추정한다. 실제로 2015년 3월 삼성전자 사장이 대한승마협회 회장으로 선출되고, 같은 해 7월에는 박 대통령이 안종범 경제수석비서관 등을 통해 국민연금공단이 삼성물산과 제일모직이 합병하는 데 찬성표를 던지도록 압력을 행사했다.

삼성물산과 제일모직의 합병이 성사된 직후인 2015년 7월 25일 두 번째 독대한 자리에서 박 대통령은 이 부회장에게 승마 훈련 지원을 재촉했고, 이 부회장의 지시로 독일에 간 삼성전자 사장은 최 씨의 요구를 청취한 뒤 최 씨 소유의 페이퍼컴퍼니 코어스포츠와 213억 원가량의 컨설팅 계약을 체결한다. 형식은 삼성승마단의 전지훈련 지원에 관한 것이었으나 실질적인 내용은 최 씨 딸의 말 구입과 승마 훈련 지원에 관한 것이었다. 또한 대통령은 최순실의 조카인 장시호가 운영하는 한국동계스포츠영재센터에 대한 지원 및 미르 재단과 케이스포츠 재단에 대한 출연을 요구했다. 대통령 안가에서 세 번째로 독대한 2016년 2월 15일에 이 부회장은 삼성생명의 금융지주회사 전환과 삼성바이오로직스에 대한 상장 후 규제 완화 등을 요구한다. 청와대의 요구를 거부하지 못해 억지로 재단 기부금을 출연한 것이 아니라 부정한 청탁에 대한 대가로 기부금을 출연했다는 새로운 사실이 밝혀진 것이다. 또한 삼성은 그동안 이미 합병이 이루어진 뒤 대통령과 두 번째 독대하면서 최 씨 딸에 대한 지원을 약속했으므로 대가관계가 성립하지 않는다고 주장해 왔는데 세 차례의 독대를 전체적으로 보면 삼성의 현안 과제들을 해결해 주는 대가로 최 씨 딸에 대한 지원을 제공했음이 밝혀졌다.

에스케이 그룹의 경우, 박근혜 대통령은 2015년 8월 13일 에스케이 최태원 회장을 특별사면 했다. 또한 에스케이 그룹은 대규모 면세점을 경영해 왔는데 2015년 11월경 면세점 특허권 심사에서 탈락해서 사업권을 상실했다가 2016년 3월 기획재정부가 개선 방안을 발표하고 이에 따라 2016년 4월 관세청이 서울 시내에 면세점 4개소 추가 선정 계획을 밝히자 사업권 특허 신청을 하였다. (에스케이 그룹 출연액 111억 원)

롯데그룹의 경우, 대규모 면세점을 경영해 왔는데 2015년 11월경 각각 면세점 특허권 심사에서 탈락해서 사업권을 상실했다가 2016년 3월, 기획재정부가 개선 방안을 발표하고 이에 따라 2016년 4월, 관세청이 서울 시내에 면세점 4개소 추가 선정 계획을 밝히자 사업권 특허 신청을 하였다. 또한 롯데그룹은 경영권 분쟁 및 비자금 등의 문제로 2005년 12월경부터 그룹 내부 인사들 사이 및 시민단체로부터의 고소, 고발로 검찰의 수사 대상이었고 2016년 6월 10일 그룹 정책 본부, 신○빈 회장 자택, 신○호 총괄회장 집무실 등에 대하여 검찰로부터 압수 수색을 당한 이래 계속 수사를 받아 왔으며 2016년 10월 19일에는 신○빈 회장이 기소되었다. 박근혜 대통령은 민정수석비서관을 통하여 검찰이 수사 중인 주요 사건에 대한 보고를 받을 뿐 아니라 검찰사무의 최고 감독자로서 일반적으로 검사를 지휘·감독하고 구체적 사건에 대하여는 검찰총장을 지휘·감독하는 법무부 장관에 대한 임명권 및 지휘·감독권을 가지고 있다. 또한 아래에서 보는 것과 같이 박근혜 대통령과 최순실, 안종범은 롯데그룹에 대한 수사가 진행 중이던 때에 추가로 70억 원을 받았다가 압수 수색 등 본격적인 강제수사가 시작되기 하루 전 그 돈을 반환하기도 하였다. (롯데그룹 출연액 45억 원)

위에서 본 것과 같이 대통령의 광범위한 권한, 기업 대표와 단독 면담을 갖고 민원 사항을 들었던 점, 재단법인 출연을 전후한 대통령 및 정부의 조치를 종합하여 보면 출연 기업들 중 적어도 경영권 승계와 관련한 국민연금의 의결권 행사, 특별사면, 면세점 사업권 특허 신청, 검찰 수사 등 직접적 이해관계가 걸려 있었던 삼성, 에스케이, 롯데그룹으로부터 받은 돈 (합계 360억 원)은 직무 관련성이 인정되는 뇌물이라고 보아야 할 것이다. 또한 위에서 본 것과 같이 재단법인 미르와 재단법인 케이스포츠 재단은 박근혜 대통령과 최순실이 인사, 조직, 사업에 관한 결정권을 장악하여 사실상 지배하고 있으므로 박근혜 대통령의 행위는 형법상의 뇌물수수죄(「형법」 제129조 제1항)에 해당한다. 만일 재단법인에 대한 지배력이 인정되지 않는다고 하더라도 재단법인에 뇌물을 출연하게 한 것은 형법상의 제3자뇌물수수죄에 해당한다. 어느 경우든지 수뢰액이 1억 원 이상이므로 결국 박근혜 대통령의 위와 같은 행위는 특정범죄가중처벌등에관한법률위반(뇌물)죄(「특정범죄 가중처벌 등에 관한 법률」제2조 제1항 제1호, 「형법」제129조 제1항 또는 제130조)에 해당한다. 이는 법정형이 무기 또는 10년 이상의 징역에 해당하는 중죄다.

사실 삼성뿐만 아니라 에스케이의 경우에도 총수의 사면과 면세점 허가라는 기업의 당면 현안이 있었고, 롯데도 그룹에 대한 수사와 면세점 허가라는 기업의 당면 현안이 있었다. 실제로 2015년 7월 에스케이는 총수의 사면을 청와대에 부탁하고, 최태원 회장은 같은 해 광복절 특사로 석방되는데, 에스케이 측은 그에 대해 "하늘같은 은혜 잊지 않겠다."라는 내용의 감사 문자를 안종범 당시 경제수석비서관에 보냈다. 재단에 낸 출연금이 사면에 대한 대가라는 의심을 받을 수밖에 없는 대목이다. 사면이 된 뒤 최 회장은 2016년 2월 박 전 대통령과 독대하는데, 이 자리에서 미르 재단과 케이스포츠 재단에 대한 출연과 에스케이의 면세점 사업권 승인 등 기업 현안에 관해 논의한 것으로 알려져 있다. 실제로, 같은 해 4월 정부는 면세점 추가 승인 계획을 발표해 논란과 의혹을 불러일으켰다. 또한 케이스포츠 재단의 전 사무총장이 언론과의 인터뷰에서 대통령과 에스케이 총수의 독대 직후인 같은 해 2월, 케이스포츠 재단이 에스케이에 체육 인재의 해외 전지훈련 지원 명목으로

80억 원을 투자해 주도록 요청했다는 사실을 폭로했다. 양측은 투자 금액을 두고 실랑이를 벌이다가 결국 무산되었지만 검찰은 이 부분도 뇌물죄 혐의로 수사를 진행하고 있다.

기업의 출연금으로 설립된 두 재단이 사실상 대통령과 최순실의 공동소유라면 기업은 대통령에게 뇌물을 제공한 것이 되고, 두 재단이 대통령의 최측근인 최순실의 소유라면 대통령은 자신의 최측근에게 뇌물을 제공하도록 기업에 요구한 것이어서 대통령은 제3자에게 뇌물을 제공하도록 한 범죄를 저지른 셈이다. 어쨌든 뇌물 액수가 1억 원 이상이면 「특정범죄 가중처벌 등에 관한 법률」에 따라 가중처벌을 받는다. 특검은 대통령이 삼성으로부터 받은 뇌물 액수를 삼성이 두 재단에 낸 출연금(204억 원), 정유라의 말 구입비와 승마 훈련비(213억 원), 그리고 동계스포츠영재센터에 지원한 후원금(16억 원)을 합해 총 433억 원으로 특정해 가중처벌이 되는 범죄 혐의를 적용했다. 그렇다면 에스케이의 경우에도 두 재단에 출연한 금액(111억 원)과 추가로 투자하기로 약속한 금액(80억 원)이 총수의 사면과 면세점 허가의 대가로 제공되었다면 가중처벌을 받는 뇌물죄가 적용될 수 있다.

(나) 직권남용권리행사방해죄, 강요죄

위에서 본 바와 같이 대통령은 정부의 수반으로서 중앙 행정 기관의 장을 지휘·감독하여 정부의 중요 정책을 수립·추진하는 등 모든 행정 업무를 총괄하는 직무를 수행하고, 대형 건설 사업 및 국토 개발에 관한 정책, 통화, 금융, 조세에 관한 정책 및 기업 활동에 관한 정책 등 각종 재정·경제 정책의 수립 및 시행을 최종 결정하는 등 국정 전반에 걸쳐 광범위한 권한을 가지고 있다. 또한 대통령과 공모한 안종범은 2014년 6월경부터 2016년 5월경까지 사이에 정부조직법과 대통령령인 대통령비서실 직제에 따라 대통령의 직무를 보좌하는 차관급 정무직 공무원인 대통령비서실 경제수석비서관으로 재직하면서 대통령을 보좌하여 산하에 경제금융비서관·농축산식품비서관·해양수산비서관을 두고 재정·경제·금융·산업통상·중소기업·건설교통 및 농림해양수산 정책 등을 포함한 국가정책에 관한 사무를 관장하였고, 2016년 5월경부터 2016년 10월경까지는 정책조정수석비서관으로 재직하면서 대통령을 보좌하여 산하에 기획비서관·국정과제비서관·재난안전비서관을 두고 대통령의 국정 전반에 관한 주요 상황 파악·분석·관리, 국정 과제 추진 관리, 이행 점검, 주요 국정 과제 협의·조정 등의 사무를 관장했다.

이와 같이 막강한 권한을 행사하는 박근혜 대통령과 안종범으로부터 재단법인에 출연금을 납부하라는 요구를 받고, 위에서 본 것과 같이 위법과 탈법을 불사하면서 관계 공무원 및 전경련과 기업 관계자 등을 동원하여 초고속으로 재단 설립 및 출연금 납부에 따른 행정 조치를 취하는 것을 본 위 16개 그룹 대표 및 담당 임원들로서는 위와 같은 대통령의 요구에 응하지 않을 경우 세무조사나 인허가의 어려움 등 기업 활동 전반에 걸쳐 직간접적으로 불이익을 받을 것을 두려워하게 되었다. 박근혜 대통령이 안종범, 최순실과 함께 이러한 두려움을 이용하여 기업들로부터 출연금 명목으로 재단법인에 돈을 납부하게 한 것은 대통령의 직권과 경제수석비서관의 직권을 남용함과 동시에 기업체 대표 및 담당 임원들의 의사 결정의 자유를 침해해서 의무 없는 일을 하게 한 것으로서 형법상의 직권남용권리행사방해죄(「형법」 제123조) 및 강요죄(「형법」 제324조)에 해당한다.

검찰 특별수사본부가 2016년 11월 20일 대통령이 다른 피의자들과 공모 관계에 있는 공범이라는 내용을 포함시킨 중간 수사 결과를 발표하자, 이에 대해 대통령 측 변호인은 곧바로 "증거를 엄밀히 따져 보지도 않고 상상과 추측을 거듭한 뒤 그들이 바라는 환상의 집을 지은 것으로, 중립적인 특별검사의 엄격한 수사와 증거를 따지는 법정에서 한줄기 바람에도 허물어지고 말 그야말로 사상누각"이라고 비판했다. 하지만 "환상의 집"이나 "사상누각"이라는 대통령 측의 직설적인 비판과 달리 헌법재판소는 검찰의 수사 결과를 사실상 그대로 인정했다. 헌법재판소는 결정문에서 최순실과 안종범이 기업들로부터 미르 재단에 출연하도록 한 행위와 관련해 직권남용권리행사방해 및 강요죄로 구속 기소되었다는 점, 검찰의 공소장에는 대통령이 최순실 및 안종범과 공모해 대통령의 직권과 경제수석비서관의 직권을 남용했고, 이에 두려움을 느낀 전경련 임직원과 기업체 대표 및 담당 임원 등으로 하여금 미르 재단에 출연하도록 해 의무 없는 일을 하게 한 것으로 기재되어 있다는 점을 사실로 인정해 대통령의 직권남용죄와 강요죄 범죄 혐의를 인정한 것으로 보인다. 또한 케이스포츠 재단의 경우에도 헌법재판소는 최순실과 안종범이 기업들로부터 케이스포츠 재단에 출연하도록 한 행위와 관련해 직권남용권리행사방해 및 강요죄로 구속 기소되었다는 점, 검찰의 공소장에는 대통령이 최순실 및 안종범과 공모해 대통령의 직권과 경제수석비서관의 직권을 남용했고, 이에 두려움을 느낀 전경련 임직원과 기업체 대표 및 담당 임원 등으로 하여금 케이스포츠 재단에 출연하도록 해 의무 없는 일을 하게 한 것으로 기재되어 있다는 점을 사실로 인정해 기업에 대한 직권남용 및 강요와 관련된 대통령의 범죄 혐의도 확인하고 있다.

매출이나 자산 규모 등으로 정해지는 재계 서열에 따라 전경련 가입 53개 회원사 기업이 청와대의 강요 혹은 뇌물로 미르 재단과 케이스포츠 재단에 출연한 총 774억 원의 기업별 출연금 내역은 〈표 1〉과 같은데, 이 기업들은 대부분 이사회의 의결을 거치지 않고 출연금을 기부했다.

〈표 1〉 미르 재단과 케이 스포츠 재단에 출연한 기업별 출연금 내역

기업	미르 재단 출연금(원)	케이스포츠 재단 출연금(원)	그룹별 출연금 총액(원)
삼성전자	60억	-	
삼성생명	55억	-	
삼성화재	54억	-	삼성 204억
삼성물산	15억	-	
제일기획	-	10억	
에스원	-	10억	
현대자동차	46억	22억8천만	
현대모비스	21억	10억9천만	현대자동차 128억
기아자동차	18억	9억3천만	
에스케이(SK)	68억	-	
에스케이텔레콤(SKT)	-	21억5천만	에스케이(SK) 111억
에스케이종합화학	-	21억5천만	
㈜엘지(LG)	48억	-	
엘지그룹	-	30억	엘지(LG) 78억
㈜지에스(GS)	26억	16억	지에스(GS) 42억
엘에스(LS)	10억	6억	엘에스(LS) 16억
롯데면세점	28억	-	
롯데케미칼	-	17억	롯데 45억
포스코(POSCO)	30억	19억	포스코(POSCO) 49억
한화	15억	-	
한화생명	-	10억	한화 25억
케이티(KT)	11억	7억	케이티(KT) 18억
씨제이이엔엠(CJ E&M)	8억	-	
씨제이(CJ)제일제당	-	5억	씨제이(CJ) 13억
두산	7억	-	
두산중공업	-	4억	두산 11억
대한항공	10억	-	한진 10억
금호타이어	4억	-	
아시아나항공	-	3억	금호 7억
대림산업	6억	-	대림 6억
이마트	-	3억5천만	
신세계	-	1억5천만	신세계 5억
부영	-	3억	부영 3억
아모레퍼시픽	2억	1억	아모레퍼시픽 3억
합계	486억	288억	774억

나. 롯데그룹 추가 출연금 관련 범죄

(1) 사실관계

최순실은 재단법인 케이스포츠에 대한 인사 및 운영을 실질적으로 장악한 후, 재단법인 케이스포츠가 향후 추진하는 사업과 관련된 각종 이권에 개입하는 방법으로 이익을 취하기 위하여, 2016년 1월 12일 스포츠 매니지먼트 등을 목적으로 하는 주식회사 더블루케이(이하 '더블루케이'라고 한다)를 설립하였다. 이후 최순실은 재단법인 케이스포츠 직원에게 더블루케이가 이익을 창출할 수 있는 사업을 기획하라고 지시하여 2016년 2월경 '5대 거점 체육 인재 육성 사업'이라는 제목으로 전국 5대 거점 지역에 체육 시설을 건립하고 체육 시설의 관리 등 이권 사업은 더블루케이가 담당하는 사업안을 마련하게 한 다음 체육 시설 건립을 위한 자금은 기업으로부터 일단 재단법인 케이스포츠로 지원받은 후 더블루케이에 넘겨주는 방식으로 조달하기로 하고, 그 무렵 위와 같은 사업 계획을 박근혜 대통령에게 전달하였다. 박근혜 대통령은 2016년 3월 14일경 롯데그룹 신○빈 회장과 단독 면담을 가진 후 안종범에게 롯데그룹이 하남시 체육 시설 건립과 관련하여 75억 원을 부담하기로 하였으니 그 진행 상황을 챙겨 보라는 지시를 하였다. 한편 신○빈은 대통령과의 면담 이후 회사로 복귀하여 부회장인 망 이○원에게 대통령의 위와 같은 자금 지원 요청 건에 대한 업무 처리를 지시했고, 이○원은 임직원들에게 자금 지원 업무를 진행하도록 지시하였다. 최순실은 2016년 3월 중순경 더블루케이 이사 고영태 등에게 '이미 롯데그룹과 이야기 다 되었으니 롯데그룹 관계자를 만나 지원 협조를 구하면 돈을 줄 것이다.'라고 지시하였고, 고영태 등은 2016년 3월 17일 및 3월 22일 두 번에 걸쳐 롯데그룹 임직원들을 만나 '하남 거점 체육 시설 건립에 75억 원이 소요되니 이를 후원해 달라.'면서 75억 원을 요구하였다. 그 사이 안종범은 박근혜 대통령의 지시를 이행하기 위하여 케이스포츠 사무총장으로부터 관련 자료를 송부받거나 롯데그룹 임직원들과 수시로 전화 통화를 하는 등 롯데그룹의 재단법인 케이스포츠에 대한 75억 원의 지원 여부 및 진행 상황을 점검하였다. 롯데그룹 임직원들은 재단법인 미르와 재단법인 케이스포츠 등에 이미 많은 자금을 출연하였거나 출연하기로 하였을 뿐만 아니라 더블루케이 측이 제시하는 사업 계획도 구체성과 실현 가능성이 떨어진다는 이유로 '75억 원을 출연해 주기는 어렵고 35억 원만 출연하면 안 되겠느냐.'는 의사를 재단법인 케이스포츠 측에 전달하고 이를 이○원에게 보고하였다. 그러나 이○원은 위와 같은 요구에 불응할 경우 기업 활동 전반에 걸쳐 직간접적으로 불이익을 받게 될 것을 두려워한 나머지 임직원들에게 '기왕에 그쪽에서 요구한 금액이 75억 원이니 괜히 욕 얻어먹지 말고 전부를 출연해 주는 것이 좋겠다.'라고 말하며 재단법인 케이스포츠에 75억 원을 교부해 주라고 지시하였다. 결국 롯데그룹은 6개 계열사(롯데제과, 롯데카드, 롯데건설, 롯데케미칼, 롯데캐피탈, 롯데칠성음료)를 동원하여 2016년 5월 25일부터 같은 달 31일까지 사이에 재단법인 케이스포츠에 70억 원을 송금하였다.

대통령의 헌법위반과 관련해 특히 문제가 된 것이 바로 롯데의 추가 출연금이었다. 헌법재판소는 결정문에서 최순실이 당시 문화체육관광부 제2차관인 김종을 통해 정부가 전국에 5대 거점 체육 시설을 건립하는 사업을 추진하고 있다는 정보를 전달받고, 케이스포츠 재단의 과장에게 재단이 체육 인재 육성을 위해 전국 5대 거점 지역에 체육 시설을 건립한다는 내용의 기획안을 마련하라고 지시했다는 점, 해당 과장이 '5대 거점 체육 인재 육성 사업 기획안'을 작성했는데 이 기획안에는 하남시에 있는 대한체육회 부지를 1차 후보지로 하고 케이스포츠 재단이 더블루케이와 협력해 체육 시설 건립을 추진한다는 내용이 포함되어 있었다는 점을 사실로 인정했다. 또한 대통령이 롯데그룹 회장을 독대하면서 정부가 체육 인재 육성 사업의 하나로 하남을 포함해 전국 5대 거점 지역에 체육 시설을 건립하려고 계획하고 있고 케이스포츠 재단이 이를 추진할 것이니 지원해 주기 바란다고 요청했다는 점, 롯데그룹 회장은 부회장에게 대통령의 자금 지원 요청 건을 처리하도록 지시했고 부회장은 담당 임원들에게 케이스포츠 재단 관계자들을 만나 보라고 지시했다는 점, 대통령이 면담 뒤 안종범에게도 롯데그룹이 하남시 체육 시설 건립과 관련해 75억 원을 부담하기로 했으니 그 진행 상황을 챙겨 보라고 지시했다는 점, 안종범이 재단 이사장으로부터 관련 자료를 송부받거나 롯데그룹 임직원들과 수시로 연락하면서 75억 원 지원에 관한 진행 상황을 점검하고 대통령에게 이를 보고했다는 점도 사실로 확인했다. 그리고 최순실이 케이스포츠 재단 관계자들에게 하남시 체육 시설 건립 사업과 관련해 롯데그룹에 자금 지원을 요청할 것을 지시했다는 점, 재단 관계자들이 롯데그룹 임원을 만나 '5대 거점 체육 인재 육성 사업 기획안'을 제시하면서 체육 시설 건립에 필요한 자금 지원을 요청했고, 이후 구체적으로 체육 시설 건설비 70억 원과 부대비용 5억 원 등 합계 75억 원의 지원을 요구했다는 점, 롯데그룹 담당 임원들이 지원을 요구받은 금액의 절반 정도인 35억 원만 지원하는 방안을 제시하기도 했으나 요구대로 따르는 것이 좋겠다는 부회장의 뜻에 따라 6개 계열사를 동원해 케이스포츠 재단에 70억 원을 송금했다는 점까지도 사실로 인정했다.

요약하면 재단 사업에 필요한 자금을 대통령이 직접 기업에 요구하고, 요구를 거절하기 힘들었던 해당 기업이 그 자금을 출연했다는 것인데 헌법재판소는 대통령의 이런 행위를 "기업의 임의적 협력을 기대하는 단순한 의견 제시나 권고가 아니라 구속적 성격을 지닌 것"으로 평가했다. 그러면서 "아무런 법적 근거 없이 대통령의 권한을 이용해 기업의 사적자치 영역에 간섭한" 대통령의 행위가 헌법상 법률 유보 원칙을 위반해 해당 기업의 재산권 및 기업 경영의 자유를 침해한 것"이라고 결론 내렸다. 만약 검찰 수사로, 롯데가 제공했다가 돌려

받은 금액이 그룹에 대한 수사를 무마하기 위한 대가로 판명된다면, 롯데가 청와대로부터 자금 출연을 강요당한 '피해자'가 아니라 대가를 바라고 적극적으로 뇌물을 제공한 '피의자'로 전환될 여지는 여전히 남아 있다.

(2) 법률적 평가

(가) 특정범죄가중처벌등에관한법률위반(뇌물)죄

대통령이 정부의 수반으로서 중앙 행정기관의 장을 지휘·감독하여 정부의 중요 정책을 수립·추진하는 등 모든 행정 업무를 총괄하는 직무를 수행하고 대형 건설 사업 및 국토 개발에 관한 정책, 통화, 금융, 조세에 관한 정책 및 기업 활동에 관한 정책 등 각종 재정·경제 정책의 수립 및 시행을 최종 결정하며, 소관 행정 각부의 장들에게 위임된 사업자 선정, 신규 사업의 인허가, 금융 지원, 세무조사 등 구체적 사항에 대하여 직접 또는 간접적인 권한을 행사함으로써 기업체들의 활동에 있어 직무상 또는 사실상의 영향력을 행사할 수 있는 지위에 있다는 점과, 위에서 본 것과 같이 롯데그룹은 대규모 면세점을 경영해 왔는데 2015년 11월경 면세점 특허권 심사에서 탈락해서 사업권을 상실했다가 2016년 3월 기획재정부가 개선방안을 발표하고 이에 따라 2016년 4월 관세청이 서울 시내에 면세점 4개소 추가 선정 계획을 밝히자 사업권 특허 신청을 했던 점을 종합하면 박근혜 대통령이 롯데그룹으로부터 출연금 명목으로 받은 돈은 직무 관련성이 인정되는 뇌물이라고 하지 않을 수 없다.

또한 위에서 본 것처럼 롯데그룹이 경영권 분쟁 및 비자금 등의 문제로 2005년 12월경부터 그룹 내부 인사들 사이 및 시민단체로부터의 고소, 고발로 검찰의 수사 대상이었고 2016년 6월 10일 그룹 정책본부, 신○빈 회장 자택, 신○호 총괄회장 집무실 등에 대하여 검찰로부터 압수 수색을 당한 이래 계속 수사를 받아 왔으며 2016년 10월 19일에는 신○빈 회장이 기소되었던 점, 박근혜 대통령은 민정수석비서관을 통하여 검찰이 수사 중인 주요 사건에 대한 보고를 받을 뿐 아니라 검찰사무의 최고 감독자로서 일반적으로 검사를 지휘·감독하고 구체적 사건에 대하여는 검찰총장을 지휘·감독하는 법무부 장관에 대한 임명권 및 지휘·감독권을 가진 점, 롯데그룹이 압수 수색을 당하기 하루 전인 2016년 6월 9일 케이스포츠 측이 갑작스럽게 출연금 명목으로 받은 70억 원을 반환하겠다는 의사를 표시하고 그 후 3~4일에 걸쳐 실제로 반환한 점을 종합해 볼 때도 이는 직무 관련성이 인정되는 뇌물이라고 하지 않을 수 없다. 그렇다면 위에서 본 박근혜 대통령의 행위는 특정범죄가중처벌등에관한법률위반(뇌물)죄(「특정범죄 가중처벌 등에 관한 법률」 제2조 제1항 제1호, 「형법」 제129조 제1항 또는 제130조)에 해당한다.

(나) 직권남용권리행사방해죄, 강요죄

위에서 본 바와 같이 막강한 권한을 행사하는 박근혜 대통령과 안종범으로부터 체육 시설 건립에 필요한 자금을 제단법인에 출연금 명목으로 납부하라는 요구를 받은 롯데그룹의 대표와 임직원들은 대통령의 요구에 응하지 않을 경우 면세점 특허 심사 과정에서의 어려움이나 검찰 수사 등 기업 활동 전반에 걸쳐 직간접적으로 불이익을 받을 것을 두려워하게 되었다. 박근혜 대통령이 안종범, 최순실과 함께 이러한 두려움을 이용하여 롯데그룹 소속 기업들로부터 출연금 명목으로 재단법인에 돈을 납부하게 한 것은 대통령의 직권과 경제수석비서관의 직권을 남용함과 동시에 기업체 대표 및 담당 임원들의 의사 결정의 자유를 침해해서 의무 없는 일을 하게 한 것으로서 형법상의 직권남용권리행사방해죄(「형법」 제123조) 및 강요죄(「형법」 제324조)에 해당한다.

앞서 살펴본 것처럼 케이스포츠 재단에 대한 롯데그룹의 70억 원 추가 지원은 기업의 기본권을 침해하는 헌법위반 행위인데, 이와 관련해 헌법재판소는 결정문에서 최순실과 안종범이 직권남용권리행사방해 및 강요죄로 기소되었고, 검찰의 공소장에는 대통령이 이들과 공모해 대통령의 직권과 경제수석비서관의 직권을 남용함과 동시에 이에 두려움을 느낀 기업 임직원 등으로 하여금 의무 없는 일을 하도록 했다고 기재되어 있다는 점을 사실로 인정해 법률 위반도 인정하고 있는 것으로 보인다. 이미 언급한 대로 검찰의 수사 결과 롯데가 제공한 추가 출연금이 그룹에 대한 수사를 무마하려는 목적으로 제공된 것이라면 박 전 대통령에게는 뇌물죄가 추가될 수 있다.

다. 최순실 등에 대한 특혜 제공 관련 범죄

(1) 케이디코퍼레이션 관련 특정범죄가중처벌등에관한법률위반 (뇌물)죄, 직권남용권리행사방해죄, 강요죄

최순실은 2013년 가을경부터 2014년 10월경까지 딸 정유라가 졸업한 초등학교 학부형으로서 친분이 있던 문ㅇ경으로부터 남편인 이ㅇ욱이 운영하는 주식회사 케이디코퍼레이션(이하 '케이디코퍼레이션'이라고 한다)이 해외 기업 및 대기업에 납품을 할 수 있도록 도와 달라는 부탁을 받고 여러 차례에 걸쳐 정호성을 통해 케이디코퍼레이션에 대한 회사 소개 자료를 박근혜 대통령에게 전달해 오던 중, 2014년 10월경 케이디코퍼레이션에서 제조하는 원동기용 흡착제를 현대자동차에 납품할 수 있도록 도와 달라는 부탁을 받고 정호성을 통해 케이디코퍼레이션에 대한 사업 소개서를 대통령에게 전달하였다. 박근혜 대통령은 2014년 11월 27일경 안종범에게 '케이디코퍼레이션은 흡착제 관련 기술을 갖고 있는 훌륭한 회사인데 외국 기업으로부터 부당한 대우를 받고 있으니 현대자동차에서 그 기술을 채택할 수 있는지 알아보라.'는 지시를 하였다. 이에 그 무렵 안종범은 대통령이 함께 있는 가운데 현대자동차그룹 정ㅇ구 회장 및 그와 동행한 김ㅇ환 부회장에게 '케이디코퍼레이션이라는 회사가 있는데, 효용성이 높고 비용도 낮출 수 있는 좋은 기술을 가지고 있다고 하니 현대자동차에서도 활용이 가능하다면 채택해 주었으면 한다.'고 말을 하였다.

　김○환은 2014년 12월 2일경 안종범에게 케이디코퍼레이션의 대표자 이름과 연락처를 다시 확인한 다음 잘 챙겨 보겠다는 취지로 답하고 즉시 현대자동차 구매 담당 부사장에게 케이디코퍼레이션과의 납품 계약을 추진해 보라고 지시하고, 이후 안종범은 케이디코퍼레이션과 현대자동차와의 납품 계약 진행 상황을 계속 점검하면서 '특별 지시 사항 관련 이행 상황 보고'라는 문건을 작성하여 박근혜 대통령에게 보고하였다. 정○구와 김○환은 위와 같은 요구에 불응할 경우 세무조사를 당하거나 인허가의 어려움 등 기업 활동 전반에 걸쳐 직간접적인 불이익을 받게 될 것을 두려워한 나머지, 케이디코퍼레이션은 현대자동차 그룹의 협력 업체 리스트에 들어 있지 않은 업체이고 인지도나 기술력 또한 제대로 검증되지 않은 업체임에도 불구하고 협력 업체 선정을 위해 거쳐야 하는 제품 성능 테스트와 입찰 등의 정상적인 절차를 생략한 채 수의계약으로 현대자동차 및 기아자동차가 케이디코퍼레이션의 제품을 납품받기로 결정하였다. 그 후 현대자동차와 기아자동차는 2015년 2월 3일경 케이디코퍼레이션과 원동기용 흡착제 납품 계약을 체결하고, 케이디코퍼레이션으로부터 그 무렵부터 2016년 9월경까지 합계 10억5,991만9천 원 상당의 제품을 납품받았다. 최순실은 2016년 5월경 박근혜 대통령의 프랑스 순방 시 이○욱이 경제사절단으로 동행할 수 있도록 도와주었다. 한편, 케이디코퍼레이션의 대표 이○욱은 최순실에게 위와 같은 계약 체결의 부탁이나 계약 성사의 대가 명목으로 2013년 12월경 시가 1,162만 원 상당의 샤넬백 1개, 2015년 2월경 현금 2천만 원, 2016년 2월경 현금 2천만 원 합계 5,162만 원 상당을 주었다.

대통령이 정부의 수반으로서 중앙 행정기관의 장을 지휘·감독하여 정부의 중요 정책을 수립·추진하는 등 모든 행정 업무를 총괄하는 직무를 수행하고 대형 건설 사업 및 국토 개발에 관한 정책, 통화, 금융, 조세에 관한 정책 및 기업 활동에 관한 정책 등 각종 재정·경제 정책의 수립 및 시행을 최종 결정하며, 소관 행정 각부의 장들에게 위임된 사업자 선정, 신규 사업의 인허가, 금융 지원, 세무조사 등 구체적 사항에 대하여 직접 또는 간접적인 권한을 행사함으로써 기업체들의 활동에 있어 직무상 또는 사실상의 영향력을 행사할 수 있는 지위에 있다는 점에 비추어 보면 위와 같은 경위로 최순실이 케이디코퍼레이션 측으로부터 받은 돈은 박근혜 대통령의 직무와 관련성이 인정되는 뇌물이라고 하지 않을 수 없다. 이는 특정범죄가중처벌등에관한법률위반(뇌물)죄(「특정범죄 가중처벌 등에 관한 법률」 제2조 제1항 제2호, 「형법」 제130조)에 해당한다. 또한 박근혜 대통령은 최순실, 안종범과 공모하여 대통령의 직권과 경제수석비서관의 직권을 남용함과 동시에 이에 두려움을 느낀 피해자 현대자동차 그룹 회장 정○구 등으로 하여금 케이디코퍼레이션과 제품 납품 계약을 체결하도록 함으로써 의무 없는 일을 하게 하였다. 이는 형법상의 직권남용권리행사방해죄(「형법」 제123조) 및 강요죄(「형법」 제324조)에 해당한다.

헌법재판소의 결정문에 따르면 최순실이 지인인 케이디코퍼레이션 대표이사로부터 자사 제품을 현대자동차에 납품할 수 있도록 해달라는 부탁을 받고, 케이디코퍼레이션 관련 자료를 정호성을 통해 대통령에게 전달했다는 사실, 대통령이 경제수석비서관인 안종범에게 케이디코퍼레이션이 새로운 기술을 가지고 있는 중소기업이니 현대자동차가 그 기술을 채택할 수 있는지 알아보라고 지시했다는 사실, 대통령이 현대자동차 그룹 회장을 면담하는 기회에 함께 온 부회장에게 안종범이 대통령의 지시를 전달하면서 현대자동차가 케이디코퍼레이션과 거래해 줄 것을 부탁했다는 사실이 인정되었다. 또 케이디코퍼레이션이 현대자동차 그룹 내에서 알려지지 않은 기업이었으나 거래 업체 선정 시 통상 거쳐야 하는 제품 시험과 입찰 등 절차를 거치지 않고 수의계약으로 현대자동차와 계약을 맺은 뒤, 현대자동차에 제품을 납품했다는 사실, 안종범이 현대자동차와 케이디코퍼레이션 사이의 계약 진행 상황을 확인해 피청구인에게 보고했다는 사실, 케이디코퍼레이션이 현대자동차에 제품을 납품하게 된 대가로 최순실이 1천만 원이 넘는 금품을 받았다는 사실도 인정되었다.

헌법재판소는 대통령의 이런 행위를 롯데에 대한 추가 출연금 요청과 마찬가지로 "기업의 임의적 협력을 기대하는 단순한 의견 제시나 권고가 아니라 구속적 성격을 지닌 것"으로 평가했다. 그리고 "아무런 법적 근거 없이 대통령의 권한을 이용해 기업의 사적자치 영역에 간섭한" 대통령의 이와 같은 행위가 "헌법상 법률 유보 원칙을 위반해 해당 기업의 재산권 및 기업 경영의 자유를 침해한 것"이라는 결론을 도출했다. 또한 헌법재판소는 결정문에서, 검찰이 최순실과 안종범을 직권남용권리행사방해와 강요죄에 해당한다고 보고 기소했으며, 검찰의 공소장에는 대통령이 이들과 공모해 대통령의 직권과 경제수석비서관의 직권을 남용했으며, 이에 두려움을 느낀 현대자동차로 하여금 납품 계약을 체결하도록 해 의무 없는 일을 하게 한 것으로 기재되어 있다는 점을 사실로 확인함으로써, 직권남용 및 강요와 관련된 대통령의 범죄 혐의가 헌법재판소에 의해 인정된 것으로 보인다.

대통령은 2017년 1월 1일 예고도 없이 갑작스럽게 열린 기자 간담회에서 실력 있는 우수한 중소기업을 지원하도록 요청한 것이라고 강변했지만 왜 하필이면 최측근인 최순실의 지인이 대표로 있는 기업인지에 대해서는 꾸준히 의혹이 제기되었다. 실제로 대통령은 이 기업을 대통령 해외 순방 때 경제사절단에 여러 차례 포함시켰을 뿐만 아니라 심지어 네덜란드 국왕에게까지 이 기업의 납품에 관한 민원을 넣은 것으로 확인되었다.[10]

10 『한겨레』(2017/01/04) 참조.

(2) 플레이그라운드 관련 직권남용권리행사방해죄, 강요죄

최순실은 2015년 10월경 광고 제작 등을 목적으로 하는 주식회사 플레이그라운드커뮤니케이션즈(이하 '플레이그라운드'라고 한다)를 설립하고, 자신의 측근인 미르 재단 사무부총장 김○현 등을 이사로 선임한 다음 기업으로부터 광고 수주를 받아 이익을 취하기로 계획하였고, 2015년 10월경부터 2016년 1월 초순경까지 사이에 김○현으로 하여금 플레이그라운드의 회사 소개 자료를 작성하도록 하였다. 박근혜 대통령은 2016년 2월 15일, 안종범에게 플레이그라운드의 회사 소개 자료를 건네주면서 '위 자료를 현대자동차 측에 전달하라.'는 지시를 하고, 그즈음 안종범은 서울 종로구 소재 안가에서 정○구 회장과 함께 대통령과의 단독 면담을 마친 김○환 부회장에게 플레이그라운드의 회사 소개 자료가 담긴 봉투를 전달하며 '이 회사가 현대자동차 광고를 할 수 있도록 잘 살펴봐 달라.'고 말하여 현대자동차의 광고를 플레이그라운드가 수주할 수 있도록 해달라는 취지로 요구하였다.

또한, 박근혜 대통령은 2016년 2월 15~22일 사이에 진행된 대통령과 현대자동차 그룹 등 8개 그룹 회장들과의 단독 면담이 모두 마무리될 무렵 안종범에게 '플레이그라운드는 아주 유능한 회사로 미르 재단 일에도 많은 도움을 주고 있어 기업 총수들에게 협조를 요청하였으니 잘 살펴보라.'는 취지의 지시를 하였다. 안종범으로부터 위와 같은 요구를 받은 김○

환은 2016년 2월 18일경 현대자동차 김○ 부사장에게 플레이그라운드 소개 자료를 전달하면서 '플레이그라운드가 현대·기아차 광고를 할 수 있게 해보라.'라고 지시하고, 김○ 등의 검토 결과 2016년 12월 31일까지는 현대자동차 그룹 계열 광고회사인 주식회사 이노션과 3개의 중소 광고 회사에 대해서만 광고 물량을 발주해 주기로 확정된 상태임에도 불구하고, 위와 같은 요구에 불응할 경우 각종 인허가 등에 어려움을 겪거나 세무조사를 당하는 등 기업 활동 전반에 직간접적으로 불이익을 입게 될 것을 두려워한 나머지 주식회사 이노션에 양해를 구하고 그 자리에 플레이그라운드를 대신 끼워 넣어 광고를 수주할 수 있도록 해주었다. 이에 따라 현대자동차 그룹에서는 2016년 4월경부터 2016년 5월경까지 사이에 플레이그라운드로 하여금 발주금액 합계 70억6,627만 원 상당의 광고 5건을 수주받게 하여 9억1,807만 원 상당의 수익을 올리도록 하였다.

결국 박근혜 대통령은 최순실, 안종범과 공모하여 대통령의 직권과 경제수석비서관의 직권을 남용함과 동시에 이에 두려움을 느낀 피해자 현대자동차 그룹 부회장 김○환 등으로 하여금 플레이그라운드와 광고 발주 계약을 체결하도록 함으로써 의무 없는 일을 하게 하였다. 이는 형법상의 직권남용권리행사방해죄(「형법」 제123조) 및 강요죄(「형법」 제324조)에 해당한다.

헌법재판소는 결정문에서 최순실이 광고 회사인 플레이그 라운드를 설립했고 명목상의 대표이사를 내세웠으나 주식 70 퍼센트를 차명으로 보유하면서 플레이그라운드를 실질적으로 운영했다는 점, 대통령이 경제수석비서관인 안종범에게 플레이그라운드 소개 자료가 든 봉투를 전달하면서 대기업이 플레이그라운드에 도움을 줄 수 있도록 하라고 지시했다는 점, 안종범이 대통령과 현대자동차 회장 및 부회장이 독대한 뒤 헤어지는 자리에서 부회장에게 플레이그라운드 소개 자료가 든 봉투를 전달했다는 점, 현대자동차와 기아자동차가 통상적으로 광고를 발주해 오던 광고 회사에 양해를 구하고 플레이그라운드에 광고를 발주했다는 점을 모두 사실로 인정했다. 그리고 플레이그라운드의 현대자동차 광고 수주와 관련해 최순실과 안종범이 직권남용권리행사방해 및 강요죄로 기소되었으며 검찰의 공소장에는 대통령이 이들과 공모해 대통령의 직권과 경제수석비서관의 직권을 남용함과 동시에 이에 두려움을 느낀 기업 임직원 등으로 하여금 의무 없는 일을 하도록 했다고 기재되어 있다는 사실도 인정되어 대통령의 범죄 혐의가 확인되고 있다.

박 전 대통령은 파면된 뒤 2017년 3월 21일 검찰에 출석하며 포토라인에 서서 "국민 여러분께 송구스럽게 생각합니다. 성실하게 조사에 임하겠습니다."라는 형식적인 짧은 인사말로 진심 어린 사과를 기대했던 국민들을 끝까지 실망시켰다. 그리고 수사를 받으며 플레이그라운드가 광고를 수주하게 현대자동차에 압력을 넣도록 안종범 전 수석비서관에게 지시한 적이 없다고 진술했다. 또한 박 전 대통령은 케이티에 플레이그라운드가 광고를 수주하도록 압력을 넣으라고 지시한 적도, 포스코가 창단한 스포츠단에 대한 에이전트 계약을 더블루케이와 체결하도록 지시한 적도 없다고 부인했다. 하지만 검찰은 박 전 대통령이 플레이그라운드나 더블루케이가 유능한 회사라고 들은 적은 있다고 진술했기 때문에 박 전 대통령의 주장은 설득력이 떨어진다고 판단하고 있다. 법원이 박 전 대통령의 범죄 혐의와 관련된 이 부분을 어떻게 판단할지 주목되는 대목이다.

/ 탄핵 소추 사유 ⑩ 포스코 관련 범죄

(3) 주식회사 포스코 관련 직권남용권리행사방해죄, 강요죄

최순실은 재단법인 케이스포츠 직원인 박○영 과장 등에게 재단이 추진하는 사업을 통해 더블루케이가 이익을 창출할 수 있는 방안을 기획하라고 지시하여 2016년 2월경 '포스코를 상대로 배드민턴팀을 창단하도록 하고 더블루케이가 그 선수단의 매니지먼트를 담당한다.'라는 내용의 기획안을 마련하게 하였다. 박근혜 대통령은 2016년 2월 22일 서울 종로구 삼청동 소재 안가에서 포스코 회장 권○준과 단독 면담을 하면서 '포스코에서 여자 배드민턴팀을 창단해 주면 좋겠다. 더블루케이가 거기에 자문을 해줄 수 있을 것이다.'라는 요청을 하였고, 안종범은 위와 같이 대통령과 단독 면담을 마치고 나온 권○준에게 미리 준비한 더블루케이 조○민 대표의 연락처를 전달하면서 조○민을 만나 보라고 하였다. 이에 권○준은 위와

같은 취지를 포스코 황○연 경영지원본부장에게 지시하고, 황○연은 2016년 2월 25일, 더블루케이 및 재단법인 케이스포츠 관계자들을 만나 창단 비용 46억 원 상당의 여자 배드민턴팀 창단 요구를 받았으나, 포스코가 창사 이래 처음으로 적자를 기록하는 등의 어려운 경영 여건, 이미 포스코에서 다양한 체육 팀을 운영하고 있는 상황 등을 이유로 추가로 여자 배드민턴팀을 창단하는 것은 부담스럽다는 의사를 표시하였다.

최순실은 조○민 등으로부터 포스코가 여자 배드민턴팀 창단 제의를 거절하였다는 보고를 받고 그다음 날인 2016년 2월 26일 재단법인 케이스포츠 사무총장 등으로 하여금 안종범을 만나 '황○연 사장이 더블루케이의 여자 배드민턴팀 창단 요구를 고압적이고 비웃는 듯한 자세로 거절하고 더블루케이 직원들을 잡상인 취급하였다.'라고 보고하도록 하였다. 안종범은 '포스코 회장에게 전달한 내용이 사장에게 제대로 전달되지 않은 것 같다. 포스코에 있는 여러 체육 팀을 모아 통합 스포츠단을 창단하도록 조치하겠다. 다만 포스코가 더블루케이의 여자 배드민턴팀 창단 요구를 거절한 사실을 브이아이피께 보고하지 말아 달라.'고 답변한 다음, 황○연에게 전화하여 '더블루케이 측에서 불쾌해 하고 있으니 오해는 푸는 것이 좋겠다. 청와대 관심 사항이니 더블루케이와 잘 협의하고 포스코에 있는 여러 종목을 모아서 스포츠단을 창단하는 대안도 생각해 보라.'고 말하였다. 이에 황○연은 청와대의 요구에 불응할 경우 세무조사를 당하거나 인허가의 어려움 등 기업 활동 전반에 걸쳐 직간접적으로 불이익을 받게 될 것을 두려워한 나머지 조○민에게 전화하여 사과를 하고 내부적으로 통합 스포츠단 창단 방안에 대하여 검토를 시작하였으며, 최순실은 2016년 3월 초순경 박○영 등에게 포스코가 운영하고 있는 5개 종목 기존 체육팀에 여자 배드민턴팀, 남녀 펜싱팀, 남녀 태권도 팀을 신설하여 총 8개 체육 팀을 포함한 통합 스포츠단을 창단하되 그 매니지먼트를 더블루케이가 담당하는 개편안을 준비하도록 하여 이를 포스코 측에 전달하였다. 포스코 측은 위 개편안은 과도한 비용이 소요되어 도저히 수용하기 어렵다고 결정하고 2016년 3월 15일 포스코 양○준 상무 등은 직접 더블루케이 사무실을 방문하여 고○태 등에게 여자 배드민턴팀이나 통합 스포츠단을 창단하기 어려운 사정을 설명하고 대신에 계열사인 포스코 피앤에스 산하에 2017년도부터 창단 비용 16억 원 상당의 펜싱팀을 창단하고 그 매니지먼트를 더블루케이에 맡기도록 하겠다는 내용으로 최종 합의하였다.

결국 박근혜 대통령은 최순실, 안종범과 공모하여 대통령의 직권과 경제수석비서관의 직권을 남용함과 동시에 이에 두려움을 느낀 피해자 포스코 그룹 회장 권○준 등으로 하여금 2017년도에 펜싱팀을 창단하고 더블루케이가 매니지먼트를 하기로 하는 내용의 합의를 하도록 하는 등 의무 없는 일을 하게 하였다. 이는 형법상의 직권남용권리행사방해죄(「형법」 제123조) 및 강요죄(「형법」 제324조)에 해당한다.

요약하면 대통령이 직권을 남용해 민간 기업에 스포츠단을 설립하도록 강요하고 그 스포츠단의 운영에 관한 자문을 최측근이 설립한 기업에 맡기도록 강요했다는 혐의다. 직권남용죄는 공무원이 직권을 남용해 사람으로 하여금 의무 없는 일을 하게 하거나 사람의 권리 행사를 방해한 때 성립하는 범죄다(「형법」제123조). 청와대 수석비서관의 경우에도 공무원이므로 직권남용죄를 적용받을 수 있고, 민간인인 최순실의 경우에 대통령 및 청와대 참모와 공모했다면 직권남용죄의 공범이 될 수 있다. 직권남용죄와 같이 특정한 신분을 가진 사람만이 저지를 수 있는 범죄의 경우에 특정한 신분을 가지지 않은 사람도 그런 범죄에 가담하면 공동정범, 교사범, 종범으로 처벌받을 수 있다.[11]

헌법재판소는 결정문에서 대통령이 포스코 회장과 독대하면서 스포츠팀 창단을 권유했고, 안종범 수석도 대통령 독대를 마친 포스코 회장에게 체육과 관련해 포스코가 역할을 해달라고 요구하면서 더블루케이의 대표를 만나 보라고 했다는 사실, 대통령이 안종범 수석에게 스포츠팀 창단 과정을 확인해 보라고 지시했다는 사실, 포스코의 담당 임원이 통합 스포츠단 창단의 어려움을 설명하고 대신 계열회사인 주식회사 포스코 피앤에스 산하에 펜싱팀을 창단하고 그 운영을 더블루케이에 맡기기로 했다는 사실을 모두 인정했다. 이에 따라 헌법재판소는

---

11 「형법」제33조에 따르면, 신분 관계로 인하여 성립될 범죄에 가공한 행위는 신분 관계가 없는 자에게도 전3조(공동정범, 교사범, 종범)의 규정을 적용한다. 단, 신분 관계로 인하여 형의 경중이 있는 경우에는 중한 형으로 벌하지 아니한다.

대통령의 이런 행위가 "기업의 임의적 협력을 기대하는 단순한 의견 제시나 권고가 아니라 구속적 성격을 지닌 것"이라고 평가했다. 그리고 "아무런 법적 근거 없이 대통령의 권한을 이용해 기업의 사적자치 영역에 간섭한" 대통령의 이런 행위가 "헌법상 법률 유보 원칙을 위반해 해당 기업의 재산권 및 기업 경영의 자유를 침해한 것"이라는 결론에 도달한다. 대통령이 현대자동차에 플레이그라운드의 광고 수주를 도와주도록 요청한 것과 동일한 맥락이다.

한편 포스코는 2015년에 계열 광고 회사(포레카)를 매각하는데 이 과정에서 최순실의 최측근이며 창조경제추진단장을 지낸 차은택은 광고 회사(모스코스)를 설립해 이 회사를 인수하려 했지만 실패하자 우선 협상 대상자로 선정된 광고 회사(컴투게더)의 지분을 강탈하려 시도했다. 차 씨는 자신의 추천으로 임명된 송성각 한국콘텐츠진흥원장까지 동원해 협박하며 압력을 행사했다. 대통령까지 당시 경제수석비서관이었던 안종범에게 이 문제가 빨리 진행되도록 지시하고, 안 수석은 이 광고 회사가 광고를 수주하지 못하도록 압력을 행사했다. 실제로 안 전 수석은 이 범죄 혐의와 관련된 자신의 재판에 출석해 대통령이 중국 순방 중에 직접 전화를 걸어 매각 절차에 대해 질타했다고 진술했고, 다른 재판에서 포레카가 다른 기업에 인수되자 대통령에게 혼이 났다고 증언해 광고 회사 매각 절차에 대통령이 깊숙이 개입되었던 사실이 확인되었다. 재판에서 차 씨는 자신이 설립한 것으로 되어 있는 광고 회사는 사실상 최순실의 소유라고 주장했다. 이 부분은 헌법재판소의 탄핵 결정에

서 검토되지 않았다. 포레카 지분 강탈과 관련해 검찰은 차은
택과 송성각을 기소하면서 공소장에 강요미수죄를 적용하고
대통령을 공범으로 적시했지만 이 범죄는 미수에 그쳐 중대하
지 않다고 본 국회가 탄핵 소추 사유로 열거하지 않은 것으로
추정된다. 이에 따라 헌법재판소는 이 부분을 검토할 필요가
없었다.

/ 탄핵 소추 사유 ⑪ 케이티 관련 범죄

(4) 주식회사 케이티 관련 직권남용권리행사방해죄, 강요죄

최순실은 대기업 등으로부터 광고 계약을 수주할 생각으로 차
은택 및 김○택과 함께 2015년 1월경 모스코스를 설립하고
2015년 10월경 플레이그라운드를 설립하는 한편, 대기업들
로부터 광고 계약의 원활한 수주를 위하여 자신의 측근을 대
기업의 광고 업무 책임자로 채용되게 하려는 계획을 세웠다.
최순실은 위와 같은 계획하에 2015년 1월경부터 2015년 7월
경까지 사이에 차은택 등으로부터 대기업 채용 대상자로 차은
택의 지인인 이○수와 신○성 등을 추천받았다.

　박근혜 대통령은 2015년 1월경 및 2015년 8월경 안종범에
게 '이○수라는 홍보 전문가가 있으니 케이티에 채용될 수 있
도록 케이티 회장에게 연락하고, 신○성도 이○수와 호흡을
맞출 수 있도록 하면 좋겠다.'라는 지시를 하였고, 안종범은
케이티 회장인 황○규에게 연락하여 '윗선의 관심 사항인데

이○수는 유명한 홍보 전문가이니 케이티에서 채용하면 좋겠다. 신○성은 이○수 밑에서 같이 호흡을 맞추면 좋을 것 같으니 함께 채용해 달라.'라고 요구하였다. 황○규는 이러한 요구를 받아들여 2015년 2월 16일경 이○수를 전무급인 '브랜드지원센터장'으로, 2015년 12월 초순경 신○성을 '아이엠씨본부 그룹브랜드지원 담당'으로 채용하였다. 그 후 박근혜 대통령은 2015년 10월경 및 2016년 2월경 안종범에게 '이○수, 신○성의 보직을 케이티의 광고 업무를 총괄하거나 담당하는 직책으로 변경하게 하라.'는 지시를 하였고, 안종범은 황○규에게 연락하여 이○수를 케이티의 아이엠씨 본부장으로, 신○성을 아이엠씨 본부 상무보로 인사 발령을 내줄 것을 요구하였고, 황○규는 안종범의 요구대로 이○수와 신○성의 보직을 변경해 주었다.

박근혜 대통령은 2016년 2월경 안종범에게 '플레이그라운드가 케이티의 광고대행사로 선정될 수 있도록 하라.'는 지시를 하였고, 이에 따라 안종범은 그 무렵 황○규와 이○수에게 전화를 걸어 '브이아이피 관심 사항이다. 플레이그라운드라는 회사가 정부 일을 많이 하니 케이티의 신규 광고대행사로 선정해 달라.'라고 요구하였다. 이에 황○규 등은 위와 같은 요구에 불응할 경우 세무조사를 당하거나 각종 인허가의 어려움 등 기업 활동 전반에 걸쳐 직간접적으로 불이익을 받게 될 것을 두려워한 나머지, 신규 설립되어 광고 제작 실적이 부족한 플레이그라운드가 공개 경쟁입찰에서 광고대행사로 선정될 수 있도록 기존 심사 기준에서 '직전 년도 공중파 TV/CATV

광고 실적' 항목을 삭제하고 플레이그라운드 명의로 제출된 포트폴리오 중 일부가 실제 플레이그라운드의 포트폴리오가 아닌 것으로 확인되는 등 심사 결격 사유가 발견되었음에도 2016년 3월 30일 플레이그라운드를 케이티의 신규 광고대행사로 최종 선정하고 2016년 3월 30일부터 2016년 8월 9일까지 플레이그라운드로 하여금 발주금액 합계 68억1,767만6천원 상당의 광고 7건을 수주받게 하여 5억1,669만6,500원 상당의 수익을 올리도록 하였다.

결국 박근혜 대통령은 최순실, 안종범과 공모하여 대통령의 직권과 경제수석비서관의 직권을 남용함과 동시에 이에 두려움을 느낀 피해자 케이티 회장 황○규 등으로 하여금 플레이그라운드를 광고대행사로 선정하고 광고 제작비를 지급하게 하는 등 의무 없는 일을 하게 하였다. 이는 형법상의 직권남용권리행사방해죄(「형법」 제123조) 및 강요죄(「형법」 제324조)에 해당한다.

헌법재판소는 결정문에서 최순실이 차은택에게 케이티 광고 분야에서 일할 사람을 알아봐 달라고 부탁해 한 사람을 추천받았다는 점, 대통령은 안종범에게 홍보 전문가인 이 사람이 케이티에 채용될 수 있도록 하라고 지시했다는 점, 안종범이 케이티 회장에게 대통령의 말을 전달하면서 이 사람을 채용해 달라고 요구했다는 점, 케이티가 통상적 공모 절차를 거치지 않고 이 사람에게 직접 연락해 채용 절차를 진행했고 전무급인 브랜드지원센터장 자리를 새로 만들어 이 사람을 채용했다는 점을 사실로 인정했다. 또한 대통령이 안종범에게 케이티 광고 쪽에 문제가 있다고 하는데 이 사람을 그쪽으로 보낼 수 있는지 알아보라고 지시했다는 점, 안종범이 케이티 회장에게 이 사람의 보직 변경을 요구했고 케이티는 정기 인사 시기가 아님에도 이 사람의 직책을 광고 업무를 총괄하는 담당 본부장으로 변경했다는 점도 사실이라고 인정했다. 그리고 대통령이 안종범에게 또 다른 사람이 케이티에서 이 사람과 함께 일할 수 있도록 하라는 취지의 지시를 했다는 점, 그 사람이 최순실의 조카의 지인인 사람과 사실혼 관계에 있는 사람이고 안종범이 케이티 사장에게 대통령의 지시를 전달했다는 점, 케이티는 상무보급 브랜드 지원 담당 자리를 새로 만들어 그 사람을 채용했고 이후 그는 광고 담당으로 보직이 변경되어 처음에 채용된 사람과 함께 일하게 되었다는 점도 모두 사실로 인정했다. 그 뒤 안종범이 이 두 사람에게 플레이그라운드가 케이티의 광고 대행사로 선정될 수 있도록 해달라고 요청했다는 점, 케이티가 플레이그라운드를 광고대행사로 선정하기 위해 광고대행사 선정 기준 중 광고 실적을 요구하는 조건을 삭제했고, 플레이그라운드에서 제출한 서류의 일부가 사실과 달리 기재되어 있는 것을 발견하고도 플레이그라운드를 광고대행사로 선정했으며 플레이그라운드가 케이티 광고 7건(발주 금액 총 68억1,767만 원 상당)을 수주했다는 점도 사실로 인정했다.

대통령은 특정 개인을 기업에 추천한 것이 우수 인재 추천이라는 정부 정책에 따른 업무 수행일 뿐이라고 주장했지만,

헌법재판소는 대통령이 특정 개인의 사기업 취업을 알선하는 것이 이례적인 일일 뿐만 아니라, 대통령이 채용을 요구한 사람들은 모두 최측근인 최순실과 관계있는 사람들로, 채용된 기업에서 최순실의 이권 창출을 돕는 역할을 수행했다고 지적했다. 한편 법정에 출석한 케이티의 부회장은 회장의 지시에 따라 플레이그라운드를 광고대행사로 선정한 뒤 광고 일감을 몰아주었는데, 회장의 지시를 받을 때 이것이 대통령의 요구라고 말했다는 증언을 했다.

/ 탄핵 소추 사유 ⑫ 그랜드코리아레저 관련 범죄

(5) 그랜드코리아레저 관련 직권남용권리행사방해죄, 강요죄

최순실은 2016년 1월 중순경 기업들에게 스포츠 선수단을 신규 창단하도록 하고 선수단의 창단·운영에 관한 업무 대행은 더블루케이가 맡는 내용의 용역 계약을 체결함으로써 이익을 취하기로 계획하고, 케이스포츠 부장 노○일과 박○영에게 위와 같은 용역 계약 제안서를 작성하도록 하였다. 최순실은 2016년 1월 20일경 위와 같은 용역 계약을 체결할 대상 기업으로 문화체육관광부 산하 한국관광공사의 자회사인 그랜드코리아레저 주식회사(이하 '그랜드코리아레저'라고 한다)를 정한 후, 정호성에게 '대통령께 그랜드코리아레저와 더블루케이 간 스포츠팀 창단·운영 관련 업무 대행 용역 계약을 체결할 수 있도록 주선해 줄 것을 요청해 달라.'고 하였다. 박근혜 대통령은 2016년 1월 23

일 안종범에게 '그랜드코리아레저에서 장애인 스포츠단을 설립하는데 컨설팅할 기업으로 더블루케이가 있다. 그랜드코리아레저에 더블루케이라는 회사를 소개하라.'라고 지시하면서 더블루케이 대표이사 조○민의 연락처를 알려 주었다. 안종범은 박근혜 대통령의 지시에 따라 2016년 1월 24일경 그랜드코리아레저 대표이사 이○우에게 전화하여 조○민의 전화번호를 알려 주며 스포츠팀 창단·운영에 관한 업무 대행 용역 계약 체결을 위해 조○민과 협상할 것을 요구하였다.

또한 박근혜 대통령은 그 무렵 안종범에게 '케이스포츠가 체육 인재를 양성하고자 하는 기관이니 사무총장을 문화체육관광부 김종 차관에게 소개하라.'는 지시를 하였고, 이에 따라 안종범은 2016년 1월 26일 김종을 케이스포츠 정○식 사무총장과 위 조○민에게 소개시켜 주었고 김종은 그 자리에서 케이스포츠와 더블루케이의 향후 사업 등에 대한 조언과 지원을 약속하였다. 최순실은 조○민과 더블루케이 이사 고○태에게 2016년 1월 28일 그랜드코리아레저 대표이사 이○우를 만나도록 지시하였고, 그들을 통해 이○우에게 그랜드코리아레저 측이 배드민턴 및 펜싱 선수단을 창단할 것과 창단, 운영 관련 매년 80억 원 상당의 업무 대행 용역 계약을 체결할 것을 요구하였다. 이○우는 더블루케이 측이 요구하는 용역 계약의 규모가 너무 커 계약 체결이 곤란한 상황임에도 불구하고, 이러한 요구에 불응할 경우 기업 활동 전반에 걸쳐 직간접으로 불이익을 받을 것을 두려워한 나머지 더블루케이와 협상을 계속 진행할 수밖에 없었다. 김종은 위 용역 계약의 체결이 지연되자

2016년 2월 25일 계약금액을 줄인 장애인 선수단 창단·운영에 대한 용역 계약을 체결하는 조정안을 제시하였고, 이○우와 조○민은 김종의 조정안에 따라 협상을 진행하여, 결국 2016년 5월 11일경 더블루케이가 선수의 에이전트로서의 권한을 갖는 그랜드코리아레저-선수-더블루케이 3자 간 '장애인 펜싱 실업팀 선수 위촉 계약'을 체결하였다. 그랜드코리아레저는 2016년 5월 24일경 위 계약에 따라 선수들 3명에 대한 전속 계약금 명목으로 각 2천만 원씩 합계 6천만 원을 지급하였고, 그 무렵 더블루케이는 위 선수들로부터 전속 계약금의 절반인 3천만 원을 에이전트 비용 명목으로 지급받았다.

결국 박근혜 대통령은 최순실, 안종범과 공모하여 대통령의 직권과 경제수석비서관의 직권을 남용함과 동시에 이에 두려움을 느낀 피해자 이○우로 하여금 위와 같은 계약을 체결하게 함으로써 의무 없는 일을 하게 하였다. 이는 형법상의 직권남용권리행사방해죄(「형법」 제123조) 및 강요죄(「형법」 제324조)에 해당한다.

헌법재판소는 결정문에서 대통령이 안종범에게 그랜드코리아레저가 스포츠팀을 창단하고, 더블루케이가 운영 자문 등을 할 수 있도록 그랜드코리아레저에 더블루케이를 소개하라고 지시하면서 더블루케이 대표이사의 이름과 연락처를 전달했다는 사실, 안종범이 그랜드코리아레저 대표이사에게 대통령의 요구 사항을 전달하고 더블루케이 대표이사에게도 연락하고, 대통령의 지시에 따라 문화체육관광부 제2차관 김종을 회사 관계자들에게 소개시켜 주었다는 사실을 모두 인정했다. 또 더블루케이의 관계자들이 그랜드코리아레저에 80억 원 정도의 사업비가 드는 남녀 성인 배드민턴팀과 펜싱팀을 창단하는 사업에 관련한 용역 계약 제안서를 전달했고, 그랜드코리아레저의 대표는 사업 규모가 너무 커 수용하기 곤란하다는 뜻을 밝혔으나 김 차관은 대표에게 가능한 한 긍정적으로 검토하라고 요구하면서 그랜드코리아레저와 더블루케이에 일반인팀 대신 장애인팀을 창단하고 용역 계약 대신 선수 관리 및 대리 계약(에이전트 계약)을 체결하는 방안을 제시했다는 사실, 그랜드코리아레저와 더블루케이는 그랜드코리아레저가 장애인 펜싱팀을 창단하고 더블루케이가 그 선수들의 관리 등 업무를 맡기로 합의했다는 사실도·인정했다. 구속 기속된 김 전 차관은 자신의 형사재판에서 장애인 펜싱팀을 창단한 그랜드코리아레저가 청와대의 지시가 없었다면 더블루케이와 협상을 할 이유가 없었다고 진술한다.[12] 그랜드코리아레저가 장애인 펜싱팀을 창단한 뒤 더블루케이와 에이전트 계약을 체결한 결정적 이유는 대통령과 청와대 수석비서관의 지시가 있었기 때문이라는 뜻이므로 대통령의 직권남용죄와 강요죄를 입증할 수 있는 중요한 증언이다. 또한 그는 그랜드코리아레저가 최순실의 조카 장시호가 운영하는 동계스포츠영재센터에 2억 원을 후원한 것도 청와대의 지시 때문이었다고 진술했다.

---

12 〈YTN 뉴스〉(인터넷판)(2017/03/14) 참조.

라. 문서 유출 및 공무상 취득한 비밀 누설 관련 범죄

박근혜 대통령은 2013년 10월경 서울 종로구 청와대로1에 있는 대통령 부속비서관실에서 정호성 비서관으로부터 2013년 10월 2일자 국토교통부 장관 명의의 '복합 생활체육 시설 추가 대상지(안) 검토' 문건을 전달받고 관련 내용을 보고받았다. 위 문건에는 '수도권 지역 내 복합 생활체육 시설 입지 선정과 관련하여 추가 대상지로 경기도 하남시 미사동 등 3개 대상지를 검토하였으며, 그중 경기도 하남시 미사동이 접근성, 이용 수요, 설치 비용 모두 양호하여 3개 대상지 중 최상의 조건을 갖추었다.'라는 등의 내용이 기재되어 있는데, 위 문건의 내용 및 국토교통부와 대통령비서실에서 수도권 지역 내 복합 생활체육 시설 부지를 검토하였다는 사실 등은 직무상 비밀에 해당한다. 박근혜 대통령은 그 무렵 정호성에게 지시하여, 위 '복합 생활체육 시설 추가 대상지(안) 검토' 문건을 정호성과 최순실이 공동으로 사용하는 외부 이메일에 첨부하여 전송하는 방법으로 최순실에게 전달하였다. 박근혜 대통령은 이를 비롯하여 2013년 1월경부터 2016년 4월경까지 정호성에게 지시하여 총 47회에 걸쳐 공무상 비밀 내용을 담고 있는 문건 47건을 최순실에게 이메일 또는 인편 등으로 전달하였다. 박근혜 대통령의 이러한 행위는 형법상의 공무상비밀누설죄(「형법」 제127조)에 해당한다.

대통령은 정부 정책이나 인사와 관련된 중요한 문서들을 최순실에게 전달해 검토를 받았다. 그런 문서들에 직무상(공무상) 비밀이 포함되어 있다면 그런 행위는 공무상비밀누설죄에 해당한다. 공무상비밀누설죄의 공범으로 기소된 청와대 비서관 정호성은 재판에서 대통령은 거의 모든 자료를 사전에 최순실에게 전달해 검토받았다고 진술한다. 대통령이 정 씨에게 자료를 전달해 최 씨의 검토를 지시하면 정 씨는 해당 자료를 최 씨에게 전달한 뒤 최 씨의 의견을 반영해 다시 대통령에게 보고하는 것이었다.

헌법재판소의 결정문에 따르면 대통령이 보고받는 서류를 대부분 정호성이 모아서 정리한 다음 대통령에게 전달했는데 이 서류 중 인사에 관한 자료, 각종 현안 및 정책 보고서, 연설문이나 각종 회의에서 발언하는 데 필요한 말씀 자료, 대통령의 공식 일정 등 국정에 관한 문건 중 일부를 이메일이나 직접 서류를 전달하는 방법 등으로 최순실에게 전달했다는 점, 최순실도 정호성을 통해 국정에 관한 문건을 전달받아 열람한 사실을 인정하고 있다는 점, 대통령이 일부 문건의 경우에는 정호성에게 최순실의 의견을 받았는지 확인하고 이를 반드시 반영하도록 지시했다는 점, 정호성이 공무상 비밀 누설 혐의로 검찰에서 조사받으면서 이와 같은 문건 유출은 큰 틀에서 피청구인의 뜻에 따른 것이라는 취지로 진술했다는 점이 모두 사실로 인정되었다. 그리고 헌법재판소는 청와대 보좌 체계가 완비될 때까지만 최순실의 의견을 들었다는 대통령의 주장이 객관적 사실과 부합하지 않고, 관련 문건이나 정보가 최순실에게 전달

〈표 2〉 검찰 공소장에 박근혜 전 대통령이 공범으로 적시된 여덟 가지 범죄 혐의

범죄 혐의	관련 사건
1. 직권남용죄 및 강요죄	미르 재단 및 케이스포츠 재단 출연금 모금 과정에서 직권남용 및 강요 롯데그룹에 대한 추가 모금 과정에서 직권남용 및 강요
2. 직권남용죄 및 강요죄	케이디코퍼레이션의 현대자동차 납품 청탁 과정에서 직권남용 및 강요
3. 직권남용죄 및 강요죄	플레이그라운드의 광고 수주 과정에서 직권남용 및 강요
4. 직권남용죄 및 강요죄	포스코(POSCO)에 펜싱팀 창단 요구 과정에서 직권남용 및 강요
5. 직권남용죄 및 강요죄	케이티(KT)에 대한 최순실 측근 채용 청탁 과정에서 직권남용 및 강요
6. 직권남용죄 및 강요죄	한국관광공사 자회사 그랜드코리아레저에 장애인 펜싱팀 창단 강요
7. 강요미수죄	씨제이(CJ) 부회장 사퇴 강요
8. 공무상비밀누설죄	최순실에게 공무상 비밀문서 전달

된 사실을 대통령이 전혀 모르고 있었다고 보는 것도 상식에 맞지 않을 뿐만 아니라, 인사에 관한 자료나 정책 보고서 등 말씀 자료가 아닌 문건을 최순실에게 전달하도록 지시한 사실이 없다는 대통령의 주장도 믿기 어렵다고 설명했다.

국회가 탄핵 소추 의결서에 적시한 대통령의 법률 위반 사

항은 검찰이 관련자를 기소하면서 공소장에 기재한 내용과 상당 부분 일치한다. 대통령은 2016년 12월 16일 대리인단을 통해 제출한 답변서에서 "최순실의 국정 관여 비율은 대통령의 국정 수행 총량 대비 1퍼센트 미만이며, 이마저도 사회 통념상 허용될 수 있는 일"이라고 강변했지만 대통령의 범죄 혐의는 결코 가볍지 않다. 검찰이 공소장에서 박근혜 전 대통령을 공범으로 적시한 여덟 가지 범죄 혐의는 〈표 2〉와 같다.

/ 법위반의 중대성과 국민 신임의 배반

3. 중대성의 문제

박 대통령에 대한 파면 결정이 정당화되기 위해서는 파면 결정을 통하여 헌법을 수호하고 손상된 헌법 질서를 다시 회복하는 것이 요청될 정도로 대통령의 법위반 행위가 헌법 수호의 관점에서 중대한 의미를 가져야 하고 대통령에게 부여한 국민의 신임을 임기 중 다시 박탈해야 할 정도로 대통령이 법위반 행위를 통하여 국민의 신임을 저버린 경우여야 한다. 이러한 경우에 한하여 대통령에 대한 탄핵 사유가 존재하는 것으로 볼 수 있을 것이다.

그런데 박 대통령은 앞서 살펴본 것과 같이 국민의 신임을 받은 행정부 수반으로서 정부 행정조직을 통해 국가정책을 결정하고 집행하여야 함에도 최순실 등 비선 조직을 통해 공무원

인사를 포함한 국가정책을 결정하고 이들에게 국가 기밀에 해당하는 각종 정책 및 인사 자료를 유출하여 최순실 등이 경제, 금융, 문화, 산업 전반에서 국정을 농단하게 하고, 이들의 사익추구를 위해서 국가권력이 동원되는 것을 방조하였다. 그 결과 최순실 등이 고위 공무원 등의 임면에 관여하였으며 이들에게 불리한 언론 보도를 통제하고 이에 응하지 않는 언론인을 사퇴하게 하는 등 자유민주국가에서 허용될 수 없는 불법행위를 가하였다. 박 대통령의 이러한 행위는 자유민주적 기본 질서를 위협하고 국민주권주의, 대의민주주의, 법치국가 원리, 직업 공무원제 및 언론의 자유를 침해하여 우리 헌법의 기본 원칙에 대한 적극적인 위반 행위에 해당하는바, 박 대통령의 파면이 필요할 정도로 헌법 수호의 관점에서 중대한 법위반에 해당한다.

나아가 박 대통령은 최순실, 안종범과 공모하여 사기업들로 하여금 강제로 금품 지급 또는 계약 체결 등을 하거나 특정 임원의 채용 또는 퇴진을 강요하고 사기업으로부터 부정한 청탁을 받고 최순실 등을 위해 금품을 공여하거나 이를 약속하게 하는 부정부패 행위를 하였는데, 박 대통령의 이러한 행위는 헌법상 권한과 지위를 남용하고 국가조직을 이용하여 국민의 기본권을 침해하고 부정부패 행위를 한 것으로서 국가와 국민의 이익을 명백히 해하는 행위에 해당한다. 따라서 대통령의 직을 유지하는 것이 더 이상 헌법 수호의 관점에서 용납될 수 없거나 대통령이 국민의 신임을 배신하여 국정을 담당할 자격을 상실한 정도에 이른 것이다.

노무현 대통령 탄핵 사건(2004헌나1)에서 헌법재판소는 대통령의 법위반을 확인하면서도 그런 법위반의 정도가 대통령을 탄핵시킬 만큼 중대하지 않아 탄핵(파면) 결정을 하지는 않았다. 헌법은 대통령의 법위반을 확인해 탄핵 결정을 할 수 있다고만 규정되어 있어 법위반의 중대성이 탄핵의 요건이 되는지에 대해서는 논란이 되었다. 이에 대한 헌법재판소의 견해를 들어보자.

　　「헌법재판소법」 제53조 제1항은 헌법 제65조 제1항의 탄핵 사유가 인정되는 모든 경우에 자동적으로 파면 결정을 하도록 규정하고 있는 것으로 문리적으로 해석할 수 있으나, 이러한 해석에 의하면 피청구인의 법위반 행위가 확인되는 경우 법위반의 경중을 가리지 아니하고 헌법재판소가 파면 결정을 해야 하는바, 직무 행위로 인한 모든 사소한 법위반을 이유로 파면을 해야 한다면, 이는 피청구인의 책임에 상응하는 헌법적 징벌의 요청, 즉 법익형량의 원칙에 위반된다. 따라서 「헌법재판소법」 제53조 제1항의 '탄핵 심판 청구가 이유 있는 때'란, 모든 법위반의 경우가 아니라, 단지 공직자의 파면을 정당화할 정도로 '중대한' 법위반의 경우를 말한다(헌재 2004. 5. 14. 2004헌나1, 판례집 16-1, 609, 654면).

　　탄핵 제도는 헌법과 법률을 위반한 고위 공직자를 파면하는 제도이므로 문제가 된 고위 공직자가 헌법과 법률을 위반한 정도가 그를 파면할 정도로 중대해야 한다는 뜻이다. 헌법은 단지 고위 공직자의 법위반이 확인되면 곧바로 파면한다는 식으로 규정하고 있지만 헌법재판소가 법위반의 중대성 여부를 따진 뒤에 파면 여부를 결정해야 한다는 것은 탄핵 결정의 법적 효과인 파면에 비추어 헌법 문구에 당연히 내재되어 있다고 헌법재판소는 해석한 것이다.

4. 결론

최순실 등의 국정 농단과 비리 그리고 공권력을 이용하거나 공권력을 배경으로 한 사익의 추구는 그 끝을 알 수 없을 정도로 광범위하고 심각하다. 국민들은 이러한 비리가 단순히 측근에 해당하는 인물이 아니라 박근혜 대통령 본인에 의해서 저질러졌다는 점에 분노와 허탈함을 금치 못하고 있다. 박근혜 대통령과 최순실 등의 그러한 행위는, 박근혜 대통령이 자인하였듯이, 대한민국 국민들에게 "이루 말할 수 없는 큰 실망"을 주었으며, 대통령을 믿고 국정을 맡긴 주권자들에게 "돌이키기 힘든 마음의 상처"를 가져왔다(2016년 11월 4일자 대국민 사과문).

더욱이 박근혜 대통령은 검찰 수사에 응하겠다고 공개적으로 국민들에게 약속하였다가 검찰이 자신을 최순실 등과 공범으로 판단한 수사 결과를 발표하자 청와대 대변인을 통하여 "검찰의 (최순실 등에 대한 기소는) 객관적인 증거는 무시한 채 상상과 추측을 거듭해서 지은 사상누각일 뿐"이라고 말하면서 검찰 수사에 불응하였다. 국정의 최고, 최종 책임자인 대통령이 국가 기관인 검찰의 준사법적 판단을 이렇게 폄하하는 것은 그 자체가 국법 질서를 깨는 일일 뿐만 아니라, 공개적인 대국민 약속을 상황이 자신에게 불리해졌다고 해서 불과 며칠 만에 어기고 결과적으로 거짓말로 만들어 버린 것은 국민들이 신임을 유지할 최소한의 신뢰도 깨어 버린 것이다.

2016년 11월 박근혜 대통령에 대한 지지율은 3주 연속 4~5%의 유례없이 낮은 수치로 추락하였으며 2016년 11월 12일 및 같은 달 26일, 서울 광화문에서만 1백만이 넘는 국민들이 촛불 집회와 시위를 하며 대통령 하야와 탄핵을 요구하였다. 박근혜 대통령을 질타하고 더 이상 대통령 직책을 수행하지 말라는 국민들의 의사는 분명하다. 주권자의 뜻은 수많은 국민들이 세대와 이념과 출신 지역에 상관없이 평화롭게 행하는 집회와 시위에서 충분히 드러났다.

박근혜 대통령의 탄핵 소추와 공직으로부터의 파면은 대통령의 직무 수행의 단절로 인한 국가적 손실과 국정 공백을 훨씬 상회하는 '손상된 근본적 헌법 질서의 회복'을 위한 것이다. 이미 박근혜 대통령은 국민들의 신임을 잃어 정상적인 국정 운영이 불가능하며 주요 국가정책에 대하여 국민의 동의와 지지를 구하기 어려운 상태다. 박근혜 대통령에 대한 탄핵 소추와 파면은 국론의 분열을 가져오는 것이 아니라 오히려 국론의 통일에 기여할 것이다. 이 탄핵 소추로서 우리는 대한민국 국민들이 이 나라의 주인이며 대통령이라 할지라도 국민의 의사와 신임을 배반하는 권한 행사는 결코 용납되지 않는다는 준엄한 헌법 원칙을 재확인하게 될 것이다.

이에 우상호·박지원·노회찬 의원 등 171명의 국회의원은 국민의 뜻을 받들어 박근혜 대통령에 대한 탄핵 소추를 발의한다.

헌법은 탄핵 소추의 대상으로 대통령, 국무총리, 국무위원, 행정 각부의 장, 헌법재판소 재판관, 법관, 중앙선거관리위원회 위원, 감사원장, 감사위원 등을 열거하고 있다(헌법 제65조 제1항). 국회가 대통령에 대한 탄핵 소추안을 발의하기 위해서는 재적 국회의원 과반수의 참여가 필요하다(헌법 제65조 제2항). 다른 탄핵 대상의 경우에는 탄핵 소추안을 발의하기 위해 재적 국회의원 3분의 1(현재 재적 국회의원 기준 1백 인) 이상의 참여가 필요한 것과 다르다. 박근혜 대통령에 대한 탄핵 소추안 발의에는 171명의 국회의원이 참여했다. 탄핵 소추안이 발의되면 국회 본회의에서 가결되어야 하는데 대통령 탄핵 소추안 가결에 필요한 정족수는 재적 국회의원 3분의 2(현재 재적 국회의원 기준 2백 인) 이상이다. 2016년 12월 9일에 실시된 대통령 탄핵 소추안 표결에서는 234명의 국회의원이 찬성해 대통령 탄핵 소추안이 가결되었다.

헌법재판도 본질적으로 재판(사법 작용)이다. 재판에서 판단의 기준은 오로지 법적 기준이므로 헌법재판에서 헌법만이 유일하게 판단의 기준이 된다는 뜻이다. 따라서 재판에서 문제가 된 법적 쟁점에 대한 여론은 재판에서 중요하지 않고, 더 정확히 말하면 재판은 여론의 영향을 받지 않아야 한다. "법관은 헌법과 법률에 의하여 그 양심에 따라 독립하여 심판한다."(헌법 제103조)는 사법부 독립의 원칙은 헌법재판관이 담당하는 헌법재판에도 그대로 적용된다. 하지만 헌법재판이 본질적으로 재판이라 해도, 법의 해석과 적용을 본질로 하는 모든 재판에서 원칙적으로 일반 시민이 그런 해석과 적용의 과정에 의견을 제시할 수 있고, 특히 헌법재판의 경우에는 헌법의 해석과 적용 과정에서 일반 시민의 의견을 완벽하게 배제할 수 없다. 오히려 헌법재판의 민주적 정당성을 담보하기 위해서는 문제가 된 헌법 조문의 해석과 적용에서 일반 시민의 의견을 경청해야 할 필요성도 있다. 따라서 꾸준히 탄핵 소추가 인용되어야 한다는 의견이 80퍼센트 정도를 유지했다는 사실은 대통령의 법 위반이 중대한지 여부를 판단할 때 대단히 중요하다.

사실 박근혜 대통령에 대한 국회의 탄핵 소추는 어느 정도 그 결과를 예상할 수 있었다. 필자와 같은 우둔한 헌법학자에게도 사안은 매우 명백하고 중대해서 판단하는 데 그렇게 고민할 여지가 별로 없었던 것이다. '최순실 게이트'로 형성된 탄핵 국면에 직면해 헌법재판소가 2014년 당시 노무현 대통령 탄핵 사건에서 제시한 탄핵 요건이 중요한 참고가 될 수 있기 때문이었다. 헌법재판소에 따르면 대통령을 탄핵하기 위해서는 대통령을 파면시킬 만큼의 '중대한 법위반' 또는 '국민의 신임에 대한 배반'이 확인되어야 한다. 이처럼 중대한 법위반이나 국민 신임 배반의 존재 여부를 판단하는 구체적인 기준으로는 다음의 다섯 가지가 제시되었다.

① 권한과 지위를 남용해 '부정부패 행위'를 하는 경우

② 명백하게 '국익을 해하는 활동'을 하는 경우

③ 권한을 남용해 다른 '헌법기관의 권한을 침해'하는 경우

④ 국가조직을 이용해 '국민의 기본권을 침해'하는 경우

⑤ 국가조직을 이용해 '부정선거 운동'을 하거나 '선거 조작'을 꾀하는 경우

이 가운데 문제가 되었던 박근혜 대통령의 탄핵 여부와 관련해 특별히 주목할 만한 기준은 부정부패와 국익 침해 및 기본권 침해다.

우선 '대통령이 헌법상 부여받은 권한과 지위를 남용해 행한 부정부패 행위'의 구체적 사례로 헌법재판소는 '뇌물 수수'와 '공금횡령'을 들고 있다. 그런데 검찰 특별수사본부가 대통령의 최측근들을 두 차례로 나누어 기소하면서 기소장에 적시한 범죄 혐의 가운데 가장 눈에 띄는 것은 대통령이 권한을 남용해 대기업 총수들에게 수백억 원의 기금을 출연하도록 강요했다는 점이다. 더욱이 특별검사팀의 수사에서 밝혀진 것처럼, 이 과정에서 기업합병이나 사면, 면세점 인가 혹은 세무조사 면제와 같은 이익을 제공하기로 약속한 사실이 확인되었고, 이는 '뇌물죄' 혹은 '제3자 뇌물죄'에 해당되는데, 특검팀은 삼성의 뇌물죄와 제3자 뇌물죄 혐의만 확인했다. 더욱이 수사 결과 만약 재단의 공금을 최측근들이 횡령한 뒤 그중 일부라도 대통령이 공유했다면 이것은 '공금횡령죄'에 해당한다.

또 대통령은 청와대 비서관을 시켜 다양한 정부 문서들을

최순실에게 유출했는데, 거기에는 중요한 국가 기밀뿐만 아니라 비밀 유지가 요구되는 내용까지도 상당수 포함된 사실이 공소장에 기재되어 있다. 이처럼 대통령이 중요한 정부 문서를 유출시킨 행위는 그 문서의 내용이 외국 정부에 알려졌을 때 대한민국의 이익을 심각하게 침해할 수 있으므로 '공익 실현의 의무가 있는 대통령으로서 명백하게 국익을 해하는 활동'에 해당한다. 한편 앞서 지적한 것처럼, 청와대 참모들은 대통령의 지시를 받아 대기업에 대해 기금 출연을 강요했는데, 이는 삼성 등 뇌물죄 혐의를 받는 대기업을 제외하면 뇌물죄가 아니더라도, 대기업의 재산을 강탈하는 행위로 '국가조직을 이용해 국민의 기본권을 침해하는 행위'로 볼 수 있다. 대통령의 지시로 최측근들이 광고 회사를 강탈하려 했다는 범죄 혐의의 경우에도 마찬가지다. 요약하면, 검찰은 공소장에 열거한 최측근들의 범죄 혐의와 관련해, 기본적으로 대통령을 '공범'으로 보고 있기 때문에 공소장에 열거되지 않은 뇌물 수수와 관련된 범죄 혐의까지 증명된다면, 대통령의 범죄 혐의는 헌법재판소가 열거하고 있는 탄핵 결정의 구체적 기준에 그대로 해당된다.

이미 잘 알려진 대로 대통령은 임기 중에 내란죄나 외환죄를 저지르지 않는 한 소추되지 않는다(헌법 제84조). 이런 '불소추 특권' 때문에 현직 대통령에 대한 '수사'가 가능한지에 대한 논란이 계속해서 제기되었다. 이 논란은 임의수사는 가능하지만 체포나 구속을 전제로 한 강제수사는 불가능하다는 쪽으로 정리된 것 같은데, 어쨌든 적어도 '기소'는 불가능하다는 것이 일치된 견해이다. 그렇다면 대통령의 범죄행위에 대해서는 재임 중이면 대법원의 최종심은커녕 제1심 법원의 판결조차 구할 수 없으므로 대통령을 탄핵하기 위해 필요한 법률 위반을 확인하는 데 결정적인 것은 검찰 혹은 특검의 수사 결과밖에는 없다. 일반 국민이 법원의 확정판결 전까지 누리는 '무죄 추정 원칙'을 재임 중에 기소되지 않는 대통령이 탄핵 절차에서 주장할 여지가 없는 근본적 이유가 여기에 있다. 검찰은 조직상 대통령이 수반으로 있는 행정부에 소속된 법무부의 한 조직으로, 수장을 포함한 검사를 대통령이 임면한다. 검찰이 조직상 최고 상급자이자 인사권자인 대통령을 수사해서 그 범죄 사실을 공소장에 기재하기 위해서는 그만큼 증거나 증언이 범죄 사실을 증명하는 데 객관적으로 명백할 수밖에 없다는 의미다. 이것이 바로 비록 확정판결은 아니지만 검찰의 수사 결과를 대통령의 탄핵 절차에서 근거로 삼을 수밖에 없는 까닭이다.

대통령의 탄핵 사유인 법위반에는 법률 위반뿐만 아니라 '헌법위반'도 포함된다. 검찰은 법률 위반을 수사해 기소하는 국가기관이지 헌법위반을 밝혀내는 국가기관은 아니다. 법률 위반에 대한 수사의 경우에도 대통령이 수사를 거부하면 현실적으로 대통령과 관련된 수사를 진행시키기도 어렵다는 점에서 헌법위반 여부에 대한 확인을 법률 위반 여부에 대한 확인에 완전히 의존시킬 수는 없다. 대통령 탄핵 여부를 결정하기 위해 오로지 검찰이나 특별검사의 수사 결과만 의존할 수 없는 이유가 여기에 있다. 최순실 게이트에서 문제가 된 대통령의 다양한 헌법위반 행위들을 정리하면 국민이 위임한 권한(국가 권력의 한 축인 행정권)을 최측근인 민간인이 행사하도록 해 '민주주의'의 근간을 중대하게 훼손했다는 점이다. 또 대통령을 등에 업은 대통령의 최측근들은 인사권, 정책 결정권, 사정 명령권 등을 전횡했을뿐더러 사유화한 권력을 남용해 법의 테두리를 벗어나 자신들의 사익을 추구함으로써 '법치주의'의 기초마저 뿌리째 흔들었다. 나아가 기업을 강탈하거나 특정 기업에 특혜를 부여함으로써 공정한 경쟁이 이루어져야 할 '경제 질서'의 기본 원칙을 근본적으로 왜곡시켰다. 이런 헌법위반 사항들은 '국회의 국정조사'를 통해서도 충분히 밝혀질 수 있는 것들이다. 미국의 탄핵 절차에서 하원의 소추로 대통령의 탄핵 여부를 상원이 결정한다는 사실을 고려하면, 한국에서 헌법위반 여부에 대한 확인은 비록 그것이 일종의 사법기관인 헌법재판소에 의해 이루어진다고 해도 법률 위반 여부에 대한 확인처럼 검찰이나 법원과 같은 형사 사법기관에 완벽하게 의존할 필요가 없다.

3

탄핵 결정에
이르는
지난한 길

기나긴 변론 절차

　　헌법재판은 주로 '서면심리'로 진행되는데 탄핵 심판과 정당 해산 심판 및 권한쟁의 심판은 '구두변론'으로 진행된다(「헌법재판소법」 제30조 제1항). 재판부가 변론을 열 때에는 '기일'을 정하여 당사자와 관계인을 소환해야 한다(동조 제3항). 탄핵 심판의 경우에 당사자가 변론 기일에 출석하지 않으면 다시 기일을 정해야 하고(동법 제52조 제1항), 다시 정한 기일에도 당사자가 출석하지 않으면 그의 출석 없이 심리할 수도 있다(동조 제2항). 대통령에 대한 탄핵 심판의 경우에 피청구인인 대통령 혹은 그 대리인이 출석하지 않아도 심리를 진행할 수 있다는 뜻이다. 재판부는 심리를 위해 필요하다고 인정되면 증거조사를 위해 당사자나 증인을 신문訊問할 수 있다(동법 제31조 제1항 제1호). 헌법재판소로부터 증인으로 소환을 받고 정당한 사유 없이 출석하지 않으면 '처벌'을 받는데(동법 제79조 제1호), 증인이 잠적해 출석요구서의 수령을 회피하는 경우에는 처벌할 수 없는 문제점이 이번 사건에서 확인되었다. 법률 개정이 필요한 부분이다. 이번 탄핵 심판에서는 세 차례의 변론 준비 기일과 총 열일곱 차례의 변론 기일이 열렸다.

　　변론 기일에는 총 87명을 증인으로 채택해 달라는 신청이 있었으나(국회 소추위원단 측 7명, 대통령 대리인단 측 72명, 공통 8명)

〈표 3〉 변론 기일 주요 증인

변론 차수	변론 기일	당사자 및 주요 증인
제1차	2017년 1월 3일	박근혜(불출석)
제2차	2017년 1월 5일	안봉근(불출석), 이재만(불출석), 윤전추, 이영선(불출석)
제3차	2017년 1월 10일	최순실(불출석), 안종범(불출석), 정호성(불출석)
제4차	2017년 1월 12일	이영선, 류희인, 조현일, 조한규
제5차	2017년 1월 16일	최순실, 안종범
제6차	2017년 1월 17일	유진룡(불출석), 이승철(불출석), 고영태(불출석), 류상영(불출석)
제7차	2017년 1월 19일	김상률, 정호성
제8차	2017년 1월 23일	김종, 차은택, 이승철
제9차	2017년 1월 25일	유진룡, 고영태(불출석), 류상영(불출석)
제10차	2017년 2월 1일	김규현, 유민봉
제11차	2017년 2월 7일	김기춘(불출석), 김종덕, 정현식
제12차	2017년 2월 9일	조성민, 문형표, 박헌영, 노승일, 고영태(불출석)
제13차	2017년 2월 14일	안봉근(불출석), 이기우, 김홍탁(불출석), 김형수(불출석)
제14차	2017년 2월 16일	김영수(불출석), 정동춘, 이성한(불출석), 김수현(불출석)
제15차	2017년 2월 20일	김기춘(불출석), 최상목, 반기선
제16차	2017년 2월 22일	최순실(불출석), 안종범
제17차	2017년 2월 27일	최종 변론

이 가운데 25명만이 채택되었고, 채택된 증인들 가운데 8명은 불출석했다. 헌법재판소의 결정문에 따르면 국회 소추위원단(청구인)과 대통령 대리인단(피청구인)이 함께 신청한 증인이 3명, 청구인 측이 신청한 증인이 9명, 피청구인 측이 신청한 증인이 14명이었다(안종범 전 수석은 증인으로 두 차례 채택). 대통령 대리인단은 제8차 변론 기일에 39명, 제10차 변론 기일에 15명, 증인신문 마지막 날인 제16차 변론 기일에 20명의 증인을 무더기로 신청해 무리한 증인 채택 신청으로 심리를 지연시키고 있다는 의심을 받았다. 2017년 2월 27일에 열린 최종 변론 기일에는, 6명의 소추위원단과 13명의 대리인단이 참석한 국회 측은 한 시간 남짓 변론을 펼친 반면, 20명의 변호사로 구성된 대통령 대리인단은 다섯 시간에 가까운 변론을 진행했다.

/ 제1차 변론 기일

2017년 1월 3일에 열린 제1차 변론 기일에는 피청구인인 박근혜 대통령만 출석하기로 되어 있었지만 예상대로 박 대통령은 불출석해 재판을 시작한 지 9분도 안 되어 재판이 종료되었다. 이 재판을 방청하기 위해 추첨을 통해 방청권을 얻은 시민들은 발걸음을 돌려야 했다.

/ 제2차 변론 기일

제1차 변론 기일이 허무하게 끝나 기대를 모았던

2017년 1월 5일의 제2차 변론 기일에는 이른바 '문고리 3인방'에 속하는 전직 비서관 안봉근과 이재만에 대한 증인신문이 예정되어 있었다. 그러나 잠적해 있던 두 사람에게는 증인 출석요구서조차 전달되지 못했다. 대통령의 최측근인 최순실의 개인 비서 역할을 한 것으로 알려진 두 명의 행정관 윤전추와 이영선 가운데 윤 씨만 증인으로 출석해 "잘 모르겠다.", "기억나지 않는다.", "답변하기 곤란하다."는 식의 소극적 답변으로 일관했다. 그의 진술에 따르면, 세월호 참사 당일 오전 8시 30분경 대통령의 호출을 받고 관저로 가보니 대통령은 이미 업무를 보고 있었고, 9시경에 이른바 '관저 집무실'에 들어갔다. 오전 중 한 차례 대통령에게 서류를 전달했고, 안봉근 비서관이 와서 대통령을 대면했다고도 진술했다. 대체로 참사 당일 대통령이 관저에서 정상적으로 업무를 수행하고 있었다는 사실을 알리려는 의도로 해석되었다. 그 밖에 그는 오전에 의료용 가글액을 대통령에게 가져다주었고, 오후에는 정호성 비서관이 관저를 방문했으며 머리와 메이크업을 담당하는 이들을 본인이 직접 청와대로 데리고 들어왔다고 진술했다. 또한 대통령이 최 씨에게 옷값을 지불했다고 진술하는 등 대통령에게 뇌물죄가 적용되지 않게 막아 보려는 의도로 해석될 증언을 했다. 대통령 대리인단의 한 변호사는 "촛불 민심은 국민의 민심이 아니다."라거나 "소크라테스나 예수도 다수결로 사형을 당했다."는 주장을 해 여론의 거센 비판을 받기도 했다. 그는 탄핵 심판 과정 내내 탄핵을 반대하는 집회에 참석하는 등 돌출적인 행동과 발언으로 물의를 빚었다.

/ 제3차 변론 기일

핵심 증인인 최순실, 안종범, 정호성이 증인으로 참석하기로 예정된 2017년 1월 10일 제3차 변론 기일은 세 명의 증인이 모두 불출석 사유서를 제출하고 출석하지 않아 한 시간 만에 흐지부지 끝나면서 대통령 대리인단이 재판을 지연하고 있다는 의심을 받았다. 같은 날 대통령 대리인단은 꾸준히 의혹이 제기되고 있던 2014년 4월 16일 세월호 참사 당시 '대통령의 일곱 시간 행적'에 관한 답변서를 제출했는데, 당시 대통령은 관저에서 밀린 보고서를 검토하며 유선과 서면으로 계속 보고를 받고 지시를 내렸다는 내용이었다. 하지만 재판부는 답변서 내용이 부실하다면서 참사 당일 세월호 침몰을 인지한 시점, 국가안보실장과의 통화 기록 등에 관한 답변을 보완하라고 요청했다. 주심인 강일원 재판관은 탄핵 심판은 피고인의 유무죄를 따지는 형사재판이 아니어서 피고인에게 보장되는 무죄 추정 원칙이 적용되지 않으므로 대통령이 소극적으로 부인만 할 것이 아니라 적극적으로 사실 여부에 대해 진술해야 한다며, 피청구인인 대통령의 태도를 지적했다.

/ 제4차 변론 기일

2017년 1월 12일에 열린 제4차 변론 기일에는 제2차 변론 기일에 출석하지 않았던 청와대 행정관 이영선이 출석하면서 관심을 모았다. 하지만 이 씨는 대통령의 의상 대금을 최순실에게 전달했다는 사실 외에는 모르쇠로 일관해 재판관들의 지적을 받았다. 대통령이 수시로 의상 대금을 지급하지 않은 채 의상을 제공받아 왔다면 뇌물죄 혐의를 받을 수 있으므로 이전에 출석한 윤전추 행정관과 마찬가지로 오로지 대통령의 뇌물죄 혐의를 부인하기 위한 증언으로 해석되었다. 또한 그는 최순실의 청와대 출입 사항은 국가 기밀이라며 진술을 거부해 재판관을 자극하기도 했다. 주심인 강일원 재판관은 '최순실의 청와대 출입이 왜 국가 기밀이냐.'며 따져 묻기도 했다. 이 씨는 정호성이 최순실에게 건네라고 지시한 청와대 문서를 직접 최 씨에게 전달하고, 최순실이 운영하는 의상실에서 대통령의 의상을 받아 청와대로 가져오는 역할을 수행한 점은 인정했다. 휴대전화를 자신의 옷에 닦아 최순실에게 전달하는 동영상이 세간에 알려졌기에 그가 의상 배달 관련 업무를 맡았다는 사실을 부인하기는 어려웠을 것으로 보인다. 그는 휴대전화를 자신의 옷에 닦은 행위를 경호 전문가로서 몸에 밴 습관이라고 해명했다. 또한 그는 차명폰을 사용했고, 이 차명폰을 통해 청와대 보안 손님과 관련된 문자 메시지를 청와대 비서관들에게 보낸 사실도 인정했다.

한편 4·16세월호참사 특별조사위원회 위원이었던 류희인은 노무현 정부 당시 국가안전보장회의 위기관리센터장을 지내기도 했는데, 국가 재난의 최종 책임은 대통령에게 있다고 주장해 주목받았다. 또한 2014년 11월에 이른바 '정윤회 문건'을 보도해 검찰 수사까지 받았던 『세계일보』 조한규 사장과 조현일 기자는 『세계일보』에 가해진 정부의 보복성 탄압에 대해 진술했다. 『세계일보』는 문건 파동 이후 사장과 기자들에 대한 고소, 『세계일보』에 대한 공공 기관의 광고 중단, 통일교 관련 기업들에 대한 세무조사 등 보복을 받았다고 주장했다.

/ 제5차 변론 기일

　　2017년 1월 16일에 열린 제5차 변론 기일에는 핵심 증인인 최순실과 안종범이 출석해 특별한 관심을 모았다. 최 씨는 자신의 모든 범죄 혐의를 부인하며 어떤 이득이나 이권도 취하지 않았다고 강변했다. 또한 국정 농단과 관련된 국회 탄핵 소추위원단의 핵심적인 질문에 모르쇠로 일관하며 때로는 언성을 높였다. 최 씨 역시 다른 질문에는 기억하지 못한다고 답했지만 의상비를 받은 사실만은 분명하게 대답했다. 최 씨는 김기춘 전 대통령비서실장과 안종범 정책수석비서관은 모르지만, 정호성 비서관을 통해 김종 전 문화체육관광부 차관을 대통령에게 추천했으며, 고영태 전 케이스포츠 이사를 통해 차은택 전 문화창조융합본부장을 소개받았다고 인정했다. 또 박근혜 대통령이 국회의원 시절부터 이른바 문고리 3인방인 안봉근·정호성·이재만 비서관을 알고 있었고, 특히 정호성과는 이메일 주소를 공유하고 있었다고 진술했다. 하지만 국회 소추위원단 쪽에서 최 씨가 윤전추 행정관에게 보낸 크리스마스카드를 증거로 제시하면서 그녀와의 관계를 추궁했지만 최 씨는 기억나지 않는다고 진술했다. 특히 고영태의 진술을 토대로 질문했을 때는 예민한 반응을 보였다. 또한 검찰과 특검의 수사도 강압 수사였다고 강변했다. 그녀는 이번 게이트가 고영태와 그 일당이 계획적으로 꾸민 일이라고 주장했다.

　한편 안종범 전 수석비서관은 자신의 업무 수첩에 적힌 내용은 대통령의 지시를 그대로 받아 적은 데 불과하다고 진술했다. 또 미르 재단과 케이스포츠 재단은 청와대가 주도해 아이디어를 제공하고 전경련이 구체적으로 실행해 만든 재단이라는 사실도 인정했다. 하지만 그는 전경련 부회장에게 재단 설립을 지시한 적도 없고, 재단을 실질적으로 장악하고 있던 최순실도 몰랐다고 증언했다. 또한 재단 출연금을 요구하면서 기업의 현안과 관련된 민원을 청취한 적이 없으며, 특히 삼성전자와 제일모직의 합병에 국민연금이 찬성하도록 관여한 적도 없다고 증언했다. 자동차 흡착제 제조 회사 케이디코퍼레이션이나 광고 회사 플레이그라운드를 현대자동차에 소개한 것은 인정했지만 이를 통해 최순실이 사익을 추구하려던 사실은 몰랐다고 진술했다. 롯데그룹이 추가로 출연한 돈을 돌려준 이유는 출연금이 압수·수색을 면하기 위한 대가이기 때문이 아니라 롯데그룹에 지나친 부담이 될 것으로 판단했기 때문이라고 주장했다.

/ 제6차 변론 기일

　2017년 1월 17일에 열린 제6차 변론 기일에는 채택된 증인 모두가 불출석했다. 유진룡 전 문화체육관광부 장관과 이승철 전경련 부회장은 불출석 사유서를 제출했고, 고영태 전 더블루케이 이사와 류상영 전 더블루케이 부장은 잠적한 상태여서 증인 출석요구서를 전달하지 못했기 때문이다. 헌법재판소는 잠적한 두 사람의 소재를 파악해 달라고 경찰에 의뢰하기도 했다. 한편 제6차 변론 기일에서는 증거 채택 기준이 제시되었다. 대통령 대리인단이 주장한 전문증거(당사자가 법정에서 직접 진술하지 않은 증거) 배제 원칙에 대해, 검찰 조서는 전문증거이므로 원칙적으로 증거로 채택하지 않되 모든 진술 과정이 영상으로 녹화되어 있거나 변호인이 참석한 상태에서 이루어진 진술은 예외적으로 증거로 채택한다는 기준이 제시되었다. 이에 따라 안종범 전 수석비서관의 업무 수첩에 기재된 내용 가운데 변호인이 동석해 이루어진, 검찰의 피의자 신문조서에 포함된 진술 내용과 헌법재판소의 심리 과정에서 확인된 진술 내용, 정호성 전 비서관의 휴대전화 녹취 내용 가운데 영상 녹화가 이루어진 상태에서 만들어진 신문조서에 포함된 진술 내용이 증거로 채택되었다.

/ 제7차 변론 기일

최순실의 최측근으로 알려진 차은택의 외삼촌으로 청와대 교육문화수석비서관을 지낸 김상률이 증인으로 채택된 2017년 1월 19일 제7차 변론 기일에는 정호성 비서관도 출석했다. 정 씨는 연설문 등 정부 문서를 최순실에게 전달했으며 대통령이 차명폰을 사용했다고 진술했다.

/ 제8차 변론 기일

2017년 1월 23일 제8차 변론 기일에는, 문화체육
관광부 차관을 지냈고 사실상 최순실의 수행비서로 불린 김종
이 참석했는데, 그는 자신을 최 씨에게 소개해 준 인물을 밝혔
다. 그는 대통령이 최순실의 딸 정유라를 직접 언급하며 재능
있는 선수를 지원하는 영재 프로그램을 만들라고 지시했다고
진술했다. 또 최순실의 최측근으로 창조경제추진단장을 지내
며 '문화계 황태자'로 불린 차은택도 증인으로 출석했다. 대통
령 대리인단은 추가로 39명의 증인 채택을 요구했고, 재판부
는 신청한 증인 중 열 명만을 추가로 채택했다.

/ 제9차 변론 기일

2017년 1월 25일에 열린 제9차 변론 기일에는 유
진룡 전 문화체육관광부 장관이 출석해 정부가 문화·예술 지
원에서 배제하는 이들의 명단인 문화계 블랙리스트와 관련된
증언을 했다. 그는 김기춘 비서실장이 부임한 뒤 교육문화수
석비서관을 통해 반정부 인사들에 대한 응징을 지시했고, 정
무수석을 통해 블랙리스트가 문화체육관광부로 내려왔다는 사
실을 증언했다. 또한 블랙리스트 실행에 반대하는 고위직 공
무원에게 사표를 내라고 종용한 사실도 털어놓았다. 이날 퇴
임을 앞두고 마지막으로 변론 기일에 참석한 박한철 헌법재판
소장은 이정미 재판관의 퇴임일인 3월 13일까지 탄핵 심판이
종료되어야 한다는 의견을 피력했다. 대통령 대리인단은 재판

부가 선고 일자를 미리 정하고 불공정하게 재판을 진행하고 있다며 항의의 표시로 전원 사임을 암시하기도 했다.

/ 제10차 변론 기일

세월호 참사 당시 국가안보실 차장을 맡았던 김규현 외교안보수석비서관이 2017년 2월 1일 열린 제10차 변론 기일에 출석해 참사 당일 대통령이 관저에서 정상적으로 근무하면서 보고받고 지시를 내렸다고 진술했다. 하지만 참사 당일 국가안보실장과 대통령이 전화로 통화한 기록은 없다고 진술해 대통령의 행적에 다시금 의문이 제기되었다. 한편 증인으로 출석한 유민봉은 국정기획수석비서관 재직 당시 최순실에게 기밀문서가 유출된 사실을 전혀 몰랐다고 진술했다. 대통령 대리인단은 최순실과 고영태 전 더블루케이 이사의 불륜으로 이 사태가 발생했다고 주장하는 한편, 또다시 증인 15명을 추가로 채택해 달라고 재판부에 요청해 재판을 지연시키고 있다는 비판을 받았다.

/ 제11차 변론 기일

2017년 2월 7일에 열린 제11차 변론 기일에는 대통령비서실장을 지내면서 블랙리스트 작성을 지시한 혐의로 구속된 김기춘이 핵심 증인으로 채택되었으나 건강상 이유로 불출석했고, 문화체육관광부 장관을 지내고 마찬가지로 블랙리스트 작성에 관여한 혐의로 기소된 김종덕과, 케이스포츠 재단 사무총장을 지낸 정현식이 증인으로 출석했다. 정 씨는 재단이 이사회가 아니라 최순실과 안종범 전 수석비서관을 통해 사실상 청와대에 의해 운영되고 있는 줄 알았다고 진술했다. 재판부는 제10차 변론 기일 때 대통령 대리인단이 신청한 15명의 증인 가운데 8명을 채택해 세 차례의 변론 기일을 추가로 지정했다. 이런 추가 변론 기일 지정에 대해서는 공정성의 모양새를 갖추어야 하는 헌법재판소가 명분을 쌓기 위해 대통령 대리인단의 무리한 증인 신청을 상당 부분 받아들였다는 평가가 지배적이었다.

/ 제12차 변론 기일

삼성이 미르·케이스포츠 재단에 출연금을 내는 대가로 대통령이 국민연금공단 이사장에게 삼성물산과 제일모직의 합병이 가능하도록 지시했다면 대통령의 뇌물죄가 성립된다. 이 쟁점을 판단하고자 열린 2017년 2월 9일 제12차 변론 기일에는 보건복지부 장관을 지내고 국민연금관리공단 이사장으로 있다가 구속된 문형표와 재단 관계자인 박헌영, 노승일 및 (최순실이 실질적 소유자로 있던) 더블루케이의 대표를 지낸 조성민이 증인으로 출석했다. 조 씨는 더블루케이의 주식을 소유하고 있었으나 최 씨에게 포기 각서를 제출해 실질적으로 최 씨가 이 회사의 소유주라고 주장했다. 박 씨와 노 씨도 이 회사의 실질적 소유주는 최 씨라는 주장을 펼쳤다. 변론이 끝난 뒤 재판부는 국회 소추위원단과 대통령 대리인단에게 그동안 변론 기일에서 주장한 내용을 서면으로 정리해 2월 23일까지 제출하라고 요구했다. 재판부가 변론이 시작된 뒤 처음으로 변론을 종결하고 결정을 내리겠다는 의사를 표시한 것이다.

/ 제13차 변론 기일

대통령 대리인단이 출석시키겠다고 약속해 증인으로 채택된 안봉근은 2017년 2월 14일에 열린 제13차 변론 기일에도 출석하지 않았다. 증인의 출석을 담보로 변론 기일을 잡았음에도 증인이 출석하지 않았기에 시간 끌기라는 의심을 샀다. 최순실이 실질적 소유주로 알려진 광고 회사 플레이그라운드 전 대표 김홍탁과 김형수 전 미르 재단 이사도 불출석 사유서를 제출하고 출석하지 않았다. 그랜드코리아레저 대표 이기우만 유일하게 증인으로 출석했다. 이날 '고영태 녹취록'으로 불리는 녹음 파일이 일부 증거로 채택되었고, 대통령 대리인단의 한 변호사는 심판장에서 태극기를 펼쳐 지지자들에게 보여 주다 제지당했다. 탄핵 심판을 법적 판단이 아니라 정치적 판단으로 몰아가려는 의도를 엿볼 수 있는 장면이었다.

/ 제14차 변론 기일

2017년 2월 16일에 열린 제14차 변론 기일에서 재판부는 2월 24일에 변론을 종결하겠다고 발표하면서 양측 대리인들에게 종합 준비서면을 제출하도록 요구했다. 변론 기일에 출석한 케이스포츠 재단 이사장 정동춘은 재단이 이사회를 중심으로 운영되었고 최순실의 의견을 참조만 했다고 주장했지만, 강일원 재판관은 그의 주장이 일관성이 없다고 지적했다. 이날 증인으로 채택된 김영수 전 포레카 대표, 이성한 전 미르 재단 사무총장, 김수현 고원기획 대표는 모두 불출석했다.

/ 제15차 변론 기일

증인으로 소환된 김기춘 전 비서실장이 건강상 이유로 불출석을 통보한 2017년 2월 20일의 제15차 변론 기일에서, 재판부는 대통령 대리인단이 추가로 채택한 증인과 증거를 모두 기각하면서 신속하게 재판하겠다는 단호한 의지를 보였다. 이에 대통령 대리인단에 새로 합류한 대한변호사협회장 출신의 변호사는 반발하면서 재판부를 향해 삿대질하고 큰소리를 지르며 소동을 일으켰다. 재판부는, 공정성을 운운하며 항의하는 대통령 대리인단에게 대통령의 출석 여부를 다음 변론 기일까지 명확하게 밝히고, 만약 대통령이 출석해도 추가 변론 기일의 지정은 없을 것이며 헌법재판소가 지정한 변론 기일에 출석해 재판부와 소추위원단의 신문을 받아야 한다고 못 박았다.

/ 제16차 변론 기일

게이트의 두 중심인 최순실과 안종범이 출석하기로 예정되어 주목받았던 2017년 2월 22일 제16차 변론 기일에는 최 씨가 불출석을 통보해 안 씨만 출석했다. 이날 변론은 안 씨의 증언보다 대통령 대리인단의 불미스러운 행동이 여론의 관심을 끌었다. 대리인단 소속 변호인들이 막말과 폭언을 쏟아 낸 재판부의 지적을 받기도 했으며, 심지어 주심인 강일원 재판관에 대한 기피 신청을 했으나 곧바로 각하되기도 했다. 재판부는 총 26명의 증인에 대한 신문으로 변론을 마치고, 최종 변론 기일을 2월 27일로 연기하면서 선고가 다가왔음을 알렸다. 대통령의 출석 여부가 초미의 관심사였지만 대리인단은 여전히 확답을 피했다.

/ 마지막, 제17차 변론 기일

2017년 2월 27일, 최종 변론 기일이 열렸다. 쟁점별로 나누어 변론을 펼친 국회 소추위원단과 달리 대통령 대리인단은 13명의 변호사가 변론에 참여해 무려 다섯 시간에 걸친 변론을 벌였다. 특히 대통령 대리인단은 재판관 1명이 공석이 된 8인 체제의 헌법재판소가 탄핵 결정을 하는 것은 위헌이라고 주장했다. 대통령은 출석하지 않은 채 대리인단의 한 변호사가 그의 서면 진술을 대독했다(강조는 필자).

◇ 들어가며

존경하는 헌법재판관 여러분,

먼저, 국내외의 어려움이 산적한 상황에서 저의 불찰로 국민들께 큰 상처를 드리고, 국정 운영에 부담을 더하고 있는 것을 매우 송구스럽게 생각합니다. 저는 최종 변론을 준비하면서, 지난 4년의 대통령 재임 기간을 돌이켜 보았습니다. 부족한 점도 많았고, 제 스스로도 만족하지 못했던 순간들도 있었습니다. 여러분이 아시다시피 저는 지난 1998년 대구 달성군 보궐선거를 통해 정치에 입문을 하였습니다. 그날 이후 대통령으로 취임하여 지금에 이르기까지 **단 한순간도 저 개인의 유불리를 따지지 않고 오로지 국가와 국민만을 생각하며 최선을 다해 바른 정치를 하려고 노력했습니다.** 2004년 3월 한나라당의 대표최고위원으로 당선된 후 가장 먼저 여의도 공터에 천막 당사를 설치하였고, 총선 이후에는 국민들께 드렸던 약속대로 당사를 매각하고, 천안 중앙연수원을 국가에 헌납하면서 약속에 대한 진정성을 보여 드렸습니다.

저는 '정치는 현장에 있어야 한다'라는 신념 아래 시장, 공장, 노숙자 쉼터, 결식아동 공부방 등 소외되고 어려운 서민들을 직접 찾아가서 그들의 목소리를 들었고, 지하 3천3백 미터의 갱도까지 내려가서 광부들의 어려움을 살폈으며, 중소 기업인들과 재래시장 상인들의 애로 사항은 더욱 세심하게 챙겼습니다. 저는 무엇보다도 이런 현장 방문이 '얼굴 비치기'가 아니라, 실질적인 '삶의 질'의 향상으로 이어질 수 있도록 현장의 의견을 반영하여 정책을 수립하고 법안과 예산으로 마무리하는 일련의 과정을 꼼꼼히 챙겼습니다. 민생 현장에서의 약속들을 하나하나 기록하여 직접 점검했고, 2006년에는 대한민국 정치사에서는 처음으로 국민들께 드렸던 약속들이 '어느 정도 단계에 와있는지, 아직 실천하지 못한 것은 어떤 것이며, 왜 그렇게 되었는지'를 정리한 '대국민약속실천백서'를 발간하였습니다. 제가 이러한 약속 실천 백서를 발간했던 이유는 '신뢰할 수 있는 사회와 선진국으로 인정받는 데 가장 기본이 되는 것은 얼마만큼 책임질 수 있는 약속을 했고, 그것을 지키기 위해 어떠한 노력을 했는가' 하는 것이라고 생각을 했었고, 국민과의 약속을 실천하는 데는 '협상'이 아니라 '노력'이 필요하다는 믿음 때문이었습니다.

대통령으로 취임한 후 국민들께 드렸던 '경제 부흥, 국민 행복, 문화 융성, 통일 기반 조성' 등의 약속을 지키기 위해 할 수 있는 모든 노력을 다해 왔습니다. 국민들의 믿음에 배신을 할 수 없다는 저의 약속과 신념 때문에 국정 과제를 하나하나 직접 챙기면서 **국가와 국민을 위해 헌신하는 마음으로 국정을 수행해 왔습니다.** 어려운 국제 여건에서도 우리 기업들의 활력을 되찾아 주기 위해 과감하게 규제를 풀고 엄청난 투자를 해왔으며, 북한의 위협과 주변국들의 갈등 속에서도 대한민국의 안보를 지키고 국익을 극대화하기 위해 밤낮없이 노력을 해왔습니다. 그런데 이처럼 국가와 국민을 위한 일이라는 신념을 가지고 펼쳐 왔던 많은 정책들이 저나 특정인의 사익을 위한 것이었다는 수많은 오해와 의혹에 휩싸여 모두 부정한 것처럼 인식되는 지금의 현실이 너무나 참담하고 안타깝기만 합니다. 저는 정치인의 여정에서 단 한 번도 부정과 부패에 연루된 적이 없었고, 주변의 비리에도 엄정했습니다. **최순실을 비롯한 주변 사람들의 잘못된 일 역시 제가 사전에 조금이라도 알았더라면 누구보다 앞장서서 엄하게 단죄를 하였을 것입니다.** 이제 저는 구체적인 사실관계나 법리적인 부분은 저의 대리인단에서 충분히 말씀드렸고, 또한 최종적으로 정리해서 말씀을 드릴 것으로 알고 있기에 탄핵 심판의 피청구인이자 대한민국의 대통령으로서 탄핵 심판의 마지막 변론 기일을 맞아 소추 사유에 대한 저의 생각을 말씀드림으로써 최후의 변을 하고자 합니다.

◇ 공무상 비밀 누설, 인사권 남용에 대하여

먼저 이번 사태의 발단인 최순실과 저의 관계, 그리고 그로부터 파생된 공무상 비밀 누설, 국정 농단 의혹에 대하여 말씀드리겠습니다. 저는 여러분들도 잘 아시듯이 어렵고 아픈 시절을 보내면서 많은 사람들이 등을 돌리는 아픔을 겪었었습니다. 최순실은 이런 제게 과거 오랫동안 가족들이 있으면 챙겨 줄 옷가지, 생필품 등 소소한 것들을 도와주었던 사람이었습니다. 저는 18대 대통령 선거 등을 치르면서 전국의 수많은 국민들에게 저의 메시지를 전달했습니다. 각종 연설의 중요한 포인트는 보좌진과 의논하여 작성을 하였지만, 때로는 전문적인 용어나 표현으로 인해 일반 국민들의 입장에서는 말하는 사람의 진심이 제대로 전달되지 않는 경우도 가끔 경험을 하였습니다. 그러한 연유로 저는 국민들이 들었을 때 이해하기 쉽고, **공감할 수 있는 표현에 대해 최순실의 의견을 때로 물어본 적이 있었고, 쉬운 표현에 대한 조언을 듣기도 하였습니다.** 그동안 최순실은 제 주변에 있었지만 그 어떤 사심을 내비치거나 부정한 일에 연루된 적이 없었고, 이로 인해 제가 최순실에 대하여 믿음을 가졌던 것인데 돌이켜 생각해 보면 저의 그러한 믿음을 경계했어야 했는데 하는 늦은 후회가 듭니다. 하지만 제가 최순실에게 국가의 정책 사항이나 인사, 외교와 관련된 수많은 문건들을 전달해 주고, 최순실이 국정에 개입하여 농단할 수 있도록 하였다는 주장은 전혀 사실이 아닙니다.

정부의 각료나 공공 기관장 등의 인선의 경우, 여러 경로를 통해 적임자를 추천을 받아 체계적이고 엄격한 검증 절차를 거쳐 2, 3배수의 후보자로 압축이 되면 위 후보자들 중에서 적임자를 최종적으로 낙점을 하였습니다. 무엇보다 인사에 대한 최종적인 결정권자는 대통령이고 그 책임 역시 대통령의 몫입니다. 떠도는 의혹처럼 어느 한 개인이 좌우할 수 있는 문제가 아닙니다. 일부 공직자 중 최순실이 추천한 인물이 임명이 되었다는 이야기가 있으나 저는 **최순실로부터 공직자를 추천받아 임명한 사실이 없으며, 그 어떤 누구로부터도 개인적인 청탁을 받아 공직에 임명한 사실이 없습니다.** 또한 공무원에 대한 임면권자로서 대통령의 지시 사항을 성실히 수행하지 못하거나 공직자로서의 능력이 부족하거나 비위 등이 있는 경우 **정당한 인사권을 행사하여 당해 공무원들에 대해 책임을**

물은 사실은 있으나 최순실을 포함한 어느 특정인의 사익에 협조하지 않는다 하여 아무런 잘못이 없는 공무원들을 면직한 사실은 추호도 없습니다. 최순실은 오랫동안 유치원을 운영한 경험은 있지만 국가정책이나 외교 분야에 전문성이 있는 사람이 아닙니다. 그렇기 때문에 대통령인 제가 그와 같은 최순실에게 국가의 주요 정책이나 외교 문제를 상의해서 결정한다는 것은 애초부터 생각조차 할 수 없는 일입니다.

◇ 재단법인 미르, 재단법인 케이스포츠 설립·모금에 대하여

무엇보다도, 저는 재임 중에 기업 활동을 옭아매는 규제를 풀어 어느 나라보다 자유로운 기업 활동을 보장할 수 있도록 최선을 다했으며 기업에 부담을 주지 않기 위해 스스로를 엄격하게 자제해 왔습니다. 하지만 정부의 한정된 예산만으로는 모든 정부 시책을 추진하기는 어렵고, **민간 기업의 자발적 참여와 협조**가 반드시 필요한 분야도 있습니다. 저는 대통령에 당선되기 전부터 창조경제의 중요성을 역설해 왔고, 문화 융성을 통하여 한류를 확산하고 체육 인재 양성을 통하여 국위를 선양하여 국가의 브랜드 이미지를 제고하면 기업에도 이익이 되고, 이로 인해 일자리도 창출되어 경제에 도움이 되리라고 생각했습니다. 특히 세계경제가 제조업 성장의 한계에 부딪힌 현 시점에서 문화는 미래의 대한민국을 지탱해 줄 중요한 고부가가치의 산업이라 여겼으며 한 나라의 정신이자 소프트웨어라고 생각을 했고, 그래서 문화와 체육 분야의 성장을

위해 기업들의 투자를 늘 강조해 왔습니다.

　기업인들도 '한류가 세계에 널리 전파되면 기업의 해외 진출이나 사업에 도움이 된다'며 저의 정책 방향에 공감해 주셨고, 그래서 저는 전경련 주도로 문화 재단과 체육 재단이 만들어진다는 소식을 관련 수석으로부터 처음 들었을 때, 기업들이 저의 뜻에 공감을 한다는 생각에 고마움을 느꼈고, 정부가 도와줄 수 있는 방안이 있으면 적극적으로 도와주라고 지시를 하였던 것입니다. 그런데 **그렇게 좋은 뜻을 모아 설립한 위 재단들의 선의가 제가 믿었던 사람의 잘못으로 인해 왜곡되고**, 이에 적극 참여한 우리나라 유수의 기업 관계자들이 검찰과 특검에 소환되어 장시간 조사를 받고, 급기야는 국가경제를 위해 노력해 오던 글로벌 기업의 부회장이 뇌물공여죄 등으로 구속까지 되는 것을 보면서 너무나 가슴이 아팠습니다. 대통령으로서 국가경제를 위해 세계를 상대로 열심히 싸우고 있는 우리 기업들을 도와주지는 못할망정 비난과 질시의 대상으로 추락하게 하고, 기업들이 이익을 사회에 환원하고 국가 발전에 공헌한다는 차원에서 공익적 목적의 재단법인에 기부한 것을 뇌물을 제공한 것으로 오해받게 만든 점은 너무 안타깝습니다. 저는 그간 누우이 말씀드린 것처럼 공직에 있는 동안은 저 자신을 철저하게 관리하여 어떠한 구설도 받지 않으려 노력해 왔으며 삼성그룹의 이재용 부회장은 물론 어떤 기업인들로부터도 국민연금이든 뭐든 부정한 청탁을 받거나 이를 들어준 바가 없고, 또한 그와 관련해서 어떠한 불법적인 이익도 얻은 사실이 없습니다.

◇ 중소기업 특혜, 사기업 인사 관여 의혹에 대하여

대통령이 특정 중소기업의 납품이나 수주를 도왔다거나 사기업의 인사에 관여했다는 의혹에 대하여 말씀드리겠습니다. 저는 20대 초반 어머니를 여의고 아버지를 도와 퍼스트레이디 역할을 대행했을 때부터 청와대에 들어온 민원을 점검하고 담당 부서들이 잘 처리하고 있는지를 일일이 확인해야만 마음이 놓였으며, 영세한 기업이나 어렵고 소외된 계층의 어려움을 조금이라도 덜어 주는 것이 국가 발전에 이바지하는 것이라고 생각을 했습니다. 저는 대통령으로 당선된 후 첫 경제 일정이 중소기업중앙회를 방문한 것에서도 알 수 있듯이, 평소에도 우수한 기술을 갖춘 중소기업들이 국내외에 제품을 납품할 수 있는 기회 한 번 제대로 잡지 못하고 소중한 기술이 사장되는 것을 안타까워했었고, 그럴 때마다 합법적 범위 내에서 지원할 방안을 찾도록 관련 부서에 요청하였습니다. 대통령이 귀찮아하지 않고 **우수한 중소기업들의 애로 사항을 적극적으로 해결해 주는 것이 올바른 국정 수행이라고 생각했습니다.** 대통령으로서 국정을 수행하면서 현장을 방문했을 때 중소기업들의 민원이나 지원 건의가 있으면 작은 부분이라도 챙겨 주어야 하는 것이 대통령의 당연한 의무라고 생각을 하고, 관련 부서에 합법적인 범위 내에서 이를 지원할 방안을 찾도록 지시를 하였던 것입니다. 이는 결코 누군가의 부정한 청탁을 위해서, 또는 누군가에게 개인적인 이권이나 이익을 주기 위한 것이 아니었습니다.

최순실이 제게 소개했던 '케이디(KD)코퍼레이션'이라는 회사의 자료도 이러한 중소기업의 애로 사항을 도와주려고 했던 연장선에서 판로를 알아봐 주라고 관련 수석에게 전달을 하였던 것이며, 위 회사가 최순실의 지인이 경영하는 회사이고 최순실이 이와 관련하여 금품을 받은 사실은 전혀 알지도 못했으며 상상조차 하지 못했습니다. 사기업의 인사에 관여하였다는 부분에 있어서도 제가 추천을 했다는 사람 중 일부는 전혀 알지도 못하며, 제가 도움을 주려고 했던 일부 인사들은 **능력이 뛰어난데 이를 발휘할 기회를 찾지 못하고 있다고 하여 능력을 펼칠 기회를 알아봐 주라고 이야기했던 것일 뿐**, 특정 기업의 특정 부서에 취업을 시키라고 지시한 사실은 없습니다.

◇ 언론 자유 침해

2014년 11월경 세계일보에서 "정윤회 국정 개입은 사실"이라는 제목의 기사를 보도하였고, 이후 그 근거로 청와대에서 작성된 감찰 보고서를 공개하였습니다. 이 보도 이후에 저는 같은 해 12월 초순경 주재한 수석비서관회의에서 '기초적인 사실 확인조차 하지 않은 채 외부로 문건을 유출하게 된 것은 국기 문란'이라는 취지로 발언한 사실이 있습니다. 이는 당시 청와대의 비밀 문건이 외부로 유출되어 보도되는 상황이 발생한다는 것은 공직 기강 차원에서 큰 문제라는 인식하에 이에 대한 **철저한 진상 규명을 촉구하는 취지였을 뿐**, 세계일보에 보도 자제를 요구하거나 언론의 자유를 침해할 의도가 있었던 것은 아닙니다. 그 후 검찰 수사를 통해 세계일보가 보도한

'정윤회가 국정에 개입하고 있다'라는 취지의 문건 내용은 사실이 아닌 것으로 밝혀졌지만 그 후 저의 비서진들에게 세계일보 조한규 사장의 해임을 요구하도록 지시를 하거나 이를 알면서도 묵인한 사실이 없습니다.

◇ 세월호 침몰 사고에 대하여

세월호 침몰 사고 당일 저는 관저의 집무실에서 국가안보실과 정무수석실로부터 사고 상황을 지속적으로 보고를 받았고, 국가안보실장과 해경청장에게 '생존자 구조에 최선을 다하고 인명 피해가 발생하지 않도록 하라'고 수 회에 걸쳐 지시를 하였습니다. 다만, 재난, 구조 전문가가 아닌 대통령이 현장 상황에 지나치게 개입할 경우 구조 작업에는 전혀 도움이 되지 않고 체계적인 구조 계획의 실행에 방해만 된다고 판단을 하여 구조 상황에 대한 진척된 보고를 기다렸습니다. '전원 구조'라는 연이은 언론의 보도 및 관련 부서로부터 받은 통계에 오류가 있는 보고로 인해 당시 상황이 종료된 것으로 판단을 하였다가, 전원 구조라는 보도가 오보이고 피해 상황이 심각하다는 정정 보고를 받은 후에는 즉시 중대본 방문을 지시하였고, 관계 공무원들에게 "단 1명의 생존 가능성도 포기하지 말고 동원 가능한 모든 인력과 장비를 동원하여 보다 세밀한 수색과 구조에 최선을 다하고, 피해 가족들에게 도움이 될 조치라면 조금도 망설이지 말고 적극 협조하여 사고 현장의 가족들이 불편을 겪지 않도록 살펴 달라"고 지시하는 등, **구조와 사**

고 수습에 최선을 다할 것을 독려하였습니다. 일각에서 당일 제가 관저에서 미용 시술을 받았다거나 의료 처치를 받았다고 주장하고 있으나 이는 전혀 사실이 아닙니다.

◇ 마치며

저는 정치인으로서 지켜야 할 가치 중 가장 중요한 것은 '국민과 한 약속을 지키는 것'이라고 믿고 살아왔습니다. 대통령으로 취임한 그날부터 국민과의 약속을 실천하기 위해 저의 모든 시간과 노력을 쏟아 일해 왔습니다. 저는 이 땅의 모든 우리 아이들이 자신의 꿈을 펼쳐 나갈 수 있고, 모든 젊은이들이 학교를 졸업하고 자신들이 원하는 직장을 가질 수 있는 길을 열어 주어 우리 후손들이 자신의 꿈을 펼칠 수 있는 풍요로운 나라를 만드는 것이 이 나라의 정치인으로서 그리고 대통령으로서 책임지고 해야 할 사명으로 생각하였고, 이를 이룰 수 있다는 확신과 믿음을 가지고 혼신의 노력을 다해 왔습니다. 땀 흘린 만큼 보상받고, 노력한 만큼 성공하는 나라, 법과 원칙을 지키는 사람들이 성공하는 상식이 통하는 그런 나라를 만드는 것이 저의 소명이라고 생각을 했습니다. 돌아보면 대한민국의 대통령으로서 제게 주어진 소명을 수행하기 위해 보낸 지난 시간들은 국민과의 약속을 실천하는 시간들이었습니다. 이번 사건을 겪으면서 주변을 제대로 살피고 관리하지 못한 저의 불찰로 인해 국민들의 마음을 상하게 해드린 점에 대하여는 다시 한 번 송구스럽다는 말씀을 드립니다. 하지만 지금껏 제가 해온 수많은 일들 가운데 저의 사익을 위한 것은 단 하나도 없었으며, 저 개인이나 측근을 위해 대통령으로서의 권한을 행사하거나 남용한 사실은 결코 없었습니다. 다수로부터 소수를 보호하고 배려하면서 인간에 대한 예의와 배려가 있으며, 결과에 대한 정당성 못지않게 그 과정과 절차에 대한 정당성이 보장되는 것은 대한민국의 미래와 역사를 위해 바람직하다고 생각합니다. 저는 앞으로 어떠한 상황이 오든 소중한 우리 대한민국과 국민들을 위해 갈라진 국민들의 마음을 모아 지금의 혼란을 조속히 극복하는 일에 최선을 다해 나가겠습니다. 헌법재판관님들의 현명한 판단과 깊은 혜량을 부탁드립니다.

대통령이 헌재의 최종 변론 기일에 출석해 최후 변론을 할지 모른다는 예측도 있었으나 대통령은 결국 헌재의 마지막 변론 기일에도 출석하지 않았다. 대통령 대리인단은 대통령의 직접 출석을 심리 지연을 위한 마지막 카드로 활용하려 했지만, 재판부가 대통령의 최후 변론을 위한 추가 변론 기일의 지정은 없다고 단호하게 선을 긋고, 대통령으로서도 재판부와 소추위원단의 신문을 받아야 하는 상황이 본인에게 결코 유리할 것이 없다는 판단을 내렸을 가능성이 크다. 대통령은 서면으로 대신한 최후 변론에서 자신이 결코 사리사욕을 챙기지 않았으며 오로지 국가와 국민을 위해 일했다고 주장했다. 미르 재단이나 케이스포츠 재단의 설립은 선의로 시작했는데 사리사욕을 채우려는 주변 사람들 탓에 그 선의가 왜곡되었다는 것이다. 최순실은 국정을 농단한 비선 실세가 아니라 단지 오랫동안 알고 지낸 인연으로 연설문의 표현이나 고쳐 주던 사람이라고 주장했다. 최순실의 지인이 운영하는 회사를 도와준 것도 실력 있는 중소기업의 민원을 챙겨 준 것뿐이고, 최순실의 사람들을 사기업에 채용되도록 한 것도 우수한 인재를 추천했을 뿐이라고 강변했다. 또 언론을 탄압하라고 지시한 일도 없고 그저 공직 기강 차원에서 문건 유출의 진상 조사를 요구했을 뿐이며, 능력이 없거나 비리를 저지른 공무원에 대한 문책성 인사를 했을 뿐이라고 주장했다. 가장 논란이 된 세월호 참사 당일에도 자신은 인명 구조를 위해 최선을 다했고, 구조가 늦어진 이유는 언론의 오보와 관련 기관의 잘못된 통계 보고 탓이라 했다. 대통령은 2017년 2월 3일에 처음으로 자신의 탄핵 사유와 관련된 의견서를 헌재에 제출한 적이 있는데, 최종 변론 기일에 제출한 의견서 또한 그것과 크게 다르지 않았다.

견고한 여론

탄핵 심판이 진행되는 기간에도 대통령 탄핵에 관한 국민 여론은 크게 변하지 않았다. 국회의 탄핵 소추안 표결을 눈앞에 둔 2016년 12월 6일에서 8일에 걸쳐 실시한 한국갤럽의 여론조사에 따르면 탄핵에 찬성하는 의견이 81퍼센트, 반대하는 의견이 14퍼센트였다. 같은 해 12월 29일에 발표된

『동아일보』여론조사에서도 결과는 비슷했다(탄핵 인용 78.1퍼센트, 탄핵 기각 14.3퍼센트). 2017년 1월 18일 『한국일보』여론조사는 탄핵 찬성이 78.9퍼센트, 탄핵 반대가 15.9퍼센트로 나타났다. 설이 지난 뒤 이른바 '명절 민심'이 반영된, 2월 7일 발표된 『동아일보』여론조사에서도 탄핵 인용 의견이 78.5퍼센트, 기각 의견이 13.9퍼센트로, 여전히 열 명 중 여덟 명 꼴로 탄핵 인용(찬성) 의견을 유지하고 있었다. 대통령은 설 명절을 앞둔 1월 25일, 한 보수 인터넷 매체와 인터뷰를 하며 자신의 결백을 주장했다. "진행 과정을 추적해 보면 뭔가 오래전부터 기획된 것이 아닌가 하는 느낌도 지울 수가 없다."면서 자신을 지지하는 집회 참여자가 대통령 탄핵을 요구하는 촛불집회 참여자보다 두 배나 많다고 강변했다. 그러나 대통령에게 등을 돌린 여론은 꿈쩍하지 않았다. 헌법재판소의 탄핵 심판 최종 변론 기일이 끝난 직후 2월 28일부터 3월 2일까지 실시된 한국갤럽 여론조사(탄핵 찬성 77퍼센트, 반대 18퍼센트)와 헌법재판소의 탄핵 결정을 하루 앞둔 3월 9일 공개된 리얼미터 여론조사(탄핵 인용 76.9퍼센트, 기각 20.3퍼센트)에서도 전반적인 여론의 향방은 일관되게 나타났다.

특검 수사

2016년 11월 17일, 「박근혜 정부의 최순실 등 민간인에 의한 국정 농단 의혹 사건 규명을 위한 특별검사의 임명 등에 관한 법률」(이하 「최순실 특검법」)이라는 긴 이름을 가진 법이 국회를 통과했다. 이 법률에 따라 1명의 특별검사와 4명의 특별검사보, 20명의 파견 검사와 40명의 특별수사관으로 구성된 특별검사(이하 '특검')팀이 출범해 최순실 게이트에 대한 90일(30일 연장 가능)간의 수사가 12월 1일부터 시작된다. 「최순실 특검법」이 수사 대상으로 삼은 것은 다음 열다섯 가지다.

1. 이재만·정호성·안봉근 등 청와대 관계인이 민간인 최순실(최서원)과 최순득·장시호 등 그의 친척이나 차은택·고영태 등 그와 친분이 있는 주변인 등[이하 "최순실(최서원) 등"이라 한다]에게 청와대 문건을 유출하거나 외교·안보상 국가 기밀 등을 누설했다는 의혹 사건
2. 최순실(최서원) 등이 대한민국 정부 상징 개편 등 정부의 주요 정책 결정과 사업에 개입하고, 정부 부처, 공공 기관 및 공기업·사기업의 인사에 불법적인 방법으로 개입하는 등 일련의 관련 의혹 사건
3. 최순실(최서원) 등, 안종범 전 청와대 정책조정수석비서관 등 청와대 관계인이 재단법인 미르와 재단법인 케이스포츠를 설립하여 기업들로 하여금 출연금과 기부금 출연을 강요

했다거나, 노동개혁법안 통과 또는 재벌 총수에 대한 사면·
복권 또는 기업의 현안 해결 등을 대가로 출연을 받았다는
의혹 사건

4. 최순실(최서원) 등이 재단법인 미르와 재단법인 케이스포
츠로부터 사업을 수주하는 방법 등으로 국내외로 자금을
유출했다는 의혹 사건

5. 최순실(최서원) 등이 자신들이 설립하거나 자신들과 관련
이 있는 법인이나 단체의 운영 과정에서 불법적인 방법으
로 정부 부처, 공공 기관 및 공기업·사기업으로부터 사업
등을 수주하고 씨제이그룹의 연예·문화 사업에 대하여 장
악을 시도하는 등 이권에 개입하고 그와 관련된 재산을 은
닉했다는 의혹 사건

6. 정유라의 청담고등학교 및 이화여자대학교 입학, 선화예술
중학교·청담고등학교·이화여자대학교 재학 중의 학사 관
리 등에 있어서의 특혜 및 각 학교와 승마협회 등에 대한
외압 등 불법·편법 의혹 사건

7. 삼성 등 각 기업과 승마협회 등이 정유라를 위해 최순실(최
서원) 등이 설립하거나 관련 있는 법인에 금원을 송금하고,
정유라의 독일 및 국내에서의 승마 훈련을 지원하고 기업
의 현안을 해결하려 했다는 의혹 사건

8. 제5호부터 제7호까지의 사건과 관련하여 안종범 전 청와대
정책조정수석비서관, 김상률 전 청와대 교육문화수석비서
관, 이재만·정호성·안봉근 전 비서관 등 청와대 관계인, 김
종덕 전 문화체육관광부 장관, 김종 전 문화체육관광부 차

관, 송성각 전 한국콘텐츠진흥원장 등 공무원과 공공 기관 종사자들이 최순실(최서원) 등을 위해 불법적인 방법으로 개입하고 관련 공무원을 불법적으로 인사 조치했다는 의혹 사건

9. 제1호부터 제8호까지의 사건과 관련하여 우병우 전 청와대 민정수석비서관이 민정비서관 및 민정수석비서관 재임 기간 중 최순실(최서원) 등의 비리 행위 등에 대하여 제대로 감찰·예방하지 못한 직무유기 또는 그 비리 행위에 직접 관여하거나 이를 방조 또는 비호했다는 의혹 사건

10. 이석수 특별 감찰관이 재단법인 미르와 재단법인 케이스 포츠의 모금 및 최순실(최서원) 등의 비리 행위 등을 내사하는 과정에서 우병우 전 청와대 민정수석비서관이 영향력을 행사하여 해임되도록 했다는 의혹 사건

11. 최순실(최서원) 등과 안종범 전 청와대 정책조정수석비서관, 이재만·정호성·안봉근 전 비서관, 재단법인 미르와 재단법인 케이스포츠, 전국경제인연합·기업 등이 조직적인 증거인멸을 시도하거나 이를 교사했다는 의혹 사건

12. 최순실(최서원)과 그 일가가 불법적으로 재산을 형성하고 은닉했다는 의혹 사건

13. 최순실(최서원) 등이 청와대 뉴미디어정책실에 야당 의원들의 SNS 불법 사찰 등 부당한 업무 지시를 했다는 의혹 사건

14. 대통령 해외 순방에 동행한 성형외과 원장의 서울대병원 강남센터 외래 교수 위촉 과정 및 해외 진출 지원 등에 청

와대와 비서실의 개입과 특혜가 있었다는 의혹 사건

15. 제1호부터 제14호까지의 사건의 수사 과정에서 인지된
    관련 사건

「최순실 특검법」은 우선 사건의 중요성에 비추어 수사 기
간이 너무 짧다는 의견이 제시되었다. 기본 90일(준비 기간 20일
포함)에 30일 연장으로 되어 있었는데, 특별한 사정이 없는 한
30일 연장에 여·야가 동의한다는 암묵적 합의가 있었다. 하지
만 기간 연장 권한을 가진 대통령 권한대행(국무총리)이 부정적
의견을 피력하면서, 수사 기간을 연장해야 한다는 내용의 특검
법 개정이 주장되기 시작했다. 또한 열거된 수사 대상 가운데
"수사 과정에서 인지된 관련 사건"(제15호)의 범위가 해석상 상
당히 엄격하게 한정될 가능성이 있어서 "수사 과정에서 인지
된 사건"으로 특검법이 개정되어야 한다는 의견이 힘을 얻기
도 했다. 다만 특검법이 개정되더라도 대통령 권한대행이 거부
권(재의 요구권)을 행사할 가능성과 (거부권을 행사하지 않고) 곧바
로 공포하지 않을 가능성도 배제할 수 없었다. 헌법에 따르면,
국회에서 의결된 법률안은 정부에 이송된 날로부터 15일 이내
에 공포되거나 국회에 환부되어 재의가 이루어지도록 요구되
어야 한다(헌법 제53조 제1항 및 제2항). 물론 15일 안에 공포나
재의 요구가 없으면 해당 법률안은 법률로 확정되지만, 대통령
권한대행이 공포권이나 재의 요구권을 행사하지 않는 사이 특
검의 존속 기간이 만료되면 특검은 해체된다. 실제로 대통령

권한대행인 황교안 국무총리는 결국 특검의 수사 기간 연장을 승인하지 않았다.

2017년 2월 28일 특검은 수사를 종료하고, 3월 6일 최종 수사 결과를 발표했다. 박영수 특별검사는 특검팀의 수사가 절반의 수사에 그쳤다며 수사를 완결하지 못한 아쉬움을 드러냈다.

이번 특검 수사의 핵심 대상은 국가권력이 사적 이익을 위해 남용된 국정 농단과 우리 사회의 고질적인 부패 고리인 정경 유착입니다. 국론의 진정한 통합을 위해서는 국정 농단 사실이 조각조각 밝혀져야 하고 정경 유착의 실상이 국민 앞에 명확하게 드러나야 합니다. 그 바탕 위에 새로운 소통과 화합의 미래를 이룩할 수 있다는 것이 특검팀 전원의 소망입니다. 그러나 저희들은 아쉽게도 그 소망을 다 이루지 못했습니다.

그렇지만 특검은 이재용 삼성 부회장을 뇌물공여죄로 구속 기소하고, 문형표 전 보건복지부 장관을 삼성물산과 제일모직의 합병에 국민연금이 찬성하도록 직권을 남용한 혐의로 구속 기속했다. 또한 김기춘 전 대통령비서실장, 조윤선 전 문화체육관광부 장관, 김종덕 전 문화체육관광부 장관 등을 정부 정책에 비판적인 문화·예술인들을 (정부 지원을 배제하기 위한 명단인) 블랙리스트로 작성하라고 지시해 직권을 남용한 혐의로 구속 기소하고, 최경희 전 이화여대 총장 등 이화여대 교수들을 정유라의 부정 입학과 학사 특혜에 개입해 대학의 업무를 방해한 혐의로 구속 기소했다. 그 밖에 불구속 기소한 인원까지 포함하면 총 30명을 기소해 짧은 기간 동안 큰 성과를 거두었다.

하지만 대통령까지 범죄를 공모한 피의자로 규정한 특검에 대해 대통령의 변호인은 "태생부터 위헌적인 특검이자 전형적인 정치적 특검"이라고 폄하하면서 "무리한 '짜맞추기' 수사와 '표적' 수사를 자행하면서 적법절차를 위배하고, 밤샘 수사와 강압 수사로 조사받는 사람들의 인권을 유린했으며, 무차별적으로 피의 사실을 공표"했다며 특검 수사를 비난했다.

/ 뇌물죄

특검 수사는 세 가지 쟁점에 집중되었다. 첫 번째는 대통령이 기업에 재단 출연금을 기부하도록 강요한 것이 아니라, 기업이 대가를 바라고 부정한 청탁을 하면서 자발적으로 출연금을 기부했다는 '뇌물죄' 의혹이었다. 특히 삼성이 삼성물산과 제일모직의 합병에 국민연금이 찬성해 주는 대가로 재단 출연금을 제공했다는 의혹이 핵심이었다. 삼성은 기업 지배권을 승계하려면 두 회사의 합병이 시급한 현안이었는데, 비선 실세인 최순실의 딸 정유라에게 말 여러 필과 승마 훈련비를 제공하며 대통령에게 영향력을 행사하도록 했고, 이에 따라 대통령은 보건복지부 장관에게 지시해 두 회사의 최대주주인 국민연금이 합병에 찬성하도록 영향력을 행사했다는 것이다. 특검은 수사 결과 삼성 이재용 부회장을 뇌물 공여자로, 박근혜 대통령을 뇌물 수수자로 판단했다. 하지만 법원은 이 부회장에 대한 구속영장 청구를 기각했고(이후 보강 수사를 거쳐 구속영장이 발부되었다), 특검이 청와대에 대한 압수·수색영장을 발부받아 이를 집행하려 하자 청와대는 이를 승낙하지 않았다. 그동안 여러 차례 특검 수사에 성실히 임하겠다던 대통령의 약속은 지켜지지 않았다.

삼성물산과 제일모직의 합병은 경영권이 승계되는 데 왜 중요했을까? 이재용 삼성 부회장은 1996년 삼성 에버랜드의 전환사채를 시가의 10분의 1도 안 되는 헐값(주당 8만5천 원가량의 전환사채를 7천7백 원에 발행)에 인수한 뒤 주식으로 전환해 엄청난 시세 차익을 얻으며 삼성 에버랜드의 최대 주주가 되었다. 삼성 에버랜드의 자회사였던 삼성전자까지 지배하게 된 이 부회장은 이번에는 제일모직과 합병했다. 경영권을 완전히 승계하는 마지막 단계는 제일모직과 삼성물산을 합병해 삼성물산과 삼성생명이 대주주인 삼성전자를 확실하게 지배함으로써 삼성의 실질적인 경영권자가 되는 것이었다. 이 때문에 삼성은 삼성물산과 제일모직의 합병에 사활을 걸었는데, 삼성물산의 최대 주주가 바로 국민연금이었다. 2015년 7월 17일 삼성물산과 제일모직은 주주총회를 거쳐 합병을 결정했다. 그런데 주식 가치의 비율을 '삼성물산 0.35 대 제일모직 1'로 본 것이 문제였다. 삼성물산의 주식 가치가 제일모직의 주식 가치와 비교해 3분의 1 정도에 불과하다는 뜻인데, 이는 삼성물산 주주들뿐만 아니라 삼성물산의 최대 주주인 국민연금 가입자들에게도 엄청난 손실을 입히는 결과를 초래했기 때문이다.

따라서 특검은 국민연금이 삼성물산과 제일모직 합병에 찬성하는 과정에서 대통령의 지시가 있었고, 그 대가로 최순실의 딸 정유라에 대한 삼성의 승마 지원이 있었기 때문에 뇌물죄에 해당한다고 판단했다. 실제로 2015년 7월 25일 대통령과 이 부회장이 독대한 뒤 삼성은 최순실이 실질적으로 소유한 독일 페이퍼컴퍼니(코어스포츠)와 2백억 원이 넘는 계약을 체결하고, 같은 해 9월부터 2016년 7월까지 최 씨 측에 80억 원가량을 지원했다. 정부 쪽에서는 청와대 수석비서관과 문화체육관광부 차관, 삼성 쪽에서는 미래전략실 차장과 대한승마협회 회장을 맡은 삼성전자 사장이 실무 작업을 담당했다는 것이 특검의 수사 결과였다. 합병이 성사된 직후 미래전략실 차장이 안종범 수석비서관에게 감사하다는 인사를 보낸 사실이 안 수석의 업무 수첩에서 확인되었다.

경영권 승계에 필요한 또 하나의 과정이 있었는데, 순환 출자를 금지하는 법률 조항(「독점규제 및 공정거래에 관한 법률」 제9조의2)에 따라 삼성 에스디아이SDI가 소유하고 있던 삼성물산 주식을 매각하는 것이었다. 공정거래위원회는 내부적으로 매각해야 할 주식이 1천만 주라는 결론을 내렸다가 최종적으로 5백만 주라고 발표했는데, 특검은 이 과정에도 청와대와 삼성의 접촉이 있었다고 추정했다. 공정거래위원회의 내부 결정이 나오자 그 내용을 미리 삼성 측에 알려 주라는 청와대의 지시가 있었고, 청와대의 압력에 따라 매각 주식의 숫자가 대폭 축소되는 재결정이 이루어졌다는 것이다. 이 과정에서 삼성도 공정거래위원회를 여러 차례 방문해 적극적인 로비를 벌였다는 정황도 확인되었다. 특검은 최종 결과 보고서에서 이재용 삼성 부회장이 대통령과 최순실에게 건넨 뇌물의 액수를 433억 원 정도라고 적시했다.

/ 청와대 압수·수색

청와대는 2016년 10월 29일, 30일에 걸쳐 실시된 검찰의 압수·수색을 거부한 데 이어 2017년 2월 3일에 실시된 특검의 압수·수색도 거부했다. 「형사소송법」에 따르면 군사상·공무상 비밀이 요구되는 장소에 대한 압수·수색은 해당 장소의 책임자가 승낙해야만 가능하다(동법 제110조 제1항 및 제111조 제1항). 다만 압수·수색에 대한 거부는 "국가의 이익에 중대한 해악을 끼치지 않는 경우"에는 허용되지 않기 때문에 특검은 장소를 선별해 제한적으로 압수·수색을 시도하려 했으나 청와대가 거부한 것이었다.

대체로 압수·수색을 거부하는 경우에 물리력을 동원하지 않는 이상 이를 집행할 방법이 없다는 의견이 지배적이었다. 하지만 헌법재판소는 권한쟁의 심판 권한이 있기에 특검은 권한쟁의 심판을 청구할 수 있다. 특검도 법률에 따라 설치된 국가기관이므로 법원에서 발부받은 영장을 집행할 권한이 있고, 청와대도 승낙하지 않을 권한이 있으므로 두 국가기관 사이에 권한 다툼이 발생한 것이다. 권한쟁의 심판의 경우에는 당사자(특검)의 신청이나 헌법재판소의 직권으로 거부 처분의 효력을 정지시키는 가처분 결정을 할 수 있다. 다만 헌법재판소는 권한쟁의 심판의 당사자가 될 수 있는 국가기관을 헌법기관으로 한정하고 있기 때문에 특검을 포함한 검찰을 헌법기관으로 인정할지는 미지수였다.

한편 청와대가 특검의 압수·수색을 승낙하지 않을 경우에, 그와 같은 권한이 누구에게 있는지도 문제가 되었다. 대통령이 탄핵 소추로 직무가 정지된 상태라 국무총리가 권한대행이 되었으므로 당연히 청와대에 대한 압수·수색의 승낙을 거부할 권한은 권한대행인 국무총리에게 있었다. 그럼에도 청와대는 특검의 압수·수색에 대한 승낙을 거부한다는 의사를 대통령비서실장과 경호실장 명의로 표시했다. 특검은 청와대의 압수·수색 승인 거부에 맞서 행정소송을 제기했지만 법원은 이런 승인 거부 처분이 행정소송 대상이 아니라고 판단해 각하했다. 「행정소송법」에는 국가기관 상호 간의 권한 분쟁이 발생했을 때 기관소송을 제기할 수 있도록 규정하고 있지만,[1] 기관소송은 법률에 명시적으로 규정된 경우에만 제기할 수 있기에,[2] 특검은 청와대 처분의 취소를 구하는 항고소송을 제기했던 것이다. 항고소송은 원래 국가기관의 처분을 다투는 국민이 제기할 수 있지만, 과거에 대법원이 국가기관 상호 간에도 항고소송을 제기할 수 있다는 판결을 내린 적이 있었던 사실에 착안했다.[3]

---

[1] 「행정소송법」 제3조 제4호에 따르면 "기관소송"은 국가 또는 공공단체의 기관 상호 간에 있어서의 권한의 존부 또는 그 행사에 관한 다툼이 있을 때에 이에 대해 제기하는 소송으로 정의되고, 「헌법재판소법」 제2조 규정에 따라 헌법재판소의 관장 사항으로 되는 소송은 이런 기관소송에서 제외된다.

[2] 「행정소송법」 제45조(소의 제기)에 따르면, 민중소송 및 기관소송은 법률이 정한 경우에 법률에 정한 자에 한하여 제기할 수 있다.

[3] 대법원 2013. 7. 25. 2011두1214 판결은 다음과 같았다. "「국민권

/ 블랙리스트와 화이트리스트

특검 수사 과정에서 청와대와 문화체육관광부의 주도로 문화·예술인 '블랙리스트'가 작성되었다는 사실이 새롭게 드러났다. 정부 정책에 반대하거나 야당 정치인을 지지했다는 이유로 블랙리스트에 오른 수많은 문화·예술인들이 정부 지원 사업에서 의도적으로 배제되었던 것이다. 더욱이 정부 지원을 받는 친정부적인 보수 단체를 동원해 관제 데모를 지시하고, 심지어 이런 단체들에게 재정을 지원하도록 전경련을 통해 기업을 압박했다는 '화이트리스트' 의혹도 제기되었다. 블랙리스트가 배제 명단이었다면 화이트리스트는 특혜 명단인 셈이다. 블랙리스트이든 화이트리스트이든 이는 정부가 일반

익위원회법」이 원고에게 피고 (시·도선거관리)위원회의 조치 요구에 따라야 할 의무를 부담시키는 외에 별도로 그 의무를 이행하지 아니할 경우 과태료나 형사처벌의 제재까지 규정하고 있는데, 이와 같이 국가기관 일방의 조치 요구에 불응한 상대방 국가기관에게 그와 같은 중대한 불이익을 직접적으로 규정한 다른 법령의 사례를 찾기 어려운 점, 그럼에도 원고가 피고 위원회의 조치 요구를 다툴 별다른 방법이 없는 점 등에 비추어 보면, 피고 위원회의 이 사건 조치 요구의 처분성이 인정되는 이 사건에서 이에 불복하고자 하는 원고로서는 이 사건 조치 요구의 취소를 구하는 항고소송을 제기하는 것이 유효·적절한 수단이라고 할 것이므로, 비록 원고가 국가기관에 불과하더라도 이 사건에서는 당사자능력 및 원고 적격을 가진다고 봄이 상당하다." 이 판례에 대한 평석으로 이철환, "항고소송에서 국가기관의 원고 적격(대법원 2013. 7. 25. 선고 2011두 1214 판결[불이익 처분 원상회복 등 요구 처분 취소])", 『법학논총』(숭실대학교 법학연구소), 제33집(2015), 319쪽 이하 참조. 또한 이 판례에 대해서는 시·도선거관리위원회 위원장을 국가기관으로 해석하는 것은 타당하지 않다는 비판도 제기된다. 정남철, "행정법학의 구조 변화와 행정 판례의 과제", 『저스티스』(한국법학원) 통권 제154호(2016), 175쪽 참조.

시민을 감시(사찰)하고 그들의 사상을 검열하며, 그에 따라 차별한 반헌법적 행위에 해당한다. 헌법은 감시받지 않을 권리, 검열받지 않을 권리, 차별받지 않을 권리를 보장하고 있기 때문이다.

헌법은 학문과 예술의 자유를 보장하고 있는데(헌법 제22조 제1항), 표현(언론·출판·집회·결사)의 자유와 함께 규정된 '검열 금지 원칙'(헌법 제21조 제2항)은 예술의 자유에도 적용된다. 예술의 자유는 예술적 창작물을 표현할 수 있는 자유를 포함하기 때문이다. 예술적 표현을 포함해 표현의 자유를 지키기 위해 절대적으로 금지되는 검열은, 표현물이 표현되기 전에 그 내용을 심사해 표현될 수 있는 것과 그럴 수 없는 것을 선별한 뒤 후자의 표현을 금지하는 사전 검열을 내용으로 한다. 사전 검열의 주체는 주로 국가인데, 헌법재판소는 그동안 사전 검열 금지를 위반하는 입법에는 엄격한 잣대를 적용해 위헌으로 선언해 왔다. 헌법이 사전 검열을 금지하는 것은 표현의 자유를 위축시키는 효과chilling effect 때문이다. 사전 검열은 표현이 금지된 내용을 설정함으로써 그 자체로 표현의 자유를 위축시키는 동시에, 표현 주체들이 미리 사전 검열을 의식하면서 자기 검열을 하게 해 표현의 자유를 위축킨다. 헌법은 공중도덕이나 사회윤리를 침해하는 표현을 금지하고 있다(헌법 제23조 제4항). 하지만 이는 사전 검열을 금지하고 있는 헌법의 취지에 비추어, 사전 검열 방식이 아니라, 표현물이 실제로 공중도덕이나 사회윤리에 끼치는 해악의 결과를 제재하는 방식으로 이루어져야 한다. 특히 표현물이 공중도덕이나 사회윤리에 끼치는 해악은 추상적이 아니라 구체적이어야 하고, 표현물과 해악 사이에는 명백한 인과관계가 존재해야 한다. 주지하듯이 미국 연방대법원도 '명백하고 현존하는clear and present 해악'의 원칙을 고안해 표현물 규제가 과도하지 않게 엄격하게 제한하고 있다.

최근에는 국가에 의한 검열뿐만 아니라 국가가 아닌 사인, 특히 단체에 의한 검열이 문제시되고 있다. 예컨대 특정 영화제를 주도하는 단체가 특정 영화의 상영을 금지하는 것이다. 헌법은 국가와 국민의 관계를 규율할 뿐만 아니라 국민 상호 간의 관계도 규율하기에 국가가 아닌 사인에 의한 검열도 입법적으로 금지될 필요가 있다. 국가에 의한 검열은 직접적이고 제도적인 방식으로 자행될 수도 있지만 문화계 블랙리스트에서 볼 수 있듯이 간접적이고 정책적인 방식으로 이루어질 수도 있다. 정부 정책에 비판적이거나 야당 정치인을 지지하는 문화·예술인의 명단을 작성해 그들에 대한 재정적·제도적 지원을 배제하면 그들의 문화·예술 활동은 제약받을 수밖에 없다. 이제 문화·예술은 창작 단계에서부터 공연 단계까지 재정적·제도적 지원이 없으면 사실상 그 활동이 불가능하다는 점에서 정부의 재정적·제도적 지원의 배제는 문화·예술 활동을 위축시키는 효과를 갖는다. 게다가 정부의 지원을 받기 위해 정부 정책에 순응하는 내용의 표현물을 창작할 수밖에 없고, 정부가 주도하는 전시나 공연 행사에 창작물을 전시하거나 공연하려면 정부의 기획 의도에 맞는 내용의 표현물을 만들어 내야 하기에 교묘한 사전 검열의 기제로 작동한다.

게다가 블랙리스트는 문화·예술인들의 활동과 성향을 수

〈표 4〉 특검이 공소장에 적시한 박 전 대통령의 범죄 혐의

1. 뇌물죄/제3자뇌물죄	미르·케이스포츠 재단 모금 과정에서 삼성으로부터 뇌물 수수
2. 의료법 위반	비선 의료진으로부터 받은 의료 시술
3. 직권남용죄	문화·예술계 블랙리스트 작성 지시
4. 직권남용죄	문화체육관광부 공무원에 대한 보복성 인사
5. 직권남용죄	민간 금융사 인사 청탁

집·분석·관리한 것으로 '민간인 사찰'에 해당한다. 그동안 정부의 민간인 사찰은 여러 차례 문제시된 바 있다. 법원도 이런 행위가 직권남용에 해당할 뿐만 아니라 국가배상이 필요한 불법행위임을 확인했다. 헌법은 명시적으로 '감시받지 않을 권리'를 보장하지는 않지만 주거의 자유(헌법 제16조), 사생활의 비밀과 자유(헌법 제17조), 통신의 비밀(헌법 제18조)을 보장함으로써 개인의 비밀 영역에 대한 국가의 간섭을 원칙적으로 금지해, 국민에게 국가의 감시를 받지 않을 권리가 보장되어 있음을 암묵적으로 선언하고 있다. 물론 국가는 범죄 예방이나 국가 안보를 위해 법률의 근거 아래 예외적으로 감시 권한을 부여받기도 한다. 하지만 이런 권한은 범죄 수사나 국가 안보라는 목적에 엄격하게 국한되어야 한다. 따라서 범죄인도 아니고 국가 안보에 해악을 끼치지도 않는 민간인의 활동과 성향을 감시하는 것은 해당 국민을 범죄인이나 간첩으로 취급한다는 혐의에서 벗어날 수 없다. 더욱이 이 같은 국가 감시는 법률적 근거 없이 자행되는 불법행위인 만큼 반드시 민형사적 책임이 부과되어야 한다.

/ 특검 종료

황교안 대통령 권한대행은 특검의 수사 기간이 만료되기 하루를 앞두고서야 특검 기간의 연장을 승인하지 않는다고 발표했다. 이로써 특검은 2017년 2월 28일 국민의 관심을 집중시킨 90일간(준비 기간 20일 포함)의 수사를 종료했다. 김기춘 전 대통령비서실장, 조윤선 전 문화체육관광부 장관, 김종덕 전 문화체육관광부 장관, 최경희 전 이화여대 총장, 이재용 삼성전자 부회장 등 13명을 구속시킨 뒤 기소한 것을 포함해 총 30명을 기소했다. 비록 대통령의 직접 조사는 이루어지지 않았으나, 수사 결과 보고서에 대통령이 최순실과 공모했다는 표현이 열세 차례나 등장할 정도로 최순실 게이트의 또 다른 축이 박근혜 대통령이라는 사실을 명확히 밝혔다. 특검은 박 대통령이 공범으로 적시된 범죄 혐의를 다섯 가지 추가해 (검찰 수사로 밝혀진 여덟 가지 범죄 혐의에 더해) 박 전 대통령의 범죄 혐의는 열세 가지로 늘어났다. 특검이 연장되어 철저한 진상 규명이 이루어지기를 염원한 국민들은 특검법을 개정하거나 새로운 특검법을 제정해 제2의 특검이 출범하기를 기대했으나 국회는 국민의 염원에 부응하지 못했다.

국정조사

특검 수사와 함께 최순실 게이트의 진상을 규명하기

위한 국회 국정조사특별위원회(이하 국조특위)도 가동되었다. 국조특위는 청문회를 개최해 수많은 증인과 참고인을 소환했다. 2016년 11월 30일 문화체육관광부·법무부·보건복지부 등의 기관 보고로 시작된 청문회는 12월 6일에 열린 청문회부터 대기업 총수 아홉 명을 증인으로 출석시켜 재단 출연금 모금 과정을 심문하는 등 본격적으로 진행되었다. 재벌 총수들을 대상으로 28년 만에 열린 청문회에서 질문은 주로 이재용 삼성 부회장에게 집중되었는데, 책임을 회피하는 발언과 불성실한 태도로 일관해 방송을 통해 이 과정을 지켜보던 국민들의 비난을 받기도 했다.

제2차 청문회(12월 7일)에는 김기춘 전 대통령비서실장이 핵심 증인으로 출석했지만 대부분의 의혹에 모르쇠로 일관했다. 그러나 일관되게 최순실을 모른다고 주장하던 김 전 비서실장은 증거를 제시하며 집요하게 추궁하자 "최순실의 이름은 못 들었다고 말할 수는 없겠다."라고 우회적으로 시인해 최순실의 존재를 인지했다고 처음 공개적으로 인정했다. 같은 날 출석한 고영태 전 케이스포츠 재단 이사는 김종 전 문화체육관광부 차관이 최순실의 수행비서 같았다는 충격적인 발언을 내놓기도 했다. 또 동행명령장을 받고서야 억지로 출석한, 최순실의 조카 장시호는 모든 책임을 최순실에게 돌렸다. 이른바 '문화계 황태자'로 불렸던 차은택 전 창조경제추진단장은 최순실에게 써준 글이 대통령 연설문에 포함되어 있어 놀랐다고 진술하며, 최순실과 김기춘 전 비서실장이 서로 알고 있었다는 사실을 암시하는 발언을 했다. 참고인으로 출석해 명쾌한 발언으로, 방송을 보던 국민들의 시선을 사로잡았던 여명숙 게임물관리위원회 위원장은 문화창조융합벨트 본부장에서 해임될 당시를 진술하며 자신은 대통령 지시에 따라 해임되었다고 발언했다. 대통령에게 '나쁜 사람'으로 지목되어 강제로 공직을 떠났던 노태강 전 문화체육관광부 체육국장은, 대한승마협회에 대한 진상 조사 보고서가 자신이 해임된 결정적 원인이었는데 그 보고서가 최순실을 거쳐 대한승마협회 전무에게 건너간 것 같다고 진술했다.

'세월호 청문회'로 불린 제3차 청문회(12월 14일)에는 대통령의 주치의와 자문의를 지낸 의사들 및 비선 진료 의혹을 받던 의사들, 성형 시술 의혹을 받던 간호장교, 그리고 참사 당일 대통령의 행적을 알 것으로 추정되는 청와대 참모들이 출석했다. 의사들은 대통령의 얼굴 사진을 보며 시술 자국으로 보인다면서도 자신이 시술한 것은 아니라고 진술했다. 참사 당시 국가안보실장이었던 김장수와 해양경찰청장이었던 김석균도 출석했지만 세월호 구조와 관련된 대통령의 책임을 밝혀내지는 못했다.

제4차 청문회(12월 15일)에 출석한 조한규 전 『세계일보』 사장은 청와대가 국가정보원을 동원해 대법원장을 사찰했다는 문건을 공개했다. 또한 최순실의 딸 정유라의 이화여대 부정 입학 및 학사 특혜와 관련해 언론에서 제기된 다양한 의혹에 대해 심문이 이루어졌지만 관련자들의 답변이 불성실해 전반적으로 큰 성과를 내지는 못했다. 이석수 전 특별 감찰관도 출석해 미르 재단과 케이스포츠 재단의 설립 과정에 대통령의 직접적 관여를 배제할 수 없다는 증언을 내놓은 것이 그나마 소득이라고 볼 수 있다.

우병우 전 민정수석비서관이 출석해 관심을 모은 제5차 청문회(12월 22일)도 우 전 수석이 시종일관 모르쇠로 답변해 김빠진 청문회가 되었다. 최순실의 국정 농단 사실을 알고도 묵인해 직무유기 의혹을 받던 우 전 수석은 일관되게 최순실을 모른다고 진술해 자신에 대한 의혹을 부인했다. 또 세월호 참사 당시 청와대에서 간호장교로 근무했던 조여옥 대위가 참석했지만, 그 역시 참사 당일 대통령의 행적을 제대로 밝히지 않았다. 오히려 참고인으로 출석한 노승일 케이스포츠 재단 부장이 사전 위증 모의를 폭로하는 등 적극적으로 발언해 증인 신분으로 변경된 뒤, 진상을 규명하는 데 필요한 서류와 녹취록을 다수 가지고 있다는 진술들을 계속 내놓았다.

핵심 증인인 최순실과 안종범, 정호성 등에 대해서는 특조위원들이 구치소까지 찾아가 심문했지만 국민의 의혹을 해소시키기에는 불충분했다. 증인이나 참고인으로 출석을 요구받은 사람이 정당한 사유 없이 불출석하면 '동행명령장'을 발부할 수 있지만,4 동행명령장은 강제 구인의 법적 효력이 발생하는 것도

---

4 「국회에서의 증언·감정 등에 관한 법률」에 따르면 국정감사나 국정 조사를 위한 위원회는 증인이 정당한 이유 없이 출석하지 않으면 위원회의 의결로 해당 증인에 대하여 지정한 장소까지 동행할 것을 명령할 수 있고, 이런 동행명령을 하는 경우에는 위원회의 위원장이 동행명령장을 발부하도록 규정하고 있을 뿐(동법 제6조 제1항 및 제2항), 강제 구인에 관한 규정을 두고 있지 않다. 다만 정당한 이유 없이 증인으로 출석하지 않으면 3년 이하의 징역 또는 1천만 원 이하의 벌금에 처해진

아니고, 출석요구서를 고의로 수령하지 않은 사람에게는 동행
명령장조차 발부할 수 없다는 점이 문제점으로 지적되었다.[5]

대통령 대리인단의 지연 전략

앞서도 살폈듯이, 대통령 대리인단은 탄핵 심판을
형사소송 방식으로 몰고 가려 했다. 「헌법재판소법」이 탄핵
심판에서 형사소송에 관한 법령을 준용하도록 규정하고 있기
때문이다(동법 제40조 제1항). 하지만 탄핵 심판은 '헌법재판'이
지 형사재판이 아니다. 국회가 소추를 하고 헌법재판소가 재
판을 해서 형사재판의 외관을 띠지만 탄핵 심판은 본질적으로
헌법재판이다. 「헌법재판소법」도 "헌법재판의 성질에 반하지
아니하는 한도에서" 형사소송에 관한 법령을 준용할 수 있다
고 규정한다. 더욱이 헌법은 탄핵 결정의 효과가 대상 공무원
의 "파면"이라고 규정하고 있어서(헌법 제65조 제4항) 탄핵 심판
이 일종의 징계 절차임을 분명하게 밝히고 있다. 다만 탄핵의
대상은 대통령, 국무총리 등 최고위직 공무원(공직자)이라는

다는 점에서(동법 제12조 제1항) 증인 출석에 대한 간접적 압력으로 작
용하는 수단이 존재할 따름이다.
5 국회의 동행명령장에 강제 구인의 법적 효력을 인정할 수 없는 이유
는 인신의 구속을 위해서는 반드시 법관이 발부한 영장이 필요하다는
헌법의 영장주의 원칙 때문이다

점에서 일반 징계 절차를 따르지 않을 뿐이다. 또한 헌법재판
소의 탄핵 결정으로 파면된 공무원은 그에 따라 자신이 부담
해야 할 민형사상 책임을 면제받지 못한다는 점(헌법 제65조 제4
항)에서도 탄핵 재판은 형사재판과 다르다. 탄핵 결정으로 파
면된 공무원은 그의 범죄 혐의에 대해서는 다시 형사재판을
받아야 하기 때문이다.

한편 탄핵 심판을 형사소송으로 이해한 대통령 대리인단은
대통령에게도 '무죄 추정 원칙'이 적용되어야 한다고 주장했
다. 헌법은 "형사피고인은 유죄의 판결이 확정될 때까지는 무
죄로 추정된다."는 무죄 추정 원칙을 규정하고 있다(헌법 제27조
제4항). 하지만 탄핵 심판은 형사소송이 아니므로 대통령은 형
사피고인이 아니며, 따라서 무죄 추정 원칙이 적용될 수 없다.
더욱이 대통령에게는 '불소추 특권'이 있다. 헌법은 대통령에
게 "내란 또는 외환의 죄를 범한 경우를 제외하고는 재직 중
형사상의 소추를 받지 아니한다."고 규정하고 있다(헌법 제84
조). 대통령은 재직 중, 즉 임기 동안 형사소추를 받지 않으므
로 만약 탄핵 심판이 대통령에 대한 형사재판의 결과를 보고
이루어져야 한다면 대통령에 대한 탄핵 결정은 애초에 임기 중
에는 불가능한 것이 된다.

대통령 대리인단이 선택한 또 하나의 지연 전략은 대리인
단에 속한 변호사 전원이 사퇴(사임)할 수도 있다는 암시였다.
「헌법재판소법」은 "각종 심판 절차에서 당사자인 사인私人은
변호사를 대리인으로 선임하지 아니하면 심판 청구를 하거나
심판 수행을 하지 못한다."고 규정해(동법 제25조 제3항) 이른바

'변호사 강제주의'를 규정한다. 변호사 강제주의는 사인(개인이나 단체)이 헌법재판을 청구하거나 수행하려면 반드시 변호사를 대리인으로 선임해야 한다는 일종의 변호사 선임 의무를 뜻한다. 대통령 대리인단 측은 탄핵 심판에서도 변호사 강제주의가 적용되므로 자신들이 전원 사임하면 새로운 대리인단이 구성될 때까지 심판 절차가 중지되어 일정 정도 재판을 지연할 수 있다고 생각한 듯하다. 이에 대해 국회 소추위원단 측은 대통령은 사인이 아니라 국가기관이므로 변호사 강제주의가 적용되지 않는다고 반박했다. 하지만 변호사 강제주의는 대통령 탄핵 심판에도 적용된다. 탄핵 심판에서 대통령은 국가기관으로서 당사자가 되는 것이 아니라 공무원인 사인 자격으로 당사자가 되기 때문이다.

오히려 대통령 대리인단의 사퇴는 명백하게 탄핵 심판을 지연하려는 의도가 있는, 대통령 본인의 방어권 포기 의사로 간주되어야 한다. 사실 변호사 강제주의는 헌법이 보장하는 재판을 받을 권리(헌법 제27조 제1항)를 제한한다는 주장이 지속적으로 제기되어 왔다. 특히 헌법학자(교수)조차도 변호사 자격이 없으면 헌법재판을 청구하거나 수행할 수 없다는 점은 이 제도의 가장 결정적인 문제점으로 지적되었다. 하지만 헌법재판소는 일관되게 변호사 강제주의가 헌법에 위반되지 않는다는 입장을 견지해 왔다. 그 이유는 다음과 같다.

첫째, 법률 지식이 불충분한 당사자가 스스로 심판을 청구하여 이를 수행할 경우 헌법재판에 특유한 절차적 요건을 흠결하거나 전문적인 주장과 자료를 제시하지 못하여, 침해된 기본권의 구제에 실패할 위험이 있다. 변호사 강제주의는 이러한 위험을 제거하거나 감소시켜 기본권의 침해에 대한 구제를 보장한다. 둘째, 변호사는 한편으로는 당사자를 설득하여 승소의 가망이 없는 헌법재판의 청구를 자제시키고 다른 한편으로는 헌법재판에서의 주장과 자료를 정리, 개발하고 객관화하는 기능을 수행한다. 이로써 재판소와 관계 당사자 모두가 시간, 노력, 비용을 절감할 수 있고 이렇게 하여 여축된 시간과 노력 등이 헌법재판의 질적 향상에 투입되게 된다. 셋째, 변호사는 헌법재판이 공정하게 진행되도록 감시하는 역할도 수행하는바, 이는 국가 사법의 민주적 운영에 기여한다(헌재 2010. 3. 25. 2008헌마439).

이처럼 변호사 강제주의의 기능과 목적은 기본권의 효과적 구제, 헌법재판의 질적 향상, 국가 사법의 민주적 운영에 있으므로 이런 기능과 목적에 반해 헌법재판을 지연할 목적으로 변호사 강제주의를 원용하는 것은 허용될 수 없다.

헌법재판을 포함한 모든 재판에서 추구해야 할 가치가 두 가지 있는데 하나는 '공정성'이고, 다른 하나는 '신속성'이다. 재판이 아무리 신속하게 끝나도 절차가 공정하지 않았거나, 재판이 아무리 공정한 절차에 따라 끝나더라도 이미 시간이 많이 흘러 재판의 결과가 아무런 의미가 없는 것 모두 문제이다. 결국 재판부는 공정성과 신속성 사이에서 가장 합리적인 지점을 찾을 수밖에 없다. 특히 탄핵 재판처럼 대통령의 권한이 정지된, 헌법적으로 중대한 의미가 있는 비상 상황에서는 재판의 신속성이 강조될 수밖에 없다. 왜 그럴까?

「헌법재판소법」에 따르면 원칙적으로 헌법재판소는 심판 사건을 접수한 날부터 '180일 이내'에 종국 결정을 선고해야 한다(동법 제38조). 하지만 이 조항은 반드시 지켜야 하고 지키지 않을 때 강제할 수 있는 '강행규정'이 아니라, 어기더라도 강제할 수 없는 지침인 '훈시규정'이라는 것이 일반적인 의견이다. 이에 따라 대통령 탄핵 소추 의결서에 다섯 가지 헌법위반 사항을 포함해 수많은 법위반 사항이 열거되어 있기 때문에 헌법재판소의 결정이 180일을 훨씬 초과할 수도 있다는 이야기가 흘러나왔다. 그렇게 되면 대통령이 직무가 정지된 상태에서 임기를 채우는 우스꽝스러운 상황이 발생할 수 있었다. 그러나 국회의 탄핵 소추안 가결로 헌법상 국가원수이자 행정부 수반인 대통령의 권한 행사가 정지된 상태가 오래 지속되는 것은 결코 바람직하지 않다는 점에서 신속하게 종국 결정이 선고되어야 했다.

대통령이 국회로부터 탄핵 소추를 받아 권한 행사가 정지된 상태를 헌법은 "사고"라고 부른다(헌법 제71조). 이는 대통령의 직무를 수행할 수 있는 사람이 존재하기는 하지만 그 권한의 행사가 정지된 것으로, 아예 대통령의 직무를 수행할 수 있는 사람이 존재하지 않는 "궐위"와 구분된다. 만약 헌법재판소가 대통령에 대한 탄핵 결정을 하면 대통령은 파면되어 대통령이 궐위된 상태가 발생한다. 어쨌든 헌법은 궐위이든 사고이든 대통령이 직무를 수행할 수 없을 때 국무총리로부터 시작해 법률이 정한 순서대로 대통령의 권한을 대행하도록 규정하고 있다. 이로부터 유추할 수 있는 결론은 대통령의 궐위이든 사고이든 이런 상태는 공통적으로 신속하게 극복되어야 할 국가의 '중대한 위기 상황'이라는 점이다. 헌법의 관점에서 대통령의 궐위나 사고는 동일하게 심각한 비상사태이다. 대통령의 사고도 대통령의 권한을 대행할 수 있는 사람이 있으니 무작정 연장될 수 있는 상황이 아니라, 궐위와 마찬가지로 대통령이 아닌 사람에 의해 대통령의 권한이 대행되고 있으므로 되도록 신속하게 극복되어야 할 '비상한 상황'이라는 뜻이다.

헌법은 대통령이 궐위된 때에는 '60일 이내'에 후임자를 선거하도록 요구하고 있다(헌법 제68조 제2항). 이는 대통령 궐위 상황에 대한 언급이지만 대통령의 사고 또한 궐위와 마찬가지로 국가의 비상 상황이라는 점에서, 왜 헌법이 대통령 궐위 시 60일이라는 비교적 단기간 내에 후임자를 선거하도록 요구하는지를 숙고할 필요가 있다. 사실 대통령이 사망하거나 탄핵 결정을 받아 궐위된 비상 상황이라 하더라도 후임 대통령을 선출하는 선거를 60일 이내에 실시한다는 것은 현실적으로 무리일수도 있다. 그럼에도 이처럼 상당히 짧은 기간 내에 후임 대통령 선거를 실시하도록 하는 이유는 대통령의 권한대행이 국민의 선거로 직접 선출되지 않았다는 데 있다.[6] 같은 맥락에서 대통령이 국회의 탄핵 소추로 직무가 정지된 사고 상황에서도 선출되지 않은 공직자의 권한대행 기간을 줄이려면 가능한 한 궐

6 미국식 대통령제에서 대통령과 함께 선출되는 부통령이 대통령의 권한대행이 되는 상황과는 전혀 다르다.

위 상황과 비슷한 기간 내에 헌법재판소의 결정이 이루어져야 한다. 헌법에 명시되어 있지는 않지만 탄핵 소추가 국회에서 가결되어 직무가 정지된 대통령 사고 상황에서도 헌법재판소의 최종 판단은 60일을 크게 넘지 않는 기간(대략 90일 정도) 내에 이루어져야 한다는 뜻이다.

그렇다면 탄핵 소추를 받은 대통령이 자진 사퇴하는 것도 비상 상황을 신속하게 극복할 수 있는 또 하나의 방법이 될 수 있다. 흔히 '하야'下野로 불리는 자진 사퇴는 그때로부터 60일 이내에 대통령 선거를 실시해야 하는 궐위 상태를 의미한다. 헌법재판소가 탄핵 결정을 내려 대통령이 궐위된 상태와 동일하다. 탄핵 소추는 대통령이 헌법과 법률을 위반해 국회와 함께 국정을 이끌어 갈 수 없는 정치적 갈등과 대립 상태에서 이루어진다. 이런 상태는 헌법재판소의 탄핵 결정으로 해소될 수 있지만 대통령의 자진 사퇴로 해결될 수도 있다는 점에서 국회의 탄핵 소추를 받은 대통령의 사임을 금지할 이유는 없다. 다만 탄핵 절차는 대통령의 권한을 박탈하는 절차일 뿐만 아니라 헌법 질서를 수호하는 절차이므로 탄핵 소추가 된 뒤 대통령이 사임해도 탄핵 절차는 계속될 수 있다. 물론 대통령이 이미 사임한 상태에서 탄핵 심판을 계속 진행한 경우에는 이미 대통령이 존재하지 않으므로 단지 전직 대통령의 법위반을 확인할 수 있을 뿐이고 파면 결정을 내릴 수는 없다고 봐야 한다.

앞서 말했듯이, 탄핵 절차는 헌법재판소의 탄핵 결정으로 '파면' 효과가 발생한다는 점에서(헌법 제65조 제4항) 일종의 징계 절차이다. 당사자를 '처벌'하기 위한 형사 절차와 구분된디는 뜻이다. 물론 탄핵 절차는 국회가 소추하고 헌법재판소가 심판하면서 구두변론이 이루어지므로 「헌법재판소법」에 따라 탄핵 절차에서 형사소송에 관한 법령이 준용되도록 요구받는다(동법 제40조 제1항). 그렇다 해도 탄핵 절차는 여전히 형사 절차가 아니라 징계 절차를 의미한다. 탄핵이라는 징계 절차에 따라 파면 결정을 받은 뒤 다시 형사 절차를 통해 처벌받는 것은 다른 문제다. 따라서 국회의 탄핵 소추 의결서에 열거된 법위반 사항에 대해 형사재판과 동일한 정도의 시간이 요구된다고 볼 수는 없다. 각각의 법위반 사실을 일일이 판단할 것이 아니라 법위반 사실을 전체적으로 종합해 파면에 이를 만큼의 중대한 법위반이 있는지 여부를 판단하면 충분하므로 형사 절차보다 심리 기간을 상당히 줄일 수 있다. 탄핵 절차에서 형사소송에 관한 법령을 준용하도록 하면서도 "헌법재판의 성질에 반하지 아니하는 한도에서"만 가능하다고 규정하고 있는 「헌법재판소법」의 입법 의도를 고려하면, 탄핵 절차에 형사 절차와 동일한 정도의 심리 밀도가 요구될 필요가 없다.

거듭 말하지만, 모든 재판에서 요구되는 두 가지 필수 덕목은 공정성과 신속성이다. 하지만 헌법재판소의 헌법 해석은 시민사회의 헌법 해석을 존중해야 정당성을 획득할 수 있다는 점에서 헌법재판의 경우에는 국민의 의사를 고려해야 한다는 '민주성'이라는 또 하나의 덕목도 요구된다. 만약 국민 대다수가 대통령의 '즉각 사퇴'를 요구한다면 그런 요구를 헌법재판소가 반드시 고려해야 한다는 뜻이다. 대통령의 사고라는 비상 상황을 신속하게 종료시켜야 할 필요성, 탄핵 절차가 징계 절차로서 갖는 특수성, 헌법재판에서 요구되는 민주성 등을 고려해 헌법재판소가 대통령 궐위 시에 선거가 실시되어야 하는 기간으로 요구되는 '60일'을 크게 벗어나지 않는 기간 내에 신속한 결정을 내리는 것이 헌법에 부합한다.

권한대행의 권한 범위

국회가 대통령에 대한 탄핵 소추를 의결하면 헌법재판소의 탄핵 심판이 종료될 때까지 대통령의 권한 행사는 정지된다(헌법 제65조 제3항). 앞서 말했듯이, 대통령이 궐위 및 사고로 말미암아 직무를 수행할 수 없을 경우에는 국무총리로부터 시작해 법률이 정한 순서대로 국무위원이 대통령의 권한을 대행한다(헌법 제71조). 문제는 대통령의 권한대행자가 헌법이 대통령에게 부여한 권한 중 어디까지 행사할 수 있는지이다.

우리 헌법에 따르면 대통령은 국가원수이자(헌법 제66조 제1항) 정부 수반으로서(헌법 제66조 제4항) 국민투표 부의권(헌법 제72조), 조약 체결·비준권과 외교사절 신임·접수·파견권 및 선전포고·강화권(헌법 제73조), 국군통수권(헌법 제74조), 대통령령 제정권(헌법 제75조), 긴급 입법권(헌법 제76조), 계엄 선포권(헌법 제77조), 공무원 임면권(헌법 제78조), 사면권(헌법 제79조), 영전 수여권(헌법 제80조), 대법원장 및 대법관 임명권(헌법 제104조 제1항 및 제2항), 헌법재판소장 및 헌법재판관 3인 임명권(헌법 제

111조 제2항 및 제4항), 중앙선거관리위원회 위원 3인 임명권(헌법 제114조 제2항) 등의 막강한 권한을 가진다. 그렇다면 대통령 권한대행자가 이런 권한을 모두 행사할 수 있는가? 그렇지 않다는 것이 헌법학계의 통설이다.

우선 헌법에 따라 대통령은 국민이 선거로 직접 선출하지만(헌법 제67조 제1항) 대통령 권한대행이 될 수 있는 국무총리나 국무위원은 국민에 의해 선거로 직접 선출되지 않았기에 대통령의 권한을 현상 유지적 범위 안에서만 행사할 수 있다. 물론 국무총리는 '국회의 동의'를 얻어 대통령에 의해 임명되므로(헌법 제86조 제1항) 국민에 의해 직접 선출되어 구성된 국회로부터 간접적으로나마 선출되었다고 주장할 수도 있다. 의원내각제에서도 행정부 수반인 수상(총리)은 의회가 선출하지만 국민에 의해 선출되지 않았다고 말하지는 않는 것과 같은 맥락이다. 하지만 대통령제에서 대통령이 지명한 국무총리 내정자를 국회가 부적합하다고 소극적으로 거부할 수 있는 동의권과, 의원내각제에서 의회가 수상이나 총리로 적합하다고 판단된 인물을 적극적으로 선택할 수 있는 선출권은 본질적으로 다르다. 그래서 대통령제를 선택한 현행 헌법은 대통령 권한대행이 될 수 있는 국무총리나 국무위원(부총리 혹은 장관)을 대통령의 '보좌 기관'으로 규정하고 있다(헌법 제86조 제2항 및 제87조 제2항). 그러므로 대통령 권한대행은 대통령이 그동안 수행해 오던 직무를 유지하고 관리하는 현상 유지적인 권한 행사만 가능하다고 보는 것이다.

현상 유지적인 권한 행사는 말 그대로 국가 기능이 정지되지 않고 현재 상태로 유지되도록 관리하는 범위의 권한 행사를 의미한다. 현상 유지적인 정도의 권한 행사는 원칙적으로 새로운 정책의 결정 또는 기존 정책의 내용 변경이나 폐지, 공석인 공직의 임명 또는 기존 공직자의 면직이나 보직 변경처럼 새로운 상태를 만들어 내는 권한 행사를 포함하지 않는다고 봐야한다는 뜻이다. 따라서 대통령의 헌법적 권한들의 행사는 대부분 새로운 상태를 만들어 내기 때문에 이 가운데 대통령 권한대행이 실제로 행사할 수 있는 권한은 많지 않다. 공공 기관의 장을 임명할 수 있는 권한처럼 법률에서 대통령에게 부여한 권한의 경우에도 마찬가지다. 예컨대 황교안 대통령 권한대행이 박 대통령의 권한 정지로 권한대행에 오르자마자 「한국마사회법」에 따라 설립된 한국마사회의 공석인 회장을 임명했는데, 이는 새로운 상태를 만들어 냈다는 점에서 대통령 권한대행의 직무 범위를 넘은 것으로 판단될 여지가 있다.

헌법은 대통령이 '궐위'된 때 60일 이내에 후임자를 선거하도록 규정하고 있는데(헌법 제68조 제2항) 명시적인 규정은 없지만 대통령이 탄핵 소추를 받아 권한이 정지되는 등의 '사고'를 당한 때에도 궐위 시와 동일하게 국가의 중대한 비상사태인 점을 고려해 60일에서 크게 벗어나지 않는 기간 내에 사고 상태가 극복되는 것이 바람직하다. 이를테면 대통령이 탄핵 소추되어 권한 행사가 정지된 상태와 유사하게 대통령이 심각한 질병이나 부상으로 직무를 수행할 수 없는 상태가 지속되는 상황을 가정해 보자. 대통령의 권한이 대행될 수밖에 없는 이런 상황을 무작정 바라보고만 있을 수 없기 때문에 대통령이 권한을 행사할 수 없는 사고가 발생했다는 결정과 일정한 시간이 흐른 뒤 어느 순간에는 더 기다리지 않고 후임자를 선출해야 하는 결정을 내려야 하는데 현행법에는 이에 관한 규정이 없다. 만약 이런 상황에 관한 입법을 한다면 대통령의 탄핵 여부를 결정하는 헌법재판소가 결정권을 가지는 것이 바람직한데, 이 경우에도 헌법재판소가 최종 결정을 내리기 위해 대통령의 건강 회복을 기다려야 하는 합리적 기간은 대통령 궐위 시 후임자 선거를 실시해야 하는 기한인 60일 이내가 합리적이다. 이처럼 궐위이든 사고이든 대통령의 권한을 60일 정도만 한시적으로 대행할 수 있는 대통령 권한대행이 행사할 수 있는 권한 범위는 최대한 축소될 수밖에 없다.

대통령 권한대행이 될 수 있는 국무총리나 국무위원도 탄핵의 대상이다(헌법 제65조 제1항). 대통령 권한대행이 헌법이 허용한 권한 범위를 넘어서 권한을 행사하면 법위반으로 탄핵 소추가 가능하다. 그동안 헌법에 규정된 탄핵 제도가 제대로 작동하지 않은 것도 사실이다. 국회의 탄핵 소추권이 남용되거나 오용되는 것도 문제이겠지만, 국회가 대통령을 포함한 고위 공직자의 명백한 법위반에 눈감은 채 탄핵 소추권을 행사하지 않고 책임을 회피하는 것도 그에 못지않다. 국회는 헌법이 부여한 탄핵 소추권을 충분히 활용해 헌법과 법률을 위반한 고위 공직자의 책임을 엄격하게 물을 필요가 있다. 대통령의 사고로 대통령 권한대행이 출범한 시점에서도 상황은 다르지 않다. 대통령 권한대행이 대행할 수 있는 권한 범위를 넘어 권한을 행사하면 당연히 국회는 탄핵을 통해 법적 책임을 추궁해야 한다. 그것이 국민의 대표 기관으로서 해야 할 당연한 도리이자 책무이다.

4

대통령을
파면하다

대통령 박근혜를 파면한다

　　헌법재판소는 2017년 3월 10일 오전 11시에 선고 기일을 열어 최종 선고를 내렸다. "피청구인 대통령 박근혜를 파면한다." 여덟 명 재판관 전원의 일치된 의견이었다. 혹여 반대 의견이 있었다면 그동안 대통령의 탄핵을 둘러싸고 치열하게 전개되어 온 찬반 논란에 기름을 붓는 격이 될지 몰랐기에 만장일치 결정은 다행이었던 것으로 평가된다. 사실 「헌법재판소법」에 따라 "심판에 관여한 재판관은 결정서에 의견을 표시하여야" 하므로(동법 제36조 제3항) 탄핵에 반대하는 소수 의견을 표시할 때 재판관이 심적 부담을 가질 수도 있어 반대 의견의 제기를 자제하게 만들었다는 평가도 있지만, 사안이 충분히 명백한 만큼 일치된 의견이 나올 수밖에 없었다는 견해가 지배적이다.

　　재판부의 결정은 주로 대통령이 비선 실세의 사익 추구를 위해 권한을 남용해 민주주의와 법치주의를 위반했다는 점에 초점이 맞추어져 있다. 대통령이 국민으로부터 위임받은 권력을 비선 실세를 위해, 비선 실세와 함께 사용함으로써 국민의 신임을 배반해 민주주의를 위배했고, 법적 근거를 가지고 법적 절차에 따라 공개적이고 투명하게 사용되어야 할 권한을 남용해 법치주의를 위배했다는 것이다. 특히 대국민 담화를 통해 국민에게 공개적으로 검찰과 특검의 수사에 성실하게 임하겠다고 한 약속을 저버린 대통령의 행태를 지적하면서 헌법 수호 의지가 없다고 지적했다.

헌법재판소의 탄핵 결정과 동시에 대통령이 파면되기 때문에 헌법재판소의 선고 시점이 중요한데, 헌법재판소는 결정문에 선고 시간을 11시 21분으로 명시했다. 이정미 당시 헌법재판소장 권한대행이 선고문을 읽어 나가면서 중간중간 시계를 쳐다보는 장면이 방송사 카메라에 잡혔는데, 그 이유는 선고문 낭독 시간을 선고 시간에 정확하게 맞추기 위한 것으로 보인다.

이제는 헌법재판소가 대통령을 파면한 이유를 하나하나 살펴보자. 더불어 국회에 제시한 탄핵 소추 사유들 가운데 헌법재판소가 인정하지 않은 것들도 함께 살펴보기로 하자.

1. 헌법 의무 위반, 권한 남용, 법률적 의무 위반 여부

(1) 공익 실현 의무 위반(헌법 제7조 제1항 등 위반)

① 공무원은 대의민주제에서 주권자인 국민으로부터 국가권력의 행사를 위임받은 사람이므로 업무를 수행할 때 중립적 위치에서 공익을 위해 일해야 한다. 헌법 제7조 제1항은 국민주권주의와 대의민주주의를 바탕으로 공무원을 '국민 전체에 대한 봉사자'로 규정하고 공무원의 공익 실현 의무를 천명하고 있다.

대통령은 행정부의 수반이자 국가원수로서 가장 강력한 권한을 가지고 있는 공무원이므로 누구보다도 '국민 전체'를 위하여 국정을 운영해야 한다. 헌법 제69조는 대통령이 취임에 즈음하여 '헌법을 준수'하고 '국민의 복리 증진'에 노력하여 '대통령으로서의 직책을 성실히 수행'할 것을 선서하도록 함으로써 대통령의 공익 실현 의무를 다시 한 번 강조하고 있다. 대통령은 '국민 전체'에 대한 봉사자이므로 특정 정당, 자신이 속한 계급, 종교, 지역 사회 단체, 자신과 친분 있는 세력의 특수한 이익 등으로부터 독립하여 국민 전체를 위하여 공정하고 균형 있게 업무를 수행할 의무가 있다(헌재 2004. 5. 14. 2004헌나1).

대통령의 공익 실현 의무는 「국가공무원법」 제59조, 「공직자윤리법」 제2조의2 제3항, 「부패방지 및 국민권익위원회의 설치와 운영에 관한 법률」(다음부터 「부패방지권익위법」이라 한다) 제2조 제4호 가목, 제7조 등 법률을 통해 구체화되고 있다. 「국가공무원법」 제59조는 "공무원은 국민 전체의 봉사자로서 친절하고 공정하게 직무를 수행하여야 한다."고 하여 공정한 직무 수행 의무를 규정하고 있고, 「공직자윤리법」 제2조의2 제3항은 "공직자는 공직을 이용하여 사적 이익을 추구하거나 개인이나 기관, 단체에 부정한 특혜를 주어서는 아니" 된다고 규정하고 있다. 「부패방지권익위법」은 제2조 제4호 가목에서 "공직자가 직무와 관련하여 그 지위 또는 권한을 남용하거나 법령을 위반하여 자기 또는 제3자의 이익을 도모하는 행위"를 부패 행위로 규정하고, 제7조에서 "공직자는 법령을 준수하고 친절하고 공정하게 집무하여야 하며 일체의 부패 행위와 품위를 손상하는 행위를 하여서는 아니 된다."고 하여 공직자의 청렴 의무를 규정하고 있다.

② 피청구인은 최○원이 추천한 인사를 다수 공직에 임명하였고 이렇게 임명된 일부 공직자는 최○원의 이권 추구를 돕는 역할을 하였다. 또한, 피청구인은 사기업으로부터 재원을 마련하여 미르와 케이스포츠를 설립하도록 지시하였고, 대통령의 지위와 권한을 이용하여 기업들에게 출연을 요구하였다. 이어 최○원이 추천하는 사람들을 미르와 케이스포츠의 임원진이 되도록 하여 최○원이 두 재단을 실질적으로 장악할 수 있도록 해주었다. 그 결과 최○원은 자신이 실질적으로 운영하는 플레이그라운드와 더블루케이를 통해 위 재단을 이권 창출의 수단으로 활용할 수 있었다.

한편, 피청구인은 기업에 대하여 특정인을 채용하도록 요구하고 특정 회사와 계약을 체결하도록 요청하는 등 대통령의 지위와 권한을 이용하여 사기업 경영에 관여하였다. 이에 대하여 피청구인은 우수 중소기업 지원이나 우수 인재 추천 등 정부 정책에 따른 업무 수행일 뿐이라고 주장한다. 그러나 대통령이 특정 개인의 사기업 취업을 알선하는 것은 이례적인 일일 뿐만 아니라, 피청구인이 채용을 요구한 사람들은 모두 최○원과 관계있는 사람들로, 채용된 기업에서 최○원의 이권 창출을 돕는 역할을 하였다. 또 피청구인이 우수 중소기업으로 알고 지원하였다는 플레이그라운드나 더블루케이는 모두 최○원이 미르와 케이스포츠를 이용하여 이권을 창출하려는 의도로 경영하던 회사이고, 케이디코퍼레이션도 최○원의 지인이 경영하는 회사이다. 그중 더블루케이는 직원이 대표이사를 포함하여 3명밖에 없고 아무런 실적도 없는 회사인데 이런 회사를 우수 중소기업으로 알고 지원하였다는 피청구인의 주장은 납득할 수 없다.

그 밖에 피청구인은 스포츠클럽 개편과 같은 최○원의 이권과 관련된 정책 수립을 지시하였고, 롯데그룹으로 하여금 5대 거점 체육 인재 육성 사업을 위한 시설 건립과 관련하여 케이스포츠에 거액의 자금을 출연하도록 하였다.

③ 피청구인의 이러한 일련의 행위는 최○원 등의 이익을 위해 대통령으로서의 지위와 권한을 남용한 것으로서 공정한 직무 수행이라 할 수 없다. 피청구인은 헌법 제7조 제1항, 「국가공무원법」 제59조, 「공직자윤리법」 제2조의2 제3항, 「부패방지권익위법」 제2조 제4호 가목, 제7조를 위배하였다.

④ 피청구인은 최○원이 사사로운 이익을 추구하고 있다는 사실을 몰랐을 뿐만 아니라, 최○원이 여러 가지 문제 있는 행위를 한 것은 그와 함께 일하던 고○태 등에게 속거나 협박당하여 한 것이라는 취지의 주장을 한다. 그러나 피청구인이 최○원과 함께 위에서 본 것처럼 미르와 케이스포츠를 설립하고 최○원 등이 운영하는 회사에 이익이 돌아가도록 적극적으로 지원한 사실은 증거에 의하여 분명히 인정된다. 피청구인이 플레이그라운드, 더블루케이, 케이디코퍼레이션 등이 최○원과 관계있는 회사라는 사실을 몰랐다고 하더라도 대통령으로서 특정 기업의 이익 창출을 위해 그 권한을 남용한 것은 객관적 사실이므로, 헌법과 「국가공무원법」 등 위배에 해당함은 변함이 없다. 또 최○원이 위와 같은 행위를 한 동기가 무엇인지 여부는 피청구인의 법적 책임을 묻는 데 아무런 영향이 없으므로, 최○원이 고○태 등에게 속거나 협박을 당하였는지

여부는 이 사건 판단과 상관이 없다.

헌법재판소는 탄핵 심판 결정문에서 대통령을 포함한 모든 공무원에게 "공익 실현 의무"가 부과되어 있음을 분명하게 밝히고 있다. "공무원은 대의민주제에서 주권자인 국민으로부터 국가권력의 행사를 위임받은 사람이므로 업무를 수행할 때 중립적 위치에서 공익을 위해 일해야 한다. 헌법 제7조 제1항은 국민주권주의와 대의민주주의를 바탕으로 공무원을 '국민 전체에 대한 봉사자'로 규정하고 공무원의 공익 실현 의무를 천명하고 있다." 특히 국가원수이자 행정부의 수반인 대통령에게 부과된 공익 실현 의무를 강조했다. 그러면서 대통령은 자신과 특별한 관계에 있는 최순실이 추천한 인사를 다수 공직에 임명했는데, 이렇게 임명된 일부 공직자는 최순실의 사익 추구를 돕는 역할을 수행했다고 지적한다. 또한 대통령이 사기업으로부터 재원을 마련해 미르 재단과 케이스포츠 재단을 설립하도록 지시했을 뿐만 아니라 대통령의 지위와 권한을 이용해 기업들에게 출연을 요구했다는 사실도 확인했다. 그리고 최순실이 추천하는 사람들을 미르 재단과 케이스포츠 재단의 임원진이 되도록 지시함으로써 최순실이 두 재단을 실질적으로 장악할 수 있도록 만들어 주었다는 사실도 확인했다. 이로써 최순실 자신이 실질적으로 운영하는 회사인 플레이그라운드와 더블루케이를 통해 이 두 재단을 본인의 사익을 창출하는 수단으로 활용할 수 있었다는 결론을 내렸다.

이처럼 헌법재판소는 미르 재단과 케이스포츠 재단의 설립 및 운영과 관련된 대통령의 개입을, 법리적으로 논란이 될 수 있는 취임 선서상의 '성실한 직책 수행 의무'(헌법 제69조)를 기준으로 판단하지 않고, 대통령을 포함한 모든 공무원에게 헌법이 요구하는 '공익 실현 의무'(헌법 제7조 제1항)를 기준으로 판단했다. 성실한 직책 수행의 의무를 여전히 헌법적 의무로 보고 헌법재판소의 심판 대상이나 대통령의 탄핵 사유가 될 수 없다는 선례를 변경하지 않으면서도, 비선 실세의 국정 농단을 방치하거나 지원한 대통령의 행위를 헌법위반 행위로 평가하기 위한 불가피한 선택으로 보인다. 그러나 대통령의 공익 실현 의무와 함께 성실한 직책 수행의 의무 또한 헌법적 의무이며 동시에 그러한 의무가 충분히 구체적 의무가 될 수 있을 정도로 확정될 수 있다면 탄핵 심판의 기준이자 탄핵 소추 사유로 보았어야 하는 것이 아닌지 아쉬움이 남는다. 실제로 헌법재판소도 공익 실현 의무는 취임 선서상의 성실한 직책 수행 의무를 통해 다시 한 번 강조되고 있다는 점도 설명해 제시했다. 또한 헌법재판소는 헌법이 부과한 공익 실현 의무가 공직자와 관련된 개별 법률에서 공정한 직무 수행 의무, 사익 추구 금지 의무, 청렴 의무로 구체화되었다고 설명했는데, 이런 법률적 의무들은 헌법에 의해 대통령에게 부여된 성실한 직책 수행의 의무와도 밀접하게 관련된다고 볼 수 있다.

여기서 김이수 재판관과 이진성 재판관이 "직책 수행의 성실성에 관한 추상적 판단에 그치지 않고, 헌법이나 법률에 따라 대통령에게 성실한 직책 수행 의무가 구체적으로 부여되는 경우에 그 의무 위반은 헌법 또는 법률 위반이 되어 사법 심사의 대상이 될 수 있으므로, 탄핵 사유를 구성한다."라고 주장하면서 제시한 보충 의견에 주목해야 한다. 두 재판관은 이렇게 결론을 내렸다. "대통령에게 구체적인 작위의무가 부여된 경우에는 대통령의 성실한 직책 수행의 의무는 단순히 도의적·정치적 의무에 불과한 것이 아니라 법적 의무이고, 그 불이행은 사법 심사의 대상이 된다. 헌법 제69조의 성실한 직책 수행 의무 및 「국가공무원법」 제56조의 성실의무는 대통령에게 구체적인 작위의무가 부여된 경우 탄핵 사유에서 말하는 헌법 또는 법률 위반의 기준이 되는 규범이 된다."

(2) 기업의 자유와 재산권 침해(헌법 제15조, 제23조 제1항 등 위반)

① 헌법 제15조는 기업의 자유로운 운영을 내용으로 하는 기업 경영의 자유를 보장하고, 헌법 제23조 제1항은 모든 국민의 재산권을 보장한다(헌재 2009. 5. 28. 2006헌바86; 헌재 2015. 9. 24. 2013헌바393 참조). 또 헌법 제37조 제2항은 기본권은 필요한 경우에 한하여 법률로써 제한할 수 있다는 한계를 설정하고 있다.

② 피청구인은 직접 또는 경제수석비서관을 통하여 대기업 임원 등에게 미르와 케이스포츠에 출연할 것을 요구하였다. 기업들은 미르와 케이스포츠의 설립 취지나 운영 방안 등 구체적 사항은 전혀 알지 못한 채 재단 설립이 대통령의 관심 사항으로서 경제수석비서관이 주도하여 추진된다는 점 때문에

서둘러 출연 여부를 결정하였다. 재단이 설립된 이후에도 출연 기업들은 재단의 운영에 관여하지 못하였다.

대통령의 재정·경제 분야에 대한 광범위한 권한과 영향력, 비정상적 재단 설립 과정과 운영 상황 등을 종합하여 보면, 피청구인으로부터 출연 요구를 받은 기업으로서는 이를 수용하지 않을 수 없는 부담과 압박을 느꼈을 것이고, 이에 응하지 않을 경우 기업 운영이나 현안 해결과 관련하여 불이익이 있을지 모른다는 우려 등으로 사실상 피청구인의 요구를 거부하기 어려웠을 것으로 보인다. 기업이 피청구인의 요구를 수용할지를 자율적으로 결정하기 어려웠다면, 피청구인의 요구는 임의적 협력을 기대하는 단순한 의견 제시나 권고가 아니라 사실상 구속력 있는 행위라고 보아야 한다.

피청구인이 '문화 융성'이라는 국정 과제 수행을 위해 미르와 케이스포츠의 설립이 필요하다고 판단했다면, 공권력 개입을 정당화할 수 있는 기준과 요건을 법률로 정하고 공개적으로 재단을 설립했어야 했다. 그런데 이와 반대로 비밀리에 대통령의 권한을 이용하여 기업으로 하여금 재단법인에 출연하도록 한 피청구인의 행위는 해당 기업의 재산권 및 기업 경영의 자유를 침해한 것이다.

③ 피청구인은 롯데그룹에 최○원의 이권 사업과 관련 있는 하남시 체육 시설 건립 사업 지원을 요구하였고, 안○범으로 하여금 사업 진행 상황을 수시로 점검하도록 하였다. 피청구인은 현대자동차 그룹에 최○원의 지인이 경영하는 회사와 납품 계약을 체결하도록 요구하였고, 케이티에는 최○원과 관계

있는 인물의 채용과 보직 변경을 요구하였다. 그 밖에도 피청구인은 기업에 스포츠팀 창단 및 더블루케이와의 계약 체결을 요구하였고, 그 과정에서 고위 공직자인 안ㅇ범이나 김ㅇ을 이용하여 영향력을 행사하였다.

피청구인의 요구를 받은 기업은 현실적으로 이에 따를 수밖에 없는 부담과 압박을 느꼈을 것으로 보이고 사실상 피청구인의 요구를 거부하기 어려웠을 것이다. 피청구인은 대통령으로서는 이례적으로 사기업 임원의 임용에 개입하고 계약 상대방을 특정하는 방식으로 기업 경영에 적극적으로 개입하였으며, 해당 기업들은 피청구인의 요구에 따르기 위해 통상의 과정에 어긋나게 인사를 시행하고 계약을 체결하였다.

피청구인의 이와 같은 일련의 행위들은 기업의 임의적 협력을 기대하는 단순한 의견 제시나 권고가 아니라 구속적 성격을 지닌 것으로 평가된다. 만약 피청구인이 체육 진흥, 중소기업 육성, 인재 추천 등을 위해 이러한 행위가 필요하다고 판단했을지라도 법적 근거와 절차를 따랐어야 한다. 아무런 법적 근거 없이 대통령의 권한을 이용하여 기업의 사적자치 영역에 간섭한 피청구인의 행위는 헌법상 법률 유보 원칙을 위반하여 해당 기업의 재산권 및 기업 경영의 자유를 침해한 것이다.

헌법재판소는 결정문에서 대통령의 광범위한 권한을 고려했을 때 기업에 대한 대통령의 출연 요구는 "임의적 협력을 기대하는 단순한 의견 제시나 권고가 아니라 사실상 구속력 있는 행위"로 보아야 한다면서 이렇게 결론을 내린다. "피청구인(대통령)이 '문화 융성'이라는 국정 과제 수행을 위해 미르와 케이스포츠의 설립이 필요하다고 판단했다면, 공권력 개입을 정당화할 수 있는 기준과 요건을 법률로 정하고 공개적으로 재단을 설립했어야 했다. 그런데 이와 반대로 비밀리에 대통령의 권한을 이용하여 기업으로 하여금 재단법인에 출연하도록 한 피청구인의 행위는 해당 기업의 재산권 및 기업 경영의 자유를 침해한 것이다." 대통령은 헌법이 부여한 권한을 남용해 사실상 이를 거부할 수 없는 기업에 대해 재단 설립에 필요한 기부금의 출연을 강요함으로써 헌법이 보장하는 재산권과 직업의 자유에 포함된 기업 경영의 자유를 침해한 것으로 이해한 것이다. 굳이 공익적 목적을 위해 재단의 설립과 거기에 소요되는 자금이 필요했다면 법적 근거를 가지고 법적 절차에 따라 공개적이고 투명하게 실행했어야 한다고 판단한 것이다. 기본권을 제한하려면 "법률로써" 하라는 헌법의 '법률 유보 원칙'(헌법 제37조 제2항)을 준수해야 하기 때문이다.

(3) 비밀 엄수 의무 위배

「국가공무원법」 제60조에 따라 공무원은 직무상 알게 된 비밀을 엄수하여야 한다. 비밀 엄수 의무는 공무원이 국민 전체에 대한 봉사자라는 지위에 기하여 부담하는 의무이다(헌재 2013. 8. 29. 2010헌바354 등 참조). 특히 대통령은 고도의 정책적 결정을 내리는 과정에서 중요한 국가 기밀을 다수 알게 되므로, 대통령의 비밀 엄수 의무가 가지는 중요성은 다른 어떤 공무원의 경우보다 크고 무겁다.

피청구인의 지시와 묵인에 따라 최○원에게 많은 문건이 유출되었고, 여기에는 대통령의 일정·외교·인사·정책 등에 관한 내용이 포함되어 있다. 이런 정보는 대통령의 직무와 관련된 것으로 일반에 알려질 경우 행정 목적을 해할 우려가 있고 실질적으로 비밀로 보호할 가치가 있으므로 직무상 비밀에 해당한다. 그럼에도 불구하고 피청구인은 최○원에게 위와 같은 문건이 유출되도록 지시 또는 방치하였으므로, 이는 「국가공무원법」 제60조의 비밀 엄수 의무 위배에 해당한다.

탄핵 사유에는 헌법위반 행위뿐만 아니라 법률 위반 행위도 포함된다. 박 전 대통령은 비선 실세 최순실에게 청와대 비서관인 정호성을 통해 수많은 문건을 유출했고, 그 문건에는 직무상 비밀이 다수 포함되어 있었다. 특히 대통령의 권한에 비추어 대통령의 직무와 관련된 비밀은 다른 공무원의 직무와 관련된 비밀과 비교할 수 없을 정도의 기밀성이 요구된다는 점에서 대통령의 비밀 엄수 의무 위반에 대해서는 엄중한 책임을 물어야 한다. 따라서 헌법재판소는 「국가공무원법」이 요구하고 있는 비밀 엄수 의무를 위반한 대통령의 행위를 중대한 법 위반으로 보아 탄핵 사유에 포함시킨 것으로 보인다.

2. 공무원 임면권 남용 여부

청구인은 피청구인이 최○원 등의 사익 추구에 방해되는 노○ 강과 진○수의 문책성 인사를 지시하고 유○룡을 면직하는 한편 1급 공무원에게 사직서를 제출하도록 압력을 행사하여 직업 공무원 제도의 본질을 침해하고 공무원 임면권을 남용하였다고 주장한다. 그러나 위에서 본 사실만으로는 피청구인이 노○강과 진○수에 대하여 문책성 인사를 하도록 지시한 이유가 이들이 최○원의 사익 추구에 방해가 되기 때문이었다고 보기는 부족하고, 달리 이 사건에서 이러한 사실을 인정할 수 있는 증거가 없다. 또 피청구인이 유○룡을 면직한 이유나 대통령비서실장이 1급 공무원 6인으로부터 사직서를 제출받도록 지시한 이유도 이 사건에서 제출된 증거만으로는 분명하지 않다. 따라서 이 부분 소추 사유는 받아들일 수 없다.

'인사 학살'로도 불리는 문화체육관광부 공무원들에 대한 부당한 인사는 두 차례 이루어졌다. 첫 번째는 대한승마협회에 대한 감사가 원인이 되었고, 두 번째는 문화·예술계 인사에 대한 지원 배제 명단인 블랙리스트가 원인이 되었다. 특검은 대한승마협회에 대한 감사가 대통령의 지시로 이루어졌다고 결론을 내렸는데, 대통령이 원하는 결과가 나오지 않자 감사를 주도했던 문화체육관광부 공무원들이 한식으로 좌천된 것이다. 대통령은 문화체육관광부 장관과 청와대 교육문화수석비서관에게 해당 공무원들을 "참 나쁜 사람"으로 지칭하며 인사 조치를 지시했고, 심지어 그전에 민정수석비서관에게 지시해 해당 공무원들에 대한 감사까지 실시했던 것으로 드러났다. 한편 문화·예술계 인사에 대한 지원에서 배제할 목적으로 청와대가 주도해 작성된 블랙리스트의 실행에 문화체육관광부 공무원들이 반대하자 1급 공무원 6명에게 일괄적으로 사표를 제출하도록 요구했고, 실제로 이 가운데 3명을 사직시켰다.

헌법재판소의 결정문에 따르면 최순실이 추천한 한양대학교 스포츠산업학과 교수인 김종을 대통령이 문화체육관광부 제2차관으로 임명했으며, 김종은 체육계 현안과 정책 등에 관한 문화체육관광부 내부 문건을 최순실에게 전달했을 뿐만 아니라 최순실의 요구 사항을 정책에 반영하는 등 최순실에게 적극적으로 협력했다. 또한 대통령이 광고 제작 회사를 운영하고 있던 차은택을 최순실의 추천에 따라 문화융성위원회 위원으로 위촉했고, 차은택이 민관 합동 창조경제추진단 단장과 문화창조융합본부 단장으로 취임할 때도 최순실이 결정적 역할을 했으며, 차은택이 자신의 지인을 최순실에게 미르 재단의 임원으로 추천했는데, 이들은 최순실의 요구 사항대로 미르 재단을 운영하는 등 최순실의 사익 추구에 적극적으로 협력했다는 점도 사실로 인정되었다. 그리고 대통령이 최순실의 추천으로 차은택의 은사 김종덕을 문화체육관광부 장관으로 임명했으며 차은택의 외삼촌 김상률을 대통령비서실 교육문화수석비서관으로 임명했다는 사실도 헌법재판소는 인정했다.

또한 헌법재판소는 대통령이 2013년 8월경 비서관인 정호성에게 체육계 비리 척결에 진척이 없는 이유를 파악하라고 지시했고, 정호성은 이를 대통령비서실 공직기강비서관에게 전달했으며, 대통령비서실 민정수석비서관은 교육문화수석비서관에게 공직기강비서관의 조사 결과를 알려 주면서 '노○강과 진○수는 체육 개혁 의지가 부족하고 공무원으로서의 품위에 문제가 있다.'는 취지의 언급을 했다는 점도 사실이라고 인정했다. 그리고 대통령이 교육문화수석비서관을 통해 유진룡 문화체육관광부 장관에게 '대한승마협회를 포함한 체육계 비리에 대한 구체적 대책'을 주제로 대면 보고하라고 지시했고, 유진룡은 2013년 8월 21일 교육문화수석비서관이 배석한 자리에서 대통령에게 보고했으며, 그 자리에서 대통령은 노 국장과 진 과장을 문책하라는 취지의 지시를 했다는 점, 유진룡은 정기 인사에 맞추어 노 국장과 진 과장에 대한 인사를 하려 했으나, 교육문화수석비서관으로부터 대통령이 노 국장과 진 과장에 대한 문책 여부와 그 결과를 확인하고자 한다는 이야기를 듣고 2013년 9월 2일경 이들에 대한 문책성 인사를 시행했다는 점도 사실이라고 인정했다. 그 밖에도 2016년 4월경 대통령이 노 국장이 국립중앙박물관 교육문화교류단장으로 근무 중인 사실을 확인하고, 교육문화수석비서관 김상률에게 노 국장을 산하단체로 보내라는 취지의 지시를 했으며, 김상률이 대통령의 지시 내용을 문화체육관광부 장관 김종덕에게 전달한 뒤 노 국장이 2016년 5월 31일 명예퇴직했다는 점을 사실로 인정했다.

한편 헌법재판소는 대통령이 2014년 7월경 후임 장관을 지명하지 않은 상태에서 유진룡을 문화체육관광부 장관직에서 면직했고, 이어서 대통령비서실장 김기춘이 문화체육관광부 장관 후임으로 김종덕이 임명된 직후인 2014년 9월경 문화체육관광부 제1차관에게 문화체육관광부 소속 1급 공무원 6명으로부터 사직서를 받으라고 지시했으며, 그 뒤 2014년 10월경 위 6명의 공무원 중 3명의 사직서가 수리되었다는 점도 사실이라고 인정했다.

하지만 헌법재판소는 대통령이 문화체육관광부 공무원에 대해 문책성 인사를 하도록 지시한 이유가 이들이 최순실의 사익 추구에 방해가 되기 때문이었다고 보기는 부족하고, 증거도 없다고 보았다. 또한 대통령이 문화체육관광부 장관을 면직한 이유나 대통령비서실장이 1급 공무원 6인으로부터 사직서를 제출받도록 지시한 이유도 제출된 증거만으로는 분명하지 않다면서 탄핵 사유로 받아들이지 않았다. 하지만 여러 정황을 종합적으로 고려하지 않고 그저 직접적 증거가 부족하다는 이유만으로 고위 공무원에 대한 문책성 인사를 인사권의 남용으로 보지 않고 탄핵 사유로 삼지 않은 헌법재판소의 주장은 쉽게 받아들여지지 않는다. 사실 '문책성 인사'라는 표현은 공무원에게 능력이 부족하거나 상급자의 정당한 명령에 불복하거나 법령을 위반해 비위를 저질렀을 때 사용되는데, 문화체육관광부 공무원에 대한 부당한 인사는 오히려 부당한 명령에 불복해 오히려 법령을 준수하기 위해 이루어진 행동으로 그에 대한 부당한 문책은 '보복성 인사'나 '좌천성 인사'로 표현되는 것이 타당하다.

3. 언론의 자유 침해 여부

피청구인의 청와대 문건 유출에 대한 비판 발언 등을 종합하면 피청구인이 세계일보의 정○회 문건 보도에 비판적 입장을 표명하였다고 볼 수 있다. 그러나 이러한 입장 표명만으로 세계일보의 언론의 자유를 침해하였다고 볼 수는 없다.

청구인은 청와대 고위 관계자가 한○자에게 조○규의 해임을 요구하였다고 주장하나, 청와대 고위 관계자 중 누가 해임을 요구하였는지는 밝히지 못하고 있다. 조○규와 세계일보 기자 조○일이 조○규의 해임에 청와대의 압력이 있었다는 취지로 증언하고 있으나 구체적으로 누가 압력을 행사하였는지는 알지 못한다고 진술하였다. 또한, 주식회사 세계일보에 대한 사실 조회 결과, 조○규가 세계일보를 상대로 손해배상 청구 소송을 제기하였다가 취하한 경위, 그리고 세계일보가 조○규를 상대로 명예훼손을 이유로 손해배상 청구 소송을 제기한 경위 등에 비추어 볼 때, 조○규의 대표이사직 해임에 피청구인이 관여하였다고 인정하기에는 증거가 부족하다. 따라서 이 부분 소추 사유도 받아들일 수 없다.

헌법재판소는 결정문에서, 청와대 문건 유출에 대한 대통령의 비판 발언 등을 종합했을 때 대통령이『세계일보』의 문건 보도에 비판적 입장을 표명했다고 볼 수는 있으나, 이런 입장 표명만으로『세계일보』의 언론의 자유를 침해했다고 볼 수는 없다고 결론은 내린다. 구체적으로『세계일보』사장의 해임에 청와대의 압력이 있었다고 해도 그것이 누구인지를 명확하게 드러내는 증거가 없는 한 대통령의 지시라고 볼 수 없다는 취지로 해석된다. 하지만『세계일보』의 문건 보도 이후 사장을 포함한 기자들이 검찰의 수사를 받고, 사장이 해임되었으며 공공기업의 광고 수주가 대폭 줄었을 뿐만 아니라『세계일보』가 속한 통일교 재단에 대한 표적 세무조사가 이루어졌고, 이런 일련의 조치는 대통령의 권한을 가진 주체만이 실행할 수 있다는 점에서 직접적 증거는 없어도 여러 정황을 고려했을 때 대통령의 지시로 추정하는 것이 합리적 추론이 아닐까라는 의구심이 든다.

4. 생명권 보호 의무 위반 여부

국가는 개인이 가지는 불가침의 기본적 인권을 확인하고 이를 보장할 의무를 진다(헌법 제10조). 생명, 신체의 안전에 관한 권리는 인간의 존엄과 가치의 근간을 이루는 기본권이고, 국민의 생명, 신체의 안전이 위협받거나 받게 될 우려가 있는 경우 국가는 그 위험의 원인과 정도에 따라 사회, 경제적 여건과 재정 사정 등을 감안하여 국민의 생명, 신체의 안전을 보호하기에 필요한 적절하고 효율적인 입법·행정상의 조치를 취하여 그 침해의 위험을 방지하고 이를 유지할 포괄적 의무를 진다(헌재 2008. 12. 26. 2008헌마419 등 참조).

피청구인은 행정부의 수반으로서 국가가 국민의 생명과 신체의 안전 보호 의무를 충실하게 이행할 수 있도록 권한을 행사하고 직책을 수행하여야 하는 의무를 부담한다. 하지만 국민의 생명이 위협받는 재난 상황이 발생하였다고 하여 피청구인이 직접 구조 활동에 참여하여야 하는 등 구체적이고 특정한 행위 의무까지 바로 발생한다고 보기는 어렵다. 세월호 참사로 많은 국민이 사망하였고 그에 대한 피청구인의 대응 조치에 미흡하고 부적절한 면이 있었다고 하여 곧바로 피청구인이 생명권 보호 의무를 위반하였다고 인정하기는 어렵다. 그밖에 세월호 참사와 관련하여 피청구인이 생명권 보호 의무를 위반하였다고 인정할 수 있는 자료가 없다.

헌법재판소는 대통령에게 국민의 생명과 신체의 안전을 보호해야 할 의무가 있는 것은 사실이지만 "국민의 생명이 위협받는 재난 상황이 발생하였다고 하여 피청구인이 직접 구조 활동에 참여하여야 하는 등 구체적이고 특정한 행위 의무까지 바로 발생한다고 보기는 어렵다."고 판시했다. 또 앞서 설명한 것처럼 성실한 직책 수행의 의무는 헌법적 의무라는 사실은 인정하면서도 "규범적으로 그 이행이 관철될 수 있는 성격의 의무가 아니므로 원칙적으로 사법적 판단의 대상이 되기는 어렵다."고 설명했다. 하지만 생명권 보호 의무와 관련된 구조 활동 참여 의무를 부인한 것은 일부 받아들일 수 있으나 국민의 생명권 보호와 관련된 성실한 직책 수행의 의무를 헌법적 의무로 보면서도 사법 심사의 대상이 되지 않는다고 한 부분은 받아들이기가 쉽지 않다. 오히려 이 사건의 경우에는 생명권 보호 의무와 성실한 직책 수행의 의무가 하나로 결합되어 있고, 성실한 직책 수행의 의무가 헌법적 의무라면 헌법재판소가 심사할 수 있는 대상이 되어야 한다. 특히 세월호 참사처럼 대규모의 국가적 재난인 경우에는 충분히 그런 재난에 대통령이 어떻게 대처했는지를 종합적으로 고려해 성실한 직책 수행의 의무 이행 여부를 판단할 수 있다. 더욱이 구조 활동 참여가 직접 잠수복을 입고 희생자를 구조하는 활동을 하는 정도의 구체적인 것이 아니라면, 대통령이 그 지위와 권한에 비추어 가동 가능한 모든 국가조직을 동원해 희생자를 구조하기 위해 성실하게 노력해야 하는 구체적 의무는 인정할 수 있을 것으로 보인다.

김이수 재판관과 이진성 재판관은 보충 의견에서 "헌법이나 법률에 따라 대통령에게 성실한 직책 수행의 의무가 구체적으로 부여되는 경우, 그 의무 위반은 사법 심사의 대상이 될 수 있으므로 탄핵 사유를 구성한다."는 의견을 제시했다. 다만 "대통령의 성실의무 위반을 파면 사유로 삼기 위해서는 당해 상황에 적용되는 행위 의무를 규정한 구체적 법률을 위반했거나 직무를 의식적으로 방임, 포기한 경우와 같은 중대한 성실의무 위반이 있어야 된다."고 보았다. 그런데 박근혜 전 대통령의 경우에 "헌법상 대통령의 성실한 직책 수행의 의무 및 「국가공무원법」상 성실의무를 위반했으나, 이 사유만 가지고는 국민이 부여한 민주적 정당성을 임기 중 박탈할 정도로 국민의 신임을 상실했다고 보기는 어려워 파면 사유에 해당한다고 볼 수 없다."고 결론 내렸다. 이런 보충 의견에서 대통령의 성실한 직책 수행의 의무를 탄핵 심판의 대상으로 본 것은 선례와 다수 견해보다 진일보한 것으로 평가할 수 있으나 최소한의 구조 활동조차 하지 않은 대통령의 행위가 의식적으로 직무를 방임, 포기한 경우에 해당하지 않는다고 본 것은 아쉬움이 남는 대목이다. 앞으로 또다시 발생할 수도 있는 대규모의 재난과 관련해 국민의 생명과 안전을 보호해야 할 대통령의 책임과 의무를 명확하게 설정했어야 한다는 측면에서 헌법재판소의 결정은 두고두고 비판의 대상이 될 가능성이 높다.

세월호 참사 당일 대통령의 부적절한 대처는 탄핵 사유로 인정되지 않았지만 대통령의 탄핵은 참사의 진상 규명에 필수적인 세월호 인양에 속도를 붙게 만들었다. 대통령 파면 며칠 뒤 해양수산부는 세월호 인양을 참사 3주기 전에 끝내겠다고 발표했다. 사고 발생 후 1,072일이 지난 2017년 3월 22일, 해저 밑바닥에서 1미터가 부양된 세월호 선체는 다음 날 수면 위로 인양되었다. 사실 세월호 인양은 참사가 발생하고 1년이 지난 2015년 4월에 결정되었는데 인양 방식, 업체 선정, 기상 상황 등 여러 가지 사유로 미뤄지다가 대통령의 파면을 기점으로 갑자기 빨라진 것이다. 언론은 '대통령이 내려오자 세월호가 올라왔다'는 표현으로 세월호 선체 인양이 대통령의 방해로 고의적으로 늦춰진 것이 아닌지 의문을 제기하기도 했다.

5. 성실한 직책 수행 의무 위반 여부

헌법 제69조는 대통령의 취임 선서를 규정하면서 대통령으로서 직책을 성실히 수행할 의무를 언급하고 있다. 헌법 제69조는 단순히 대통령의 취임 선서의 의무만 규정한 것이 아니라 선서의 내용을 명시적으로 밝힘으로써 헌법 제66조 제2항 및 제3항에 따라 대통령의 직무에 부과되는 헌법적 의무를 다시한 번 강조하고 그 내용을 구체화하는 규정이다.

대통령의 '직책을 성실히 수행할 의무'는 헌법적 의무에 해당하지만, '헌법을 수호해야 할 의무'와는 달리 규범적으로 그 이행이 관철될 수 있는 성격의 의무가 아니므로 원칙적으로 사법적 판단의 대상이 되기는 어렵다. 대통령이 임기 중 성실하게 직책을 수행하였는지 여부는 다음 선거에서 국민의 심판의 대상이 될 수 있다. 그러나 대통령 단임제를 채택한 현행 헌법하에서 대통령은 법적으로뿐만 아니라 정치적으로도 국민에 대하여 직접적으로는 책임을 질 방법이 없고, 다만 대통령의 성실한 직책 수행 여부가 간접적으로 그가 소속된 정당에 대하여 정치적 반사이익 또는 불이익을 가져다줄 수 있을 뿐이다.

헌법 제65조 제1항은 탄핵 사유를 '헌법이나 법률에 위배한 경우'로 제한하고 있고, 헌법재판소의 탄핵 심판 절차는 법적 관점에서 단지 탄핵 사유의 존부만을 판단하는 것이므로, 이 사건에서 청구인이 주장하는 것과 같은 세월호 참사 당일

> 피청구인이 직책을 성실히 수행하였는지 여부는 그 자체로 소
> 추 사유가 될 수 없어, 탄핵 심판 절차의 판단 대상이 되지 아
> 니한다(헌재 2004. 5. 14. 2004헌나1 참조).

이미 여러 차례 언급했지만, 헌법재판소는 대통령 취임 선서에 나오는 '성실한 직책 수행의 의무'는 헌법적 의무이지만 헌법재판소에 의한 사법적 심사의 대상이 아니라 국민의 선거를 통한 정치적 심판의 대상이 될 뿐이라고 본다. 헌법이 "국민 전체에 대한 봉사자"(헌법 제7조 제1항)로서 모든 공무원에게 요구하는 '공익 실현 의무'와 달리 성실한 직책 수행 의무를 헌법재판소가 탄핵 심판의 기준으로 삼을 수 없다는 견해는 동의할 수 없다. 직책 수행의 성실성은 매우 추상적이어서 그 상한선을 설정할 수 없는 개념이지만, 적어도 직책 수행에서 요구되는 최소한의 성실성조차 보이지 않거나 심지어 직책 수행에 필수적인 행동을 전혀 이행하지 않는 경우에는 성실한 직책 수행의 의무를 위반했다고 볼 수 있기 때문이다. 특히 세월호 참사 당일 대통령은 본관에 출근도 하지 않은 채 관저에 머물면서 수백 명의 생명이 희생되는데도 객관적 증거로 증명할 수 있는 아무런 조치도 취하지 않음으로써 국민의 생명을 보호해야 할 직책의 수행에 필요한 최소한의 성실성도 보여 주지 않았거나, 심지어 그런 성실성을 판단할 수 있는 아무런 행동도 하지 않았다.

6. 파면시킬 정도로 법위반이 중대한지 여부

가. 피청구인(대통령)은 최○원에게 공무상 비밀이 포함된 국정에 관한 문건을 전달했고, 공직자가 아닌 최○원의 의견을 비밀리에 국정 운영에 반영하였다. 피청구인의 이러한 위법행위는 일시적·단편적으로 이루어진 것이 아니고 피청구인이 대통령으로 취임한 때부터 3년 이상 지속되었다. …… 또한 피청구인은 국민으로부터 위임받은 권한을 사적 용도로 남용하였다. 이는 결과적으로 최○원의 사익 추구를 도와 준 것으로서 적극적·반복적으로 이루어졌다. 특히, 대통령의 지위를 이용하거나 국가의 기관과 조직을 동원하였다는 점에서 그 법위반의 정도가 매우 엄중하다. …… 국민으로부터 직접민주적 정당성을 부여받고 주권 행사를 위임받은 대통령은 그 권한을 헌법과 법률에 따라 합법적으로 행사하여야 함은 물론, 그 성질상 보안이 요구되는 직무를 제외한 공무 수행은 투명하게 공개하여 국민의 평가를 받아야 한다. 그런데 피청구인은 최○원의 국정 개입을 허용하면서 이 사실을 철저히 비밀에 부쳤다. 피청구인이 행정부처나 대통령비서실 등 공적 조직이 아닌 이른바 비선 조직의 조언을 듣고 국정을 운영한다는 의혹이 여러 차례 제기되었으나, 그때마다 피청구인은 이를 부인하고 의혹 제기 행위만을 비난하였다. …… 국회와 언론의 지적에도 불구하고 피청구인은 잘못을 시정하지 않고 오히려 사실을 은폐하고 관련자를 단속하였기 때문에, 피청구인의 지

시에 따라 일한 안○범과 김○ 등 공무원들이 최○원과 공모하여 직권남용권리행사방해죄를 저질렀다는 등 부패 범죄 혐의로 구속 기소되는 중대한 사태로까지 이어지게 되었다. 피청구인이 최○원의 국정 개입을 허용하고 국민으로부터 위임받은 권한을 남용하여 최○원 등의 사익 추구를 도와주는 한편 이러한 사실을 철저히 은폐한 것은, 대의민주제의 원리와 법치주의의 정신을 훼손한 행위로서 대통령으로서의 공익 실현 의무를 중대하게 위반한 것이다.

나. 피청구인은 최○원의 국정 개입 등이 문제로 대두되자 2016년 10월 25일 제1차 대국민 담화를 발표하면서 국민에게 사과하였으나, 그 내용 중 최○원이 국정에 개입한 기간과 내용 등은 객관적 사실과 일치하지 않는 것으로 진정성이 부족하였다. 이어진 제2차 대국민 담화에서 피청구인은 제기된 의혹과 관련하여 진상 규명에 최대한 협조하겠다고 하고 검찰 조사나 특별검사에 의한 수사도 수용하겠다고 발표하였다. 그러나 검찰이나 특별검사의 조사에 응하지 않았고 청와대에 대한 압수 수색도 거부하여 피청구인에 대한 조사는 이루어지지 않았다. 위와 같이 피청구인은 자신의 헌법과 법률 위배 행위에 대하여 국민의 신뢰를 회복하고자 하는 노력을 하는 대신 국민을 상대로 진실성 없는 사과를 하고 국민에게 한 약속도 지키지 않았다. 이 사건 소추 사유와 관련하여 피청구인의 이러한 언행을 보면 피청구인의 헌법 수호 의지가 분명하게 드러나지 않는다.

다. 이상과 같은 사정을 종합하여 보면, 피청구인의 이 사건 헌법과 법률 위배 행위는 국민의 신임을 배반한 행위로서 헌법 수호의 관점에서 용납될 수 없는 중대한 법 위배 행위라고 보아야 한다. 그렇다면 피청구인의 법 위배 행위가 헌법 질서에 미치게 된 부정적 영향과 파급 효과가 중대하므로, 국민으로부터 직접민주적 정당성을 부여받은 피청구인을 파면함으로써 얻는 헌법 수호의 이익이 대통령 파면에 따르는 국가적 손실을 압도할 정도로 크다고 인정된다.

탄핵 심판에서는 탄핵 대상의 법위반이 확인되어도 그것이 파면에 이를 정도로 중대한 법위반인 경우에만 탄핵 대상을 파면할 수 있다는 것이 헌법재판소의 입장이다. 그렇다면 박근혜 전 대통령에게는 그런 중대한 법위반이 있었는가. 박근혜 전 대통령 탄핵 사건(2016헌나1)에서 헌법재판소는 대통령에게 중대한 법위반이 있다고 판단했다. 우선 **법위반의 유무**와 관련해 선고문에서 이렇게 판시했다.

헌법은 공무원을 국민 전체에 대한 봉사자로 규정하여 공익의 실현 의무를 천명하고 있고, 이 의무는 「국가공무원법」과 「공직자윤리법」 등을 통해 구체화되고 있다. 피청구인의 행위는 최서원의 이익을 위해 대통령의 지위와 권한을 남용한 것으로서 공정한 직무 수행이라고 할 수 없으며 헌법과 「국가공무원법」, 「공직자윤리법」 등을 위배한 것이다. 또한 재단법인 미르와 케이스포츠의 설립, 최서원의 이권 개입에 직간접적으로 도움을 준 피청구인의 행위는 기업의 재산권을 침해했을 뿐만 아니라 기업 경영의 자유를 침해한 것이다. 그리고 피청구인의 지시 또는 방치에 따라 직무상 비밀에 해당하는 많은 문건이 최서원에게 유출된 점은 「국가공무원법」의 비밀 엄수 의무를 위배한 것이다.

또 **법위반의 중대성 여부**와 관련해서는 다음과 같이 판단했다.

대통령은 헌법과 법률에 따라 권한을 행사하여야 함은 물론 공무 수행은 투명하게 공개하여 국민의 평가를 받아야 한다. 그런데 피청구인은 최서원의 국정 개입 사실을 철저히 숨겼고, 그에 관한 의혹이 제기될 때마다 이를 부인하며 오히려 의혹 제기를 비난했다. 이로 인해 국회 등 헌법기관에 의한 견제나 언론에 의한 감시 장치가 제대로 작동될 수 없었다. 또한 피청구인은 미르와 케이스포츠 설립, 플레이그라운드와 더블루케이 및 케이디코퍼레이션 지원 등과 같은 최서원의 사익 추구에 관여하고 지원했다. 피청구인의 헌법과 법률 위배 행위는 재임 기간 전반에 걸쳐 지속적으로 이뤄졌고, 국회와 언론의 지적에도 불구하고 오히려 사실을 은폐하고 관련자들을 단속해 왔다. 그 결과 피청구인의 지시에 따른 안종범, 김종, 정호성 등이 부패 범죄 혐의로 구속 기소되는 중대한 사태에 이르렀다. 이런 피청구인의 위헌 위법행위는 대의민주제 원리와 법치주의 정신을 훼손한 것이다. 한편 피청구인은 대국민 담화에서 진상 규명에 최대한 협조하겠다고 했으나 정작 검찰과 특별검사의 조사에 응하지 않았고 청와대에 대한 압수 수색도 거부했다. 이 사건 소추와 관련한 피청구인의 일련의 언행을 보면 법 위배 행위가 반복되지 않도록 해야 할 헌법 수호 의지가 드러나지 않는다. 결국 피청구인의 위헌 위법행위는 국민의 신임을 배반한 것으로 헌법 수호의 관점에서 용납될 수 없는 중대한 법 위배 행위라고 보아야 한다. 피청구인의 법 위배 행위가 헌법 질서에 미치는 부정적 영향과 파급효과가 중대하므로 피청구인을 파면함으로써 얻는 헌법 수호의 이익이 압도적으로 크다고 할 것이다.

헌법재판소가 구체적 사안을 판단하면서 충돌하는 법익들 가운데 하나의 법익이 "압도적으로 크다."고 본 사례는 흔치 않다. 예컨대 과거에 시작해서 과거에 종료된 법률관계나 사실관계에 법률의 효력이 적용되는, 이른바 '진정소급입법'을 원칙적으로 인정하지 않는 헌법재판소가 친일 반민족 행위자 재산의 국고 귀속에 관한 진정소급입법을 인정하면서 이런 소급입법으로 인한 "공익적 중대성"이 압도적으로 크다고 판시한 것(헌재 2011. 3. 31. 2008헌바141)을 포함해 채 몇 개가 되지 않는다. 그만큼 이번 탄핵 사안은 예외적인 경우에 해당한다.

헌법재판소는 국회의 탄핵 소추 의결서에 제시된 열세 가지 탄핵 소추 사유를 다섯 가지로 압축해 정리했고, 다시 국회가 준비서면을 통해 법률 위반 사항을 헌법위반 사항에 포함시켰기 때문에 결론적으로 네 가지 헌법위반 사항을 중심으로 결정문을 작성했다. 이런 헌법위반 사항에 대해 헌법재판소는 주로 헌법이 대통령에게 부여한 공익 실현 의무를 근거로 판단했기 때문에 결정문은 대통령이 권한을 남용해 공익 실현 의무를 위반했다는 것으로 시작한다. 그리고 나머지 헌법위반 사항에 대해서는 대통령의 권한을 남용해 기본권을 침해하지 않았다거나 대통에게 부여된 헌법적 의무를 위반하지 않았다는 내용으로 채워졌다.

헌재 결정의 의미

결론적으로 헌법재판소의 결정은 아쉬움을 남겼다. 우선 문화체육관광부 공무원들에 대한 보복성 인사를 "문책성 인사"로 규정하면서 이런 대통령의 인사권(임면권) 행사가 최순실의 사익 추구와 관련되어 있다는 증거를 찾지 못했다고 설명한다. 또한 세월호 참사 당일 대통령의 부적절한 행동과 관련해 생명권 보호 의무와 성실한 직책 수행의 의무를 위반한 것으로 보지 않았다. 대통령에게 국민의 생명과 안전을 보호해야 할 책임이 있는 것은 인정했지만, 구체적인 참사가 발생했을 때 직접적인 구조 활동의 의무가 있다고 볼 수는 없기 때문이라고 했다. 그리고 성실한 직책 수행의 의무는 헌법적 의무이기는 하지만 그 개념이 추상적이어서 사법적 심사의 기준으로 삼기 어렵기 때문에 성실한 직책 수행의 의무 위반은 탄핵 사유가 될 수 없다고 했다. 다시 말해 성실한 직책 수행의 의무를 다하지 못해 무능하거나 정책 결정상 오류를 범해도 탄핵 사유가 될 수 없다는 뜻이다.

대통령이나 장관의 부당한 지시나 명령에 불복하는 공무원들에게 행해지는, 문책성 인사라는 미명의 보복이 정당화된다면 이른바 '영혼 없는 공무원'의 '복지부동' 행태는 반복될 수밖에 없다. 대통령에게 부여된 인사권을 자신의 부당한 지시나 명령에 불복한 공무원들에 대한 좌천성 인사나 사퇴 종용의 수단으로 악용하는 일이 반복된다면 공무원들은 대통령의 헌법 위반 행위에 저항하지 못한 채 오히려 이를 실행하는 도구로 전락하게 된다. 한편 세월호 참사와 같은 대규모 국가 재난 앞에서 대통령이 직접 구조 활동을 벌일 의무는 없다고 하더라도 대통령이 가진 막강한 지위와 권한을 활용해 적극적으로 구조 활동을 지시해야 할 성실한 직책 수행 의무는 존재한다고 보아야 한다. 만약 이런 대규모 국가 재난에 즈음해서도 대통령의 성실한 직책 수행 의무가 부인되고 사법적 심사의 대상이 되지 못해 탄핵 사유에 해당하지 않는다면 국민의 생명과 안전에 보장은 앞으로도 기대할 수 없을 것이다.

대통령이 헌법을 위반해 탄핵 결정을 받아 파면되는 초유의 사태가 벌어졌다. 탄핵 제도는 헌법을 위반한 고위직 공무원을 파면시켜 헌법을 수호하는 제도이다. 따라서 고위직 공무원을 탄핵하려면 헌법을 수호해야 할 이익이 그 공무원을 파면시킴으로써 발생하는 국정 공백의 불이익보다 압도적으로 커야 한다. 특히 대통령은 국민의 선거로 선출되었다는 점에서 대통령을 탄핵 결정으로 파면시키기 위해서는 국민의 신임을 배신해 더 이상 대통령의 직무를 수행할 수 없을 만큼의 중대한 헌법위반이 존재해야 한다. 한국의 헌법 체계에서 대통령의 탄핵은, 정치적 의미를 갖는 국회의 '탄핵 소추'와, 본질적으로 법적인 의미를 가질 수밖에 없는 헌법재판소의 '탄핵 심판'으로 구분되어 단계적으로 진행된다. 따라서 종국적으로 헌법재판소가 대통령을 파면시키는 결정을 내린 이유는 엄격하게 법적인 판단에 기초해 대통령의 헌법위반이 대통령을 파면시킬 만큼 중대하다는 평가가 있었기 때문이다. 이는 앞으로도 정치적 이유로 대통령이 파면될 수 있다는 주장에 대한 중요한 반론이 될 수 있다. 대통령에 대한 국회의 탄핵 소추가 법적인 판단보다 정치적 판단일 수 있다는 점은 부인할 수 없다. 하지만 대통령에 대한 헌법재판소의 탄핵 결정은 정치적 판단을 완벽히 배제할 수는 없어도 법적 결정문의 형태로 이루어져야 하므로 본질적으로 법적인 판단일 수밖에 없다. 따라서 헌법재판소는 법적 관점에서 합리적 근거를 제시하지 않고 탄핵 결정을 내릴 수 없다. 국회에서도 사실 예외적인 상황이 아니라면 재적 국회의원 3분의 2 이상을 요구하는 탄핵 소추 의결은 간단하지 않다.

한국의 헌법 체계에서 헌법재판소의 탄핵 결정은 최종 결정이다. 불복하거나 이의를 제기하는 다른 절차는 존재하지 않는다. 그렇다면 헌법 체계를 존중한다면 헌법재판소의 결정에 승복하거나 법적 시스템의 결함을 문제 삼아 그 시스템을 교체하거나 변경하는 것이 합리적인 선택이다. 물론 헌법은 표현의 자유를 보장하고 있기 때문에 헌법재판소의 결정에 대한 반대나 비판의 의견은 얼마든지 제기할 수 있다. 하지만 그것은 평화적인 방식으로 이루어져야 하고, 다른 사람들의 권리나 공공의 이익에 해악을 끼치는 방식으로 이루어져서는 안 된다. 어떤 중요한 국가 의제도 일단 결정이 되면 찬성했던 사람들과 반대했던 사람들 간의 감정의 골은 남을 수밖에 없다. 따라서 섣불리 화해와 통합을 이야기하는 것은 어불성설이다. 일정 정도의 냉각기를 거쳐야 한다. 대통령의 탄핵(파면)이 헌법 질서와 헌법적 가치를 수호하기 위해 반드시 한 번은 마주쳐야 하는 필수적 통과의례라면, 그것은 헌법 국가(헌정 국가)를 지향하면서 지불해야 할 수업료이자 겪어야 할 성장통이다. 이런 쓰라린 경험의 생채기가 남아 있어야 대통령을 포함한 고위 공직자들의 헌법위반 행위가 반복되지 않는다. 대통령 개인에게는 견디기 힘든 모멸감을 안길 수 있지만 그를 통해 국민은 민주주의와 법치주의라는 헌법적 가치의 의미를 깨닫게 될 것이다. 특히 지난겨울 주말마다 광장에 나와 촛불을 든 사람들은 그 의미를 가슴 깊이 새기고 있을 것이 분명하다. "주권은 국민에게 있고, 모든 권력은 국민으로부터 나온다"(헌법 제1조 제2항)는 "민주공화국"(헌법 제1조 제1항)의 가치와 함께 말이다.

대통령(박근혜) 탄핵 소추 의결서(안)

주 문

헌법 제65조 및 국회법 제130조의 규정에 의하여 대통령(박근혜)의 탄핵을
소추한다.

피소추자

성 명 : 박근혜

직 위 : 대통령

탄핵 소추 사유

헌법 제1조는 "대한민국은 민주공화국이다. 대한민국의 주권은 국민에게
있고, 모든 권력은 국민으로부터 나온다."라고 선언하고 있다. 대통령은
주권자인 국민으로부터 직접 선거를 통하여 권력을 위임받은 국가의 원수
이자 행정부의 수반으로서 헌법을 준수하고 수호할 책무를 지며 그 직책
을 성실하게 수행해야 한다(헌법 제66조 제2항, 제69조). 이러한 헌법의 정신
에 의하면 대통령은 '법치와 준법의 존재'이며, "헌법을 경시하는 대통령
은 스스로 자신의 권한과 권위를 부정하고 파괴하는 것"이다(헌재 2004. 5.
14. 선고 2004헌나1 결정).

　　헌법 제65조 제1항은 대통령이 그 직무 집행에 있어서 헌법이나 법률을
위배한 때에는 국회는 탄핵의 소추를 의결할 수 있다고 규정하고 있다. 그
런데 박근혜 대통령은 직무 집행에 있어서 헌법과 법률을 광범위하게 그
리고 중대하게 위배하였다.[1]

　　아래에서 보는 것처럼 박근혜 대통령은 국민주권주의(헌법 제1조) 및 대

의민주주의(헌법 제67조 제1항), 법치국가 원칙, 대통령의 헌법 수호 및 헌법 준수 의무(헌법 제66조 제2항, 제69조), 직업 공무원 제도(헌법 제7조), 대통령에게 부여된 공무원 임면권(헌법 제78조), 평등 원칙(헌법 제11조), 재산권 보장(헌법 제23조 제1항), 직업선택의 자유(헌법 제15조), 국가의 기본적 인권 보장 의무(헌법 제10조), 개인과 기업의 경제상의 자유와 사적자치에 기초한 시장 경제 질서(헌법 제119조 제1항), 언론의 자유(헌법 제21조) 등 헌법 규정과 원칙에 위배하여 헌법 질서의 본질적 내용을 훼손하거나 침해, 남용하였다.

또한 박근혜 대통령은 특정범죄가중처벌등에관한법률위반(뇌물)죄(특정범죄 가중처벌 등에 관한 법률 제2조 제1항 제1호, 형법 제129조 제1항 또는 제130조), 직권남용권리행사방해죄(형법 제123조), 강요죄(형법 제324조), 공무상비밀누설죄(형법 제127조) 등 각종 범죄를 저질러 법률의 규정에 위배하였다.

박근혜 대통령의 위와 같은 위헌, 위법행위는 헌법 수호의 관점에서 볼 때 대한민국 헌법 질서의 본질적 요소인 자유민주적 기본 질서를 위협하는 행위로서 기본적 인권의 존중, 권력분립, 사법권의 독립을 기본 요소로 하는 법치주의 원리 및 의회제도, 복수정당제도, 선거제도 등을 기본 요소로 하는 민주주의 원리에 대한 적극적인 위반임과 동시에 선거를 통하여 국민이 부여한 민주적 정당성과 신임에 대한 배신으로서 탄핵에 의한 파면 결정을 정당화하는 사유에 해당한다.

이에 박근혜 대통령을 파면함으로써 헌법을 수호하고 손상된 헌법 질서를 다시 회복하기 위하여 탄핵 소추안을 발의한다.

구체적인 탄핵 소추 사유는 다음과 같다.

---

1 '직무 집행'과 '헌법'의 의미를 살펴보면, 대통령의 직무상 행위는 "법령에 근거한 행위뿐만 아니라, '대통령의 지위에서 국정 수행과 관련하여 행하는 모든 행위'를 포괄하는 개념으로서, 예컨대 각종 단체·산업 현장 등 방문 행위, 준공식·공식 만찬 등 각종 행사에 참석하는 행위, 대통령이 국민의 이해를 구하고 국가정책을 효율적으로 수행하기 위하여 방송에 출연하여 정부의 정책을 설명하는 행위, 기자회견에 응하는 행위 등"을 모두 포함하고, 탄핵 사유의 준거인 '헌법'은 "명문의 헌법 규정뿐만 아니라 헌법재판소의 결정에 의하여 형성되어 확립된 불문헌법도 포함한다."(헌재 2004. 5. 12. 선고 2004헌나1 결정)라고 하고 있다.

1. 헌법 위배 행위

가. 국민주권주의(헌법 제1조), **대의민주주의**(헌법 제67조 제1항), **국무회의에 관한 규정**(헌법 제88조, 제89조), **대통령의 헌법 수호 및 헌법 준수 의무**(헌법 제66조 제2항, 제69조) **조항 위배**

박근혜 대통령은 공무상 비밀 내용을 담고 있는 각종 정책 및 인사 문건을 청와대 직원을 시켜 최순실(최서원으로 개명. 이하 '최순실'이라고 한다)에게 전달하여 누설하고, 최순실과 그의 친척이나 그와 친분이 있는 주변인 등(이하 '최순실 등'이라고 한다)이 소위 비선 실세로서 각종 국가정책 및 고위 공직 인사에 관여하거나 이들을 좌지우지하도록 하였다. 그 과정에서 국무위원이 아닌 최순실에게 국무회의의 심의를 거쳐야 하는 사항을 미리 알려 주고 심의에 영향력을 행사하도록 하였다. 이러한 과정을 통하여 박근혜 대통령은 최순실 등의 사익을 위하여 대통령의 권력을 남용하여 사기업들로 하여금 각 수십억 원에서 수백억 원을 갹출하도록 강요하고 사기업들이 최순실 등의 사업에 특혜를 주도록 강요하는 등 최순실 등이 국정을 농단하여 부정을 저지르고 국가의 권력과 정책을 최순실 등의 '사익 추구의 도구'로 전락하게 함으로써, 최순실 등 사인(私人)이나 사조직(私組織)이 아닌 박근혜 대통령 자신에게 권력을 위임하면서 '헌법을 수호하고 국민의 자유와 복리의 증진을 위하여 대통령으로서의 직책을 성실히 수행할 것'을 기대한 주권자의 의사에 반하여 국민주권주의(헌법 제1조) 및 대의민주주의(헌법 제67조 제1항)의 본질을 훼손하고, 국정을 사실상 법치주의(法治主義)가 아니라 최순실 등의 비선 조직에 따른 인치주의(人治主義)로 행함으로써 법치국가 원칙2을 파괴하고, 국무회의에 관한 헌법 규정(헌법 제88조, 제89조)을 위반하고 대통령의 헌법 수호 및 헌법 준수 의무(헌법 제66조 제2항, 제69

---

2 "우리 헌법은 국가권력의 남용으로부터 국민의 기본권을 보호하려는 법치국가의 실현을 기본 이념으로 하고 있다"(헌재 1992. 4. 28. 선고 90헌바24 결정).

조)를 정면으로 위반하였다.

나. 직업 공무원 제도(헌법 제7조), 대통령의 공무원 임면권(헌법 제78조), 평등 원칙(헌법 제11조) 조항 위배

박근혜 대통령은 청와대 간부들 및 문화체육관광부의 장, 차관 등을 최순실 등이 추천하거나 최순실 등을 비호하는 사람으로 임명하였다. 이러한 예로는 김종덕 문화체육관광부장관(차은택의 대학원 지도교수), 김종 문화체육관광부 차관(최순실의 추천), '문고리 삼인방'(이재만, 정호성, 안봉근), 윤전추 3급 행정관(최순실의 헬스트레이너), 차은택 문화창조융합본부장, 김상률 교육문화수석(차은택의 외삼촌), 송성각 한국콘텐츠진흥원장(차은택의 지인) 등을 들 수 있다. 박근혜 대통령은 이들이 최순실 등의 사익 추구를 방조하거나 조장하도록 하였는데 예를 들어 김종은 2013년 10월 최순실의 추천으로 문화체육관광부 차관으로 임명되어 2016년 10월 30일 사퇴할 때까지 최순실 등의 체육계 인사 개입과 이권 장악을 도왔다. 김 전 차관은 문체부 산하 공기업 그랜드코리아레저(GKL)가 창단한 장애인 펜싱팀 대행업체로 더블루케이를 선정하도록 압박하고, 케이스포츠 재단 설립 과정을 돕고, 더블루케이에 평창동계올림픽 관련 이권 사업을 몰아주었다. 또한 박근혜 대통령은 최순실 등의 사익 추구에 방해될 문화체육관광부의 고위 공직자들을 자의적으로 해임시키거나 전보시켰는데 이러한 예로는 2013년 4월 최순실의 딸 정유라가 한국마사회컵 승마대회에서 우승을 못하자 청와대의 지시로 문화체육관광부가 승마협회를 조사·감사하였고, 그 결과가 흡족하지 않자 박근혜 대통령은 2013년 8월 유진룡 문화체육관광부장관에게 동 조사·감사에 관여한 노태강 국장과 진재수 과장을 두고 "나쁜 사람"이라고 언급하고 경질을 사실상 지시하였고, 그 후 이들은 산하 기관으로 좌천된 일을 들 수 있다. 이와 관련하여 2014년 7월 유진룡 장관이 갑자기 면직되었고, 그 후 2014년 10월 청와대 김기춘 비서실장으로부터 문화체육관광부 김희범 차관에게 문화체육관광부 1급 공무원 6명의 일괄 사표를 받으라는 부당한 압력이 행사되었고 이들은 명예퇴직을 하게 되기도 하였다. 이와 같이 '국민 전체에 대한 봉사자로서 신분이 보장되는' 공무원을 최순실 등의 '사익에 대한 봉사자'로 전락시키고 공무원의 신분을 자의적으로 박탈시킴으로써 직업 공무원 제도(헌법 제7조)의 본질적 내용을 침해하고, 대통령에게 부여된 공무원 임면권(헌법 제78조)을 남용하였다. 또 박근혜 대통령은 애초에 최순실 등을 비호하기 위한 공무원 임면을 통하여 최순실 등이 문화체육관광부로부터 동계스포츠영재센터(최순실의 조카 장시호 운영)를 통하여 6억7천만 원을, '늘품체조'(차은택이 제작)로 3억5천만 원의 예산 지원을 받는 등 각종 이권과 특혜를 받도록 방조하거나 조장함으로써 '국가가 법집행을 함에 있어서 불평등한 대우를 하지 말아야 한다'는 평등 원칙(헌법 제11조)을 위배하고3 정부 재정의 낭비를 초래하였다.

다. 재산권 보장(헌법 제23조 제1항), **직업선택의 자유**(헌법 제15조), **기본적 인권 보장 의무**(헌법 제10조), **시장경제 질서**(헌법 제119조 제1항), **대통령의 헌법 수호 및 헌법 준수 의무**(헌법 제66조 2항, 제69조) **조항 위배**

박근혜 대통령은 청와대 수석비서관 안종범 등을 통하여 최순실 등을 위하여 사기업에게 금품 출연을 강요하여 뇌물을 수수하거나 최순실 등에게 특혜를 주도록 강요하고, 사기업의 임원 인사에 간섭함으로써 '국민의 자유와 복리'를 증진하고 '기본적 인권을 보장할 의무'를 지니는 대통령이

---

3 "평등의 원칙은 국민의 기본권 보장에 관한 우리 헌법의 최고 원리로서 국가가 입법을 하거나 법을 해석 및 집행함에 있어 따라야 할 기준인 동시에, 국가에 대하여 합리적 이유 없이 불평등한 대우를 하지 말 것과 평등한 대우를 요구할 수 있는 모든 국민의 권리이다"(헌재 2001. 8. 30. 선고 99헌바92등 결정).

오히려 기업의 재산권(헌법 제23조 제1항)과 개인의 직업선택의 자유(헌법 제15조)를 침해하고, 국가의 기본적 인권의 보장 의무(헌법 제10조)를 저버리고, '개인과 기업의 경제상의 자유와 사적자치에 기초한' 시장경제 질서(헌법 제119조 제1항4)를 훼손하고, 대통령의 헌법 수호 및 헌법 준수 의무(헌법 제66조 제2항, 제69조)를 위반하였다.

라. 언론의 자유(헌법 제21조 제1항), 직업선택의 자유(헌법 제15조) 조항 위배

언론의 자유는 "민주국가의 존립과 발전을 위한 기초"가 되며, 따라서 "특히 우월적인 지위"를 지닌다.5 그런데 최순실 등 '비선 실세'의 국정 농단과 이를 통한 사익 추구를 통제해야 할 박근혜 대통령 및 그 지휘·감독을 받는 대통령비서실 간부들은 오히려 최순실 등 비선 실세의 전횡을 보도한 언론을 탄압하고, 언론사주에게 압력을 가해 신문사 사장을 퇴임하게 만들었다. 일례로 세계일보는 2014년 11월 '박근혜 대통령의 국회의원 시절 비서실장이자 최태민의 사위인 정윤회가 문고리 3인방을 포함한 청와대 안팎 인사 10명을 통해 각종 인사 개입과 국정 농단을 하고 있다.'라며 '정윤회 문건'을 보도하였다. 이에 대하여 박근혜 대통령은 2014년 12월 1일 비정상적인 국정 운영이 이루어지고 있다는 보도 내용의 사실 여부에 대해서는 언급이 없이 '기초적인 사실 확인조차 하지 않은 채 외부로 문건을 유출하게 된 것은 국기 문란'이라면서 문건의 외부 유출 및 보도가 문제라는 취지로 발언하였다. 그 후 김기춘 비서실장은 2014년 12월 13일

---

4 "헌법 제119조 제1항은 우리나라의 경제 질서가 개인과 기업의 경제상의 자유, 사유재산제도 및 사적자치에 기초한 자유 시장경제 질서를 기본으로 하고 있음을 선언하고 있다"(헌재 2002. 1. 31. 선고 2000헌바35 결정).

5 헌재 1991. 9. 16. 선고 89헌마163 결정.

문건 수사를 '조기 종결토록 지도하라.'라고 김영한 전 민정수석비서관에게 지시하였고, 우병우 당시 민정비서관은 당시 문건 유출자로 지목받던 한일 전 경위에게 '자진 출두해서 자백하면 불기소 편의를 봐줄 수 있다.'라고 하였으며, 김상률 청와대 교육문화수석비서관은 2015년 1월 세계일보 편집국장 한용걸을, 신성호 청와대 홍보특보는 세계일보 조한규 사장을 만나 세계일보의 추가 보도에 대하여 수습을 원하는 메시지를 전달하였다. 한편 그 무렵 청와대 고위 관계자는 세계일보의 사주(社主)인 통일교의 총재(한학자)에게 전화하여 조한규 사장의 해임을 요구하였고, 조한규 사장은 2016년 2월 세계일보 사장에서 물러났으며, 세계일보는 그 후 추가 보도를 자제하였다. 이러한 청와대의 세계일보 보도의 통제 및 언론사 사장 해임은 최순실 등의 비선 실세에 대한 언론 보도를 통제하고 다른 언론에도 위축 효과를 가져온 것으로서, 박근혜 대통령과 최순실의 긴밀한 관계 및 박근혜 대통령의 위 2014년 12월 1일 발언을 고려하면, 청와대의 세계일보 언론 탄압은 박근혜 대통령의 지시 혹은 묵인 하에서 벌어진 것이므로 박근혜 대통령은 언론의 자유(헌법 제21조 제1항) 및 직업의 자유(헌법 제15조)의 침해에 대한 책임이 있다.

마. 생명권 보장(헌법 제10조) 조항 위배

대통령은 국가적 재난과 위기 상황에서 국민이 생명과 안전을 지켜야 할 의무가 있다. 그러나 이른바 세월호 참사가 발생한 당일 오전 8시 52분 소방본부에 최초 사고 접수가 된 시점부터 당일 오전 10시 31분 세월호가 침몰하기까지 약 1시간 반 동안 국가적 재난과 위기 상황을 수습해야 할 박근혜 대통령은 어디에도 보이지 않았다. 침몰 이후 한참이 지난 오후 5시 15분경에야 대통령은 재난안전대책본부에 나타나 "구명조끼를 학생들은 입었다고 하는데 그렇게 발견하기가 힘듭니까?"라고 말하여 전혀 상황 파악을 하지 못하였음을 스스로 보여주었다. 대통령은 온 국민이 가슴 아파하고 눈물 흘리는 그 순간 국민의 생명과 안전을 책임지는 최고 결정권자로서 세월호 참사의 경위나 피해 상황, 피해 규모, 구조 진행 상황을 전혀 인지하지 못하고 있었던 것이다.

그 후 박근혜 대통령은 국민들과 언론이 수차 이른바 '세월호 7시간' 동안의 행적에 대한 진실 규명을 요구하였지만 비협조와 은폐로 일관하며 헌법상 기본권인 국민의 알 권리를 침해해 왔다. 최근 청와대는 박 대통령이 당일 오전 9시 53분경에 청와대 외교안보수석실로부터, 10시경에 국가안보실로부터 각 서면 보고를 받았고, 오전 10시 15분과 10시 22분 두 차례에 걸쳐 국가안보실장에게 전화로 지시하였으며, 오전 10시 30분에는 해양경찰청장에게 전화로 지시하였다고 일방적으로 발표하였다. 그러나 이를 확인할 수 있는 근거 자료는 전혀 제시하지 않았다. 만일 청와대의 주장이 사실이라 하더라도 대통령은 처음 보고를 받은 당일 오전 9시 53분 즉시 사태를 정확히 파악하고 동원 가능한 모든 수단과 방법을 사용하여 인명 구조에 최선을 다했어야 한다. 또한 청와대 참모회의를 소집하고, 관계 장관 및 기관을 독려했어야 한다. 그러나 박근혜 대통령은 편면적인 서면보고만 받았을 뿐이지 대면 보고조차 받지 않았고 현장 상황이 실시간 보도되고 있었음에도 방송 내용조차 인지하지 못했다. 결국 국가적 재난을 맞아 즉각적으로 국가의 총체적 역량을 집중 투입해야 할 위급한 상황에서 행정부 수반으로서 최고 결정권자이자 책임자인 대통령이 아무런 역할을 수행하지 않은 것이다. 세월호 참사와 같은 국가 재난 상황에서 박 대통령이 위와 같이 대응한 것은 사실상 국민의 생명과 안전을 보호하기 위한 적극적 조치를 취하지 않는 직무유기에 가깝다 할 것이고 이는 헌법 제10조에 의해서 보장되는 생명권 보호 의무를 위배한 것이다.

2. 법률 위배 행위

가. 재단법인 미르, 재단법인 케이스포츠 설립·모금 관련 범죄

(1) 사실관계

(가) 재단 설립에 이르게 된 경위

박근혜 대통령은 정부의 수반으로서 법령에 따라 중앙 행정기관의 장을 지휘·감독하여 정부의 중요 정책을 수립·추진하는 등 모든 행정 업무를 총괄하는 직무를 수행하고, 대형 건설 사업 및 국토 개발에 관한 정책, 통화, 금융, 조세에 관한 정책 및 기업 활동에 관한 정책 등 각종 재정·경제 정책의 수립 및 시행을 최종 결정하며, 소관 행정 각부의 장들에게 위임된 사업자 선정, 신규 사업의 인·허가, 금융 지원, 세무조사 등 구체적 사항에 대하여 직접 또는 간접적인 권한을 행사함으로써 기업체들의 활동에 있어 직무상 또는 사실상의 영향력을 행사할 수 있는 지위에 있음을 이용하여 최순실, 안종범과 공모하여 문화 발전 및 스포츠 산업 발전을 구실로 박근혜 대통령 본인 혹은 최순실 등이 지배하는 재단법인을 만들고 전국경제인연합회(이하 '전경련'이라 한다) 소속 회원 기업들로부터 출연금 명목으로 돈을 받기로 마음먹었다.

박근혜 대통령은 2015년 7월 20일경 안종범에게 '10대 그룹 중심으로 대기업 회장들과 단독 면담을 할 예정이니 그룹 회장들에게 연락하여 일정을 잡으라.'는 지시를 하고 안종범은 10대 그룹 중심으로 그 대상 기업을 선정한 다음 대통령의 승인을 받아 삼성 등 7개 그룹을 최종적으로 선정하여 각 그룹 회장들에게 대통령이 2015년 7월 24일 예정인 창조경제혁신센터 전담 기업 회장단 초청 오찬 간담회 직후 단독 면담을 원한다는 의사를 전달하고 협의를 통하여 2015년 7월 24~25일 양일간 단독 면담을 진행하기로 한 다음 그 사실을 대통령에게 보고하였다.

박근혜 대통령은 2015년 7월 24일 오후 현대자동차 그룹 회장 정몽구, 부회장 김용환, 씨제이그룹 회장 손경식, 에스케이이노베이션 회장 김창

근을, 같은 달 25. 같은 장소에서 삼성그룹 부회장 이재용, 엘지그룹 회장 구본무, 한화그룹 회장 김승연, 한진그룹 회장 조양호 등 대기업 회장들과 순차적으로 각 단독 면담을 하고, 그 자리에서 위 대기업 회장들에게 문화, 체육 관련 재단법인을 설립하려고 하는데 적극 지원을 해달라는 취지로 발언하였다.

대기업 회장들과 단독 면담을 마친 박근혜 대통령은 안종범에게 '전경련 산하 기업체들로부터 금원을 갹출하여 각 3백억 원 규모의 문화와 체육 관련 재단을 설립하라.'는 취지의 지시를 하고, 안종범은 그 직후인 2015년 7월 하순경부터 8월 초순경까지 사이에 전경련 상근 부회장인 이승철에게 '청와대에서 문화 재단과 체육 재단을 만들려고 하는데 대통령께서 회의에서 기업 회장들에게 이야기를 했다고 하니 확인을 해 보면 알고 있을 것이다.'라고 하면서 재단 설립을 추진하라는 취지로 지시하였다.

박근혜 대통령은 그 무렵 최순실에게 '전경련 산하 기업체들로부터 금원을 갹출하여 문화 재단을 만들려고 하는데 재단의 운영을 살펴봐 달라.'는 취지의 요청을 하고, 이러한 요청을 받은 최순실은 재단의 이사장 등 임원진을 자신이 지정하는 사람들로 구성하여 재단 업무 관련 지시를 내리고 보고를 받는 등 재단의 인사 및 운영을 장악하였다.

(나) 재단법인 미르 설립 및 모금

최순실은 위와 같이 2015년 7월경 재단 설립에 대한 논의가 시작된 후 실제 기업체들의 자금 출연 등이 이루어지지 않아 재단 설립이 지체되던 중, 2015년 10월 하순경 리커창 중국 총리가 방한 예정이라는 사실을 알고 정호성 비서관에게 '리커창 중국 총리가 곧 방한 예정이고 대통령이 지난 중국 방문 당시 문화 교류를 활발히 하자고 하셨는데 구체적 방안으로 양국 문화 재단 간 양해 각서(MOU)를 체결하는 것이 좋을 것으로 보인다. 이를 위해서는 문화 재단 설립을 서둘러야 한다.'라고 말하였고 정호성을 통하여 이를 전달받은 박근혜 대통령은 2015년 10월 19일경 안종범에게 '2015년 10월 하순경으로 예정된 리커창 중국 총리 방한 때 양해 각서를 체결하여야 하니 재단 설립을 서두르라.'는 지시를 하였다.

이에 안종범은 2015년 10월 19일경 이승철에게 전화하여 '급하게 재단을 설립하여야 하니 전경련 직원을 청와대 회의에 참석시켜라.'고 지시하고, 청와대 경제수석비서관실 소속 경제금융비서관인 최상목에게 '3백억 원 규모의 문화 재단을 즉시 설립하라.'라는 취지로 지시하였다.

안종범의 지시를 받은 최상목은 2015년 10월 21일 청와대 경제금융비서관 사무실에서 청와대 행정관, 전경련 사회본부장, 사회공헌팀장이 참석한 회의(1차 청와대 회의)를 주재하면서 '10월 말로 예정된 리커창 총리의 방한에 맞추어 3백억 원 규모의 문화 재단을 설립하여야 하고 출연하는 기업은 삼성, 현대차, 에스케이, 엘지, 지에스, 한화, 한진, 두산, 씨제이 등 9개 그룹이다.'라는 취지로 지시하였고, 이에 전경련 관계자들은 급하게 재단 설립 절차 등을 확인한 후 9개 그룹에 대한 출연금 분배 방안 문건 등을 준비하였다.

한편 최순실은 2015년 9월 말경부터 10월경까지 문화 재단에서 일할 임직원을 직접 면접을 본 후 선정하였고 같은 달 하순경 문화 재단의 명칭을 '미르'라고 정하였으며, 위 재단 이사장을 '김형수', 사무총장을 '이성한'으로 정하는 등 임원진 명단과 조직표 및 정관을 마련하였다.

최순실로부터 위와 같은 경과를 들은 박근혜 대통령은 2015년 10월 21일 안종범에게 '재단 명칭은 용의 순수어로 신비롭고 영향력이 있다는 뜻을 가진 미르라고 하라.'라고 하면서 이사장, 이사 및 사무총장 인선 및 사무실 위치 등에 관한 지시를 하였고, 안종범은 이를 다시 최상목에게 지시하였다.

안종범의 지시를 받은 최상목은 2015년 10월 22일 오후 전경련 관계자, 문화체육관광부 소속 공무원 등이 참석한 회의(2차 청와대 회의)를 주재하면서 전경련이 준비해 온 문건 등을 보고받고, '재단은 10월 27일까지 설립되어야 한다. 전경련은 재단 설립 서류를 작성·제출하고, 문체부는 10월 27일 개최될 재단 현판식에 맞추어 반드시 설립 허가가 이루어질 수 있도록 하라.'고 지시하면서 전경련이 보고한 9개 그룹의 분배 금액을 조정하여 확정하였다.

위와 같은 회의 결과에 따라 전경련 관계자들은 2015년 10월 23일 아침에 삼성, 현대차, 에스케이, 엘지 등 4대 그룹 임원 조찬 회의를, 오전에 지에스, 한화, 한진, 두산, 씨제이 등 5개 그룹 임원 회의를 각 개최하여, 각 그룹 임원들에게 '청와대의 요청으로 문화 및 체육 관련 재단을 만들어야 한다. 문화 재단은 10월 27일까지 설립하여야 한다. 출연금을 낼 수 있는지 신속히 확인해 달라.'고 요청하면서 그룹별 출연금 할당액을 전달하였다. 한편 전경련 측은 문화체육관광부에 설립 허가를 위한 서류 및 절차 등을 문의하였다.

최상목은 2015년 10월 23일 다시 전경련 관계자 및 문화체육관광부 소속 공무원들이 참석한 회의(3차 청와대 회의)를 주재하면서 '아직까지도 출연금 약정서를 내지 않은 그룹이 있느냐. 그 명단을 달라.'고 말하며 모금을 독촉하고, '미르'라는 재단 명칭과 주요 임원진 명단을 전경련 관계자들에게 전달하면서 '이사진에게 따로 연락은 하지 말라.'라는 주의를 주었다.

같은 날(2015년 10월 23일) 전경련은 9개 그룹으로부터 출연금 총 3백억 원에 대한 출연 동의를 받아 설립 허가 신청에 필요한 재산 출연 증서 등의 서류를 받아두고, 정관(기본재산과 보통재산의 비율이 9:1), 창립총회 회의록의 작성도 마무리 중이었다.

그런데 최상목은 같은 날 전경련에 '롯데도 출연 기업에 포함시켜라.'고 지시하였고, 전경련 관계자들은 롯데를 포함시키는 방안을 검토하기 시작하였다.

한편 안종범은 2015년 10월 24일 전경련 관계자에게 '재단법인 미르의 출연금 규모를 3백억 원에서 5백억 원으로 증액하라. 출연 기업에 케이티, 금호, 신세계, 아모레는 반드시 포함시키고, 현대중공업과 포스코에도 연락해 보고, 추가할 만한 그룹이 더 있는지도 알아보라.'라고 지시하였다.

이에 따라 전경련 관계자들은 5백억 원 기준으로 새로운 출연금 분배안을 작성하고, 기존에 출연이 결정되어 있던 삼성, 현대차, 에스케이, 엘지, 지에스, 한화, 한진, 두산, 씨제이 등 9개 그룹에는 증액을, 안종범이 추가로 출연 기업으로 포함시키라고 지시한 롯데, 케이티, 금호, 신세계, 아모레, 현대중공업, 포스코 등 7개 그룹과 전경련이 추가한 엘에스와 대림 등

2개 그룹에는 '청와대의 지시로 문화 재단을 설립한다. 출연 여부를 결정하여 달라.'고 요청하였다.

위와 같은 요청을 받은 18개 그룹 중 현대중공업(재무 상태가 극도로 악화)과 신세계(문화 분야에 이미 거액 투자)를 제외한 16개 그룹은 재단의 사업계획서 등에 대한 사전 검토 절차도 제대로 거치지 아니한 채 출연을 결정하게 되었다.

2015년 10월 26일 서울 서초구 소재 팔레스호텔에서 재단법인 미르의 이사로 내정된 사람들이 상견례를 하는 한편, 전경련 관계자들은 5백억 원을 출연하는 각 그룹사 관계자들을 불러 재산 출연 증서 등 서류를 제출받고, 전경련에서 준비한 정관 및 마치 출연 기업 임원들이 재단 이사장 등을 추천한 것처럼 작성된 창립총회 회의록에 법인 인감을 날인 받았다.

그러던 중 안종범은 최상목을 통해 전경련 측에 '재단법인 미르의 기본재산과 보통재산 비율을 기존 9 : 1에서 2 : 8로 조정하라'는 취지의 지시를 하였고, 팔레스호텔에서 기업 회원사의 날인을 받고 있던 전경련 관계자는 급히 지시에 따라 정관과 창립총회 회의록 중 기본재산과 보통재산 비율 부분을 수정한 후 이미 날인을 한 회원사 관계자들에게 다시 연락하여 위와 같이 수정한 정관과 창립총회 회의록에 날인해 줄 것을 부탁하였으나, 결국 발기인으로 참여한 19개 법인 중 1개 법인(에스케이하이닉스)으로부터는 날인을 받지 못하였다.

다급해진 전경련 측은 문화체육관광부 하윤진 대중문화산업과장에게 연락하여 법인 설립 허가 신청 서류를 서울에서 접수할 수 있도록 협조해 달라고 요청하고, 세종특별자치시 소재 문체부 대중문화 산업과 사무실에 있던 하윤진은 소속 주무관에게 지시하여 서울로 출장을 가서 전경련으로부터 신청 서류를 접수받도록 하였다.

한편 관련 법령에 의하면 정상적으로 법인을 설립하기 위해서는 발기인 전원이 날인한 정관과 창립총회 회의록이 구비 서류로 제출되어야 함에도 불구하고, 전경련 측은 청와대에서 지시한 시한(10월 27일)까지 설립 허가를 마치기 위하여 서울 용산구 소재 문체부 서울 사무소에서 문화체육관광부 주무관에게 에스케이하이닉스의 날인이 없는 정관과 창립총회 회의록 등 설립 허가 신청 서류를 접수하였고, 이와 같은 하자가 있음에도 위 주무관은 같은 달 26일 20:07경 재단법인 미르의 설립 허가에 관한 기안을 하였고 문화체육관광부는 다음날 09:36경 내부 결재를 마치고 설립 허가를 해주었다.

결국, 위 16개 그룹 대표 및 담당 임원들은 박근혜 대통령과 최순실, 안종범의 요구에 따라 2015년 11월경부터 2015년 12월경까지 위와 같이 결정한 출연 약정에 따라 재단법인 미르(2015년 10월 27일 설립)에 합계 486억 원의 출연금을 납부하였다.

(다) 재단법인 케이스포츠 설립 및 모금

최순실은 2015년 12월 초순경 스포츠 재단에 대한 사업계획서를 작성하고 재단법인 케이스포츠에서 일할 임직원을 면접을 거쳐 선정한 다음 임원진 명단을 이메일로 정호성에게 보냈다.

최순실로부터 위와 같은 내용을 들은 박근혜 대통령은 같은 달 11일 및 20일 안종범에게 임원진 명단을 알려 주고 재단의 정관과 조직도를 전달하면서 서울 강남에 사무실을 구하라는 지시를 하였다.

안종범은 2015년 12월 중순경 전경련 관계자에게 전화하여 '예전에 말한 대로 3백억 원 규모의 체육 재단도 설립해야 하니 미르 때처럼 진행하라.'고 지시하였고, 전경련 관계자들은 재단법인 미르 설립 과정에서 연락했던 그룹 명단 및 각 그룹의 매출액을 기초로 출연금액을 할당하고, 각 그룹의 담당 임원들에게 '청와대 요청에 따라 3백억 원 규모의 체육 재단도 설립하여야 한다. 할당된 출연금을 납부하라.'고 전달하였다.

전경련 관계자들은 2015년 12월 21일 청와대 행정관으로부터 재단법인 케이스포츠 정관, 주요 임원진 명단 및 이력서를 팩스로 송부받고 재단법인 미르 때와 마찬가지로 마치 출연 기업 임원들이 재단 이사장 등을 추천한 것처럼 창립총회 회의록을 작성한 다음, 2016년 1월 12일 전경련 회관으로 해당 기업 관계자들을 불러 재산 출연 증서 등 서류를 제출받고 정관과 창립총회 회의록에 날인을 받았다.

결국 현대자동차 등 재단법인 케이스포츠에 자금을 출연하기로 한 16개 그룹은 박근혜 대통령과 최순실, 안종범의 요구에 따라 2016년 2월경부터 2016년 8월경까지 재단법인 케이스포츠(2016년 1월 13일 설립)에 합계 288억 원의 출연금을 납부하였다.

(2) 법률적 평가

(가) 특정범죄가중처벌등에관한법률위반(뇌물)죄

대통령은 정부의 수반으로서 중앙 행정기관의 장을 지휘·감독하여 정부의 중요 정책을 수립·추진하는 등 모든 행정 업무를 총괄하는 직무를 수행하고, 대형 건설 사업 및 국토 개발에 관한 정책, 통화, 금융, 조세에 관한 정책 및 기업 활동에 관한 정책 등 각종 재정·경제 정책의 수립 및 시행을 최종 결정하며, 소관 행정 각부의 장들에게 위임된 사업자 선정, 신규 사업의 인·허가, 금융 지원, 세무조사 등 구체적 사항에 대하여 직접 또는 간접적인 권한을 행사함으로써 기업체들의 활동에 있어 직무상 또는 사실상의 영향력을 행사할 수 있는 지위에 있다. 또한 뇌물죄는 직무 집행의 공정과 이에 대한 사회의 신뢰에 기하여 직무 행위의 불가 매수성을 그 직접의 보호법익으로 하고 있고, 뇌물성을 인정하는 데에는 특별히 의무 위반 행위의 유무나 청탁의 유무 등을 고려할 필요가 없는 것이므로 뇌물은 대통령의 직무에 관하여 공여되거나 수수된 것으로 족하고 개개의 직무 행위와 대가적 관계에 있을 필요가 없으며, 그 직무 행위가 특정된 것일 필요도 없다. (대법원 1997. 04. 17. 선고 96도3377 전원합의체 판결[특정범죄가중처벌등에관한법률위반(뇌물·뇌물방조·알선수재)·특정경제범죄가중처벌등에관한법률위반(저축관련부당행위)·뇌물공여·업무방해] 참조)

그런데 박근혜 대통령은 2015년 7월 24~25일 위와 같이 7개 그룹 회장과 각각 단독 면담을 하기 전 안종범에게 지시하여 각 그룹으로부터 '각 그룹의 당면 현안을 정리한 자료'를 제출받도록 하였다. 이때 제출된 내용은 '오너 총수의 부재로 인해 큰 투자와 장기적 전략 수립이 어렵다'(에스케이 및 씨제이), '삼성물산과 제일모직의 합병에 헤지펀드 엘리엇의 반대가 심하다'(삼성), '노사 문제로 경영 환경이 불확실하다'(현대차) 등의 내용이다. 안종범은 이러한 내용을 정리하여 대통령에게 전달하였다. 민원적 성격을 가진 위의 '당면 현안'은 대통령의 사면권, 대통령 및 경제수석비서관(안종범)의 재정·경제·금융·노동 정책에 관한 권한과 직간접적으로 관련이 있는 것이다.

실제로 기업들이 두 재단법인에 출연금 명목의 돈을 납부한 시기를 전후하여 박근혜 대통령은 위 '당면 현안'을 비롯하여 출연 기업들에게 유리한 조치를 다수 시행하였다.

삼성 그룹의 경우, 박근혜 대통령의 지휘·감독을 받는 문형표 보건복지부 장관은 2015년 6월 국민연금 의결권 행사 전문위원들에게 전화를 하여 삼성물산과 제일모직의 합병에 찬성해 달라는 취지의 요청을 하였다. 국민연금공단은 보건복지부 산하 공공 기관이며 대통령은 공단 이사장에 대한 임면권을 가지고 있다(국민연금법 제30조 제2항). 합병 결의를 위한 주주총회일(2015년 7월 17일) 직전인 2015년 7월 7일에는 국민연금 기금운용본부장 홍완선이 내부 반발에도 불구하고 삼성 이재용 부회장과 면담을 했다. 홍 본부장은 외부 전문가 9명으로 구성된 의결권 전문행사위원회가 아닌 자신이 위원장을 겸했던 투자위원회에서 삼성물산 합병에 찬성키로 결정하기도 했다.(삼성 그룹 출연액 204억 원)

에스케이 그룹의 경우, 박근혜 대통령은 2015년 8월 13일 에스케이 최태원 회장을 특별 사면했다. 또한 에스케이 그룹은 대규모 면세점을 경영해 왔는데 2015년 11월경 면세점 특허권 심사에서 탈락해서 사업권을 상실했다가 2016년 3월 기획재정부가 개선 방안을 발표하고 이에 따라 2016년 4월 관세청이 서울 시내에 면세점 4개소 추가 선정 계획을 밝히자 사업권 특허 신청을 하였다. (에스케이 그룹 출연액 111억 원)

롯데그룹의 경우, 대규모 면세점을 경영해 왔는데 2015년 11월경 각각 면세점 특허권 심사에서 탈락해서 사업권을 상실했다가 2016년 3월 기획

재정부가 개선 방안을 발표하고 이에 따라 2016년 4월 관세청이 서울 시내에 면세점 4개소 추가 선정 계획을 밝히자 사업권 특허 신청을 하였다. 또한 롯데그룹은 경영권 분쟁 및 비자금 등의 문제로 2005년 12월경부터 그룹 내부 인사들 사이 및 시민단체로부터의 고소, 고발로 검찰의 수사 대상이었고 2016년 6월 10일 그룹 정책본부, 신동빈 회장 자택, 신격호 총괄 회장 집무실 등에 대하여 검찰로부터 압수 수색을 당한 이래 계속 수사를 받아왔으며 2016년 10월 19일에는 신동빈 회장이 기소되었다. 박근혜 대통령은 민정수석비서관을 통하여 검찰이 수사 중인 주요 사건에 대한 보고를 받을 뿐 아니라 검찰사무의 최고 감독자로서 일반적으로 검사를 지휘·감독하고 구체적 사건에 대하여는 검찰총장을 지휘·감독하는 법무부장관에 대한 임명권 및 지휘·감독권을 가지고 있다. 또한 아래에서 보는 것과 같이 박근혜 대통령과 최순실, 안종범은 롯데그룹에 대한 수사가 진행 중이던 때에 추가로 70억 원을 받았다가 압수 수색 등 본격적인 강제수사가 시작되기 하루 전 그 돈을 반환하기도 하였다. (롯데그룹 출연액 45억 원)

위에서 본 것과 같이 대통령의 광범위한 권한, 기업 대표와 단독 면담을 갖고 민원 사항을 들었던 점, 재단법인 출연을 전후한 대통령 및 정부의 조치를 종합하여 보면 출연 기업들 중 적어도 경영권 승계와 관련한 국민연금의 의결권 행사, 특별사면, 면세점 사업권 특허 신청, 검찰 수사 등 직접적 이해관계가 걸려 있었던 삼성, 에스케이, 롯데그룹으로부터 받은 돈 (합계 360억 원)은 직무 관련성이 인정되는 뇌물이라고 보아야 할 것이다.

또한 위에서 본 것과 같이 재단법인 미르와 재단법인 케이스포츠 재단은 박근혜 대통령과 최순실이 인사, 조직, 사업에 관한 결정권을 장악하여 사실상 지배하고 있으므로 박근혜 대통령의 행위는 형법상의 뇌물수수죄(형법 제129조 제1항)에 해당한다. 만일 재단법인에 대한 지배력이 인정되지 않는다고 하더라도 재단법인에 뇌물을 출연하게 한 것은 형법상의 제3자뇌물수수죄에 해당한다. 어느 경우든지 수뢰액이 1억 원 이상이므로 결국 박근혜 대통령의 위와 같은 행위는 특정범죄가중처벌등에관한법률위반(뇌물)죄(특정범죄 가중처벌 등에 관한 법률 제2조 제1항 제1호, 형법 제129조 제1항 또는 제130조)에 해당한다. 이는 법정형이 무기 또는 10년 이상의 징역에 해당하는 중죄다.

(나) 직권남용권리행사방해죄, 강요죄

위에서 본 바와 같이 대통령은 정부의 수반으로서 중앙 행정기관의 장을 지휘·감독하여 정부의 중요 정책을 수립·추진하는 등 모든 행정 업무를 총괄하는 직무를 수행하고, 대형 건설 사업 및 국토 개발에 관한 정책, 통화, 금융, 조세에 관한 정책 및 기업 활동에 관한 정책 등 각종 재정·경제 정책의 수립 및 시행을 최종 결정하는 등 국정 전반에 걸쳐 광범위한 권한을 가지고 있다. 또한 대통령과 공모한 안종범은 2014년 6월경부터 2016년 5월경까지 사이에 정부조직법과 대통령령인 대통령비서실직제에 따라 대통령의 직무를 보좌하는 차관급 정무직 공무원인 대통령비서실 경제수석비서관으로 재직하면서 대통령을 보좌하여 산하에 경제금융비서관·농축산식품비서관·해양수산비서관을 두고 재정·경제·금융·산업통상·중소기업·건설교통 및 농림해양수산 정책 등을 포함한 국가정책에 관한 사무를 관장하였고, 2016년 5월경부터 2016년 10월경까지는 정책조정수석비서관으로 재직하면서 대통령을 보좌하여 산하에 기획비서관·국정과제비서관·재난안전비서관을 두고 대통령의 국정 전반에 관한 주요 상황 파악·분석·관리, 국정 과제 추진 관리, 이행 점검, 주요 국정 과제 협의·조정 등의 사무를 관장했다.

이와 같이 막강한 권한을 행사하는 박근혜 대통령과 안종범으로부터 재단법인에 출연금을 납부하라는 요구를 받고, 위에서 본 것과 같이 위법과 탈법을 불사하면서 관계 공무원 및 전경련과 기업 관계자 등을 동원하여 초고속으로 재단 설립 및 출연금 납부에 따른 행정 조치를 취하는 것을 본 위 16개 그룹 대표 및 담당 임원들로서는 위와 같은 대통령의 요구에 응하지 않을 경우 세무조사나 인허가의 어려움 등 기업 활동 전반에 걸쳐 직간접적으로 불이익을 받을 것을 두려워하게 되었다. 박근혜 대통령이 안종범, 최순실과 함께 이러한 두려움을 이용하여 기업들로부터 출연금 명목으로 재단법인에 돈을 납부하게 한 것은 대통령의 직권과 경제수석비서관의 직권을 남용함과 동시에 기업체 대표 및 담당 임원들의 의사 결정의 자

유를 침해해서 의무 없는 일을 하게 한 것으로서 형법상의 직권남용권리
행사방해죄(형법 제123조) 및 강요죄(형법 제324조)에 해당한다.

나. 롯데그룹 추가 출연금 관련 범죄

(1) 사실관계

최순실은 재단법인 케이스포츠에 대한 인사 및 운영을 실질적으로 장악한
후, 재단법인 케이스포츠가 향후 추진하는 사업과 관련된 각종 이권에 개
입하는 방법으로 이익을 취하기 위하여, 2016년 1월 12일 스포츠 매니지
먼트 등을 목적으로 하는 주식회사 더블루케이(이하 '더블루케이'라고 한다)를
설립하였다.

이후 최순실은 재단법인 케이스포츠 직원에게 더블루케이가 이익을 창
출할 수 있는 사업을 기획하라고 지시하여 2016년 2월경 '5대 거점 체육
인재 육성 사업'이라는 제목으로 전국 5대 거점 지역에 체육 시설을 건립하
고 체육 시설의 관리 등 이권 사업은 더블루케이가 담당하는 사업안을 마
련하게 한 다음 체육 시설 건립을 위한 자금은 기업으로부터 일단 재단법
인 케이스포츠로 지원받은 후 더블루케이에 넘겨주는 방식으로 조달하기
로 하고, 그 무렵 위와 같은 사업 계획을 박근혜 대통령에게 전달하였다.

박근혜 대통령은 2016년 3월 14일경 롯데그룹 신동빈 회장과 단독 면담
을 가진 후 안종범에게 롯데그룹이 하남시 체육 시설 건립과 관련하여 75
억 원을 부담하기로 하였으니 그 진행 상황을 챙겨 보라는 지시를 하였다.

한편 신동빈은 대통령과의 면담 이후 회사로 복귀하여 부회장인 망 이
인원에게 대통령의 위와 같은 자금 지원 요청 건에 대한 업무 처리를 지시
했고, 이인원은 임직원들에게 자금 지원 업무를 진행하도록 지시하였다.

최순실은 2016년 3월 중순경 더블루케이 이사 고영태 등에게 '이미 롯
데그룹과 이야기 다 되었으니 롯데그룹 관계자를 만나 지원 협조를 구하
면 돈을 줄 것이다.'라고 지시하였고, 고영태 등은 2016년 3월 17일 및 3

월 22일 두 번에 걸쳐 롯데그룹 임직원들을 만나 '하남 거점 체육 시설 건립에 75억 원이 소요되니 이를 후원해 달라.'면서 75억 원을 요구하였다.

그 사이 안종범은 박근혜 대통령의 지시를 이행하기 위하여 케이스포츠 사무총장으로부터 관련 자료를 송부받거나 롯데그룹 임직원들과 수시로 전화 통화를 하는 등 롯데그룹의 재단법인 케이스포츠에 대한 75억 원의 지원 여부 및 진행 상황을 점검하였다.

롯데그룹 임직원들은 재단법인 미르와 재단법인 케이스포츠 등에 이미 많은 자금을 출연하였거나 출연하기로 하였을 뿐만 아니라 더블루케이 측이 제시하는 사업 계획도 구체성과 실현 가능성이 떨어진다는 이유로 '75억 원을 출연해 주기는 어렵고 35억 원만 출연하면 안 되겠느냐.'는 의사를 재단법인 케이스포츠 측에 전달하고 이를 이인원에게 보고하였다.

그러나 이인원은 위와 같은 요구에 불응할 경우 기업 활동 전반에 걸쳐 직간접적으로 불이익을 받게 될 것을 두려워 한 나머지 임직원들에게 '기왕에 그쪽에서 요구한 금액이 75억 원이니 괜히 욕 얻어먹지 말고 전부를 출연해 주는 것이 좋겠다.'라고 말하며 재단법인 케이스포츠에 75억 원을 교부해 주라고 지시하였다.

결국 롯데그룹은 6개 계열사(롯데제과, 롯데카드, 롯데건설, 롯데케미칼, 롯데캐피탈, 롯데칠성음료)를 동원하여 2016년 5월 25일부터 같은 달 31일까지 사이에 재단법인 케이스포츠에 70억 원을 송금하였다.

(2) 법률적 평가

(가) 특정범죄가중처벌등에관한법률위반(뇌물)죄

대통령이 정부의 수반으로서 중앙 행정기관의 장을 지휘·감독하여 정부의 중요 정책을 수립·추진하는 등 모든 행정 업무를 총괄하는 직무를 수행하고 대형 건설 사업 및 국토 개발에 관한 정책, 통화, 금융, 조세에 관한 정책 및 기업 활동에 관한 정책 등 각종 재정·경제 정책의 수립 및 시행을 최종 결정하며, 소관 행정 각부의 장들에게 위임된 사업자 선정, 신규 사업의 인·허가, 금융 지원, 세무조사 등 구체적 사항에 대하여 직접 또는 간접적인 권한을 행사함으로써 기업체들의 활동에 있어 직무상 또는 사실상의 영향력을 행사할 수 있는 지위에 있다는 점과, 위에서 본 것과 같이 롯데그룹은 대규모 면세점을 경영해 왔는데 2015년 11월경 면세점 특허권 심사에서 탈락해서 사업권을 상실했다가 2016년 3월 기획재정부가 개선 방안을 발표하고 이에 따라 2016년 4월 관세청이 서울 시내에 면세점 4개소 추가 선정 계획을 밝히자 사업권 특허 신청을 했던 점을 종합하면 박근혜 대통령이 롯데그룹으로부터 출연금 명목으로 받은 돈은 직무 관련성이 인정되는 뇌물이라고 하지 않을 수 없다.

또한 위에서 본 것처럼 롯데그룹이 경영권 분쟁 및 비자금 등의 문제로 2005년 12월경부터 그룹 내부 인사들 사이 및 시민단체로부터의 고소, 고발로 검찰의 수사 대상이었고 2016년 6월 10일 그룹 정책본부, 신동빈 회장 자택, 신격호 총괄회장 집무실 등에 대하여 검찰로부터 압수 수색을 당한 이래 계속 수사를 받아왔으며 2016년 10월 19일에는 신동빈 회장이 기소되었던 점, 박근혜 대통령은 민정수석비서관을 통하여 검찰이 수사 중인 주요 사건에 대한 보고를 받을 뿐 아니라 검찰사무의 최고 감독자로서 일반적으로 검사를 지휘·감독하고 구체적 사건에 대하여는 검찰총장을 지휘·감독하는 법무부장관에 대한 임명권 및 지휘·감독권을 가진 점, 롯데그룹이 압수 수색을 당하기 하루 전인 2016년 6월 9일 케이스포츠 측이 갑작스럽게 출연금 명목으로 받은 70억 원을 반환하겠다는 의사를 표시하고 그 후 3~4일에 걸쳐 실제로 반환한 점을 종합해 볼 때도 이는 직무 관련성이 인정되는 뇌물이라고 하지 않을 수 없다.

그렇다면 위에서 본 박근혜 대통령의 행위는 특정범죄가중처벌등에관한법률위반(뇌물)죄(특정범죄 가중처벌 등에 관한 법률 제2조 제1항 제1호, 형법 제129조 제1항 또는 제130조)에 해당한다.

(나) 직권남용권리행사방해죄, 강요죄

위에서 본 바와 같이 막강한 권한을 행사하는 박근혜 대통령과 안종범으로부터 체육 시설 건립에 필요한 자금을 재단법인에 출연금 명목으로 납부하라는 요구를 받은 롯데그룹의 대표와 임직원들은 대통령의 요구에 응하지 않을 경우 면세점 특허 심사 과정에서의 어려움이나 검찰 수사 등 기업 활동 전반에 걸쳐 직간접적으로 불이익을 받을 것을 두려워하게 되었다. 박근혜 대통령이 안종범, 최순실과 함께 이러한 두려움을 이용하여 롯데그룹 소속 기업들로부터 출연금 명목으로 재단법인에 돈을 납부하게 한 것은 대통령의 직권과 경제수석비서관의 직권을 남용함과 동시에 기업체 대표 및 담당임원들의 의사 결정의 자유를 침해해서 의무 없는 일을 하게 한 것으로서 형법상의 직권남용권리행사방해죄(형법 제123조) 및 강요죄(형법 제324조)에 해당한다.

다. 최순실 등에 대한 특혜 제공 관련 범죄

(1) 케이디코퍼레이션 관련 특정범죄가중처벌등에관한법률위반(뇌물)죄, 직권남용권리행사방해죄, 강요죄

최순실은 2013년 가을경부터 2014년 10월경까지 딸 정유라가 졸업한 초등학교 학부형으로서 친분이 있던 문화경으로부터 남편인 이종욱이 운영하는 주식회사 케이디코퍼레이션(이하 '케이디코퍼레이션'이라고 한다)이 해외기업 및 대기업에 납품을 할 수 있도록 도와달라는 부탁을 받고 여러 차례에 걸쳐 정호성을 통해 케이디코퍼레이션에 대한 회사소개 자료를 박근혜 대통령에게 전달해 오던 중, 2014년 10월경 케이디코퍼레이션에서 제조하는 원동기용 흡착제를 현대자동차에 납품할 수 있도록 도와달라는 부탁을 받고 정호성을 통해 케이디코퍼레이션에 대한 사업소개서를 대통령에게 전달하였다.

박근혜 대통령은 2014년 11월 27일경 안종범에게 '케이디코퍼레이션은 흡착제 관련 기술을 갖고 있는 훌륭한 회사인데 외국 기업으로부터 부당한 대우를 받고 있으니 현대자동차에서 그 기술을 채택할 수 있는지 알아보라.'는 지시를 하였다. 이에 그 무렵 안종범은 대통령이 함께 있는 가운데 현대자동차 그룹 정몽구 회장 및 그와 동행한 김용환 부회장에게 '케이디코퍼레이션이라는 회사가 있는데, 효용성이 높고 비용도 낮출 수 있는 좋은 기술을 가지고 있다고 하니 현대자동차에서도 활용이 가능하다면 채택해 주었으면 한다.'고 말을 하였다.

김용환은 2014년 12월 2일경 안종범에게 케이디코퍼레이션의 대표자 이름과 연락처를 다시 확인한 다음 잘 챙겨 보겠다는 취지로 답하고 즉시 현대자동차 구매 담당 부사장에게 케이디코퍼레이션과의 납품 계약을 추진해 보라고 지시하고, 이후 안종범은 케이디코퍼레이션과 현대자동차와의 납품 계약 진행 상황을 계속 점검하면서 '특별 지시 사항 관련 이행 상황 보고'라는 문건을 작성하여 박근혜 대통령에게 보고하였다.

정몽구와 김용환은 위와 같은 요구에 불응할 경우 세무조사를 당하거나 인허가의 어려움 등 기업 활동 전반에 걸쳐 직간접적인 불이익을 받게 될 것을 두려워 한 나머지, 케이디코퍼레이션은 현대자동차 그룹의 협력 업체 리스트에 들어 있지 않은 업체이고 인지도나 기술력 또한 제대로 검증되지 않은 업체임에도 불구하고 협력 업체 선정을 위해 거쳐야 하는 제품성능 테스트와 입찰 등의 정상적인 절차를 생략한 채 수의계약으로 현대자동차 및 기아자동차가 케이디코퍼레이션의 제품을 납품받기로 결정하였다.

그 후 현대자동차와 기아자동차는 2015년 2월 3일경 케이디코퍼레이션과 원동기용 흡착제 납품 계약을 체결하고, 케이디코퍼레이션으로부터 그 무렵부터 2016년 9월경까지 합계 10억5,991만9천 원 상당의 제품을 납품받았다. 최순실은 2016년 5월경 박근혜 대통령의 프랑스 순방 시 이종욱이 경제사절단으로 동행할 수 있도록 도와주었다.

한편, 케이디코퍼레이션의 대표 이종욱은 최순실에게 위와 같은 계약체결의 부탁이나 계약성사의 대가 명목으로 2013년 12월경 시가 1,162만 원 상당의 샤넬백 1개, 2015년 2월경 현금 2천만 원, 2016년 2월경 현금 2천만 원 합계 5,162만 원 상당을 주었다.

대통령이 정부의 수반으로서 중앙 행정기관의 장을 지휘·감독하여 정부의 중요 정책을 수립·추진하는 등 모든 행정 업무를 총괄하는 직무를 수행하고 대형 건설 사업 및 국토 개발에 관한 정책, 통화, 금융, 조세에 관한 정책 및 기업 활동에 관한 정책 등 각종 재정·경제 정책의 수립 및 시행을 최종 결정하며, 소관 행정 각부의 장들에게 위임된 사업자 선정, 신규 사업의 인·허가, 금융 지원, 세무조사 등 구체적 사항에 대하여 직접 또는 간접적인 권한을 행사함으로써 기업체들의 활동에 있어 직무상 또는 사실상의 영향력을 행사할 수 있는 지위에 있다는 점에 비추어 보면 위와 같은 경위로 최순실이 케이디코퍼레이션 측으로부터 받은 돈은 박근혜 대통령의 직무와 관련성이 인정되는 뇌물이라고 하지 않을 수 없다. 이는 특정범죄가중처벌등에관한법률위반(뇌물)죄(특정범죄 가중처벌 등에 관한 법률 제2조 제1항 제2호, 형법 제130조)에 해당한다.

또한 박근혜 대통령은 최순실, 안종범과 공모하여 대통령의 직권과 경제수석비서관의 직권을 남용함과 동시에 이에 두려움을 느낀 피해자 현대자동차 그룹 회장 정몽구 등으로 하여금 케이디코퍼레이션과 제품 납품 계약을 체결하도록 함으로써 의무 없는 일을 하게 하였다. 이는 형법상의 직권남용권리행사방해죄(형법 제123조) 및 강요죄(형법 제324조)에 해당한다.

(2) 플레이그라운드 관련 직권남용권리행사방해죄, 강요죄

최순실은 2015년 10월경 광고 제작 등을 목적으로 하는 주식회사 플레이그라운드커뮤니케이션즈(이하 '플레이그라운드'라고 한다)를 설립하고, 자신의 측근인 미르 재단 사무부총장 김성현 등을 이사로 선임한 다음 기업으로부터 광고 수주를 받아 이익을 취하기로 계획하였고, 2015년 10월경부터 2016년 1월 초순경까지 사이에 김성현으로 하여금 플레이그라운드의 회사소개 자료를 작성하도록 하였다.

박근혜 대통령은 2016년 2월 15일 안종범에게 플레이그라운드의 회사소개 자료를 건네주면서 '위 자료를 현대자동차 측에 전달하라.'는 지시를 하고, 그 즈음 안종범은 서울 종로구 소재 안가에서 정몽구 회장과 함께 대통령과의 단독 면담을 마친 김용환 부회장에게 플레이그라운드의 회사 소개 자료가 담긴 봉투를 전달하며 '이 회사가 현대자동차 광고를 할 수 있도록 잘 살펴봐 달라.'고 말하여 현대자동차의 광고를 플레이그라운드가 수주할 수 있도록 해달라는 취지로 요구하였다.

또한, 박근혜 대통령은 2016년 2월 15일~22일 사이에 진행된 대통령과 현대자동차 그룹 등 8개 그룹 회장들과의 단독 면담이 모두 마무리될 무렵 안종범에게 '플레이그라운드는 아주 유능한 회사로 미르 재단 일에도 많은 도움을 주고 있어 기업 총수들에게 협조를 요청하였으니 잘 살펴보라.'는 취지의 지시를 하였다.

안종범으로부터 위와 같은 요구를 받은 김용환은 2016년 2월 18일경 현대자동차 김걸 부사장에게 플레이그라운드 소개 자료를 전달하면서 '플레이그라운드가 현대·기아차 광고를 할 수 있게 해보라.'라고 지시하고, 김걸 등의 검토 결과 2016년 12월 31일까지는 현대자동차 그룹 계열 광고 회사인 주식회사 이노션과 3개의 중소 광고 회사에 대해서만 광고 물량을 발주해 주기로 확정된 상태임에도 불구하고, 위와 같은 요구에 불응할 경우 각종 인허가 등에 어려움을 겪거나 세무조사를 당하는 등 기업 활동 전반에 직간접적으로 불이익을 입게 될 것을 두려워 한 나머지 주식회사 이노션에 양해를 구하고 그 자리에 플레이그라운드를 대신 끼워 넣어 광고를 수주할 수 있도록 해주었다.

이에 따라 현대자동차 그룹에서는 2016년 4월경부터 2016년 5월경까지 사이에 플레이그라운드로 하여금 발주금액 합계 70억6,627만 원 상당의 광고 5건을 수주받게 하여 9억1,807만 원 상당의 수익을 올리도록 하였다.

결국 박근혜 대통령은 최순실, 안종범과 공모하여 대통령의 직권과 경제수석비서관의 직권을 남용함과 동시에 이에 두려움을 느낀 피해자 현대자동차 그룹 부회장 김용환 등으로 하여금 플레이그라운드와 광고발주 계약을 체결하도록 함으로써 의무 없는 일을 하게 하였다. 이는 형법상의 직권남용권리행사방해죄(형법 제123조) 및 강요죄(형법 제324조)에 해당한다.

(3) 주식회사 포스코 관련 직권남용권리행사방해죄, 강요죄

최순실은 재단법인 케이스포츠 직원인 박헌영 과장 등에게 재단이 추진하는 사업을 통해 더블루케이가 이익을 창출할 수 있는 방안을 기획하라고 지시하여 2016년 2월경 '포스코를 상대로 배드민턴팀을 창단하도록 하고 더블루케이가 그 선수단의 매니지먼트를 담당한다.'라는 내용의 기획안을 마련하게 하였다.

박근혜 대통령은 2016년 2월 22일 서울 종로구 삼청동 소재 안가에서 포스코 회장 권오준과 단독 면담을 하면서 '포스코에서 여자 배드민턴팀을 창단해 주면 좋겠다. 더블루케이가 거기에 자문을 해줄 수 있을 것이다.'는 요청을 하였고, 안종범은 위와 같이 대통령과 단독 면담을 마치고 나온 권오준에게 미리 준비한 더블루케이 조성민 대표의 연락처를 전달하면서 조성민을 만나 보라고 하였다.

이에 권오준은 위와 같은 취지를 포스코 황은연 경영지원본부장에게 지시하고, 황은연은 2016년 2월 25일 더블루케이 및 재단법인 케이스포츠 관계자들을 만나 창단 비용 46억 원 상당의 여자 배드민턴팀 창단 요구를 받았으나, 포스코가 창사 이래 처음으로 적자를 기록하는 등의 어려운 경영 여건, 이미 포스코에서 다양한 체육팀을 운영하고 있는 상황 등을 이유로 추가로 여자 배드민턴팀을 창단하는 것은 부담스럽다는 의사를 표시하였다.

최순실은 조성민 등으로부터 포스코가 여자 배드민턴팀 창단 제의를 거절하였다는 보고를 받고 그 다음날인 2016년 2월 26일 재단법인 케이스포츠 사무총장 등으로 하여금 안종범을 만나 '황은연 사장이 더블루케이의 여자 배드민턴팀 창단 요구를 고압적이고 비웃는 듯한 자세로 거절하고 더블루케이 직원들을 잡상인 취급하였다.'라고 보고하도록 하였다.

안종범은 '포스코 회장에게 전달한 내용이 사장에게 제대로 전달되지 않은 것 같다. 포스코에 있는 여러 체육팀을 모아 통합 스포츠단을 창단하도록 조치하겠다. 다만 포스코가 더블루케이의 여자 배드민턴팀 창단 요구를 거절한 사실을 브이아이피께 보고하지 말아달라.'고 답변한 다음, 황은연에게 전화하여 '더블루케이 측에서 불쾌해 하고 있으니 오해는 푸는 것이 좋겠다. 청와대 관심 사항이니 더블루케이와 잘 협의하고 포스코에 있는 여러 종목을 모아서 스포츠단을 창단하는 대안도 생각해 보라.'고 말하였다.

이에 황은연은 청와대의 요구에 불응할 경우 세무조사를 당하거나 인허가의 어려움 등 기업 활동 전반에 걸쳐 직간접적으로 불이익을 받게 될 것을 두려워한 나머지 조성민에게 전화하여 사과를 하고 내부적으로 통합 스포츠단 창단 방안에 대하여 검토를 시작하였으며, 최순실은 2016년 3월 초순경 박헌영 등에게 포스코가 운영하고 있는 5개 종목 기존 체육팀에 여자 배드민턴팀, 남·여 펜싱팀, 남·여 태권도팀을 신설하여 총 8개 체육팀을 포함한 통합 스포츠단을 창단하되 그 매니지먼트를 더블루케이가 담당하는 개편안을 준비하도록 하여 이를 포스코 측에 전달하였다.

포스코 측은 위 개편안은 과도한 비용이 소요되어 도저히 수용하기 어렵다고 결정하고 2016년 3월 15일 포스코 양원준 상무 등은 직접 더블루케이 사무실을 방문하여 고영태 등에게 여자 배드민턴팀이나 통합 스포츠단을 창단하기 어려운 사정을 설명하고 대신에 계열사인 포스코 피앤에스 산하에 2017년도부터 창단 비용 16억 원 상당의 펜싱팀을 창단하고 그 매니지먼트를 더블루케이에 맡기도록 하겠다는 내용으로 최종 합의하였다.

결국 박근혜 대통령은 최순실, 안종범과 공모하여 대통령의 직권과 경제수석비서관의 직권을 남용함과 동시에 이에 두려움을 느낀 피해자 포스코 그룹 회장 권오준 등으로 하여금 2017년도에 펜싱팀을 창단하고 더블루케이가 매니지먼트를 하기로 하는 내용의 합의를 하도록 하는 등 의무 없는 일을 하게 하였다. 이는 형법상의 직권남용권리행사방해죄(형법 제123조) 및 강요죄(형법 제324조)에 해당한다.

(4) 주식회사 케이티 관련 직권남용권리행사방해죄, 강요죄

최순실은 대기업 등으로부터 광고 계약을 수주할 생각으로 차은택 및 김홍택과 함께 2015년 1월경 모스코스를 설립하고 2015년 10월경 플레이그라운드를 설립하는 한편, 대기업들로부터 광고 계약의 원활한 수주를 위하여 자신의 측근을 대기업의 광고 업무 책임자로 채용되게 하려는 계획을 세웠다.

최순실은 위와 같은 계획 하에 2015년 1월경부터 2015년 7월경까지 사이에 차은택 등으로부터 대기업 채용 대상자로 차은택의 지인인 이동수와 신혜성 등을 추천받았다.

박근혜 대통령은 2015년 1월경 및 2015년 8월경 안종범에게 '이동수라는 홍보 전문가가 있으니 케이티에 채용될 수 있도록 케이티 회장에게 연락하고, 신혜성도 이동수와 호흡을 맞출 수 있도록 하면 좋겠다.'라는 지시를 하였고, 안종범은 케이티 회장인 황창규에게 연락하여 '윗선의 관심 사항인데 이동수는 유명한 홍보 전문가이니 케이티에서 채용하면 좋겠다. 신혜성은 이동수 밑에서 같이 호흡을 맞추면 좋을 것 같으니 함께 채용해 달라.'라고 요구하였다.

황창규는 이러한 요구를 받아들여 2015년 2월 16일경 이동수를 전무급인 '브랜드지원센터장'으로, 2015년 12월 초순경 신혜성을 '아이엠씨본부 그룹브랜드지원 담당'으로 채용하였다.

그 후 박근혜 대통령은 2015년 10월경 및 2016년 2월경 안종범에게 '이동수, 신혜성의 보직을 케이티의 광고 업무를 총괄하거나 담당하는 직책으로 변경하게 하라.'는 지시를 하였고, 안종범은 황창규에게 연락하여 이동수를 케이티의 아이엠씨 본부장으로, 신혜성을 아이엠씨 본부 상무보로 인사발령을 내줄 것을 요구하였고, 황창규는 안종범의 요구대로 이동수와 신혜성의 보직을 변경해 주었다.

박근혜 대통령은 2016년 2월경 안종범에게 '플레이그라운드가 케이티의 광고대행사로 선정될 수 있도록 하라.'는 지시를 하였고, 이에 따라 안종범은 그 무렵 황창규와 이동수에게 전화를 걸어 '브이아이피 관심 사항이다. 플레이그라운드라는 회사가 정부 일을 많이 하니 케이티의 신규 광고대행사로 선정해 달라.'라고 요구하였다.

이에 황창규 등은 위와 같은 요구에 불응할 경우 세무조사를 당하거나 각종 인허가의 어려움 등 기업 활동 전반에 걸쳐 직간접적으로 불이익을 받게 될 것을 두려워 한 나머지, 신규 설립되어 광고 제작 실적이 부족한 플레이그라운드가 공개 경쟁입찰에서 광고대행사로 선정될 수 있도록 기존 심사 기준에서 '직전 년도 공중파 TV/CATV 광고 실적' 항목을 삭제하고 플레이그라운드 명의로 제출된 포트폴리오 중 일부가 실제 플레이그라운드의 포트폴리오가 아닌 것으로 확인되는 등 심사 결격 사유가 발견되었음에도 2016년 3월 30일 플레이그라운드를 케이티의 신규 광고대행사로 최종 선정하고 2016년 3월 30일부터 2016년 8월 9일까지 플레이그라운드로 하여금 발주금액 합계 68억1,767만6천 원 상당의 광고 7건을 수주받게 하여 5억1,669만6,500원 상당의 수익을 올리도록 하였다.

결국 박근혜 대통령은 최순실, 안종범과 공모하여 대통령의 직권과 경제수석비서관의 직권을 남용함과 동시에 이에 두려움을 느낀 피해자 케이티 회장 황창규 등으로 하여금 플레이그라운드를 광고대행사로 선정하고 광고 제작비를 지급하게 하는 등 의무 없는 일을 하게 하였다. 이는 형법상의 직권남용권리행사방해죄(형법 제123조) 및 강요죄(형법 제324조)에 해당한다.

(5) 그랜드코리아레저 관련 직권남용권리행사방해죄, 강요죄

최순실은 2016년 1월 중순경 기업들에게 스포츠 선수단을 신규 창단하도록 하고 선수단의 창단, 운영에 관한 업무 대행은 더블루케이가 맡는 내용의 용역 계약을 체결함으로써 이익을 취하기로 계획하고, 케이스포츠 부장 노승일과 박헌영에게 위와 같은 용역 계약 제안서를 작성하도록 하였다.

최순실은 2016년 1월 20일경 위와 같은 용역 계약을 체결할 대상 기업으로 문화체육관광부 산하 한국관광공사의 자회사인 그랜드코리아레저 주식회사(이하 '그랜드코리아레저'라고 한다)를 정한 후, 정호성에게 '대통령께 그랜드코리아레저와 더블루케이 간 스포츠팀 창단·운영 관련 업무 대행 용역 계약을 체결할 수 있도록 주선해 줄 것을 요청해 달라.'고 하였다.

박근혜 대통령은 2016년 1월 23일 안종범에게 '그랜드코리아레저에서 장애인 스포츠단을 설립하는데 컨설팅할 기업으로 더블루케이가 있다. 그랜드코리아레저에 더블루케이라는 회사를 소개하라.'라고 지시하면서 더블루케이 대표이사 조성민의 연락처를 알려 주었다.

안종범은 박근혜 대통령의 지시에 따라 2016년 1월 24일경 그랜드코리아레저 대표이사 이기우에게 전화하여 조성민의 전화번호를 알려 주며 스포츠팀 창단·운영에 관한 업무 대행 용역 계약 체결을 위해 조성민과 협상할 것을 요구하였다.

또한 박근혜 대통령은 그 무렵 안종범에게 '케이스포츠가 체육 인재를 양성하고자 하는 기관이니 사무총장을 문화체육관광부 김종 차관에게 소개하라.'는 지시를 하였고, 이에 따라 안종범은 2016년 1월 26일 김종을 케이스포츠 정현식 사무총장과 위 조성민에게 소개시켜 주었고 김종은 그 자리에서 케이스포츠와 더블루케이의 향후 사업 등에 대한 조언과 지원을 약속하였다.

최순실은 조성민과 더블루케이 이사 고영태에게 2016년 1월 28일 그랜드코리아레저 대표이사 이기우를 만나도록 지시하였고, 그들을 통해 이기우에게 그랜드코리아레저 측이 배드민턴 및 펜싱 선수단을 창단할 것과 창단, 운영 관련 매년 80억 원 상당의 업무 대행 용역 계약을 체결할 것을 요구하였다.

이기우는 더블루케이 측이 요구하는 용역 계약의 규모가 너무 커 계약 체결이 곤란한 상황임에도 불구하고, 이러한 요구에 불응할 경우 기업 활동 전반에 걸쳐 직간접으로 불이익을 받을 것을 두려워 한 나머지 더블루케이와 협상을 계속 진행할 수밖에 없었다.

김종은 위 용역 계약의 체결이 지연되자 2016년 2월 25일 계약금액을 줄인 장애인 선수단 창단·운영에 대한 용역 계약을 체결하는 조정안을 제시하였고, 이기우와 조성민은 김종의 조정안에 따라 협상을 진행하여, 결국 2016년 5월 11일경 더블루케이가 선수의 에이전트로서의 권한을 갖는 그랜드코리아레저-선수-더블루케이 3자 간 '장애인 펜싱 실업팀 선수 위촉 계약'을 체결하였다.

그랜드코리아레저는 2016년 5월 24일경 위 계약에 따라 선수들 3명에 대한 전속 계약금 명목으로 각 2천만 원씩 합계 6천만 원을 지급하였고, 그 무렵 더블루케이는 위 선수들로부터 전속 계약금의 절반인 3천만 원을 에이전트 비용 명목으로 지급받았다.

결국 박근혜 대통령은 최순실, 안종범과 공모하여 대통령의 직권과 경제수석비서관의 직권을 남용함과 동시에 이에 두려움을 느낀 피해자 이기우로 하여금 위와 같은 계약을 체결하게 함으로써 의무 없는 일을 하게 하였다. 이는 형법상의 직권남용권리행사방해죄(형법 제123조) 및 강요죄(형법 제324조)에 해당한다.

라. 문서 유출 및 공무상 취득한 비밀 누설 관련 범죄

박근혜 대통령은 2013년 10월경 서울 종로구 청와대로1로에 있는 대통령 부속 비서관실에서 정호성 비서관으로부터 2013년 10월 2일자 국토교통부장관 명의의 '복합 생활체육 시설 추가 대상지(안) 검토' 문건을 전달받고 관련 내용을 보고받았다.

위 문건에는 '수도권 지역 내 복합 생활체육 시설 입지 선정과 관련하여 추가 대상지로 경기도 하남시 미사동 등 3개 대상지를 검토하였으며, 그중 경기도 하남시 미사동이 접근성, 이용 수요, 설치 비용 모두 양호하여 3개 대상지 중 최상의 조건을 갖추었다.'라는 등의 내용이 기재되어 있는데, 위 문건의 내용 및 국토교통부와 대통령비서실에서 수도권 지역 내 복합 생활체육 시설 부지를 검토하였다는 사실 등은 직무상 비밀에 해당한다.

박근혜 대통령은 그 무렵 정호성에게 지시하여, 위 '복합 생활체육 시설 추가 대상지(안) 검토' 문건을 정호성과 최순실이 공동으로 사용하는 외부 이메일에 첨부하여 전송하는 방법으로 최순실에게 전달하였다.

박근혜 대통령은 이를 비롯하여 2013년 1월경부터 2016년 4월경까지 정호성에게 지시하여 총 47회에 걸쳐 공무상 비밀 내용을 담고 있는 문건 47건을 최순실에게 이메일 또는 인편 등으로 전달하였다. 박근혜 대통령의 이러한 행위는 형법상의 공무상비밀누설죄(형법 제127조)에 해당한다.

3. 중대성의 문제

박 대통령에 대한 파면 결정이 정당화되기 위해서는 파면 결정을 통하여 헌법을 수호하고 손상된 헌법 질서를 다시 회복하는 것이 요청될 정도로 대통령의 법위반 행위가 헌법 수호의 관점에서 중대한 의미를 가져야 하고 대통령에게 부여한 국민의 신임을 임기 중 다시 박탈해야 할 정도로 대통령이 법위반 행위를 통하여 국민의 신임을 저버린 경우여야 한다. 이러한 경우에 한하여 대통령에 대한 탄핵 사유가 존재하는 것으로 볼 수 있을 것이다.

그런데 박 대통령은 앞서 살펴본 것과 같이 국민의 신임을 받은 행정부 수반으로서 정부 행정조직을 통해 국가정책을 결정하고 집행하여야 함에도 최순실 등 비선 조직을 통해 공무원 인사를 포함한 국가정책을 결정하고 이들에게 국가 기밀에 해당하는 각종 정책 및 인사 자료를 유출하여 최순실 등이 경제, 금융, 문화, 산업 전반에서 국정을 농단하게 하고, 이들의 사익 추구를 위해서 국가권력이 동원되는 것을 방조하였다. 그 결과 최순실 등이 고위 공무원 등의 임면에 관여하였으며 이들에게 불리한 언론 보도를 통제하고 이에 응하지 않는 언론인을 사퇴하게 하는 등 자유민주국가에서 허용될 수 없는 불법행위를 가하였다. 박 대통령의 이러한 행위는 자유민주적 기본 질서를 위협하고 국민주권주의, 대의민주주의, 법치국가 원리, 직업 공무원제 및 언론의 자유를 침해하여 우리 헌법의 기본 원칙에 대한 적극적인 위반 행위에 해당하는바, 박 대통령의 파면이 필요할 정도로 헌법 수호의 관점에서 중대한 법위반에 해당한다.

나아가 박 대통령은 최순실, 안종범과 공모하여 사기업들로 하여금 강제로 금품 지급 또는 계약 체결 등을 하거나 특정 임원의 채용 또는 퇴진을 강요하고 사기업으로부터 부정한 청탁을 받고 최순실 등을 위해 금품을 공여하거나 이를 약속하게 하는 부정부패 행위를 하였는데, 박 대통령의 이러한 행위는 헌법상 권한과 지위를 남용하고 국가조직을 이용하여 국민의 기본권을 침해하고 부정부패 행위를 한 것으로서 국가와 국민의 이익을 명백히 해하는 행위에 해당한다. 따라서 대통령의 직을 유지하는 것이 더 이상 헌법 수호의 관점에서 용납될 수 없거나 대통령이 국민의 신임을 배신하여 국정을 담당할 자격을 상실한 정도에 이른 것이다.

4. 결론

최순실 등의 국정 농단과 비리 그리고 공권력을 이용하거나 공권력을 배경으로 한 사익의 추구는 그 끝을 알 수 없을 정도로 광범위하고 심각하다. 국민들은 이러한 비리가 단순히 측근에 해당하는 인물이 아니라 박근혜 대통령 본인에 의해서 저질러졌다는 점에 분노와 허탈함을 금치 못하고 있다. 박근혜 대통령과 최순실 등의 그러한 행위는, 박근혜 대통령이 자인하였듯이, 대한민국 국민들에게 "이루 말할 수 없는 큰 실망"을 주었으며, 대통령을 믿고 국정을 맡긴 주권자들에게 "돌이키기 힘든 마음의 상처"를 가져왔다(2016년 11월 4일자 대국민 사과문).

　더욱이 박근혜 대통령은 검찰 수사에 응하겠다고 공개적으로 국민들에게 약속하였다가 검찰이 자신을 최순실 등과 공범으로 판단한 수사 결과를 발표하자 청와대 대변인을 통하여 "검찰의 (최순실 등에 대한 기소는) 객관적인 증거는 무시한 채 상상과 추측을 거듭해서 지은 사상누각일 뿐"이라고 말하면서 검찰 수사에 불응하였다. 국정의 최고, 최종 책임자인 대통령이 국가 기관인 검찰의 준사법적 판단을 이렇게 폄하하는 것은 그 자체가 국법 질서를 깨는 일일 뿐만 아니라, 공개적인 대국민 약속을 상황이 자신에게 불리해졌다고 해서 불과 며칠 만에 어기고 결과적으로 거짓말로 만들어 버린 것은 국민들이 신임을 유지할 최소한의 신뢰도 깨어 버린 것이다.

2016년 11월 박근혜 대통령에 대한 지지율은 3주 연속 4~5%의 유례 없이 낮은 수치로 추락하였으며 2016년 11월 12일 및 같은 달 26일 서울 광화문에서만 1백만이 넘는 국민들이 촛불 집회와 시위를 하며 대통령 하야와 탄핵을 요구하였다. 박근혜 대통령을 질타하고 더 이상 대통령 직책을 수행하지 말라는 국민들의 의사는 분명하다. 주권자의 뜻은 수많은 국민들이 세대와 이념과 출신 지역에 상관없이 평화롭게 행하는 집회와 시위에서 충분히 드러났다.

박근혜 대통령의 탄핵 소추와 공직으로부터의 파면은 대통령의 직무 수행의 단절로 인한 국가적 손실과 국정 공백을 훨씬 상회하는 '손상된 근본적 헌법 질서의 회복'을 위한 것이다. 이미 박근혜 대통령은 국민들의 신임을 잃어 정상적인 국정 운영이 불가능하며 주요 국가정책에 대하여 국민의 동의와 지지를 구하기 어려운 상태다. 박근혜 대통령에 대한 탄핵 소추와 파면은 국론의 분열을 가져오는 것이 아니라 오히려 국론의 통일에 기여할 것이다. 이 탄핵 소추로서 우리는 대한민국 국민들이 이 나라의 주인이며 대통령이라 할지라도 국민의 의사와 신임을 배반하는 권한 행사는 결코 용납되지 않는다는 준엄한 헌법 원칙을 재확인하게 될 것이다.

이에 우상호·박지원·노회찬 의원 등 171명의 국회의원은 국민의 뜻을 받들어 박근혜 대통령에 대한 탄핵 소추를 발의한다.

의안번호 4092

발의연월일 : 2016. 12. 3.

발 의 자 : 우상호·박지원·노회찬·강병원·강창일·강훈식·고용진·권
미혁·권칠승·금태섭·기동민·김경수·김경협·김두관·김민
기·김병관·김병기·김병욱·김부겸·김상희·김성수·김영
주·김영진·김영춘·김영호·김정우·김종민·김종인·김진
표·김철민·김태년·김한정·김해영·김현권·김현미·남인
순·노웅래·도종환·문미옥·문희상·민병두·민홍철·박경
미·박광온·박남춘·박범계·박병석·박영선·박완주·박용
진·박재호·박정·박주민·박찬대·박홍근·백재현·백혜련·
변재일·서형수·설훈·소병훈·손혜원·송기헌·송영길·송옥
주·신경민·신동근·신창현·심재권·안규백·안민석·안호
영·양승조·어기구·오영훈·오제세·우원식·원혜영·위성
곤·유동수·유승희·유은혜·윤관석·윤호중·윤후덕·이개
호·이상민·이석현·이언주·이용득·이원욱·이인영·이재
정·이종걸·이철희·이춘석·이학영·이해찬·이훈·인재근·
임종성·전재수·전해철·전현희·전혜숙·정성호·정재호·정
춘숙·제윤경·조승래·조응천·조정식·진선미·진영·최명
길·최운열·최인호·추미애·표창원·한정애·홍영표·홍익
표·황희·권은희·김경진·김관영·김광수·김동철·김삼화·
김성식·김수민·김종회·김중로·박선숙·박주선·박주현·박
준영·손금주·송기석·신용현·안철수·오세정·유성엽·윤영
일·이동섭·이상돈·이용주·이용호·이태규·장병완·장정
숙·정동영·정인화·조배숙·주승용·채이배·천정배·최경환
(국)·최도자·황주홍·김종대·심상정·윤소하·이정미·추혜
선·김용태·김종훈·서영교·윤종오·이찬열·홍의락   의원
(171인)

283

대통령(박근혜) 탄핵 심판(2016헌나1) 선고 요지

지금부터 2016헌나1 대통령 박근혜 탄핵 사건에 대한 선고를 시작하겠습니다.

선고에 앞서 이 사건의 진행 경과에 관하여 말씀드리겠습니다. 저희 재판관들은 지난 90여 일 동안 이 사건을 공정하고 신속하게 해결하기 위하여 온 힘을 다하여 왔습니다. 지금까지 대한민국 국민들께서도 저희 재판부와 마찬가지로 많은 번민과 고뇌의 시간을 보내셨으리라 생각합니다. 저희 재판관들은 이 사건이 재판소에 접수된 지난 해 12월 9일 이후 오늘까지 휴일을 제외한 60여 일간 매일 재판관 평의를 진행하였습니다. 재판 과정 중 이루어진 모든 진행 및 결정에 재판관 전원의 논의를 거치지 않은 사항은 없습니다.

저희는 그 간 세 차례의 준비 기일과 열일곱 차례에 걸친 변론 기일을 열었습니다. 그 과정에서 청구인 측 증거인 갑 제174호증에 이르는 서증과 열두 명의 증인, 5건의 문서 송부 촉탁 결정 및 1건의 사실 조회 결정, 피청구인 측 증거인 을 제60호증에 이르는 서증과 열일곱 명의 증인(안ㅇ범 중복하면 17명), 6건의 문서 송부 촉탁 결정 및 68건의 사실 조회 결정을 통한 증거조사를 하였으며 소추위원과 양쪽 대리인들의 변론을 경청하였습니다. 증거 조사된 자료는 4만8천여 쪽에 달하며, 당사자 이외의 분들이 제출한 탄원서 등의 자료들도 40박스의 분량에 이릅니다.

대한민국 국민 모두 아시다시피, 헌법은 대통령을 포함한 모든 국가기관의 존립 근거이고, 국민은 그러한 헌법을 만들어 내는 힘의 원천입니다. 재판부는 이 점을 깊이 인식하면서, 역사의 법정 앞에 서게 된 당사자의 심정으로 이 선고에 임하고자 합니다.

　저희 재판부는 국민들로부터 부여받은 권한에 따라 이루어지는 오늘의 이 선고가 더 이상의 국론 분열과 혼란을 종식시키고, 화합과 치유의 길로 나아가는 밑거름이 되기를 바랍니다. 또한, 어떤 경우에도 법치주의는 흔들려서는 안 될 우리 모두가 함께 지켜 가야 할 가치라고 생각합니다.

　지금부터 선고를 시작하겠습니다.

　먼저, 이 사건 탄핵 소추안의 가결 절차와 관련하여 흠결이 있는지 살펴보겠습니다.

　소추 의결서에 기재된 소추 사실이 구체적으로 특정되지 아니하였다는 점에 대하여 보겠습니다.

　헌법상 탄핵 소추 사유는, 공무원이 그 직무 집행에서 헌법이나 법률을 위배한 사실이고 여기서 법률은 형사법에 한정되지 않습니다. 그리고 탄핵 결정은 대상자를 공직으로부터 파면하는 것이지 형사상 책임을 묻는 것은 아닙니다. 따라서 피청구인이 방어권을 행사할 수 있고 심판 대상을 확정할 수 있을 정도로 사실관계를 기재하면 됩니다. 이 사건 소추 의결서의 헌법 위배 행위 부분이 분명하게 유형별로 구분되지 않은 측면이 없지 않지만, 법률 위배 행위 부분과 종합하여 보면 소추 사유를 특정할 수 있습니다.

　다음으로, 이 사건 탄핵 소추안을 의결할 당시 국회 법사위의 조사도 없이 공소장과 신문 기사 정도만 증거로 제시되었다는 점에 대하여 보겠습니다.

　국회의 의사 절차의 자율권은 권력분립의 원칙상 존중되어야 합니다. 국회법에 의하더라도 탄핵 소추 발의시 사유 조사 여부는 국회의 재량으로 규정하고 있으므로 그 의결이 헌법이나 법률을 위배한 것이라고 볼 수 없습니다.

　다음 이 사건 소추 의결이 아무런 토론 없이 진행되었다는 점에 관하여 보겠습니다.

　의결 당시 상황을 살펴보면, 토론 없이 표결이 이루어진 것은 사실이나,

국회법상 반드시 토론을 거쳐야 한다는 규정은 없고 미리 찬성 또는 반대의 뜻을 국회의장에게 통지하고 토론할 수는 있습니다. 그런데 당시 토론을 희망한 의원은 한 사람도 없었으며, 국회의장이 토론을 희망하는데 못하게 한 사실도 없었습니다.

탄핵 사유는 개별 사유별로 의결 절차를 거쳐야 함에도 여러 개 탄핵 사유 전체에 대하여 일괄하여 의결한 것은 위법하다는 점에 관하여 보겠습니다.

소추 사유가 여러 개 있을 경우 사유별로 표결할 것인지, 여러 사유를 하나의 소추안으로 표결할 것인지는 소추안을 발의하는 국회의원의 자유로운 의사에 달린 것이고, 표결 방법에 관한 어떠한 명문 규정도 없습니다.

8인 재판관에 의한 선고가 9인으로 구성된 재판부로부터 공정한 재판을 받을 권리를 침해하였다는 점에 관하여 살펴보겠습니다.

헌법재판소는 헌법상 아홉 명의 재판관으로 구성되어 있습니다. 그런데 현실적으로 재판관의 공무상 출장이나 질병 또는 재판관 퇴임 이후 후임 재판관 임명까지 사이의 공백 등 여러 가지 사유로 일부 재판관이 재판에 관여할 수 없는 경우는 발생할 수밖에 없습니다. 헌법과 법률에서는 이러한 경우에 대비한 규정을 마련해 놓고 있습니다. 탄핵의 결정을 할 때에는 재판관 6인 이상의 찬성이 있어야 하고, 재판관 7인 이상의 출석으로 사건을 심리한다고 규정하고 있습니다.

아홉 명의 재판관이 모두 참석한 상태에서 재판을 할 수 있을 때까지 기다려야 한다는 주장은, 현재와 같이 대통령 권한대행이 헌법재판소장을 임명할 수 있는지 논란이 되고 있는 상황에서는 결국 심리를 하지 말라는 주장으로서, 탄핵 소추로 인한 대통령의 권한 정지 상태라는 헌정 위기 상황을 그대로 방치하는 결과가 됩니다.

여덟 명의 재판관으로 이 사건을 심리하여 결정하는 데 헌법과 법률상 아무런 문제가 없는 이상 헌법재판소로서는 헌정 위기 상황을 계속해서 방치할 수는 없습니다. 그렇다면 국회의 탄핵 소추 가결 절차에 헌법이나 법률을 위배한 위법이 없으며, 다른 적법 요건에 어떠한 흠결도 없습니다.

이제 탄핵 사유에 관하여 살펴보겠습니다.

우선 탄핵 사유별로 피청구인의 직무 집행에 있어 헌법이나 법률을 위배하였는지 살펴보겠습니다.

공무원 임면권을 남용하여 직업 공무원 제도의 본질을 침해하였다는 점에 관하여 보겠습니다.

문화체육관광부 노 국장과 진 과장이 피청구인의 지시에 따라 문책성 인사를 당하고, 노 국장은 결국 명예퇴직하였으며, 장관이던 유○룡은 면직되었고, 대통령비서실장 김○춘이 문화체육관광부 제1차관에게 지시하여 1급 공무원 여섯 명으로부터 사직서를 제출받아 그중 세 명의 사직서가 수리된 사실은 인정됩니다.

그러나 이 사건에 나타난 증거를 종합하더라도, 피청구인이 노 국장과 진 과장이 최○원의 사익 추구에 방해가 되었기 때문에 인사를 하였다고 인정하기에는 부족하고, 유○룡이 면직된 이유나 김○춘이 여섯 명의 1급 공무원으로부터 사직서를 제출받도록 한 이유 역시 분명하지 아니합니다.

언론의 자유를 침해하였다는 점에 관하여 보겠습니다.

청구인은 피청구인이 압력을 행사하여 세계일보 사장을 해임하였다고 주장하고 있습니다. 세계일보가 청와대 민정수석비서관실에서 작성한 정○회 문건을 보도한 사실과 피청구인이 이러한 보도에 대하여 청와대 문건의 외부 유출은 국기 문란 행위이고 검찰이 철저하게 수사해서 진실을 밝혀야 한다고 하며 문건 유출을 비난한 사실은 인정됩니다.

그러나 이 사건에 나타난 모든 증거를 종합하더라도 세계일보에 구체적으로 누가 압력을 행사하였는지 분명하지 않고 피청구인이 관여하였다고 인정할 만한 증거는 없습니다.

다음 세월호 사건에 관한 생명권 보호 의무와 직책 성실의무 위반의 점에 관하여 보겠습니다.

2014년 4월 16일 세월호가 침몰하여 304명이 희생되는 참사가 발생하였습니다. 당시 피청구인은 관저에 머물러 있었습니다. 헌법은 국가는 개인이 가지는 불가침의 기본적 인권을 확인하고 이를 보장할 의무를 진다고 규정하고 있습니다. 세월호 침몰 사건은 모든 국민들에게 큰 충격과 고통을 안겨 준 참사라는 점에서 어떠한 말로도 희생자들을 위로하기에는 부족할 것입니다. 피청구인은 국가가 국민의 생명과 신체의 안전 보호 의무를 충실하게 이행할 수 있도록 권한을 행사하고 직책을 수행하여야 하는 의무를 부담합니다.

그러나 국민의 생명이 위협받는 재난 상황이 발생하였다고 하여 피청구인이 직접 구조 활동에 참여하여야 하는 등 구체적이고 특정한 행위 의무까지 바로 발생한다고 보기는 어렵습니다.

또한, 피청구인은 헌법상 대통령으로서의 직책을 성실히 수행할 의무를 부담하고 있습니다. 그런데 성실의 개념은 상대적이고 추상적이어서 성실한 직책 수행 의무와 같은 추상적 의무 규정의 위반을 이유로 탄핵 소추를 하는 것은 어려운 점이 있습니다.

헌법재판소는 이미, 대통령의 성실한 직책 수행 의무는 규범적으로 그 이행이 관철될 수 없으므로 원칙적으로 사법적 판단의 대상이 될 수 없어, 정치적 무능력이나 정책 결정상의 잘못 등 직책 수행의 성실성 여부는 그 자체로는 소추 사유가 될 수 없다고 하였습니다.

세월호 사고는 참혹하기 그지없으나, 세월호 참사 당일 피청구인이 직책을 성실히 수행하였는지 여부는 탄핵 심판 절차의 판단 대상이 되지 아니한다고 할 것입니다.

지금부터는 피청구인의 최○원에 대한 국정 개입 허용과 권한 남용에 관하여 살펴보겠습니다.

피청구인에게 보고되는 서류는 대부분 부속비서관 정○성이 피청구인에게 전달하였는데, 정○성은 2013년 1월경부터 2016년 4월경까지 각종 인사 자료, 국무회의 자료, 대통령 해외 순방 일정과 미국 국무부장관 접견 자료 등 공무상 비밀을 담고 있는 문건을 최○원에게 전달하였습니다. 최○원은 그 문건을 보고 이에 관한 의견을 주거나 내용을 수정하기도 하였고, 피청구인의 일정을 조정하는 등 직무 활동에 관여하기도 하였습니다. 또한, 최○원은 공직 후보자를 추천하기도 하였는데, 그중 일부는 최○원의 이권 추구를 도왔습니다.

피청구인은 최○원으로부터 케이디코퍼레이션이라는 자동차 부품 회사의 대기업 납품을 부탁받고 안○범을 시켜 현대자동차 그룹에 거래를 부탁하였습니다. 피청구인은 안○범에게 문화와 체육 관련 재단법인을 설립하라는 지시를 하여, 대기업들로부터 486억 원을 출연받아 재단법인 미르, 288억 원을 출연받아 재단법인 케이스포츠를 설립하게 하였습니다.

그러나 두 재단법인의 임직원 임면, 사업 추진, 자금 집행, 업무 지시 등 운영에 관한 의사 결정은 피청구인과 최○원이 하였고, 재단법인에 출연한 기업들은 전혀 관여하지 못했습니다.

최○원은 미르가 설립되기 직전에 광고 회사인 플레이그라운드를 설립하여 운영했습니다. 최○원은 자신이 추천한 임원을 통해 미르를 장악하고 자신의 회사인 플레이그라운드와 용역 계약을 체결하도록 하여 이익을 취하였습니다.

그리고 최○원의 요청에 따라, 피청구인은 안○범을 통해 케이티에 특정인 2명을 채용하게 한 뒤 광고 관련 업무를 담당하도록 요구하였습니다. 그 뒤 플레이그라운드는 케이티의 광고대행사로 선정되어 케이티로부터 68억여 원에 이르는 광고를 수주했습니다.

또 안○범은 피청구인 지시로 현대자동차 그룹에 플레이그라운드 소개 자료를 전달했고, 현대와 기아자동차는 신생 광고 회사인 플레이그라운드에 9억여 원에 달하는 광고를 발주했습니다.

한편, 최○원은 케이스포츠 설립 하루 전에 더블루케이를 설립하여 운영했습니다. 최○원은 노○일과 박○영을 케이스포츠의 직원으로 채용하여 더블루케이와 업무 협약을 체결하도록 했습니다.

피청구인은 안○범을 통하여 그랜드코리아레저와 포스코가 스포츠팀을 창단하도록 하고 더블루케이가 스포츠팀의 소속 선수 에이전트나 운영을 맡기도록 하였습니다.

최○원은 문화체육관광부 제2차관 김○을 통해 지역 스포츠클럽 전면 개편에 대한 문화체육관광부 내부 문건을 전달받아, 케이스포츠가 이에 관여하여 더블루케이가 이득을 취할 방안을 마련했습니다.

또 피청구인은 롯데그룹 회장을 독대하여 5대 거점 체육 인재 육성 사업과 관련해 하남시에 체육 시설을 건립하려고 하니 자금을 지원해 달라고 요구하여 롯데는 케이스포츠에 70억 원을 송금했습니다.

다음으로 피청구인의 이러한 행위가 헌법과 법률에 위배되는지를 보겠습니다.

헌법은 공무원을 '국민 전체에 대한 봉사자'로 규정하여 공무원의 공익 실현 의무를 천명하고 있고, 이 의무는 국가공무원법과 공직자윤리법 등을 통해 구체화되고 있습니다.

피청구인의 행위는 최ㅇ원의 이익을 위해 대통령의 지위와 권한을 남용한 것으로서 공정한 직무 수행이라고 할 수 없으며, 헌법, 국가공무원법, 공직자윤리법 등을 위배한 것입니다.

또한, 재단법인 미르와 케이스포츠의 설립, 최ㅇ원의 이권 개입에 직간접적으로 도움을 준 피청구인의 행위는 기업의 재산권을 침해하였을 뿐만 아니라, 기업 경영의 자유를 침해한 것입니다.

그리고 피청구인의 지시 또는 방치에 따라 직무상 비밀에 해당하는 많은 문건이 최ㅇ원에게 유출된 점은 국가공무원법의 비밀 엄수 의무를 위배한 것입니다.

지금까지 살펴본 피청구인의 법위반 행위가 피청구인을 파면할 만큼 중대한 것인지에 관하여 보겠습니다.

대통령은 헌법과 법률에 따라 권한을 행사하여야 함은 물론, 공무 수행은 투명하게 공개하여 국민의 평가를 받아야 합니다.

그런데 피청구인은 최ㅇ원의 국정 개입 사실을 철저히 숨겼고, 그에 관한 의혹이 제기될 때마다 이를 부인하며 오히려 의혹 제기를 비난하였습니다. 이로 인해 국회 등 헌법기관에 의한 견제나 언론에 의한 감시 장치가 제대로 작동될 수 없었습니다.

또한, 피청구인은 미르와 케이스포츠 설립, 플레이그라운드와 더블루케이 및 케이디코퍼레이션 지원 등과 같은 최○원의 사익 추구에 관여하고 지원하였습니다.

피청구인의 헌법과 법률 위배 행위는 재임 기간 전반에 걸쳐 지속적으로 이루어졌고, 국회와 언론의 지적에도 불구하고 오히려 사실을 은폐하고 관련자를 단속해 왔습니다. 그 결과 피청구인의 지시에 따른 안○범, 김○, 정○성 등이 부패 범죄 혐의로 구속 기소되는 중대한 사태에 이르렀습니다.

이러한 피청구인의 위헌 위법행위는 대의민주제 원리와 법치주의 정신을 훼손한 것입니다.

한편, 피청구인은 대국민 담화에서 진상 규명에 최대한 협조하겠다고 하였으나 정작 검찰과 특별검사의 조사에 응하지 않았고, 청와대에 대한 압수 수색도 거부하였습니다.

이 사건 소추 사유와 관련한 피청구인의 일련의 언행을 보면, 법 위배 행위가 반복되지 않도록 할 헌법 수호 의지가 드러나지 않습니다.

결국 피청구인의 위헌 위법행위는 국민의 신임을 배반한 것으로 헌법 수호의 관점에서 용납될 수 없는 중대한 법 위배 행위라고 보아야 합니다. 피청구인의 법 위배 행위가 헌법 질서에 미치는 부정적 영향과 파급효과가 중대하므로, 피청구인을 파면함으로써 얻는 헌법 수호의 이익이 압도적으로 크다고 할 것입니다.

이에 재판관 전원의 일치된 의견으로 주문을 선고합니다.

주문 피청구인 대통령 박근혜를 파면한다.

이 결정에는 재판관 김이수, 이진성, 안창호의 보충 의견이 있습니다.

이 결정에는 세월호 참사 관련하여 피청구인은 생명권 보호 의무를 위반하지는 않았지만, 헌법상 성실한 직책 수행 의무 및 국가공무원법상 성실의무를 위반하였고, 다만 그러한 사유만으로는 파면 사유를 구성하기 어렵다는 재판관 김이수, 재판관 이진성의 보충 의견이 있습니다.

그 취지는 피청구인의 생명권 보호 의무 위반을 인정하지 못하는 것은 법정 의견과 같고, 피청구인이 헌법상 대통령의 성실한 직책 수행 의무 및 국가공무원법상 성실의무를 위반하였으나 이 사유만으로는 파면 사유를 구성하기 어렵지만, 미래의 대통령들이 국가 위기 상황에서 직무를 불성실하게 수행하여도 무방하다는 그릇된 인식이 우리의 유산으로 남겨져 수많은 국민의 생명과 안전이 상실되는 불행한 일이 반복되어서는 안 되겠기에 피청구인의 성실한 직책 수행 의무 위반을 지적한다는 내용입니다.

또한, 이 사건 탄핵 심판은 보수와 진보라는 이념의 문제가 아니라 헌법 질서를 수호하는 문제로 정치적 폐습을 청산하기 위하여 파면 결정을 할 수 밖에 없다는 재판관 안창호의 보충 의견이 있습니다.

이것으로 선고를 마칩니다.

증거 기타 조사상 참고 자료

1. 최순실, 안종범, 정호성에 대한 공소장

2. 차은택, 송성각, 김영수, 김홍탁, 김경태에 대한 공소장

3. 2004년 5월 14일 대통령(노무현) 탄핵 관련 헌법재판소 결정문[2004헌나1 결정]

4. 1997년 4월 17일 일해재단 설립 전두환, 노태우 사건 관련 대법원
   판결문[96도3377]

5. 2015년 10월 27일 경제활성법안, 5대 노동개혁법 처리 등을 내용으로 하는
   박근혜 대통령 시정연설 국회 본회의 회의록

6. 2016년 11월 4일 박근혜 대통령 대국민 담화문

7. 최순실, 김종덕-김상률 인사 개입 관련 기사

8. 김종, 최순실·장시호 이권 개입 지원 관련 기사

9. 유진룡, 문화체육관광부 승마협회 조사·감사 관련 인터뷰 기사

10. 장시호, 동계스포츠영재센터 예산 지원 관련 기사

11. 차은택, 늘품체조 예산 지원 관련 기사

헌 법 재 판 소
결 정

사건	2016헌나1 대통령(박근혜) 탄핵
청구인	국회
	소추위원 국회 법제사법위원회 위원장
	대리인 명단은 별지와 같음
피청구인	대통령 박근혜
	대리인 명단은 별지와 같음
선고일시	2017. 3. 10. 11 : 21

주 문

피청구인 대통령 박근혜를 파면한다.

<h1 style="text-align:center">이   유</h1>

1. 사건 개요

가. 사건의 발단

전국경제인연합회(다음부터 '전경련'이라 한다)가 주도하여 만든 것으로 알려져 있던 재단법인 미르와 재단법인 케이스포츠(다음부터 '미르'와 '케이스포츠'라고 한다)가 설립될 때 청와대가 개입하여 대기업으로부터 5백억 원 이상을 모금하였다는 언론 보도가 2016년 7월경 있었다. 청와대가 재단 설립에 관여한 이유 등이 2016년 9월 국회 국정감사에서 중요한 쟁점이 되었는데, 청와대와 전경련은 이런 의혹을 부인하였다.

이 문제가 정치적 쟁점이 되던 중 2016년 10월 24일 청와대의 주요 문건이 최○원(개명 전 최○실)에게 유출되었고 최○원이 비밀리에 국정 운영에 개입해 왔다는 언론 보도가 있었다. 이른바 비선 실세가 국정에 개입했다는 취지의 보도에 많은 국민이 충격을 받았고, 이를 허용한 피청구인을 비난하는 여론이 높아졌다. 이에 피청구인은 2016년 10월 25일 '최○실 씨는 어려움을 겪을 때 도와 준 인연으로 일부 연설문이나 홍보물의 표현 등에 대해 의견을 들은 적이 있으나 청와대의 보좌 체계가 완비된 이후에는 그만 두었다. 순수한 마음으로 한 일인데 국민 여러분께 심려를 끼친 점에 대해 깊이 사과드린다.'는 취지의 대국민 담화를 발표하였다.

피청구인의 대국민 담화에도 불구하고 최○원의 국정 개입과 관련한 보도가 이어졌고, 2016년 11월 3일 최○원이 직권남용권리행사방해죄 등 혐의로 구속되었다. 피청구인은 그 다음 날인 4일 '최○실 씨 관련 사건으로 큰 실망과 염려를 끼쳐 드린 점 다시 한 번 사과드린다. 국가 경제에 도움이 될 것이라는 바람에서 추진된 일이었는데 특정 개인이 이권을 챙기고 위법행위를 저질렀다고 하니 참담하다. 어느 누구라도 수사를 통해 잘못이 드러나면 책임을 져야 할 것이며 저도 모든 책임을 질 각오가 되어 있다.'는 내용의 제2차 대국민 담화를 발표하였다.

그런데 2016년 11월 6일 대통령비서실 정책조정수석비서관이었던 안○범이 강요미수와 직권남용 권리행사 방해 등 혐의로, 대통령비서실 부속비서관이었던 정○성이 공무상 비밀 누설 혐의로 구속되었다. 국회는 11월 14일경부터 피청구인에 대한 탄핵 소추안 의결 추진 여부를 논의하기 시작하였고, 17일에는 '박근혜 정부의 최○실 등 민간인에 의한 국정 농단 의혹 사건 진상 규명을 위한 국정조사계획서 승인의 건'과 '박근혜 정부의 최○실 등 민간인에 의한 국정 농단 의혹 사건 규명을 위한 특별검사의 임명 등에 관한 법률안'이 통과되었다.

2016년 11월 20일에는 최○원·안○범·정○성이 구속 기소되었는데, 이들의 공소사실 일부에는 피청구인이 공범으로 기재되었다. 더불어민주당, 국민의당, 정의당 등은 11월 24일 대통령 탄핵 소추안을 공동으로 마련하기로 하였고, 11월 28일 공동 탄핵 소추안을 마련하여 12월 2일 탄핵안 표결을 추진하기로 합의하였다.

이에 피청구인은 2016년 11월 29일 다시 한 번 '국민 여러분께 큰 심려를 끼쳐 드린 점 깊이 사죄드린다. 국가를 위한 공적 사업이라 믿고 추진했던 일들이고 어떤 개인적 이익도 취하지 않았지만, 주변을 제대로 관리하지 못한 것이 큰 잘못이다. 대통령직 임기 단축을 포함한 진퇴 문제를 국회의 결정에 맡기겠다. 여야 정치권이 국정 혼란과 공백을 최소화하고 안정되게 정권을 이양할 수 있는 방안을 만들어 주면 대통령직에서 물러나겠다.'는 내용의 제3차 대국민 담화를 발표하였다.

나. 탄핵 심판 청구

피청구인이 국회의 결정에 따라 대통령직에서 물러나겠다는 담화를 발표하였지만, 국회는 특별위원회를 구성하여 민간인에 의한 국정 농단 의혹 사건에 대한 국정조사를 진행하였고 2016년 12월 1일 특별검사의 임명도 이루어졌다. 이어 국회는 우○호·박○원·노○찬 등 171명의 의원이 2016년 12월 3일 발의한 '대통령(박근혜) 탄핵 소추안'을 8일 본회의에 상정하였다. 2016년 12월 9일 피청구인에 대한 탄핵 소추안이 제346회 국회(정기회) 제18차 본회의에서 재적 의원 300인 중 234인의 찬성으로 가결되었고, 소추위원은 헌법재판소법 제49조 제2항에 따라 소추 의결서 정본을 헌법재판소에 제출하여 피청구인에 대한 탄핵 심판을 청구하였다.

다. 탄핵 소추 사유의 요지

청구인은 피청구인이 직무 집행에 있어서 헌법과 법률을 광범위하고 중대하게 위배하였다고 주장하면서, 소추 의결서에 다음과 같은 5개 유형의 헌법 위배 행위와 4개 유형의 법률 위배 행위를 적시하여 이 사건 심판을 청구하였다.

(1) 헌법 위배 행위

(가) 피청구인은 최○원에게 공무상 비밀을 누설하고 최○원과 그의 친척이나 그와 친분 있는 주변인 등(다음부터 '최○원 등'이라 한다)이 국가정책과 고위 공직 인사에 관여하게 하였다. 또 대통령의 권력을 남용하여 사기업들로 하여금 수백억 원을 갹출하도록 하고 최○원 등에게 특혜를 주도록 강요하는 등 국가권력을 사익 추구의 도구로 전락하게 하였다. 이는 국민주권주의 및 대의민주주의의 본질을 훼손하고, 국정을 비선 조직에 따른 인치주의로 운영하여 법치국가 원칙을 파괴한 것이며, 국무회의에 관한 헌법 규정을 위반하고 대통령의 헌법 수호 및 헌법 준수 의무를 위반한 것이다.

(나) 피청구인은 최○원 등이 추천하거나 그들을 비호하는 사람을 청와대 간부나 문화체육관광부의 장·차관으로 임명하였고, 이들이 최○원 등의

사익 추구를 방조하거나 조장하도록 하였다. 또 피청구인은 최○원 등의 사익 추구에 방해될 공직자들을 자의적으로 해임시키거나 전보시켰다. 이는 직업 공무원 제도의 본질적 내용을 침해하고 대통령의 공무원 임면권을 남용하였으며, 법집행을 할 때 불평등한 대우를 하지 말아야 한다는 평등 원칙을 위배하는 한편, 정부 재정의 낭비를 초래한 것이다.

(다) 피청구인은 사기업에 금품 출연을 강요하여 뇌물을 수수하거나 최○원 등에게 특혜를 주도록 강요하고 사기업 임원 인사에 간섭하였다. 이는 기업의 재산권과 개인의 직업선택의 자유를 침해하고, 기본적 인권 보장 의무를 저버리고 시장경제 질서를 훼손하고 대통령의 헌법 수호 및 헌법 준수 의무를 위반한 것이다.

(라) 피청구인은 최○원 등 비선 실세의 전횡을 보도한 언론을 탄압하고 언론 사주에게 압력을 가해 신문사 사장을 퇴임하게 만들었다. 이는 언론의 자유와 직업의 자유를 침해한 것이다.

(마) 피청구인은 세월호 참사가 발생하였을 때 국민의 생명과 안전을 보호하기 위한 적극적 조치를 취하지 아니하여 생명권 보호 의무를 위반하였다.

(2) 법률 위배 행위

(가) 재단법인 미르, 재단법인 케이스포츠 설립·모금 관련 범죄

피청구인은 문화발전 및 스포츠 산업 발전을 구실로 피청구인 본인 또는 최○원 등이 지배하는 재단법인을 만들고 전경련 소속 기업으로부터 출연금 명목으로 돈을 받기로 마음먹었다. 피청구인은 경제수석비서관 안○범에게 지시하여 전경련을 통하여 기업으로부터 출연받아 미르와 케이스포츠를 설립하도록 하였고, 최○원은 피청구인을 통하여 재단 이사장 등 임원진을 그가 지정하는 사람으로 구성하여 미르와 케이스포츠의 인사와 운영을 장악하였다.

피청구인은 안○범을 통하여 기업들로 하여금 미르에 486억 원, 케이스포츠에 288억 원을 출연하도록 하였다. 피청구인은 재단법인 설립 전에 7

개 그룹의 회장과 단독 면담을 하면서 안○범으로부터 주요 그룹의 당면 현안 자료를 제출받았고, 대기업들이 재단법인에 출연금을 납부한 시기를 전후하여 대기업들의 당면 현안을 비롯하여 기업에게 유리한 조치를 다수 시행하였다. 한편, 안○범으로부터 출연 요청을 받은 기업들은 이에 응하지 않을 경우 기업 활동 전반에 걸쳐 직간접적으로 불이익을 받을 것을 두려워하여 출연금 명목으로 위 두 재단법인에 돈을 납부하였다.

피청구인의 이러한 행위는 특정범죄가중처벌등에관한법률위반(뇌물)죄와 형법상 직권남용권리행사방해죄 및 강요죄에 해당한다.

(나) 롯데그룹 추가 출연금 관련 범죄

최○원은 케이스포츠가 주도하여 전국 5대 거점 지역에 체육 시설을 건립하는 사업에 소요되는 자금을 기업으로 하여금 케이스포츠에 지원하도록 하고, 시설 건립 등 사업을 그가 설립한 주식회사 더블루케이(다음부터 '더블루케이'라고 한다)에 넘겨주는 방식으로 이익을 취득하기로 하고, 이런 사업 계획을 피청구인에게 전달하였다. 피청구인은 롯데그룹 회장 신○빈과 단독 면담을 가진 뒤 안○범에게 롯데그룹이 하남시 체육 시설 건립과 관련하여 75억 원을 부담하기로 하였으니 진행 상황을 확인하라고 지시하였다. 롯데그룹은 신○빈의 지시에 따라 6개 계열사를 동원하여 케이스포츠에 70억 원을 송금하였다.

롯데그룹은 당시 서울 시내 면세점 사업권의 특허를 신청하였고, 경영권 분쟁과 비자금 등 문제로 검찰 수사를 받고 있었다. 이런 상황에서 피청구인이 경제수석비서관을 통하여 롯데그룹으로 하여금 케이스포츠에 돈을 출연하도록 한 것은 특정범죄가중처벌등에관한법률위반(뇌물)죄와 형법상 직권남용권리행사방해죄 및 강요죄에 해당한다.

(다) 최○원 등에 대한 특혜 제공 관련 범죄

① 최○원은 친분이 있는 문○경으로부터 그 남편인 이○욱이 경영하는 주식회사 케이디코퍼레이션(다음부터 '케이디코퍼레이션'이라 한다)이 대기업

등에 납품할 수 있도록 해달라는 부탁을 받고, 정○성을 통해 피청구인에게 케이디코퍼레이션 관련 자료를 전달하였다. 피청구인은 안○범에게 현대자동차가 케이디코퍼레이션의 기술을 채택할 수 있는지 알아보라고 지시하였다. 안○범은 현대자동차 그룹 회장 정○구와 부회장 김○환에게 피청구인의 지시를 전달하였고, 김○환은 구매 담당자에게 지시하여 현대자동차와 기아자동차가 케이디코퍼레이션과 납품 계약을 체결하고 제품을 납품받도록 하였다. 또 최○원은 피청구인이 프랑스를 순방할 때 이○욱이 경제사절단으로 동행할 수 있도록 도와주었다. 이○욱은 납품 계약 성사 대가로 최○원에게 5,162만 원 상당의 금품을 주었다. 피청구인의 이런 행위는 특정범죄가중처벌등에관한법률위반(뇌물)죄와 형법상 직권남용권리행사방해죄 및 강요죄에 해당한다.

② 피청구인은 안○범을 통하여 최○원이 설립한 주식회사 플레이그라운드커뮤니케이션즈(다음부터 '플레이그라운드'라고 한다)가 현대자동차 광고를 수주할 수 있도록 해달라고 김○환에게 요구하였다. 김○환은 현대자동차 그룹 계열사가 수주하기로 확정된 광고를 플레이그라운드가 수주할 수 있도록 해주어 9억1,807만 원 상당의 수익을 올리도록 하였다. 피청구인의 이런 행위는 형법상 직권남용권리행사방해죄 및 강요죄에 해당한다.

③ 최○원은 주식회사 포스코(다음부터 '포스코'라고 한다)가 배드민턴팀을 창단하면 더블루케이가 그 선수단 관리를 담당하여 이익을 올린다는 기획안을 마련하였다. 피청구인은 포스코 회장 권○준과 단독 면담을 하면서 포스코에서 여자 배드민턴팀을 창단하면 좋겠고, 더블루케이가 자문을 해줄 수 있을 것이라고 요청하였다. 포스코는 피청구인의 요청에 따라 케이스포츠 사무총장 등과 협의한 끝에 계열사인 포스코 피앤에스 산하에 창단비용 16억 원 상당의 펜싱팀을 창단하고 그 운영 및 관리를 더블루케이에 맡기기로 하였다. 피청구인의 이런 행위는 형법상 직권남용권리행사방해죄 및 강요죄에 해당한다.

④ 피청구인은 안○범을 통하여 주식회사 케이티(다음부터 '케이티'라 한다)에 요청하여 이○수와 신○성을 채용하도록 한 다음 그 보직을 광고 업무 총

괄 내지 담당으로 변경하도록 하였다. 이어 피청구인은 안○범에게 플레이그라운드가 케이티의 광고대행사로 선정될 수 있도록 하라고 지시하였다. 안○범은 케이티 회장 황○규와 이○수에게 요구하여 케이티가 플레이그라운드에게 광고 7건을 발주하도록 하였고, 플레이그라운드는 5억 1,669만6,500원 상당의 수익을 올렸다. 피청구인의 이런 행위는 형법상 직권남용권리행사방해죄 및 강요죄에 해당한다.

⑤ 최○원은 정○성을 통하여 피청구인에게 더블루케이가 한국관광공사의 자회사인 그랜드코리아레저 주식회사(다음부터 '그랜드코리아레저'라 한다)와 스포츠팀 창단과 운영 관련 업무 대행 용역 계약을 체결할 수 있도록 주선해 달라고 요청하였다. 피청구인은 안○범에게 같은 취지의 지시를 하였고, 안○범은 그랜드코리아레저 대표이사 이○우에게 더블루케이와 업무 용역 계약을 체결하도록 요청하였다. 문화체육관광부 차관 김○도 그랜드코리아레저가 장애인 펜싱팀을 창단하고 더블루케이가 선수 대리인 자격으로 그랜드코리아레저와 선수 위촉 계약을 체결하도록 지원하였다. 더블루케이는 그랜드코리아레저가 선수들에게 전속 계약금 명목으로 지급한 돈의 절반인 3천만 원을 에이전트 비용 명목으로 지급받았다. 피청구인의 이런 행위는 형법상 직권남용권리행사방해죄 및 강요죄에 해당한다.

(라) 문서 유출 및 공무상 취득한 비밀 누설 관련 범죄

피청구인은 '복합 체육 시설 추가 대상지(안) 검토' 문건 등 공무상 비밀 내용을 담고 있는 문건 47건을 최○원에게 이메일 또는 인편 등으로 전달하였다. 피청구인의 이런 행위는 형법상 공무상비밀누설죄에 해당한다.

2. 심판 대상

이 사건 심판 대상은 대통령이 직무 집행에 있어서 헌법이나 법률을 위배

했는지 여부 및 대통령에 대한 파면 결정을 선고할 것인지 여부이다.

3. 이 사건 심판 진행 과정

(1) 헌법재판소는 헌법재판소법과 헌법재판소 심판 규칙, 그리고 탄핵 심판의 성질에 반하지 아니하는 한도에서 형사소송에 관한 법령을 준용하여 이 사건 심판 절차를 진행하였다. 이 사건이 접수되어 2017년 2월 27일 변론이 종결될 때까지 헌법재판소는 세 차례의 변론 준비 기일과 열일곱 차례의 변론 기일을 진행하면서 변론을 듣고 증거조사를 실시하였다. 청구인이 제출한 갑 제1호증부터 제174호증까지, 피청구인이 제출한 을 제1호증부터 제60호증까지 서증 중 채택된 서증에 대하여 증거조사를 실시하였다. 또 청구인과 피청구인이 함께 신청한 증인 3명(최○원, 안○범, 정○성), 청구인이 신청한 증인 9명(윤○추, 이○선, 류○인, 조○일, 조○규, 유○룡, 정○식, 박○영, 노○일)과 피청구인이 신청한 증인 14명(김○률, 김○, 차○택, 이○철, 김○현, 유○봉, 모○민, 김○덕, 조○민, 문○표, 이○우, 정○춘, 방○선, 안○범)에 대한 증인신문을 실시하였고, 안○범은 두 차례 출석하여 증언하였다. 그 밖에 직권에 의한 1건, 청구인의 신청에 의한 1건, 피청구인의 신청에 의한 17건 등 모두 19건의 사실 조회를 하여 70개 기관과 기업으로부터 답변을 받았다. 이 결정은 이와 같이 적법하게 조사된 증거를 종합하여 인정되는 사실을 기초로 한 것이다.

(2) 헌법재판소는 준비 기일에 이 사건 쟁점을 최○원의 국정 개입 및 대통령의 권한 남용 행위, 언론의 자유 침해 행위, 생명권 보호 의무 위반 행위, 뇌물 수수 등 각종 형사법 위반 행위로 유형화하여 정리하였다. 청구인은 2017년 2월 1일 제출한 준비서면을 통하여 소추 사유를 사실관계를 중심으로 유형별로 구체화하면서 뇌물 수수 등 각종 형사법 위반 행위 부

분은 최○원의 국정 개입 및 대통령의 권한 남용 행위에 포함시켜 쟁점을 단순화하였다.

4. 적법 요건 판단

가. 소추 사유의 특정 여부

(1) 피청구인은, 탄핵 심판 절차에서도 공소사실 특정에 관한 형사소송법 제254조 제4항이 준용되므로 소추 사유에 해당하는 사실을 구체적으로 특정하여야 하는데, 소추 의결서에 기재된 소추 사실은 그 일시·장소·방법·행위태양 등이 특정되어 있지 않은 채 추상적으로 기재되어 있으므로 부적법하다고 주장한다.

 탄핵 심판은 고위 공직자가 권한을 남용하여 헌법이나 법률을 위반하는 경우 그 권한을 박탈함으로써 헌법 질서를 지키는 헌법재판이고(헌재 2004. 5. 14. 2004헌나1), 탄핵 결정은 대상자를 공직으로부터 파면함에 그치고 형사상 책임을 면제하지 아니한다(헌법 제65조 제4항)는 점에서 탄핵 심판 절차는 형사 절차나 일반 징계 절차와는 성격을 달리 한다. 헌법 제65조 제1항이 정하고 있는 탄핵 소추 사유는 '공무원이 그 직무 집행에 있어서 헌법이나 법률을 위배한' 사실이고, 여기에서 법률은 형사법에 한정되지 아니한다. 그런데 헌법은 물론 형사법이 아닌 법률의 규정이 형사법과 같은 구체성과 명확성을 가지지 않은 경우가 많으므로 탄핵 소추 사유를 형사소송법상 공소사실과 같이 특정하도록 요구할 수는 없고, 소추 의결서에는 피청구인이 방어권을 행사할 수 있고 헌법재판소가 심판 대상을 확정할 수 있을 정도로 사실관계를 구체적으로 기재하면 된다고 보아야 한다. 공무원 징계의 경우 징계 사유의 특정은 그 대상이 되는 비위 사실을 다른 사실과 구별될 정도로 기재하면 충분하므로(대법원 2005. 3. 24. 선고 2004두14380 판결), 탄핵 소추 사유도 그 대상 사실을 다른 사실과 명백하게 구분할 수 있을 정도의 구체적 사정이 기재되면 충분하다. 이 사건 소추 의결서의 헌법 위배 행위 부분은 사실관계를 중심으로 기재되어 있지 않아 소추 사유가 분명하게 유형별로 구분되지 않은 측면이 없지 않지만, 소추 사유로 기재된 사실관계는 법률 위배 행위 부분과 함께 보면 다른 소추 사유와 명백하게 구분할 수 있을 정도로 충분히 구체적으로 기재되어 있다.

헌법재판소는 변론 준비 기일에 양 당사자의 동의 아래 소추 사유를 사실관계를 중심으로 ① 비선 조직에 따른 인치주의로 국민주권주의와 법치국가 원칙 등 위배, ② 대통령의 권한 남용, ③ 언론의 자유 침해, ④ 생명권 보호 의무 위반, ⑤ 뇌물 수수 등 각종 형사법 위반의 5가지 유형으로 정리하였다. 그 뒤 변론 절차에서 이와 같이 정리된 유형에 따라 청구인과 피청구인의 주장과 증거 제출이 이루어졌다. 청구인은 2017년 2월 1일 제10차 변론 기일에 다른 유형과 사실관계가 중복되는 각종 형사법 위반 유형을 제외하고 ① 최○원 등 비선 조직에 의한 국정 농단에 따른 국민주권주의와 법치주의 위반, ② 대통령의 권한 남용, ③ 언론의 자유 침해, ④ 생명권 보호 의무와 직책 성실 수행 의무 위반 등 4가지 유형으로 소추 사유를 다시 정리하였다. 그런데 피청구인은 청구인의 소추 사유의 유형별 정리 자체에 대하여는 이의를 제기하지 아니한 채 변론을 진행하다가 2017년 2월 22일 제16차 변론 기일에 이르러 이 사건 심판 청구가 여러 가지 적법 요건을 갖추지 못하였다고 주장하면서 소추 사유가 특정되지 않았고 청구인의 소추 사유 정리가 위법하다는 취지의 주장을 하기 시작하였다. 그러나 소추 의결서에 소추 사유의 구체적 사실관계가 기재되어 있어 소추 사유를 확정하는 데 어려움이 없고, 이미 변론 준비 기일에 양 당사자가 소추 사유의 유형별 정리에 합의하고 열다섯 차례에 걸쳐 변론을 진행해 온 점 등에 비추어 볼 때 소추 사유가 특정되지 않았다는 피청구인의 주장은 받아들일 수 없다.

소추 사유 중 공무상 비밀 누설 행위 부분은 소추 의결서에 '복합 체육시설 추가 대상지(안) 검토' 문건 등 공무상 비밀 내용을 담고 있는 문건

47건을 최○원에게 전달한 행위로 기재되어 있을 뿐 문건 47건의 구체적 내역을 구체적으로 특정하여 기재하지 않았다. 그러나 소추 의결서에 증거자료로 첨부된 정○성에 대한 공소장 중 '정○성과 대통령이 공모하여 공무상 비밀을 누설한 범행' 부분에 문건 47건의 구체적 내역이 기재되어 있고, 청구인과 피청구인은 소추 의결서에 기재된 문건 47건이 증거자료에 기재된 문건 47건과 같은 것임을 전제로 제15차 변론 기일까지 변론을 진행해 왔으므로, 피청구인도 이 부분 소추 사유에 대하여 충분히 방어권을 행사하였다. 또한, 청구인은 2017년 1월 13일 제출한 준비서면을 통해 이 문건 47건의 구체적 내역을 보완하기도 하였다. 그렇다면 소추 의결서 자체에 문건 47건 목록을 첨부하지 않았다고 하여 이 부분 소추 사유가 특정되지 않아 부적법하다고 볼 수도 없다.

(2) 피청구인은 이 사건 소추 의결서에 따르면 탄핵 사유의 내용과 그에 적용된 헌법위반 또는 법률 위반 조항이 모두 복합적으로 나열되어 있어서 과연 각 소추 사유가 무슨 법령 위반인지 특정할 수 없으므로 부적법하다고 주장한다.

헌법재판소는 원칙적으로 국회의 소추 의결서에 기재된 소추 사유에 의하여 구속을 받고, 소추 의결서에 기재되지 아니한 소추 사유를 판단의 대상으로 삼을 수 없다.

그러나 소추 의결서에서 그 위반을 주장하는 '법 규정의 판단'에 관하여 헌법재판소는 원칙적으로 구속을 받지 않으므로, 청구인이 그 위반을 주장한 법 규정 외에 다른 관련 법 규정에 근거하여 탄핵의 원인이 된 사실관계를 판단할 수 있다. 또 헌법재판소는 소추 사유를 판단할 때 국회의 소추 의결서에서 분류된 소추 사유의 체계에 구속되지 않으므로, 소추 사유를 어떤 연관관계에서 법적으로 고려할 것인가 하는 것은 전적으로 헌법재판소의 판단에 달려 있다(헌재 2004. 5. 14. 2004헌나1). 따라서 이 부분 피청구인의 주장도 받아들일 수 없다.

(3) 피청구인은 청구인이 2017년 2월 1일 제출한 준비서면은 소추 사유를 추가하거나 변경한 것인데 이 부분에 대한 국회의 소추 의결이 없었으므로 심판 대상이 될 수 없다고 주장한다.

국회가 탄핵 심판을 청구한 뒤 별도의 의결 절차 없이 소추 사유를 추가하거나 기존의 소추 사유와 동일성이 인정되지 않는 정도로 소추 사유를 변경하는 것은 허용되지 아니한다. 따라서 청구인이 2017년 2월 1일 제출한 준비서면 등에서 주장한 소추 사유 중 소추 의결서에 기재되지 아니한 소추 사유를 추가하거나 변경한 것으로 볼 여지가 있는 부분은 이 사건 판단 범위에서 제외한다.

나. 국회 의결 절차의 위법 여부

(1) 피청구인은 대통령에 대한 탄핵 소추 의결은 객관적 조사와 증거에 의해서 뒷받침되는 소추 사실에 기초하여야 하는데, 국회 스스로 탄핵 소추안 의결에 필요한 증거를 수집하기 위해 국정조사와 특별검사에 의한 수사를 실시하기로 의결하고도 그 결과를 보지도 않고 법제사법위원회의 조사절차도 거치지 아니한 채 검찰의 공소장과 의혹 보도 수준의 신문 기사만을 증거로 탄핵 소추안을 의결한 것은 위법하다고 주장한다.

국회가 탄핵 소추를 하기 전에 소추 사유에 관하여 충분한 조사를 하는 것이 바람직하다는 것은 의문의 여지가 없다. 그러나 국회의 의사 절차에 헌법이나 법률을 명백히 위반한 흠이 있는 경우가 아니면 국회 의사 절차의 자율권은 권력분립의 원칙상 존중되어야 하고, 국회법 제130조 제1항은 탄핵 소추의 발의가 있을 때 그 사유 등에 대한 조사 여부를 국회의 재량으로 규정하고 있으므로, 국회가 탄핵 소추 사유에 대하여 별도의 조사를 하지 않았다거나 국정조사 결과나 특별검사의 수사 결과를 기다리지 않고 탄핵 소추안을 의결하였다고 하여 그 의결이 헌법이나 법률을 위반한 것이라고 볼 수 없다(헌재 2004. 5. 14. 2004헌나1). 따라서 이 부분 피청구인의 주장은 받아들이지 아니한다.

(2) 피청구인은, 이 사건 소추 의결은 아무런 토론 없이 진행되었으므로 부적법하다고 주장한다.

 탄핵 소추의 중대성에 비추어 소추 의결을 하기 전에 충분한 찬반 토론을 거치는 것이 바람직하다. 그러나 국회법에 탄핵 소추안에 대하여 표결 전에 반드시 토론을 거쳐야 한다는 명문 규정은 없다. 또 본회의에 상정된 안건에 대하여 토론하고자 하는 의원은 국회법 제106조에 따라 미리 찬성 또는 반대의 뜻을 의장에게 통지하고 얼마든지 토론할 수 있는데, 이 사건 소추 의결 당시 토론을 희망한 의원이 없었기 때문에 탄핵 소추안에 대한 제안 설명만 듣고 토론 없이 표결이 이루어졌을 뿐, 의장이 토론을 희망하는 의원이 있었는데도 고의로 토론을 못하게 하거나 방해한 사실은 없다. 따라서 피청구인의 이 부분 주장도 받아들일 수 없다.

(3) 피청구인은, 탄핵 사유는 개별 사유별로 독립된 탄핵 사유가 되는 것이므로 각각의 탄핵 사유에 대하여 별도로 의결 절차를 거쳐야 하는데, 국회가 여러 개 탄핵 사유 전체에 대하여 일괄하여 의결한 것은 헌법에 위배된다고 주장한다.

 탄핵 소추안을 각 소추 사유별로 나누어 발의할 것인지 아니면 여러 소추 사유를 포함하여 하나의 안으로 발의할 것인지는 소추안을 발의하는 의원들의 자유로운 의사에 달린 것이다. 대통령이 헌법이나 법률을 위배한 사실이 여러 가지일 때 그중 한 가지 사실만으로도 충분히 파면 결정을 받을 수 있다고 판단되면 그 한 가지 사유만으로 탄핵 소추안을 발의할 수도 있고, 여러 가지 소추 사유를 종합할 때 파면할 만하다고 판단되면 여러 가지 소추 사유를 함께 묶어 하나의 탄핵 소추안으로 발의할 수도 있다.

 이 사건과 같이 국회 재적 의원 과반수에 해당하는 171명의 의원이 여러 개 탄핵 사유가 포함된 하나의 탄핵 소추안을 마련한 다음 이를 발의하고 안건 수정 없이 그대로 본회의에 상정된 경우에는 그 탄핵 소추안에 대하여 찬반 표결을 하게 된다. 그리고 본회의에 상정된 의안에 대하여 표결 절차에 들어갈 때 국회의장에게는 '표결할 안건의 제목을 선포'할 권한만 있는 것이지(국회법 제110조 제1항), 직권으로 이 사건 탄핵 소추안에 포함된 개개 소추 사유를 분리하여 여러 개의 탄핵 소추안으로 만든 다음 이를 각각 표결에 부칠 수는 없다. 그러므로 이 부분 피청구인의 주장도 받아들일 수 없다.

(4) 피청구인은 국회가 탄핵 소추를 의결하면서 피청구인에게 혐의 사실을 알려 주지 않고 의견 제출의 기회도 주지 않았으므로 적법절차 원칙에 위반된다고 주장한다.

  탄핵 소추 절차는 국회와 대통령이라는 헌법기관 사이의 문제이고, 국회의 탄핵 소추 의결에 따라 사인으로서 대통령 개인의 기본권이 침해되는 것이 아니며 국가기관으로서 대통령의 권한 행사가 정지될 뿐이다. 따라서 국가기관이 국민에 대하여 공권력을 행사할 때 준수하여야 하는 법원칙으로 형성된 적법절차의 원칙을 국가기관에 대하여 헌법을 수호하고자 하는 탄핵 소추 절차에 직접 적용할 수 없다(헌재 2004. 5. 14. 2004헌나1). 그 밖에 이 사건 탄핵 소추 절차에서 피소추인이 의견 진술의 기회를 요청하였는데도 국회가 그 기회를 주지 않았다고 볼 사정이 없으므로, 피청구인의 이 부분 주장 역시 받아들일 수 없다.

다. 8인 재판관에 의한 탄핵 심판 결정 가부

피청구인은, 현재 헌법재판관 1인이 결원된 상태여서 헌법재판소법 제23조에 따라 사건을 심리할 수는 있지만 8인의 재판관만으로는 탄핵 심판 여부에 대한 결정을 할 수 없고, 8인의 재판관이 결정을 하는 것은 피청구인의 '9인으로 구성된 재판부로부터 공정한 재판을 받을 권리'를 침해하는 것이라고 주장한다.

헌법 제111조 제2항과 제3항은 대통령이 임명하는 3인, 국회가 선출하는 3인, 대법원장이 지명하는 3인 등 모두 9인의 재판관으로 헌법재판소를 구성한다고 규정하고 있다. 이와 같이 입법·사법·행정 3부가 동등하게 참여하는 헌법재판소의 구성 방식에 비추어 볼 때, 헌법재판은 9인의 재판관으로 구성된 재판부에 의하여 이루어지는 것이 원칙임은 분명하다.

그러나 현실적으로는 재판관의 공무상 출장이나 질병 또는 재판관 퇴직 이후 후임 재판관 임명까지 사이의 공백 등 다양한 사유로 일부 재판관이 재판에 참여할 수 없는 경우가 발생할 수밖에 없다. 이럴 때마다 헌법재판을 할 수 없다고 한다면 헌법재판소의 헌법 수호 기능에 심각한 제약이 따르게 된다. 이에 헌법과 헌법재판소법은 재판관 중 결원이 발생한 경우에도 헌법재판소의 헌법 수호 기능이 중단되지 않도록 7명 이상의 재판관이 출석하면 사건을 심리하고 결정할 수 있음을 분명히 하고 있다. 즉, 헌법 제113조 제1항은 헌법재판소에서 법률의 위헌 결정, 탄핵의 결정, 정당 해산의 결정 또는 헌법 소원에 관한 인용 결정을 할 때에는 재판관 6인 이상의 찬성이 있어야 한다고 규정하고 있다. 또 헌법재판소법 제23조 제1항은 헌법재판관 7명 이상의 출석으로 사건을 심리한다고 규정하고, 제36조 제2항은 결정서를 작성할 때 '심판에 관여한' 재판관 전원이 서명 날인하여야 한다고 규정하고 있다.

재판관 결원이 발생하더라도 시급하게 결정할 필요가 없는 사건이라면 재판관 공석 상황이 해소될 때까지 기다려 9인의 재판관이 결정하는 것이 바람직할 수 있다. 하지만 대통령에 대한 탄핵 소추가 의결되면 헌법 제65조 제3항에 따라 대통령의 권한 행사가 정지된다. 헌법재판소장이 임기 만료로 퇴임하여 공석이 발생한 현 상황에서 대통령 권한대행인 국무총리가 헌법재판소장을 임명할 수 있는지 여부에 관하여는 논란이 있다. 국회에서도 이 문제에 관하여 정당 사이에 견해의 대립이 있는데 대통령 권한대행이 헌법재판소장을 임명할 수 없다는 의견에 따라 헌법재판소장 임명 절차가 전혀 진행되지 않고 있다. 대통령의 권한 행사가 정지되고 대통령 권한대행이 행사할 수 있는 권한의 범위에 관하여 논쟁이 존재하는 현 상황은 심각한 헌정 위기 상황이다. 게다가 대통령 권한대행이 헌법재판소장을 임명할 수 없다는 견해를 따르면 헌법재판소장의 임기 만료로 발생한 현재의 재판관 공석 상태를 종결하고 9인 재판부를 완성할 수 있는 방법도 없다.

이와 같이 헌법재판관 1인이 결원이 되어 8인의 재판관으로 재판부가 구성되더라도 탄핵 심판을 심리하고 결정하는 데 헌법과 법률상 아무런 문제가 없다. 또 새로운 헌법재판소장 임명을 기다리며 현재의 헌정 위기 상황을 방치할 수 없는 현실적 제약을 감안하면 8인의 재판관으로 구성된 현 재판부가 이 사건 결정을 할 수밖에 없다. 탄핵의 결정을 하기 위해서는 재판관 6인 이상의 찬성이 있어야 하는데 결원 상태인 1인의 재판관은 사실상 탄핵에 찬성하지 않는 의견을 표명한 것과 같은 결과를 가져 오므로, 재판관 결원 상태가 오히려 피청구인에게 유리하게 작용할 것이라는 점에서 피청구인의 공정한 재판받을 권리가 침해된다고 보기도 어렵다. 따라서 이 부분 피청구인의 주장도 받아들이지 아니한다.

5. 탄핵의 요건

가. 직무 집행에 있어서 헌법이나 법률 위배

헌법은 탄핵 소추 사유를 '헌법이나 법률을 위배한 경우'라고 명시하고 헌법재판소가 탄핵 심판을 관장하게 함으로써 탄핵 절차를 정치적 심판 절차가 아닌 규범적 심판 절차로 규정하고 있다. 탄핵 제도는 누구도 법 위에 있지 않다는 법의 지배 원리를 구현하고 헌법을 수호하기 위한 제도이다. 국민에 의하여 직접 선출된 대통령을 파면하는 경우 상당한 정치적 혼란이 발생할 수 있지만 이는 국가 공동체가 자유민주적 기본 질서를 지키기 위하여 불가피하게 치러야 하는 민주주의의 비용이다.

헌법 제65조는 대통령이 '그 직무 집행에 있어서 헌법이나 법률을 위배한 때'를 탄핵 사유로 규정하고 있다. 여기에서 '직무'란 법제상 소관 직무에 속하는 고유 업무와 사회 통념상 이와 관련된 업무를 말하고, 법령에 근거한 행위뿐만 아니라 대통령의 지위에서 국정 수행과 관련하여 행하는 모든 행위를 포괄하는 개념이다. 또 '헌법'에는 명문의 헌법 규정뿐만 아니라 헌법재판소의 결정에 따라 형성되어 확립된 불문헌법도 포함되고, '법률'에는 형식적 의미의 법률과 이와 동등한 효력을 가지는 국제조약 및 일반적으로 승인된 국제법규 등이 포함된다(헌재 2004. 5. 14. 2004헌나1).

나. 헌법이나 법률 위배의 중대성

헌법재판소법 제53조 제1항은 '탄핵 심판 청구가 이유 있는 경우' 피청구인을 파면하는 결정을 선고하도록 규정하고 있다. 그런데 대통령에 대한 파면 결정은 국민이 선거를 통하여 대통령에게 부여한 민주적 정당성을 임기 중 박탈하는 것으로서 국정 공백과 정치적 혼란 등 국가적으로 큰 손실을 가져올 수 있으므로 신중하게 이루어져야 한다. 따라서 대통령을 탄핵하기 위해서는 대통령의 법 위배 행위가 헌법 질서에 미치는 부정적 영향과 해악이 중대하여 대통령을 파면함으로써 얻는 헌법 수호의 이익이 대통령 파면에 따르는 국가적 손실을 압도할 정도로 커야 한다. 즉, '탄핵 심판 청구가 이유 있는 경우'란 대통령의 파면을 정당화할 수 있을 정도로 중대한 헌법이나 법률 위배가 있는 때를 말한다.

대통령의 파면을 정당화할 수 있는 헌법이나 법률 위배의 중대성을 판단하는 기준은 탄핵 심판 절차가 헌법을 수호하기 위한 제도라는 관점과 파면 결정이 대통령에게 부여한 국민의 신임을 박탈한다는 관점에서 찾을 수 있다. 탄핵 심판 절차가 궁극적으로 헌법의 수호에 기여하는 절차라는 관점에서 보면, 파면 결정을 통하여 손상된 헌법 질서를 회복하는 것이 요청될 정도로 대통령의 법 위배 행위가 헌법 수호의 관점에서 중대한 의미를 가지는 경우에 비로소 파면 결정이 정당화된다. 또 대통령이 국민으로부터 직접민주적 정당성을 부여받은 대의기관이라는 관점에서 보면, 대통령에게 부여한 국민의 신임을 임기 중 박탈하여야 할 정도로 대통령이 법 위배 행위를 통하여 국민의 신임을 배반한 경우에 한하여 대통령에 대한 탄핵 사유가 존재한다고 보아야 한다(헌재 2004. 5. 14. 2004헌나1).

다. 판단 순서

이 사건에서는 피청구인이 그 직무를 집행하면서 헌법이나 법률을 위배하였는지에 대하여 (1) 사인의 국정 개입 허용과 대통령 권한 남용 여부, (2) 공무원 임면권 남용 여부, (3) 언론의 자유 침해 여부, (4) 생명권 보호 의무 등 위반 여부의 순서로 판단한다. 이어 법 위배 행위가 인정될 경우 그 위배 행위가 피청구인의 파면을 정당화할 수 있을 정도로 중대한지 여부에 대하여 판단한다.

6. 사인의 국정 개입 허용과 대통령 권한 남용 여부

가. 사건의 배경

피청구인은 전 대통령 박정희와 영부인 육영수의 장녀로 태어나 1974년 8월 15일 육영수가 사망한 뒤 1979년 10월 26일 박정희가 사망할 때까지 영부인 역할을 대신하였다. 피청구인은 육영수가 사망한 무렵 최○민을 알게 되어 최○민이 총재로 있던 대한구국선교단의 명예총재를 맡았고, 1982년 육영재단 이사장으로 취임한 뒤에는 최○민을 육영재단 고문으로 선임하는 등 오랫동안 최○민과 함께 활동하였다. 피청구인은 최○민의 딸인 최○원과도 친분을 유지하였는데, 육영재단 부설 어린이회관이 최○

원이 운영하는 유치원과 자매결연을 맺기도 하였고, 피청구인의 개인적 일을 처리할 때 최○원의 도움을 받기도 하였다.

피청구인은 1997년 한나라당에 입당하여 제15대 대통령 선거에서 한나라당 후보 이○창을 지원하면서 정치활동을 시작하였고, 1998년 4월 2일 대구광역시 달성군 국회의원 보궐선거에서 국회의원으로 당선되었다. 피청구인이 정치활동을 시작한 뒤 최○원의 남편이었던 정○회가 피청구인의 비서실장으로 불리며 피청구인의 보좌진을 이끌었다. 피청구인이 보궐선거에 출마하면서 정○성·이○만·안○근·이○상(2012년 사망) 등이 피청구인의 보좌진으로 활동하였고, 이들은 피청구인이 국회의원으로 활동할 때 보좌관이나 비서관으로 일하였다.

피청구인이 2012년 12월 19일 대통령에 당선된 뒤 정○성·이○만·안○근은 대통령직 인수위원회에 참여하였으며, 취임 후에는 대통령비서실에서 비서관으로 근무하였다. 피청구인은 대통령직을 수행하면서 공식 회의 이외에는 대부분의 보고를 관계 공무원을 대면하지 않고 서면으로 받았는데, 정○성·이○만·안○근이 피청구인에 대한 각종 보고 및 의사소통 경로를 장악하였다는 뜻에서 '문고리 3인방'이라 불리기도 하였다. 특히 정○성은 피청구인이 대통령에 취임한 뒤에는 '제1부속비서관'으로, 제1·2 부속비서관실이 통합된 2015년 1월 23일 이후부터는 '부속비서관'으로 재직하면서, 피청구인을 수신자로 하는 문건 대부분을 정리하여 보고하는 역할을 담당하였다.

피청구인은 대통령으로 취임한 뒤에도 관저에서 최○원과의 사적 만남을 꾸준히 지속하였다. 최○원은 정○성을 비롯한 피청구인의 일부 보좌진과 차명 휴대전화 등으로 상시 연락하였고, 피청구인의 일정을 확인하고 그에 맞는 의상을 준비하기도 하였다. 피청구인의 일부 보좌진은 최○원을 피청구인 관저에 청와대 공무 차량으로 출입시켜 신분 확인 절차 없이 자유롭게 드나들 수 있도록 하는 등 피청구인과 최○원이 사적으로 만나는 데 필요한 각종 편의를 제공하였다.

나. 국정에 관한 문건 유출 지시·묵인

피청구인은 대통령으로 취임한 뒤 공식 회의 이외에는 주로 서면을 통하여 보고를 받고 전화를 이용하여 지시하는 등 대면 보고와 지시를 최소화하는 방식으로 업무를 집행하였다. 피청구인에게 보고되는 서류는 대부분 정○성이 모아서 정리한 다음 피청구인에게 전달하였다. 정○성은 피청구인에게 보고하는 서류 중 인사에 관한 자료, 각종 현안과 정책에 관한 보고서, 연설문이나 각종 회의에서 발언하는 데 필요한 말씀 자료, 피청구인의 공식 일정 등 국정에 관한 문건 중 일부를 이메일을 이용하여 보내 주거나 직접 서류를 전달하는 방법 등으로 최○원에게 전달하였다. 최○원도 정○성을 통하여 국정에 관한 문건을 전달받아 열람한 사실을 인정하고 있다. 피청구인은 일부 문건에 대하여는 정○성에게 최○원의 의견을 받았는지 확인하고 이를 반드시 반영하도록 지시하기도 하였다.

정○성은 공무상 비밀 누설 혐의로 검찰에서 조사받으면서, 연설문과 말씀 자료는 피청구인의 포괄적 지시에 따라 대부분 최○원에게 보냈고 각종 보고서나 참고 자료 등은 필요한 경우에만 보냈으며, 공직자 인선안 등도 피청구인이 최○원의 의견을 들어보라고 하여 보냈다고 하면서, 이와 같은 문건 유출은 큰 틀에서 피청구인의 뜻에 따른 것이라는 취지로 진술하였다. 정○성은 2013년 1월경부터 2016년 4월경까지 공무상 비밀 내용을 담고 있는 문건 47건을 최○원에게 전달하여 공무상비밀누설죄를 저질렀다는 공소사실로 2016년 11월 20일 기소되어 서울중앙지방법원에서 형사재판을 받고 있다. 검찰은 정○성이 피청구인의 지시를 받아 공무상 비밀을 누설한 것이라고 보고 공소장에 피청구인과 정○성이 공모하여 법령에 의한 직무상 비밀을 누설하였다고 기재하였다.

피청구인은 2016년 10월 25일 제1차 대국민 담화에서 "최○실 씨는 과거 제가 어려움을 겪을 때 도와준 인연으로 지난 대선 때 주로 연설이나 홍보 등의 분야에서 저의 선거 운동이 국민들에게 어떻게 전달되는지에 대해 개인적인 의견이나 소감을 전달해 주는 역할을 하였습니다. 일부 연설문이나 홍보물도 같은 맥락에서 표현 등에서 도움을 받은 적이 있습니다. 취임 후에도 일정 기간 동안은 일부 자료들에 대해 의견을 들은 적도 있으나 청와대의 보좌 체계가 완비된 이후에는 그만두었습니다."라고 발표하였다. 또 피청구인은 이 사건 심판 과정에서 연설문 등의 표현 방법을 국민 눈높이에 맞추기 위해 최○원의 의견을 들은 사실은 있지만, 연설문이나 말씀 자료 이외에 인사에 관한 자료나 정책 보고서 등 다른 문건을 최○원에게 전달하도록 지시한 사실은 없다고 주장하고 있다.

그런데 2014년 11월 최○원의 전 남편 정○회가 청와대 일부 비서관 등과 합세하여 비밀리에 국정에 개입하고 있다는 취지의 신문 보도가 있었고, 이때 청와대 내부 문건이 외부로 유출되었다는 의혹이 제기된 바 있다. 정○성은 검찰에서 그 무렵 '상황이 이러하니 최○원에게 자료를 보내 의견을 받는 것은 그만두는 것이 좋겠다.'고 피청구인에게 건의하였고, 피청구인이 이를 수용하였다고 진술하였다. 또 최○원의 추천으로 문화융성위원회 위원으로 위촉된 차○택은 2015년 4월경 최○원에게 문화창조융합의 개념에 대해 삼성과 구글 및 알리바바 등 기업의 예를 들어 설명한 문구를 적어 주었는데 피청구인이 그 문구를 청와대 회의에서 그대로 사용한 사실이 있다고 증언하였다. 그리고 뒤에 보는 것처럼 2015년 2월경부터 2016년 1월경까지 추진된 미르와 케이스포츠 설립 과정에서 최○원이 마련한 재단 명칭과 사무실 위치 및 임원 명단 등 자료가 피청구인에게 전달되었고, 피청구인이 보고 받은 재단 설립 관련 정보가 최○원에게 전달된 사실이 인정된다. 이런 사실을 종합하면 피청구인은 취임 후 2년이 넘어서까지 최○원에게 연설문 등 문건을 전달하고 그 의견을 들은 사실이 인정된다. 그렇다면 청와대 보좌 체계가 완비될 때까지만 최○원의 의견을 들었다는 피청구인의 주장은 객관적 사실과 부합하지 않는다.

또한, 정○성은 검찰에서 각종 연설문 외에 감사원장, 국가정보원 2차장 및 기획조정실장 인사안이나 차관급 21명에 대한 인선안 등 여러 종류의 인사 관련 문건, 법원의 조정을 받아들일지 여부를 검토한 민정수석비서관실 보고서, 수석비서관에 대한 지시 사항을 담은 문건 등을 피청구인의 지시로 최○원에게 전달하였다고 진술하였다. 정○성은 청와대 비서관으로 재직하는 동안 연설문이나 말씀 자료 이외에도 대통령 해외 순방 일정 등 수많은 비밀 문건을 최○원에게 전달하였는데, 보안이 철저하게 유지되는 청와대에서 이와 같이 많은 문건이 오랜 기간 동안 외부로 유출된 것은 피청구인의 지시나 묵인 없이는 불가능한 일이다. 한편, 최○원은 비밀문서인 대통령의 해외 순방 일정 등을 정○성을 통해 미리 받아 보고 피청구인이 순방 시 입을 의상을 결정하고 또 해외 순방 중 계획된 문화 행사 계획을 변경하도록 조언하여 관철시키기도 했다. 최○원이 피청구인의 해외 순방 일정을 상세히 알고 여러 가지 조언을 하였고 피청구인이 이를 수용한 점에 비추어 보더라도 관련 문건이나 정보가 최○원에게 전달된 사실을 피청구인이 전혀 모르고 있었다고 보는 것은 상식에 맞지 않는다. 이런 사정에 비추어 보면 인사에 관한 자료나 정책 보고서 등 말씀 자료가 아닌 문건을 최○원에게 전달하도록 지시한 사실이 없다는 피청구인의 주장도 믿기 어렵다.

최○원은 정○성을 통하여 받은 문건을 보고 이에 관한 의견을 주거나 내용을 직접 수정하여 회신하기도 하였고, 파악한 정보를 기초로 피청구인의 일정 조정에 간섭하는 등 직무 활동에 관여하기도 하였다. 최○원은 행정 각부나 대통령비서실의 현안과 정책에 관한 보고 문건 등을 통해 피청구인의 관심사나 정부의 정책 추진 방향 또는 고위 공무원 등 인사에 관한 정보를 미리 알 수 있었다. 최○원은 이와 같이 파악한 정보를 토대로 공직자 인선에 관여하고 미르와 케이스포츠 설립 및 그 운영 등에 개입하면서 개인적 이익을 추구하다가 적발되어 직권남용권리행사방해죄 등 혐의로 구속 기소되었다.

다. 최○원의 추천에 따른 공직자 인선

피청구인은 최○원이 추천하는 인사를 다수 공직에 임명하였다. 최○원은 문화와 체육 분야의 주요 공직자 후보를 피청구인에게 추천하였다. 최○

원은 뒤에 보는 것처럼 미르와 케이스포츠를 설립한 다음 이 두 재단이 정부 예산 사업을 수행하도록 하고 그 사업을 자신이 운영하는 회사가 수주하는 방식으로 이권을 확보하려고 하였는데, 최○원이 추천한 일부 공직자는 최○원의 이권 추구를 돕는 역할을 하였다.

피청구인은 2013년 10월 29일 최○원이 추천한 한양대학교 스포츠산업학과 교수 김○을 문화체육관광부 제2차관으로 임명하였다. 김○은 제2차관으로 임명된 뒤 체육계 현안과 정책 등에 관한 문화체육관광부 내부 문건을 최○원에게 전달하고 최○원의 요구 사항을 정책에 반영하는 등 최○원에게 적극적으로 협력하였다.

피청구인은 2014년 8월경에는 광고 제작 회사를 운영하고 있던 차○택을 최○원의 추천에 따라 문화융성위원회 위원으로 위촉하였다. 최○원은 차○택이 2015년 4월경 민관 합동 창조경제추진단 단장과 문화창조융합본부 단장으로 취임할 때도 결정적 역할을 하였다. 차○택은 자신의 지인을 최○원에게 미르의 임원으로 추천하였는데, 이들은 최○원의 요구 사항대로 미르를 운영하는 등 최○원의 사익 추구에 적극적으로 협력하였다. 피청구인은 최○원의 추천으로 2014년 8월 20일 차○택의 은사 김○덕을 문화체육관광부 장관으로 임명하고, 2014년 11월 18일 차○택의 외삼촌 김○률을 대통령비서실 교육문화수석비서관으로 임명하였다.

라. 케이디코퍼레이션 관련

최○원은 케이디코퍼레이션의 대표이사 이○욱으로부터 자사 제품을 현대자동차에 납품할 수 있도록 해달라는 부탁을 받고, 케이디코퍼레이션 관련 자료를 정○성을 통하여 피청구인에게 전달하였다. 피청구인은 2014년 11월경 안○범에게 케이디코퍼레이션이 새로운 기술을 가지고 있는 중소기업이니 현대자동차가 그 기술을 채택할 수 있는지 알아보라고 지시하였다. 안○범은 2014년 11월 27일 피청구인이 현대자동차 그룹 회장 정○구를 면담하는 기회에 함께 온 부회장 김○환에게 피청구인의 지시를 전달하면서 현대자동차가 케이디코퍼레이션과 거래하여 줄 것을 부탁하였다.

케이디코퍼레이션은 김○환이 안○범에게 다시 회사 이름과 연락처를 물어야 할 정도로 현대자동차 그룹 내에서 알려지지 않은 기업이었다. 그러나 케이디코퍼레이션은 거래 업체 선정 시 통상 거쳐야 하는 제품 시험과 입찰 등 절차를 거치지 않고 수의계약으로 현대자동차와 계약을 맺고, 2015년 2월경부터 2016년 9월경까지 현대자동차에 제품을 납품하였다. 안○범은 현대자동차와 케이디코퍼레이션 사이의 계약 진행 상황을 확인하여 피청구인에게 보고하였다. 최○원은 케이디코퍼레이션이 현대자동차에 제품을 납품하게 된 대가로 이○욱으로부터 1천만 원이 넘는 금품을 받았다.

검찰은 최○원과 안○범이 현대자동차로 하여금 케이디코퍼레이션과 제품 납품 계약을 체결하도록 한 행위가 직권남용 권리 행사 방해와 강요죄에 해당한다고 보고 최○원과 안○범을 기소하였다. 검찰의 공소장에는 피청구인은 최○원 및 안○범과 공모하여 대통령의 직권과 경제수석비서관의 직권을 남용하였고, 이에 두려움을 느낀 현대자동차 부회장 김○환으로 하여금 납품 계약을 체결하도록 하여 의무 없는 일을 하게 한 것으로 기재되어 있다.

마. 미르와 케이스포츠 관련

(1) 문화와 체육 관련 재단법인 설립 지시

피청구인은 2015년 2월경 안○범에게 문화와 체육 관련 재단법인을 설립하는 방안을 검토하라고 지시하였다. 안○범은 소속 비서관에게 피청구인의 지시를 전달하였고, 이에 따라 대기업이 출연하여 비영리법인을 설립하고 이 법인에서 정부 예산이 투입되는 사업을 시행한다는 취지의 간략한 보고서가 작성되었다.

피청구인은 2015년 2월 24일 한국메세나협회 창립 20주년을 기념하는 오찬 행사에서 대기업 회장들에게 문화와 체육 분야에 적극적으로 투자해 줄 것을 요청하였고, 이어 2015년 7월경 안○범에게 대기업 회장들과 개별 면담을 계획하라고 지시하였다. 안○범은 7개 대기업 회장 면담 일정을 확정하고 각 기업별 현안 등을 정리한 면담자료를 만들어 피청구인에게 보고하였다. 피청구인은 2015년 7월 24일과 25일 이틀에 걸쳐 삼성, 현대자동차, 에스케이, 엘지, 씨제이, 한화, 한진 등 7개 대기업 회장들과 개별 면담을 하였다. 피청구인은 이 자리에서 각 기업의 애로 사항이나 투자 상황 등을 청취하는 동시에, 문화 및 체육 관련 재단법인 설립의 필요성을 강조하면서 법인 설립에 필요한 지원을 요구하였다.

피청구인은 대기업 회장들과의 개별 면담을 마친 뒤 안○범에게 10개 정도 대기업이 30억 원씩 출연하면 3백억 원 규모의 문화 재단과 체육 재단을 설립할 수 있을 것이라는 취지로 이야기하면서 재단법인 설립을 지시하였다. 안○범은 2015년 8월경 전경련 부회장 이○철에게 전경련이 대기업으로부터 출연금을 걷어 3백억 원 규모의 재단 설립을 추진하도록 요청하였다. 그러나 전경련이나 피청구인의 요구를 받은 대기업은 재단 설립에 협조해 달라는 요청을 받았을 뿐 추가로 구체적 요구 사항을 전달받지는 않아 재단 설립을 바로 추진하지는 않았다.

그런데 최○원은 전경련이 재단법인 설립을 본격적으로 추진하기 전에 이미 재단 설립 사실을 알고 차○택 등의 추천을 받아 2015년 9월 말경 김○수, 이○한, 이○상, 장○각 등을 면담하고 이들을 문화 재단 임원진으로 선정하였다. 이와 관련하여 차○택은 미르가 설립되기 두 달 전쯤 최○원으로부터 문화계 사람들 중 믿을 수 있는 사람을 소개해 달라는 부탁을 받았고, 이에 따라 김□현·김○탁·이○한·이□선·전○석을 소개하였는데, 이 때 최○원이 곧 문화 재단이 만들어질 것이라는 취지의 이야기를 하였다고 진술하였다. 또 차○택은 그로부터 한 달 정도 지나 최○원이 재단 이사진을 추천해 달라고 하여, 김○화·김○원·장○각·이□선 등을 추천하였다고 진술하였다. 최○원과 안○범은 서로 모르는 사이였다고 주장하고 있고 이 두 사람이 서로 연락한 흔적은 전혀 발견되지 않는다. 그런데도 최○원이 피청구인의 지시로 문화 관련 재단법인이 설립될 것이라는 사실을 미리 알 수 있었던 것을 보면, 피청구인이 그런 계획을 미리 알려 주었을 가능성이 매우 높다.

(2) 미르 설립

피청구인은 2015년 10월 19일경 안○범에게 10월 말 리커창 중국 총리가 방한하면 양국 문화 재단 사이에 양해 각서를 체결할 수 있도록 재단법인 설립을 서두르라고 지시하였다. 안○범은 즉시 이○철과 경제금융비서관 최○목에게 3백억 원 규모의 문화 재단을 설립하라고 지시하였다. 최○목은 2015년 10월 21일부터 24일까지 4일 동안 매일 청와대에서 전경련 관계자 및 관계 부처 공무원들과 재단 설립 관련 회의를 하면서 재단 설립 절차 등을 논의하였다.

피청구인은 2015년 10월 21일경 안○범에게 재단의 명칭을 '미르'로 하라고 지시하면서 재단의 이사장 등 임원진 명단 등을 알려 주고, 임원진 이력서와 재단 로고 등 자료를 전달하였다. 그런데 피청구인에게 이와 같은 재단 관련 자료를 전달한 대통령비서실 비서진이나 정부 부처 관계자는 아무도 없고, 피청구인도 이런 자료를 누구로부터 어떻게 입수하였는지 밝히고 있지 않다. 앞서 본 것처럼 최○원이 재단의 주요 임원을 면접 등을 통하여 미리 선정해 둔 사실 등에 비추어 볼 때 이런 자료는 최○원이 피청구인에게 전달한 것으로 보인다.

최○목을 비롯한 대통령비서실 비서진과 관계 부처 공무원 및 전경련 관계자들은 10월 말 이전에는 문화 재단을 반드시 설립하라는 피청구인의 지시에 따라 재단법인 설립을 서둘렀고, 전경련의 사회협력회계 분담금 기준으로 기업별 출연금액을 정한 다음 법인 설립 절차는 문화체육관광부에서 적극적으로 협력하기로 하였다. 이에 따라 전경련 관계자가 2015년 10월 23일경 해당 기업들에게 개별적으로 출연 요청을 하였다.

그런데 피청구인은 재단 출연금 3백억 원을 5백억 원으로 올리도록 지시하였고, 안○범은 2015년 10월 24일경 이○철에게 피청구인의 지시를 전달하면서 출연 기업에 케이티·금호·신세계·아모레퍼시픽을 포함시키고 현대중공업과 포스코 등 추가할 만한 대기업이 있는지 알아봐 달라고 요청하였다. 이에 전경련 관계자들은 2015년 10월 24일 재단 출연금을 5백억 원으로 한 새로운 출연금 분배안을 작성하고, 이미 출연하기로 하였던 기업들에는 증액을 요청하였으며, 케이티·금호·아모레퍼시픽·포스코·엘에스·대림 등 출연 기업 명단에 포함되어 있지 않았던 6개 기업에는 청와대의 지시로 문화 재단을 설립하니 속히 출연 여부를 결정하여 달라고 요청하였다.

출연 요청을 받은 기업들은 재단 출연금액을 일방적으로 통보받았으며, 재단의 구체적 사업계획서 등 자료를 받거나 재단의 사업 계획이나 소요 예산 등에 관한 설명도 듣지 못하였다. 그럼에도 전경련 관계자들은 늦어도 2015년 10월 26일까지 출연 여부 결정을 해달라고 요청하였고, 출연 요청을 받은 기업들은 사업의 타당성이나 출연 규모 등에 대한 충분한 사전 검토를 하지 못하고 재단 설립이 대통령의 관심 사항으로서 경제수석비서관이 주도하여 청와대가 추진하는 사업이라는 점 때문에 서둘러 출연 여부를 결정하였다. 이에 따라 전경련 관계자들이 2015년 10월 24일 토요일 기업들에 출연금액 증액을 통보하거나 새로운 기업들에 출연을 요청한 때로부터 불과 이틀 뒤인 2015년 10월 26일 월요일에는 기업들의 재단 출연 증서 작성이 전부 완료되었다. 기업 중 일부는 출연을 결정한 다음 미르 측에 사업계획서를 보여 달라고 요구하였으나 거절당하기도 하였다.

전경련 관계자들은 2015년 10월 26일 출연하기로 한 기업 관계자들로부터 재산 출연 증서와 법인인감증명서 등 재단 설립에 필요한 서류를 받아, 실제로 개최되지 않은 창립총회가 전경련 컨퍼런스 센터에서 개최된 것처럼 창립총회 회의록을 허위로 만들고 피청구인이 안○범을 통해 전달한 미르 정관에 법인 인감을 날인하였다. 재단 설립을 서두르는 과정에 안○범은 처분에 엄격한 제한이 따르는 기본재산과 자유로운 처분이 가능한 보통재산의 비율을 9 : 1에서 2 : 8로 변경하라고 전경련 측에 요구하였다. 이에 따라 전경련 관계자들은 급히 기본재산과 보통재산 비율을 수정하여

정관 등을 새로 작성하고, 이미 날인한 기업 관계자들에게 연락하여 새로
운 정관과 창립총회 회의록에 다시 날인하도록 하였으나 결국 발기인으로
참여한 기업 중 에스케이하이닉스의 날인은 받지 못하였다.

전경련 관계자들은 청와대에서 요구한 시한인 2015년 10월 27일까지
재단 설립 허가 절차를 마치기 위하여 미르의 설립 허가 신청서를 문화체
육관광부 서울 사무소에 접수할 수 있도록 요청하였다. 문화체육관광부
담당공무원은 2015년 10월 26일 서울 사무소로 담당 주무관을 출장 보내
에스케이하이닉스의 날인이 누락된 설립 허가 신청서를 접수하도록 하였
고, 다음날 09 : 36경 설립 허가 절차를 마무리한 뒤 곧바로 전경련에 미르
설립 허가를 통보하였다. 미르에 출연하기로 약정한 기업들은 2015년 11
월경부터 12월경까지 합계 486억 원의 출연금을 납입하였다.

최○원과 안○범은 기업들로부터 미르에 출연하도록 한 행위와 관련하
여 직권남용권리행사방해 및 강요죄로 구속 기소되었다. 검찰의 공소장에
는 피청구인은 최○원 및 안○범과 공모하여 대통령의 직권과 경제수석비
서관의 직권을 남용하였고, 이에 두려움을 느낀 전경련 임직원과 기업체
대표 및 담당 임원 등으로 하여금 미르에 출연하도록 하여 의무 없는 일을
하게 한 것으로 기재되어 있다.

(3) 케이스포츠 설립

미르가 설립된 뒤 최○원은 2015년 12월경 체육계 인사 김○승에게 체육
관련 재단법인 설립에 관한 사업계획서를 작성하여 달라고 요청하였다.
이어 향후 설립될 재단법인에서 일할 임직원으로 사무총장 정○식·상임이
사 김○승 등을 면접을 거쳐 선정한 다음, 정○성을 통해 피청구인에게 그
명단을 전달하였다.

피청구인은 2015년 12월 11일과 20일경 안○범에게 최○원으로부터
받은 임원진 명단을 알려 주고, 서울 강남에 재단법인 사무실을 구하라고
지시한 뒤 정관과 조직도도 전달하였다. 안○범은 2015년 12월 19일경
김○승을 만나 전경련과 협조하여 재단을 설립하라고 한 뒤, 경제수석실

행정관 이○영에게 재단의 임원진 명단과 정관 등을 주면서 김○승과 연락하여 재단 설립을 진행하라고 지시하였다. 안○범은 이○철에게 미르와 별도로 3백억 원 규모의 체육 재단도 설립해야 하니 미르 때처럼 진행하라고 요청하였다. 케이스포츠 설립도 미르와 마찬가지로 청와대 주도로 전경련을 통하여 대기업으로부터 출연받아 이루어졌고, 피청구인과 최○원이 임원진을 선정하는 등 그 설립을 사실상 주도하였다.

전경련 관계자들은 미르 설립 과정에서 연락했던 기업 명단을 토대로 기업의 매출액을 기준으로 출연금액을 할당하고, 각 기업 관계자에게 청와대의 요청에 따라 3백억 원 규모의 체육 재단도 설립하여야 하니 출연금을 내달라고 요청하였다. 출연 요청을 받은 기업들은 케이스포츠의 구체적 사업 계획 등도 알지 못한 채 재단 설립이 대통령의 관심 사항으로서 경제수석비서관이 주도하여 청와대가 추진하는 사업이라는 점 때문에 출연을 결정하였다. 전경련 관계자들은 2016년 1월 12일경 전경련 회관으로 출연 기업 관계자들을 불러 재산 출연 증서 등 필요한 서류를 받았고, 출연 기업들은 실제로는 개최되지 아니한 창립총회가 개최된 것처럼 허위로 작성된 창립총회 회의록과 케이스포츠 정관에 법인 인감을 날인하였다. 일부 기업에 대해서는 전경련 관계자가 직접 방문하여 서류를 제출받고 날인을 받았다.

대통령비서실 교육문화수석실 선임행정관은 2016년 1월 8일경 문화체육관광부 담당 국장에게 케이스포츠 설립을 최대한 빨리 허가하라고 요청하였다. 문화체육관광부 담당 공무원들은 2016년 1월 12일 전경련이 케이스포츠 설립 허가 신청서를 접수하자 그 날 중으로 서류를 보완하도록 한 뒤 다음날 법인 설립을 허가하였다. 기업들은 2016년 2월경부터 8월경까지 케이스포츠에 288억 원의 출연금을 납입하였다.

최○원과 안○범은 기업들로부터 케이스포츠에 출연하도록 한 행위와 관련하여 직권남용권리행사방해 및 강요죄로 구속 기소되었다. 검찰의 공소장에는 피청구인은 최○원 및 안○범과 공모하여 대통령의 직권과 경제수석비서관의 직권을 남용하였고, 이에 두려움을 느낀 전경련 임직원과 기업체 대표 및 담당 임원 등으로 하여금 케이스포츠에 출연하도록 하여 의무 없는 일을 하게 한 것으로 기재되어 있다.

(4) 재단법인 운영 개입

이 사건 제5차 변론 기일에서 최○원은 피청구인이 자신에게 미르와 케이스포츠 운영을 살펴봐 달라고 요청하였다고 증언하였다. 최○원은 미르와 케이스포츠에 출연한 것도 아니고 아무런 직책이나 이해관계가 없음에도 불구하고, 재단 관계자로부터 보고를 받고 구체적 업무 지시를 하였으며, 재단의 임직원 임명·추진하는 사업의 내용·자금의 집행 등을 결정하였다. 미르와 케이스포츠 이사회의 결정은 형식적인 것에 불과하였고, 출연 주체인 기업들 역시 재단 운영에 전혀 관여하지 못하였다.

미르와 케이스포츠 임직원 등은 최○원이 피청구인과 밀접한 관계가 있다는 사실을 알고 최○원을 회장이라 부르며 그의 지시에 따라 일하였다. 재단 임직원 등은 피청구인과 최○원의 관계나 최○원이 지시한 내용을 안○범이 다시 그대로 지시하는 등 정황에 비추어 보았을 때 최○원의 뜻이 피청구인의 뜻이라고 믿을 수밖에 없었다는 취지로 진술하고 있다. 이 사건 제11차 변론 기일에서 케이스포츠 이사장 정○춘은 최○원의 국정 개입 등이 심각한 문제로 대두되면서 안○범과 전경련 관계자가 이사장직에서 사임할 것을 요청하였지만 최○원이 사임하면 안 된다고 하여 사임하지 않았다고 증언하면서, 안○범보다는 최○원이 피청구인의 뜻을 대변하고 있다고 이해하였다는 취지로 진술하였다.

이와 관련하여 피청구인은 문화 융성과 경제 발전에 도움이 될 것이라는 취지에서 기업의 문화 및 체육 분야 투자를 적극 권유하고 비서실을 통하여 재단법인 설립 절차를 지원하였을 뿐 기업의 출연 과정이나 법인 운영에 개입한 사실은 전혀 없다고 주장한다.

그러나 안○범은 미르와 케이스포츠 설립을 추진하는 과정에서 전경련 관계자에게 청와대 개입 사실을 비밀로 하라고 요청하였다. 또 2016년 9

월경 국회 국정감사에서 이○철은 재단 설립 과정에서 이루어진 모금은 자발적인 것이었다고 청와대 개입 사실을 부인하였지만, 이 사건 제8차 변론 기일에서는 미르와 케이스포츠가 안○범의 지시에 따라 설립되었고 안○범의 요청을 받고 청와대의 압력에 부담을 느껴 국회에서 거짓으로 진술하였다고 증언하였다. 2016년 10월경 미르와 케이스포츠 설립 과정의 위법행위에 대한 검찰 수사가 시작되자, 안○범은 이○철에게 전화하여 미르와 케이스포츠 설립은 전경련이 주도하였고 청와대는 개입하지 않은 것으로 진술하라고 지시하고 자신의 휴대전화를 폐기하였다. 이와 관련하여 안○범은 증거 인멸 교사 혐의로 기소되었다.

피청구인의 주장이 사실이라면 미르와 케이스포츠 설립을 청와대가 지원한 사실을 비밀로 할 이유가 없고 그 뒤 관련 증거를 없애고 위증을 지시할 이유도 전혀 없다. 최○원과 안○범 및 재단 관련자 등의 증언과 진술에 비추어 보더라도 피청구인의 이 부분 주장도 믿기 어렵다.

바. 플레이그라운드 관련

(1) 플레이그라운드 설립과 운영

최○원은 2015년 10월 7일 광고 회사인 플레이그라운드를 설립하였고, 정부의 지원을 받는 미르와 용역 계약을 체결하고 용역 대금을 받는 방식으로 수익을 창출할 계획을 세웠다. 최○원은 김○탁을 플레이그라운드의 명목상 대표이사로 내세웠으나, 주식 70%를 차명으로 보유하면서 플레이그라운드를 실질적으로·운영하였다.

(2) 플레이그라운드와 미르의 관계

피청구인의 지시로 미르가 설립된 뒤, 최○원은 자신이 추천한 사람이 미르의 임원으로 임명되자 이들을 통하여 사업 방향을 정하는 등 재단을 실질적으로 장악하였다. 최○원은 2016년 1월 미르 사무총장이었던 이○한에게 미르와 플레이그라운드 사이에 용역 계약을 체결할 것을 지시하였다. 미르는 총괄파트너 선정 작업을 진행하면서 입찰 과정에 플레이그라운드를 참여시키고 '비즈원'이라는 회사를 형식적으로 참여하도록 한 다음 플레이그라운드를 총괄 파트너로 선정하였다. 플레이그라운드는 미르와 프로젝트 계약 7건을 체결하고 1억3,860만 원을 지급받았다.

(3) 케이티 인사 및 광고대행사 선정 개입

최○원은 차○택에게 케이티 광고 분야에서 일할 사람을 알아봐 달라고 부탁하여 이○수를 추천받았다. 피청구인은 2015년 1월경 안○범에게 홍보 전문가인 이○수가 케이티에 채용될 수 있도록 하라고 지시하였다. 안○범은 케이티 회장 황○규에게 피청구인의 말을 전달하면서 이○수를 채용해 달라고 요구하였다. 케이티는 통상적 공모 절차를 거치지 않고 이○수에게 직접 연락하여 채용 절차를 진행하였고, 2015년 2월 16일 전무급인 브랜드지원센터장 자리를 새로 만들어 이○수를 채용하였다.

피청구인은 2015년 10월경 안○범에게 케이티 광고 쪽에 문제가 있다고 하는데 이○수를 그쪽으로 보낼 수 있는지 알아보라고 지시하였다. 안○범은 황○규에게 이○수의 보직 변경을 요구하였고, 케이티는 정기 인사 시기가 아님에도 2015년 10월 6일 이○수의 직책을 광고 업무를 총괄하는 담당 본부장으로 변경하였다.

한편, 피청구인은 2015년 8월경 안○범에게 신○성이 케이티에서 이○수와 함께 일할 수 있도록 하라는 취지의 지시를 하였다. 신○성은 최○원의 조카 이○헌의 지인인 김□수와 사실혼 관계에 있는 사람이다. 안○범은 황○규에게 피청구인의 지시를 전달하였고, 케이티는 2015년 12월 7일 상무보급 브랜드 지원 담당 자리를 새로 만들어 신○성을 채용하였다. 이후 신○성은 2016년 1월 25일 광고 담당으로 보직이 변경되어 이○수와 함께 일하게 되었다.

그 뒤 안○범은 이○수 등에게 플레이그라운드가 케이티의 광고대행사로 선정될 수 있도록 해달라고 요청하였다. 케이티는 플레이그라운드를 광고대행사로 선정하기 위하여 광고대행사 선정 기준 중 광고 실적을 요구하는 조건을 삭제하였고, 플레이그라운드에서 제출한 서류의 일부가 사실과 달리 기재되어 있는 것을 발견하고도 플레이그라운드를 광고대행사로 선정하였다. 플레이그라운드는 2016년에 케이티 광고 7건(발주금액 총 68억1,767만 원 상당)을 수주하였다.

(4) 현대자동차 그룹 광고 계약 개입

피청구인은 2016년 2월경 안○범에게 플레이그라운드 소개 자료가 든 봉투를 전달하면서, 대기업에서 플레이그라운드에 도움을 줄 수 있도록 하라고 지시하였다. 안○범은 2016년 2월 15일 피청구인이 현대자동차 회장 정○구, 부회장 김○환과 독대한 뒤 헤어지는 자리에서 김○환에게 플레이그라운드 소개 자료가 든 봉투를 전달하였다.

현대자동차와 기아자동차는 이례적으로 신생 광고 회사인 플레이그라운드에 먼저 연락하여 2016년에 5건의 광고를 발주하고 제작비로 총 9억1,807만 원을 지급하였다. 현대자동차와 기아자동차는 통상적으로 이런 광고를 현대자동차 계열 광고 회사인 주식회사 이노션 등에 발주해 왔는데, 이들 기업에 양해를 구하고 플레이그라운드에게 광고를 발주하였다.

사. 더블루케이 관련

(1) 더블루케이 설립과 운영

최○원은 케이스포츠가 정부의 지원으로 사업을 수행하면 그 사업 경영을 위탁받는 등의 방법으로 수익을 창출할 계획을 세우고 2016년 1월 13일 케이스포츠가 설립되기 하루 전인 12일 스포츠 경영 등을 목적으로 하는 더블루케이를 설립하였다. 더블루케이의 명목상 대표이사는 조○민, 사내이사는 고○태였으나, 조○민은 주식 포기 각서를 최○원에게 제출한 뒤 매월 최○원에게 결산보고를 하였다. 최○원은 더블루케이 대표이사와 직원들의 채용 및 급여 수준을 직접 결정하고 자금 지출을 결정하며 사업에 관해 지시하는 등 더블루케이를 실질적으로 운영하였다.

(2) 더블루케이와 케이스포츠의 관계

최○원은 자신이 선발하여 채용한 케이스포츠의 노○일 부장과 박○영 과장에게 더블루케이 관련 업무를 하도록 지시하였다. 노○일과 박○영은 매주 적게는 2~3일, 많게는 매일 더블루케이 사무실로 출근하여 용역제안서 작성 등 더블루케이의 업무를 수행하였다. 최○원은 더블루케이 사무실에서 수시로 회의를 주재하였는데, 이 회의에서는 더블루케이 사업뿐만 아니라 케이스포츠 업무 및 케이스포츠와 더블루케이가 함께 추진하는 사업에 관하여서도 모두 논의가 이루어졌다. 최○원은 케이스포츠와 더블루케이의 인력과 사업을 연계하여 운용하였고, 더블루케이는 2016년 3월 10일경 케이스포츠와 업무 협약을 체결하여 케이스포츠가 수행하는 사업의 운영을 담당할 근거를 마련하였다.

(3) 그랜드코리아레저 장애인 펜싱팀 창단 개입

피청구인은 2016년 1월 23일 안○범에게 그랜드코리아레저가 스포츠팀을 창단하고, 더블루케이가 운영 자문 등을 할 수 있도록 그랜드코리아레저에 더블루케이를 소개하라고 지시하면서 더블루케이 대표이사의 이름과 연락처를 전달하였다. 안○범은 다음날 그랜드코리아레저 대표이사 이○우에게 피청구인의 요구 사항을 전달하고 더블루케이 대표이사 조○민에게도 연락하였다. 또 안○범은 피청구인의 지시에 따라 2016년 1월 26일 문화체육관광부 제2차관 김○을 정○식과 조○민에게 소개시켜 주었다.

더블루케이의 조○민과 고○태는 2016년 1월 하순경 그랜드코리아레저에 80억 원 정도의 사업비가 드는 남녀 성인 배드민턴팀과 펜싱팀을 창단하는 사업에 관련한 용역 계약 제안서를 전달하였으나, 이○우는 사업 규모가 너무 커 수용하기 곤란하다는 뜻을 밝혔다. 김○은 이○우에게 가능한 한 긍정적으로 검토하라고 요구하면서, 그랜드코리아레저와 더블루케이에게 일반인 팀 대신 장애인 팀을 창단하고 용역 계약 대신 선수 관리 및 대리 계약(에이전트 계약)을 체결하는 방안을 제시하였다. 이에 따라 그랜드코리아레저와 더블루케이는 2016년 2월 26일 그랜드코리아레저가 장애인 펜싱팀을 창단하고 더블루케이가 그 선수들의 관리 등 업무를 맡기로 합의하였다.

(4) 포스코 펜싱팀 창단 개입

피청구인은 2016년 2월 22일 포스코 회장 권○준과 독대하면서 스포츠팀 창단을 권유하였다. 안○범도 대통령 독대를 마친 권○준에게 체육과 관련하여 포스코가 역할을 해달라고 요구하면서 더블루케이의 조○민을 만나 보라고 하였다. 권○준은 정○성으로부터 조○민의 연락처를 받아, 포스코 경영지원본부장 황○연에게 조○민을 만나 보라고 지시하였다. 이후 피청구인은 안○범에게 '포스코에서 스포츠팀을 창단하는데 더블루케이가 자문을 해줄 수 있을 것이라고 권○준 회장에게 말해 놓았으니 잘 되고 있는지 확인해보라.'고 지시하기도 하였다.

더블루케이 관계자들은 2016년 2월 25일 포스코 측에 포스코가 여자 배드민턴팀을 창단하고 더블루케이가 운영을 담당하는 안을 전달하였으나, 황○연은 경영 적자와 다른 스포츠팀이 이미 존재한다는 등의 이유로 거절의사를 밝혔다. 안○범은 2016년 2월 26일 정○식으로부터 이 사실을 보고받고 황○연에게 연락하여 통합 스포츠단 창단을 검토해 달라고 요구하였다. 최○원은 2016년 3월 노○일에게 지시하여 포스코가 통합 스포츠단을 창단하고 더블루케이가 운영을 담당하는 사업계획안을 만들어 포스코에 전달하도록 하였다. 포스코 담당 임원은 2016년 3월경 더블루케이에 통합 스포츠단 창단의 어려움을 설명하고, 대신 계열회사인 주식회사 포스코 피앤에스 산하에 2017년부터 창단 비용 16억 원 상당의 펜싱팀을 창단하고 그 운영을 더블루케이에 맡기기로 하였다.

(5) 케이스포츠클럽 관련 이권 개입

최○원은 김○으로부터 문화체육관광부 작성의 2015년 12월 1일자 '종합형 스포츠클럽 운영 현황 및 개선 방안 보고' 문건 등을 건네받아 이를 박○영에게 주면서 '한국형 선진 스포츠클럽 문화 정착을 위한 케이스포츠클럽 활성화 방안 제안서'라는 문건을 작성하게 하였다. 박○영은 문화체육관광부의 문건을 참고하여 지역별로 운영 중인 '종합형 스포츠클럽 지원 사업'에 문제점이 있으므로 '케이스포츠클럽 컨트롤타워'를 새로 만들어 각 지역 스포츠클럽 운영과 관리를 총괄하도록 하는 방향으로 개선해야 한다는 내용의 제안서를 작성하였다.

피청구인은 2016년 2월경 교육문화수석비서관 김○률에게 스포츠클럽 관련 예산의 효율적 집행을 위하여 각 지역 스포츠클럽의 운영과 관리를 전담할 '컨트롤타워'를 설립하고, 컨트롤타워 운영에 케이스포츠가 관여하는 방안을 마련하여 시행하라고 지시하였다. 김○률은 피청구인의 지시 사항을 김○에게 전달하여 문화체육관광부에서 검토하도록 하였다. 김○은 문화체육관광부 내부 검토를 거쳐, 각 지역 스포츠클럽의 운영을 지원하는 광역 거점 스포츠클럽을 새롭게 설치하는 방안을 마련하여 시행하였다. 문화체육관광부는 '광역 거점 케이스포츠클럽' 운영 주체를 공모하는 절차를 진행하여 케이스포츠가 이 절차에 참여할 수 있게 하였다.

케이스포츠가 광역 거점 케이스포츠클럽의 운영 주체로 지정되고 더블루케이가 케이스포츠에 대한 경영 자문을 하게 될 경우, 케이스포츠와 더블루케이를 실질적으로 장악한 최○원은 광역 거점 케이스포츠클럽에 배정된 국가 예산 집행 과정에서 상당한 이득을 취할 수 있었을 것이다.

(6) 롯데그룹의 케이스포츠 추가 출연 개입

최○원은 김○을 통해 정부가 전국에 5대 거점 체육 시설을 건립하는 사업을 추진하고 있다는 정보를 전달받고, 2016년 2월경 박○영에게 케이스포츠가 체육 인재 육성을 위해 전국 5대 거점 지역에 체육 시설을 건립한다는 내용의 기획안을 마련하라고 지시하였다. 박○영은 2016년 3월경 '5대 거점 체육 인재 육성 사업 기획안'을 작성하였는데, 위 기획안에는 하남시에 있는 대한체육회의 부지를 1차 후보지로 하고 케이스포츠가 더블루케이와 협력하여 체육 시설 건립을 추진한다는 내용이 포함되어 있었다.

피청구인은 2016년 3월 14일 롯데그룹 회장 신○빈을 독대하면서, 정부가 체육 인재 육성 사업의 하나로 하남 거점을 포함하여 전국 5대 거점 지역에 체육 시설을 건립하려고 계획하고 있고 케이스포츠가 이를 추진할 것이니 지원해 주기 바란다고 요청하였다. 신○빈은 부회장 이○원에게 피청구인의 자금 지원 요청 건을 처리하도록 지시하였고, 이○원은 담당 임원들에게 케이스포츠 관계자들을 만나 보라고 지시하였다. 또 피청구인은 면담 뒤 안○범에게도 롯데그룹이 하남시 체육 시설 건립과 관련하여 75억 원을 부담하기로 하였으니 그 진행 상황을 챙겨 보라고 지시하였다. 안○범은 정○식으로부터 관련 자료를 송부받거나 롯데그룹 임직원들과 수시로 연락하면서 75억 지원에 관한 진행 상황을 점검하고 피청구인에게 이를 보고하였다.

최○원은 2016년 3월 중순경 정○식과 박○영 및 고○태에게 하남시 체육 시설 건립 사업과 관련하여 롯데그룹에 자금 지원을 요청할 것을 지시하였다. 정○식과 박○영은 2016년 3월 17일 롯데그룹 임원을 만나 '5대 거점 체육 인재 육성 사업 기획안'을 제시하면서 체육 시설 건립에 필요한 자금 지원을 요청하였고, 박○영과 고○태는 2016년 3월 22일 체육 시설 건설비 70억 원과 부대비용 5억 원 등 합계 75억 원의 지원을 요구하였다. 롯데그룹 담당 임원들은 지원을 요구받은 금액의 절반 정도인 35억 원만 지원하는 방안을 제시하기도 하였으나, 요구대로 따르는 것이 좋겠다는 이○원의 뜻에 따라 2016년 5월 25일부터 5월 31일까지 6개 계열사를 동원하여 케이스포츠에 70억 원을 송금하였다.

아. 직권남용 권리 행사 및 강요 혐의

최○원과 안○범은 (1) 플레이그라운드의 케이티 광고대행사 선정 및 광고 제작비 수령, 현대자동차 광고 수주, (2) 더블루케이의 그랜드코리아레저 장애인 펜싱팀과 포스코 펜싱팀 계약 체결, 롯데그룹의 케이스포츠에 대한 70억 원 추가 지원 등과 관련하여 직권남용권리행사방해 및 강요죄로 기소되었다. 검찰의 공소장에는 피청구인이 최○원, 안○범과 공모하여 대통령의 직권과 경제수석비서관의 직권을 남용함과 동시에 이에 두려움을 느낀 기업 임직원 등으로 하여금 의무 없는 일을 하도록 하였다고 기재되어 있다.

자. 평가

(1) 공익 실현 의무 위반(헌법 제7조 제1항 등 위반)

① 공무원은 대의민주제에서 주권자인 국민으로부터 국가권력의 행사를 위임받은 사람이므로 업무를 수행할 때 중립적 위치에서 공익을 위해 일해야 한다. 헌법 제7조 제1항은 국민주권주의와 대의민주주의를 바탕으로 공무원을 '국민 전체에 대한 봉사자'로 규정하고 공무원의 공익 실현 의무를 천명하고 있다.

대통령은 행정부의 수반이자 국가 원수로서 가장 강력한 권한을 가지고 있는 공무원이므로 누구보다도 '국민 전체'를 위하여 국정을 운영해야 한다. 헌법 제69조는 대통령이 취임에 즈음하여 '헌법을 준수'하고 '국민의 복리 증진'에 노력하여 '대통령으로서의 직책을 성실히 수행'할 것을 선서하도록 함으로써 대통령의 공익 실현 의무를 다시 한 번 강조하고 있다. 대통령은 '국민 전체'에 대한 봉사자이므로 특정 정당, 자신이 속한 계급·종교·지역·사회단체, 자신과 친분 있는 세력의 특수한 이익 등으로부터 독립하여 국민 전체를 위하여 공정하고 균형 있게 업무를 수행할 의무가 있다(헌재 2004. 5. 14. 2004헌나1).

대통령의 공익 실현 의무는 국가공무원법 제59조, 공직자윤리법 제2조의2 제3항, '부패방지 및 국민권익위원회의 설치와 운영에 관한 법률'(다음부터 '부패방지권익위법'이라 한다) 제2조 제4호 가목, 제7조 등 법률을 통해 구체화되고 있다. 국가공무원법 제59조는 "공무원은 국민 전체의 봉사자로서 친절하고 공정하게 직무를 수행하여야 한다."고 하여 공정한 직무 수행 의무를 규정하고 있고, 공직자윤리법 제2조의2 제3항은 "공직자는 공직을 이용하여 사적 이익을 추구하거나 개인이나 기관·단체에 부정한 특혜를 주어서는 아니" 된다고 규정하고 있다. 부패방지권익위법은 제2조 제4호 가목에서 "공직자가 직무와 관련하여 그 지위 또는 권한을 남용하거나 법령을 위반하여 자기 또는 제3자의 이익을 도모하는 행위"를 부패 행위로 규정하고, 제7조에서 "공직자는 법령을 준수하고 친절하고 공정하게 집무하여야 하며 일체의 부패 행위와 품위를 손상하는 행위를 하여서는 아니 된다."고 하여 공직자의 청렴 의무를 규정하고 있다.

② 피청구인은 최○원이 추천한 인사를 다수 공직에 임명하였고 이렇게 임명된 일부 공직자는 최○원의 이권 추구를 돕는 역할을 하였다. 또한, 피청구인은 사기업으로부터 재원을 마련하여 미르와 케이스포츠를 설립하도록 지시하였고, 대통령의 지위와 권한을 이용하여 기업들에게 출연을 요구하였다. 이어 최○원이 추천하는 사람들을 미르와 케이스포츠의 임원진이 되도록 하여 최○원이 두 재단을 실질적으로 장악할 수 있도록 해주었다. 그 결과 최○원은 자신이 실질적으로 운영하는 플레이그라운드와 더블루케이를 통해 위 재단을 이권 창출의 수단으로 활용할 수 있었다.

한편, 피청구인은 기업에 대하여 특정인을 채용하도록 요구하고 특정 회사와 계약을 체결하도록 요청하는 등 대통령의 지위와 권한을 이용하여 사기업 경영에 관여하였다. 이에 대하여 피청구인은 우수 중소기업 지원이나 우수 인재 추천 등 정부 정책에 따른 업무 수행일 뿐이라고 주장한다. 그러나 대통령이 특정 개인의 사기업 취업을 알선하는 것은 이례적인 일일 뿐만 아니라, 피청구인이 채용을 요구한 사람들은 모두 최○원과 관계있는 사람들로 채용된 기업에서 최○원의 이권 창출을 돕는 역할을 하였다. 또 피청구인이 우수 중소기업으로 알고 지원하였다는 플레이그라운드나 더블루케이는 모두 최○원이 미르와 케이스포츠를 이용하여 이권을 창출하려는 의도로 경영하던 회사이고, 케이디코퍼레이션도 최○원의 지인이 경영하는 회사이다. 그중 더블루케이는 직원이 대표이사를 포함하여 3명밖에 없고 아무런 실적도 없는 회사인데 이런 회사를 우수 중소기업으로 알고 지원하였다는 피청구인의 주장은 납득할 수 없다.

그 밖에 피청구인은 스포츠클럽 개편과 같은 최○원의 이권과 관련된 정책 수립을 지시하였고, 롯데그룹으로 하여금 5대 거점 체육 인재 육성 사업을 위한 시설 건립과 관련하여 케이스포츠에 거액의 자금을 출연하도록 하였다.

③ 피청구인의 이러한 일련의 행위는 최○원 등의 이익을 위해 대통령으로서의 지위와 권한을 남용한 것으로서 공정한 직무 수행이라 할 수 없다. 피청구인은 헌법 제7조 제1항, 국가공무원법 제59조, 공직자윤리법 제2조의2 제3항, 부패방지권익위법 제2조 제4호 가목, 제7조를 위배하였다.

④ 피청구인은 최○원이 사사로운 이익을 추구하고 있다는 사실을 몰랐을 뿐만 아니라, 최○원이 여러 가지 문제 있는 행위를 한 것은 그와 함께 일하던 고○태 등에게 속거나 협박당하여 한 것이라는 취지의 주장을 한다. 그러나 피청구인이 최○원과 함께 위에서 본 것처럼 미르와 케이스포츠를 설립하고 최○원 등이 운영하는 회사에 이익이 돌아가도록 적극적으로 지원한 사실은 증거에 의하여 분명히 인정된다. 피청구인이 플레이그라운드·더블루케이·케이디코퍼레이션 등이 최○원과 관계있는 회사라는 사실을 몰랐다고 하더라도 대통령으로서 특정 기업의 이익 창출을 위해 그 권한을 남용한 것은 객관적 사실이므로, 헌법과 국가공무원법 등 위배에 해당함은 변함이 없다. 또 최○원이 위와 같은 행위를 한 동기가 무엇인지 여부는 피청구인의 법적 책임을 묻는 데 아무런 영향이 없으므로, 최○원이 고○태 등에게 속거나 협박을 당하였는지 여부는 이 사건 판단과 상관이 없다.

(2) 기업의 자유와 재산권 침해(헌법 제15조, 제23조 제1항 등 위반)

① 헌법 제15조는 기업의 자유로운 운영을 내용으로 하는 기업 경영의 자

유를 보장하고, 헌법 제23조 제1항은 모든 국민의 재산권을 보장한다(헌재 2009. 5. 28. 2006헌바86; 헌재 2015. 9. 24. 2013헌바393 참조). 또 헌법 제37조 제2항은 기본권은 필요한 경우에 한하여 법률로써 제한할 수 있다는 한계를 설정하고 있다.

② 피청구인은 직접 또는 경제수석비서관을 통하여 대기업 임원 등에게 미르와 케이스포츠에 출연할 것을 요구하였다. 기업들은 미르와 케이스포츠의 설립 취지나 운영 방안 등 구체적 사항은 전혀 알지 못한 채 재단 설립이 대통령의 관심 사항으로서 경제수석비서관이 주도하여 추진된다는 점 때문에 서둘러 출연 여부를 결정하였다. 재단이 설립된 이후에도 출연 기업들은 재단의 운영에 관여하지 못하였다.

대통령의 재정·경제 분야에 대한 광범위한 권한과 영향력, 비정상적 재단 설립 과정과 운영 상황 등을 종합하여 보면, 피청구인으로부터 출연 요구를 받은 기업으로서는 이를 수용하지 않을 수 없는 부담과 압박을 느꼈을 것이고 이에 응하지 않을 경우 기업 운영이나 현안 해결과 관련하여 불이익이 있을지 모른다는 우려 등으로 사실상 피청구인의 요구를 거부하기 어려웠을 것으로 보인다. 기업이 피청구인의 요구를 수용할지를 자율적으로 결정하기 어려웠다면, 피청구인의 요구는 임의적 협력을 기대하는 단순한 의견제시나 권고가 아니라 사실상 구속력 있는 행위라고 보아야 한다.

피청구인이 '문화 융성'이라는 국정 과제 수행을 위해 미르와 케이스포츠의 설립이 필요하다고 판단했다면, 공권력 개입을 정당화할 수 있는 기준과 요건을 법률로 정하고 공개적으로 재단을 설립했어야 했다. 그런데 이와 반대로 비밀리에 대통령의 권한을 이용하여 기업으로 하여금 재단법인에 출연하도록 한 피청구인의 행위는 해당 기업의 재산권 및 기업 경영의 자유를 침해한 것이다.

③ 피청구인은 롯데그룹에 최○원의 이권 사업과 관련 있는 하남시 체육 시설 건립 사업 지원을 요구하였고, 안○범으로 하여금 사업 진행 상황을 수시로 점검하도록 하였다. 피청구인은 현대자동차 그룹에 최○원의 지인이 경영하는 회사와 납품 계약을 체결하도록 요구하였고, 케이티에는

최○원과 관계있는 인물의 채용과 보직 변경을 요구하였다. 그 밖에도 피청구인은 기업에 스포츠팀 창단 및 더블루케이와의 계약 체결을 요구하였고, 그 과정에서 고위 공직자인 안○범이나 김○을 이용하여 영향력을 행사하였다.

피청구인의 요구를 받은 기업은 현실적으로 이에 따를 수밖에 없는 부담과 압박을 느꼈을 것으로 보이고 사실상 피청구인의 요구를 거부하기 어려웠을 것이다. 피청구인은 대통령으로서는 이례적으로 사기업 임원의 임용에 개입하고 계약 상대방을 특정하는 방식으로 기업 경영에 적극적으로 개입하였으며, 해당 기업들은 피청구인의 요구에 따르기 위해 통상의 과정에 어긋나게 인사를 시행하고 계약을 체결하였다.

피청구인의 이와 같은 일련의 행위들은 기업의 임의적 협력을 기대하는 단순한 의견제시나 권고가 아니라 구속적 성격을 지닌 것으로 평가된다. 만약 피청구인이 체육 진흥·중소기업 육성·인재 추천 등을 위해 이러한 행위가 필요하다고 판단했을지라도 법적 근거와 절차를 따랐어야 한다. 아무런 법적 근거 없이 대통령의 권한을 이용하여 기업의 사적자치 영역에 간섭한 피청구인의 행위는 헌법상 법률 유보 원칙을 위반하여 해당 기업의 재산권 및 기업 경영의 자유를 침해한 것이다.

(3) 비밀 엄수 의무 위배

국가공무원법 제60조에 따라 공무원은 직무상 알게 된 비밀을 엄수하여야 한다. 비밀 엄수 의무는 공무원이 국민 전체에 대한 봉사자라는 지위에 기하여 부담하는 의무이다(헌재 2013. 8. 29. 2010헌바354 등 참조). 특히 대통령은 고도의 정책적 결정을 내리는 과정에서 중요한 국가 기밀을 다수 알게 되므로, 대통령의 비밀 엄수 의무가 가지는 중요성은 다른 어떤 공무원의 경우보다 크고 무겁다.

피청구인의 지시와 묵인에 따라 최○원에게 많은 문건이 유출되었고, 여기에는 대통령의 일정·외교·인사·정책 등에 관한 내용이 포함되어 있다. 이런 정보는 대통령의 직무와 관련된 것으로 일반에 알려질 경우 행정 목적을 해할 우려가 있고 실질적으로 비밀로 보호할 가치가 있으므로 직무상 비밀에 해당한다. 그럼에도 불구하고 피청구인은 최○원에게 위와 같은 문건이 유출되도록 지시 또는 방치하였으므로, 이는 국가공무원법 제60조의 비밀 엄수 의무 위배에 해당한다.

7. 공무원 임면권 남용 여부

가. 문화체육관광부 소속 공무원에 대한 문책성 인사

(1) 최○원은 딸 정○라가 2013년 4월 14일 상주국제승마장에서 개최된 한국마사회컵 전국 승마대회에서 준우승에 그치자 판정에 이의를 제기하였다. 교육문화수석비서관 모○민은 2013년 7월경 문화체육관광부 담당 과장으로 하여금 대한승마협회 박○오를 만나 협회의 문제점을 확인하라는 정○성의 말을 듣고, 문화체육관광부 장관 유○룡에게 그 뜻을 전달하면서 대한승마협회의 비리를 조사하라고 하였다. 유○룡은 문화체육관광부 체육정책국 국장 노○강과 체육 정책과 과장 진○수에게 위 협회에 대한 조사를 지시하였다. 노○강과 진○수는 대한승마협회를 조사한 뒤 박○오와 그에게 반대하는 협회 사람들 모두 문제가 있다는 내용의 보고서를 작성하여 유○룡을 거쳐 모○민에게 보고하였고, 모○민은 이 내용을 피청구인에게 보고하였다.

유○룡은 2013년 7월 23일 국무회의에서 '체육 단체 운영 비리 및 개선 방안'을 보고하였고, 문화체육관광부는 체육 단체 운영 실태 전반에 대한 감사에 착수하는 등 후속 조치를 취하였다. 한편, 피청구인은 2013년 8월경 정○성에게 체육계 비리 척결에 진척이 없는 이유를 파악하라고 지시하였고, 정○성은 이를 대통령비서실 공직기강비서관에게 전달하였다. 대통령비서실 민정수석비서관 홍○식은 모○민에게 공직기강비서관의 조사 결과를 알려 주면서 '노○강과 진○수는 체육 개혁 의지가 부족하고 공무원으로서의 품위에 문제가 있다'는 취지의 언급을 하였다.

그 뒤 피청구인은 모○민을 통하여 유○룡에게 '대한승마협회를 포함한 체육계 비리에 대한 구체적 대책'을 주제로 대면 보고하라고 지시하였고, 유○룡은 2013년 8월 21일 모○민이 배석한 자리에서 피청구인에게 보고하였다. 그 자리에서 피청구인은 노○강과 진○수를 문책하라는 취지의 지시를 하였다. 유○룡은 정기 인사에 맞추어 노○강과 진○수에 대한 인사를 하려 하였으나, 모○민으로부터 피청구인이 노○강과 진○수에 대한 문책 여부와 그 결과를 확인하고자 한다는 이야기를 듣고 2013년 9월 2일경 이들에 대한 문책성 인사를 시행하였다.

그로부터 약 2년 뒤인 2016년 4월경 피청구인은 노○강이 국립중앙박물관 교육문화교류단장으로 근무 중인 사실을 확인하고, 교육문화수석비서관 김○률에게 노○강을 산하단체로 보내라는 취지의 지시를 하였다. 김○률은 피청구인의 지시 내용을 문화체육관광부 장관 김○덕에게 전달하였으며, 노○강은 2016년 5월 31일 명예퇴직하였다.

(2) 피청구인은 2014년 7월경 후임 장관을 지명하지 않은 상태에서 유○룡을 문화체육관광부장관직에서 면직하였다. 이어 대통령비서실장 김기춘은 문화체육관광부 장관 후임으로 김○덕이 임명된 직후인 2014년 9월경 문화체육관광부 제1차관 김○범에게 문화체육관광부 소속 1급 공무원 6명으로부터 사직서를 받으라고 지시하였다. 그 뒤 2014년 10월경 위 6명의 공무원 중 3명의 사직서가 수리되었다.

나. 판단

청구인은 피청구인이 최○원 등의 사익 추구에 방해되는 노○강과 진○수의 문책성 인사를 지시하고 유○룡을 면직하는 한편 1급 공무원에게 사직서를 제출하도록 압력을 행사하여 직업 공무원 제도의 본질을 침해하고 공무원 임면권을 남용하였다고 주장한다. 그러나 위에서 본 사실만으로는 피청구인이 노ㅇ강과 진ㅇ수에 대하여 문책성 인사를 하도록 지시한 이유가 이들이 최ㅇ원의 사익 추구에 방해가 되기 때문이었다고 보기는 부족하고, 달리 이 사건에서 이러한 사실을 인정할 수 있는 증거가 없다. 또 피청구인이 유ㅇ룡을 면직한 이유나 대통령비서실장이 1급 공무원 6인으로부터 사직서를 제출받도록 지시한 이유도 이 사건에서 제출된 증거만으로는 분명하지 않다. 따라서 이 부분 소추 사유는 받아들일 수 없다.

8. 언론의 자유 침해 여부

가. 세계일보 사장 해임 등

세계일보는 2014년 11월 24일 청와대 민정수석비서관실에서 정ㅇ회가 정부 고위직 인사에 개입한다는 정보를 입수하여 감찰 조사를 벌였다고 보도하였다. 이어 28일에는 대통령비서실에서 작성된 '청 비서실장 교체설 등 관련 브이아이피(VIP) 측근(정ㅇ회) 동향'이라는 문건 등 이른바 '정ㅇ회 문건'을 공개하였다. 이 문건은 2014년 1월 6일 공직기강비서관실에서 작성된 것으로, 최ㅇ원의 남편 정ㅇ회가 대통령비서실 소속 공무원을 포함한 이른바 '십상시'라고 불리는 사람들과 대통령의 국정 운영과 청와대 내부 상황을 확인하고 의견을 제시한다는 내용이 적혀 있었다.

세계일보의 이 보도 이후 피청구인은 2014년 12월 1일 수석비서관회의에서 청와대 문건의 외부 유출은 국기 문란 행위이고 검찰이 철저하게 수사해서 진실을 밝혀야 한다고 하며 문건 유출을 비판하였다. 그 뒤 2015년 1월 31일 세계일보를 실질적으로 운영하는 통일교의 한ㅇ자 총재는 조ㅇ규를 대표이사직에서 해임한다고 통고하였고, 조ㅇ규는 2015년 2월 27일

해임되었다.

나. 판단

피청구인의 청와대 문건 유출에 대한 비판 발언 등을 종합하면 피청구인이 세계일보의 정○회 문건 보도에 비판적 입장을 표명하였다고 볼 수 있다. 그러나 이러한 입장 표명만으로 세계일보의 언론의 자유를 침해하였다고 볼 수는 없다.

청구인은 청와대 고위 관계자가 한○자에게 조○규의 해임을 요구하였다고 주장하나, 청와대 고위 관계자 중 누가 해임을 요구하였는지는 밝히지 못하고 있다. 조○규와 세계일보 기자 조○일이 조○규의 해임에 청와대의 압력이 있었다는 취지로 증언하고 있으나 구체적으로 누가 압력을 행사하였는지는 알지 못한다고 진술하였다. 또한, 주식회사 세계일보에 대한 사실 조회 결과, 조○규가 세계일보를 상대로 손해배상 청구 소송을 제기하였다가 취하한 경위, 그리고 세계일보가 조○규를 상대로 명예훼손을 이유로 손해배상 청구 소송을 제기한 경위 등에 비추어 볼 때, 조○규의 대표이사직 해임에 피청구인이 관여하였다고 인정하기에는 증거가 부족하다. 따라서 이 부분 소추 사유도 받아들일 수 없다.

9. 생명권 보호 의무 등 위반 여부

가. 세월호 침몰 경과

여객선 세월호는 수학여행을 가는 단원고등학교 학생 325명을 포함한 승객 443명과 승무원 33명 등 476명을 태우고 2014년 4월 15일 인천 연안 여객터미널에서 제주도로 출항하였다. 세월호는 항해 중 2014년 4월 16일 08 : 48경 전남 진도군 조도면 병풍도 북방 1.8해리 해상에서 선체가 왼쪽으로 기울어지기 시작하였다. 세월호 승객이 08 : 54경 119로 사고 사실을 신고하였고 이 신고는 목포해양경찰서 상황실에 전달되었으며, 세월호 항해사 강○식도 08 : 55경 제주 해상교통관제센터에 구조를 요청하였다. 세월호 승무원은 08 : 52경부터 09 : 50경까지 승객들에게 구명조끼를 입고 배 안에서 기다리라는 안내 방송을 여러 차례 하였다.

목포해양경찰서 소속 경비정 123정은 09 : 30경 사고 현장 1마일 앞 해상에 도착하였는데, 세월호는 09 : 34경 이미 약 52도 기울어져 복원력을 상실하였다. 123정은 세월호에 접근하여 선장 이○석과 일부 승무원을 구조하였고, 09 : 30경부터 09 : 45경 사이에는 해양경찰 소속 헬기도 사고 현장에 도착하여 승객들을 구조하였다. 그런데 안내 방송에 따라 배 안에서 기다리고 있던 승객들에게 퇴선 안내가 이루어지지 않았고, 123정의 승조원들도 세월호 승객에게 탈출하도록 안내하거나 퇴선을 유도하지 않았다. 10 : 21경까지 해경의 선박과 헬기 및 인근에 있던 어선 등이 모두 172명을 구조하였으나, 승객 및 승무원 중 304명은 배 안에서 탈출하지 못하였고 이들은 모두 사망하거나 실종되었다.

당일 날씨가 맑고 파도가 잔잔하였으며 사고 무렵 해수 온도는 12.6도 정도였다. 123정 등 현장에 도착한 구조대가 승객들에게 퇴선 안내를 신속하게 하였다면 더 많은 승객을 구조하여 피해를 크게 줄일 수 있었을 가능성이 크다.

나. 피청구인의 대응

피청구인은 세월호가 침몰된 날 청와대 본관 집무실로 출근하지 않고 관저에 머물러 있었다. 피청구인은 10 : 00경 국가안보실로부터 세월호가 침수 중이라는 서면 보고를 받고 국가안보실장 김△수에게 전화하여 '단 한

명의 인명 피해도 발생하지 않도록 할 것'을 지시했다고 주장한다. 김△수
는 당시 피청구인에게 텔레비전을 통해 사고 보도를 볼 것을 조언하였다
고 국회에서 증언하였다. 피청구인은 10:22경과 10:30경 김△수와 해
양경찰청장에게 전화하여 인명 구조를 지시하였다고 주장한다.

그날 11:01경부터 세월호에 승선한 단원고등학교 학생이 모두 구조되
었다고 사실과 다른 보도가 방송되기 시작했는데, 11:19 에스비에스가
정정 보도를 시작하여 11:50경에는 대부분의 방송사가 오보를 정정하였
다. 당시 국가안보실은 현장에서 구조를 지휘하는 해양경찰과 연락을 주
고받아 구조가 순조롭지 못한 사실을 알고 있었고 학생 전원이 구조되었
다는 방송이 정확하지 않다는 것을 알고 있었다.

피청구인은 10:40경부터 12:33경까지 국가안보실과 사회안전비서관
으로부터 수차례 보고서를 받아 보았고, 11:23경 국가안보실장 김△수로
부터 전화 보고도 받았다고 주장한다. 피청구인의 주장과 같이 비서실의
보고서를 받아 보고 비서진과 통화하였다면 당시 선실에 갇혀 탈출하지
못한 학생들이 많았던 당시의 심각한 상황을 알 수 있었을 것이다.

그런데 피청구인은 11:34경 외국 대통령 방한 시기의 재조정에 관한
외교안보수석실의 보고서를 검토하고, 11:43경 자율형 사립고등학교의
문제점에 관한 교육문화수석실의 보고서를 검토하는 등 일상적 직무를 수
행하였다고 주장하고 있다. 피청구인이 제출한 통화 기록에 따르면 피청
구인은 12:50경 고용복지수석비서관 최○영과 10분간 통화하였는데, 당
시 기초연금법에 관하여 이야기를 나누었다고 한다.

한편, 피청구인은 13:07경 구조된 사람이 370명에 이른다고 잘못 계
산된 사회안전비서관의 보고서를 받았고, 13:13경 국가안보실장도 피청
구인에게 전화로 370명이 구조된 것으로 잘못 보고하였다고 한다. 피청구
인은 14:11경 국가안보실장에게 정확한 구조 상황을 확인하도록 지시하
였고, 14:50경 구조 인원이 잘못 계산되었다는 보고를 받고 비로소 인명
피해가 심각할 수 있다는 사실을 알게 되어 그 무렵 중앙재난안전대책본
부 방문을 지시하게 되었다고 설명하고 있다.

다. 생명권 보호 의무 위반 여부

국가는 개인이 가지는 불가침의 기본적 인권을 확인하고 이를 보장할 의무를 진다(헌법 제10조). 생명·신체의 안전에 관한 권리는 인간의 존엄과 가치의 근간을 이루는 기본권이고, 국민의 생명·신체의 안전이 위협받거나 받게 될 우려가 있는 경우 국가는 그 위험의 원인과 정도에 따라 사회·경제적 여건과 재정 사정 등을 감안하여 국민의 생명·신체의 안전을 보호하기에 필요한 적절하고 효율적인 입법·행정상의 조치를 취하여 그 침해의 위험을 방지하고 이를 유지할 포괄적 의무를 진다(헌재 2008. 12. 26. 2008헌마419등 참조).

피청구인은 행정부의 수반으로서 국가가 국민의 생명과 신체의 안전 보호 의무를 충실하게 이행할 수 있도록 권한을 행사하고 직책을 수행하여야 하는 의무를 부담한다. 하지만 국민의 생명이 위협받는 재난 상황이 발생하였다고 하여 피청구인이 직접 구조 활동에 참여하여야 하는 등 구체적이고 특정한 행위 의무까지 바로 발생한다고 보기는 어렵다. 세월호 참사로 많은 국민이 사망하였고 그에 대한 피청구인의 대응 조치에 미흡하고 부적절한 면이 있었다고 하여 곧바로 피청구인이 생명권 보호 의무를 위반하였다고 인정하기는 어렵다. 그 밖에 세월호 참사와 관련하여 피청구인이 생명권 보호 의무를 위반하였다고 인정할 수 있는 자료가 없다.

라. 성실한 직책 수행 의무 위반 여부

헌법 제69조는 대통령의 취임 선서를 규정하면서 대통령으로서 직책을 성실히 수행할 의무를 언급하고 있다. 헌법 제69조는 단순히 대통령의 취임 선서의 의무만 규정한 것이 아니라 선서의 내용을 명시적으로 밝힘으로써 헌법 제66조 제2항 및 제3항에 따라 대통령의 직무에 부과되는 헌법적 의무를 다시 한 번 강조하고 그 내용을 구체화하는 규정이다.

대통령의 '직책을 성실히 수행할 의무'는 헌법적 의무에 해당하지만, '헌법을 수호해야 할 의무'와는 달리 규범적으로 그 이행이 관철될 수 있는 성격의 의무가 아니므로 원칙적으로 사법적 판단의 대상이 되기는 어렵다. 대통령이 임기 중 성실하게 직책을 수행하였는지 여부는 다음 선거에서 국민의 심판의 대상이 될 수 있다. 그러나 대통령 단임제를 채택한 현행 헌법 하에서 대통령은 법적으로뿐만 아니라 정치적으로도 국민에 대하여 직접적으로는 책임을 질 방법이 없고, 다만 대통령의 성실한 직책 수행 여부가 간접적으로 그가 소속된 정당에 대하여 정치적 반사이익 또는 불이익을 가져다 줄 수 있을 뿐이다.

헌법 제65조 제1항은 탄핵 사유를 '헌법이나 법률에 위배한 경우'로 제한하고 있고, 헌법재판소의 탄핵 심판 절차는 법적 관점에서 단지 탄핵 사유의 존부만을 판단하는 것이므로, 이 사건에서 청구인이 주장하는 것과 같은 세월호 참사 당일 피청구인이 직책을 성실히 수행하였는지 여부는 그 자체로 소추 사유가 될 수 없어, 탄핵 심판 절차의 판단 대상이 되지 아니한다(헌재 2004. 5. 14. 2004헌나1 참조).

마. 결론

이 부분 소추 사유도 받아들이지 아니한다.

10. 피청구인을 파면할 것인지 여부

가. 피청구인은 최○원에게 공무상 비밀이 포함된 국정에 관한 문건을 전달했고, 공직자가 아닌 최○원의 의견을 비밀리에 국정 운영에 반영하였다. 피청구인의 이러한 위법행위는 일시적·단편적으로 이루어진 것이 아

니고 피청구인이 대통령으로 취임한 때부터 3년 이상 지속되었다. 피청구인은 최○원이 주로 말씀 자료나 연설문의 문구 수정에만 관여하였다고 주장하지만, 대통령의 공적 발언이나 연설은 정부 정책 집행의 지침이 되고 외교 관계에도 영향을 줄 수 있는 것이므로 말씀 자료라고 하여 가볍게 볼 것이 아니다. 더구나 피청구인의 주장과 달리 최○원은 공직자 인사와 대통령의 공식 일정 및 체육 정책 등 여러 분야의 국가 정보를 전달받고 국정에 개입하였다.

또한 피청구인은 국민으로부터 위임받은 권한을 사적 용도로 남용하였다. 이는 결과적으로 최○원의 사익 추구를 도와 준 것으로서 적극적·반복적으로 이루어졌다. 특히, 대통령의 지위를 이용하거나 국가의 기관과 조직을 동원하였다는 점에서 그 법위반의 정도가 매우 엄중하다.

미르와 케이스포츠 설립과 관련하여 피청구인은 기업들이 자발적으로 모금하였다고 주장하지만 기업들이 스스로 결정할 수 있었던 사항은 거의 없었다. 기업들은 출연금이 어떻게 쓰일 것인지 알지도 못한 채 전경련에서 정해 준 금액을 납부하기만 하고 재단 운영에는 관여하지 못하였다. 미르와 케이스포츠는 피청구인의 지시로 긴급하게 설립되었지만 막상 설립된 뒤 문화와 체육 분야에서 긴요한 공익 목적을 수행한 것도 없다. 오히려 미르와 케이스포츠는 실질적으로 최○원에 의해 운영되면서 주로 최○원의 사익 추구에 이용되었다.

국민으로부터 직접민주적 정당성을 부여받고 주권 행사를 위임받은 대통령은 그 권한을 헌법과 법률에 따라 합법적으로 행사하여야 함은 물론, 그 성질상 보안이 요구되는 직무를 제외한 공무 수행은 투명하게 공개하여 국민의 평가를 받아야 한다. 그런데 피청구인은 최○원의 국정 개입을 허용하면서 이 사실을 철저히 비밀에 부쳤다. 피청구인이 행정부처나 대통령비서실 등 공적 조직이 아닌 이른바 비선 조직의 조언을 듣고 국정을 운영한다는 의혹이 여러 차례 제기되었으나, 그때마다 피청구인은 이를 부인하고 의혹 제기 행위만을 비난하였다.

2014년 11월 세계일보가 정○회 문건을 보도하였을 때에도 피청구인은 비선의 국정 개입 의혹은 거짓이고 청와대 문건 유출이 국기 문란 행위라고 비판하였다. 이와 같이 피청구인이 대외적으로는 최○원의 존재 자체를 철저히 숨기면서 그의 국정 개입을 허용하였기 때문에, 권력분립 원리에 따른 국회 등 헌법기관에 의한 견제나 언론 등 민간에 의한 감시 장치가 제대로 작동될 수 없었다.

국회와 언론의 지적에도 불구하고 피청구인은 잘못을 시정하지 않고 오히려 사실을 은폐하고 관련자를 단속하였기 때문에, 피청구인의 지시에 따라 일한 안○범과 김○ 등 공무원들이 최○원과 공모하여 직권남용권리행사방해죄를 저질렀다는 등 부패 범죄 혐의로 구속 기소되는 중대한 사태로까지 이어지게 되었다. 피청구인이 최○원의 국정 개입을 허용하고 국민으로부터 위임받은 권한을 남용하여 최○원 등의 사익 추구를 도와주는 한편 이러한 사실을 철저히 은폐한 것은, 대의민주제의 원리와 법치주의의 정신을 훼손한 행위로서 대통령으로서의 공익 실현 의무를 중대하게 위반한 것이다.

나. 피청구인은 최○원의 국정 개입 등이 문제로 대두되자 2016년 10월 25일 제1차 대국민 담화를 발표하면서 국민에게 사과하였으나, 그 내용 중 최○원이 국정에 개입한 기간과 내용 등은 객관적 사실과 일치하지 않는 것으로 진정성이 부족하였다. 이어진 제2차 대국민 담화에서 피청구인은 제기된 의혹과 관련하여 진상 규명에 최대한 협조하겠다고 하고 검찰 조사나 특별검사에 의한 수사도 수용하겠다고 발표하였다. 그러나 검찰이나 특별검사의 조사에 응하지 않았고 청와대에 대한 압수 수색도 거부하여 피청구인에 대한 조사는 이루어지지 않았다.

위와 같이 피청구인은 자신의 헌법과 법률 위배 행위에 대하여 국민의 신뢰를 회복하고자 하는 노력을 하는 대신 국민을 상대로 진실성 없는 사과를 하고 국민에게 한 약속도 지키지 않았다. 이 사건 소추 사유와 관련하여 피청구인의 이러한 언행을 보면 피청구인의 헌법 수호 의지가 분명하게 드러나지 않는다.

다. 이상과 같은 사정을 종합하여 보면, 피청구인의 이 사건 헌법과 법률 위배 행위는 국민의 신임을 배반한 행위로서 헌법 수호의 관점에서 용납될 수 없는 중대한 법 위배 행위라고 보아야 한다. 그렇다면 피청구인의 법 위배 행위가 헌법 질서에 미치게 된 부정적 영향과 파급 효과가 중대하므로, 국민으로부터 직접민주적 정당성을 부여받은 피청구인을 파면함으로써 얻는 헌법 수호의 이익이 대통령 파면에 따르는 국가적 손실을 압도할 정도로 크다고 인정된다.

11. 결론

피청구인을 대통령직에서 파면한다. 이 결정은 아래 12. 재판관 김이수, 재판관 이진성의 보충 의견과 13. 재판관 안창호의 보충 의견이 있는 외에는 재판관 전원의 일치된 의견에 따른 것이다.

12. 재판관 김이수, 재판관 이진성의 보충 의견

피청구인의 생명권 보호 의무 위반 부분을 인정하지 못하는 것은 다수 의견과 같다.

우리는 피청구인이 참사 당일 시시각각 급변하는 상황에 관한 파악과 대처 과정에서 자신의 법적 의무를 제대로 이행하지 아니함으로써 헌법상 대통령의 성실한 직책 수행 의무 및 국가공무원법상 성실의무를 위반하였으나, 이 사유만으로는 파면 사유를 구성하기 어렵다고 판단하므로 다음과 같이 보충 의견을 밝힌다.

가. 성실한 직책 수행 의무 위반이 탄핵 사유가 되는지

(1) 헌법 제69조는 대통령 취임 선서의 내용으로 '대통령으로서의 직책을 성실히 수행할 의무'를 규정한다. 헌법 제69조는 헌법 제66조 제2항 및 제3항에 의하여 대통령의 직무에 부과되는 헌법적 의무를 다시 강조하고 내용을 구체화하는 규정이므로, 대통령의 '성실한 직책 수행 의무'는 헌법적 의무에 해당한다(헌재 2004. 5. 14. 2004헌나1 참조). 헌법재판소는 대통령의 '성실한 직책 수행 의무'는 규범적으로 이행이 관철될 수 있는 성격의 의무가 아니므로 원칙적으로 사법적 판단의 대상이 될 수 없다고 하면서, 정치적 무능력이나 정책 결정상의 잘못 등 직책 수행의 성실성 여부는 그 자체로서 소추 사유가 될 수 없다고 하였다(헌재 2004. 5. 14. 2004헌나1 참조). 그러나 직책 수행의 성실성에 관한 추상적 판단에 그치지 않고, 헌법이나 법률에 따라 대통령에게 성실한 직책 수행 의무가 구체적으로 부여되는 경우에 그 의무 위반은 헌법 또는 법률 위반이 되어 사법 심사의 대상이 될 수 있으므로, 탄핵 사유를 구성한다.

(2) 국가공무원법 제56조는 '모든 공무원은 성실히 직무를 수행하여야 한다.'라고 공무원의 성실의무를 규정하고 있어 어느 공무원이든 이를 위반한 경우 징계 사유가 된다(같은 법 제78조 제1항, '공무원 징계령 시행규칙' 별표 1). 국가공무원법 제56조는 대통령을 포함한 모든 공무원에게 동일하게 적용되고, 대통령이라고 하여 이를 달리 적용하여야 할 명문 규정이나 해석상 근거는 없다. 따라서 대통령도 국가공무원법 제56조의 성실의무에 위반한 경우에는 사법적 판단이 가능하고 대통령에게도 헌법과 법률이 정하는 책임을 물어야 한다. 그렇지 아니하면 공무원들에게는 징계 사유가 되는 행위를 최고위 공무원인 대통령이 행한 경우에는 아무런 법적 책임을 부담하지 않는 결과가 되어 형평에 반하기 때문이다.

(3) 대통령은 국가원수로서 국가의 독립, 영토의 보전, 국가의 계속성과

헌법을 수호할 책무를 지고(헌법 제66조 제1항, 제2항), 국가의 제1 임무는 개인의 생명과 안전을 보장하는 일이다. 우리 헌법은 "우리들과 우리들의 자손의 안전…을 영원히 확보할 것"(전문)과, "국가는 재해를 예방하고 그 위험으로부터 국민을 보호하기 위하여 노력하여야 한다."(제34조 제6항)고 선언하고 있다. 국가를 대표하는 국가원수는 이러한 국가의 의무 이행에 관한 최고 책임자에 해당한다.

따라서 국가 주권 또는 국가를 구성하는 정치·경제·사회·문화 체계 등 국가의 핵심 요소나 가치, 다수 국민의 생명과 안전 등에 중대한 위해가 가해질 가능성이 있거나 가해지고 있는 '국가 위기' 상황이 발생한 경우, 국가원수인 대통령은 국가 위기 상황에 대한 시의적절한 조치를 취하여 국가와 국민을 보호할 구체적인 작위의무를 부담한다. 이러한 국가 위기에는 군사적 위협과 같은 전통적 안보 위기뿐만 아니라, 자연 재난이나 사회 재난, 테러 등으로 인한 안보 위기 역시 포함되며, 현대 국가에서는 후자의 중요성이 점점 더 커지고 있다.

이처럼 대통령에게 구체적인 작위의무가 부여된 경우에는 대통령의 성실한 직책 수행 의무는 단순히 도의적, 정치적 의무에 불과한 것이 아니라 법적 의무이고, 그 불이행은 사법 심사의 대상이 된다. 헌법 제69조의 성실한 직책 수행 의무 및 국가공무원법 제56조의 성실의무는 대통령에게 구체적인 작위의무가 부여된 경우 탄핵 사유에서 말하는 헌법 또는 법률 위반의 기준이 되는 규범이 된다.

(4) 대통령의 성실한 직책 수행 의무 위반을 인정하기 위해서는, 첫째, 국가 주권 또는 국가를 구성하는 정치·경제·사회·문화 체계 등 국가의 핵심 요소나 가치, 다수 국민의 생명과 안전 등에 중대한 위해가 가해지거나 가해질 가능성이 있는 국가 위기 상황이 발생하여야 하고(작위의무 발생), 둘째, 대통령이 국가의 존립과 국민의 생명 및 안전을 보호하는 직무를 성실히 수행하지 않았어야 한다(불성실한 직무 수행).

나. 피청구인이 성실한 직책 수행 의무를 위반하였는지

(1) 인정하는 사실

(가) 다수 의견과 중복되지 않는 범위에서 세월호 사건의 경과 및 당시의 정황을 살펴본다. 세월호는 2014년 4월 16일 08 : 48경 전남 진도군 조도면 병풍도 북방 1.8해리 해상에 이르러 선체가 좌현 측으로 급속히 기울어졌고, 복원력이 상실되어 결국 좌현으로 약 30도 기울었다. 세월호는 09 : 34경 52.2도로 기울면서 그 침수 한계선이 수면에 잠긴 후, 점점 급속히 기울어지다가 10 : 10 : 43경 77.9도가 되었고 10 : 17 : 06경 108.1도로 전복되었다.

10 : 10경 4층 좌현 선미 쪽 선실에 있었던 고등학생 11명이 갑판으로 이동하여 구조되었다. 위 선실에 있던 승객들 중 일부는 10 : 13경까지 선미 쪽 출입문을 통해 세월호에서 탈출하였다. 10 : 19경 세월호 우현 난간에서 10명이 넘는 승객이 마지막으로 탈출하였다. 10 : 21경 마지막 생존자가 구조되었다. 서해해양경찰청 소속 특공대원 7명은 세월호가 침몰한 후인 11 : 35경에야 현장에 도착하였는데, 당일 선내에 진입하지 못하였다.

당일 09 : 00경은 조류의 흐름이 바뀌는 시기로서 인근 해역의 조류의 세기는 0.2노트 또는 0.5노트였고, 10 : 00경은 0.4노트 또는 1.9노트였으며, 10 : 30경까지 그 곳 조류의 세기는 2노트를 넘지 않았다. 바다로 뛰어든 승객들은 큰 움직임 없이 떠 있다가 구명 뗏목이 펼쳐지자 그쪽으로 헤엄쳐 다가갈 수 있었다. 구조 헬기에서 바다로 내려가 구명 뗏목을 이동시켰던 권□준은 법원에서 구명 뗏목을 이동시키는 데에 조류의 영향은 크게 느끼지 못했고 세월호의 선체가 조류를 막아 주는 역할을 했다고 진술하였다. 실제로 세월호가 전복될 당시 탈출에 성공한 사람들은 모두 해양경찰(이하 '해경'이라 한다) 또는 어선에 의해 구조되어 다른 선박으로 옮겨졌다.

123정에는 약 50명의 인원이 승선할 수 있었는데 측면에 사다리가 있어 바다에 표류하는 인원이 쉽게 승선할 수 있었다. 세월호 주변에는 전라남도 소속 전남 201호가 10 : 06경 도착하였으며, 당시 10척 정도의 선박들이 근처에서 대기하였다. 전남 201호보다 먼저 도착한 어선 중에는 50 명 정도의 인원이 승선할 수 있는 것들도 있었고, 어선들의 높이가 낮아 어선에서 바다에 표류하는 사람을 쉽게 올릴 수 있었다. 그밖에 많은 사람 들을 수용할 수 있는 둘라에이스호와 드래곤에이스11호도 세월호 근처에 서 대기하고 있었다.

(나) 국가안보실은 당일 09 : 19경 와이티엔(YTN)이 보도한 세월호 사고 관련 속보를 보고 09 : 20경 및 09 : 22경 해경에 유선으로 문의하여 '승선 인원 474명의 배가 침수되어 기울었다'는 답변을 들었다. 국가안보실은 09 : 24경 청와대 주요 직위자에게 업무용 휴대전화로 "474명 탑승 여객 선 침수신고 접수, 확인 중"이라는 문자 메시지를 발송하였고, 09 : 33경 해경으로부터 '승선원 450명, 승무원 24명이 승선한 6,647톤급 세월호가 침수 중 침몰 위험이 있다고 신고하여, 해경 경비 함정 및 수색 항공기에 긴급 이동 지시하고, 인근 항해 선박 및 해군 함정에 협조 요청 하였다'는 상황 보고서를 팩스로 전파받았다.

09 : 10경 해경에 중앙구조본부가, 09 : 39경 국방부에 재난대책본부가, 09 : 40경 해양수산부에 중앙사고수습본부가, 09 : 45경 안전행정부(이하 '안행부'라 한다)에 중앙재난안전대책본부(이하 '중대본'이라 한다)가 설치되었 다. 해양수산부는 09 : 40경 위기 경보 '심각'단계를 발령하였다. 국가안보 실은 09 : 54경 해경과의 유선 연락을 통하여 그 시각 세월호가 60도 정도 기울었고 구조 인원이 56명이라는 사실을 확인하였으며, 10 : 30경 해경 에 '완전히 침수되어 침몰된 겁니까?'라고 문의하였다. 국가안보실은 10 : 52경 해경으로부터 세월호가 전복되어 선수만 보이고, 탑승객들은 대부분 선실에서 나오지 못하였다는 답변을 들었다. 11 : 10경부터는 해경 513호 에서 송출한 이엔지(ENG) 영상이 청와대 위기관리센터 상황실(이하 '청와대 상황실'이라 한다)로 실시간으로 송출되었다.

피청구인은 당일 집무실에 출근하지 않고 관저에 머물러 있다가, 17 : 15경 중대본을 방문하여 구조 상황 등을 보고받고 지시하였다.

(2) 작위의무의 발생

세월호 사건은 총 476명의 탑승객을 태운 배가 침몰하여 304명이 사망한 대규모 재난이자 참사이다. 앞서 보았듯이 세월호는 2014년 4월 16일 08 : 48경 좌현으로 약 30도 기울면서 빠른 속도로 기울다가 10 : 17경 전복되었는데, 그 동안 승객들의 생명에 대한 위험이 급격하게 증가하였다. 선체가 물에 완전히 잠긴 후에도 세월호의 크기와 구조를 고려할 때 탑승자들이 한동안 생존해 있을 가능성이 지속적으로 제기되었다. 이는 그 당시를 기준으로 하여도 다수 국민의 생명과 안전에 중대하고 급박한 위험이 가해지거나 가해질 가능성이 있는 국가 위기 상황에 해당함이 명백하므로, 피청구인은 상황을 신속히 인식하고 시의적절한 조치를 취하여 국민의 생명, 신체를 보호할 구체적인 작위의무를 부담하게 되었다.

(3) 불성실한 직무 수행의 존재

(가) 피청구인의 주장

피청구인이 주장하는 당일 피청구인의 주요 행적은 다음과 같다. 2014년 4월 16일은 공식 일정이 없는 날이었고, 피청구인의 몸이 좋지 않아서 본관 집무실에 가지 않고 관저에 머물면서 각종 보고서를 검토하였고 이메일, 팩스, 인편으로 전달된 보고를 받거나 전화로 지시하는 방식으로 업무를 처리하였다.

　10 : 00경 국가안보실로부터 세월호 사건에 대하여 처음 서면 보고를 받아 사고 발생 사실을 알게 되었다. 그 내용은 사고 일시, 장소, 사고 선박 명 및 톤수와 승선원(474명), 경위(세월호가 08 : 58경 "침수 중" 조난 신고), 구조 상황(현재까지 56명 구조), 구조 세력 현황 등이었다. 10 : 15경 국가안보실장에게 전화하여 상황을 파악한 후, '단 한명의 인명 피해도 발생하지 않도록 (구조에 만전을 기)할 것. 여객선 내 객실 등을 철저히 확인하여 누락 인원이 없도록 할 것'을 지시하였고, 10 : 22경 국가안보실장에게 전화하여 '샅샅이 뒤져서 철저히 구조해라'라고 강조 지시하였다. 10 : 30경 해경 청장에게 전화하여 '특공대를 투입해서라도 인원 구조에 최선을 다할 것'

을 지시하였다. 그 후 15 : 30경까지 세월호의 침몰 상황과 구조 현황 등에 대하여 국가안보실로부터 5회(서면 2회, 유선 3회), 사회안전비서관으로부터 서면으로 7회, 행정자치비서관실로부터 서면으로 1회 보고받아 검토하고 필요한 지시를 하였다. 안○근 비서관이 오전에 관저로 피청구인을 찾아와서, 정○성 비서관이 점심 식사 후 세월호 상황을 대면보고 하였다. 대통령이 현장 상황에 지나치게 개입할 경우 구조 작업에 방해가 된다고 판단하여 구조 상황에 대한 진척된 보고를 기다렸다.

당시 '학생 전원 구조' 등 언론의 오보와 관계 기관의 잘못된 보고로 인하여 상황이 종료된 것으로 판단하였다(피청구인의 의견서). 13 : 07경 및 13 : 13경 사회안전비서관실과 국가안보실장으로부터 190명이 추가 구조되어 총 370명이 구조되었다는 내용의 보고를 받았다. 14 : 11경 국가안보실장에게 전화하여 정확한 구조 상황을 확인하도록 지시하였고, 국가안보실장이 14 : 50경 위 보고가 잘못되었다고 최종 확인하자 15 : 00경 피해 상황이 심각하다는 것을 인식하고 중대본 방문 준비를 지시하였다. 15 : 35경 미용 담당자가 들어와서 약 20분 간 머리 손질을 하였다. 16 : 30경 경호실에서 중대본 방문 준비가 완료되었다고 보고하여 차량으로 이동하면서 17 : 11경 사회안전비서관실의 보고서를 받아 검토하였고, 17 : 15경 중대본을 방문하여 모든 역량을 동원해서 구조에 최선을 다하도록 지시하는 등, 대통령으로서 최선을 다해 할 수 있는 조치를 취하였다. 따라서 피청구인은 성실한 직책 수행 의무를 위반하지 아니하였다.

(나) 판단

1) 위기 상황의 인식

가) 앞서 보았듯이 국가안보실은 09 : 19경 방송으로 처음 알고 해경에 사실관계를 확인한 후 09 : 24경 청와대 주요 직위자에게 업무용 휴대전화로 "474명 탑승 여객선 침수신고 접수, 확인 중"이라는 문자 메시지를 발송하였다. 따라서 만약 피청구인이 09 : 00에 집무실로 출근하여 정상 근무를 하였다면, 위와 같이 청와대 주요 직위자에게 전파된 내용을 당연히 보고받았을 것이므로, 09 : 24경에는 발생 사실을 알 수 있었다고 봄이 타당

하다. 피청구인이 당일 오전 집무실로 정상 출근하지 않고 관저에 머물면서 불성실하게 직무를 수행함에 따라, 구조 과정에서 가장 중요한 초기에 30분 이상 발생 사실을 늦게 인식하게 되었다.

나) 다음과 같은 사정을 고려하면, 당일 15 : 00에야 상황의 심각성을 인지하였다는 피청구인의 주장은 받아들일 수 없다.

① 국가안보실은 09 : 33경 해경으로부터 '승선원 450명, 승무원 24명이 승선한 6,647톤급 세월호가 침수 중 침몰 위험이 있다고 신고하여, 해경 경비 함정 및 수색 항공기에 긴급 이동 지시하고, 인근 항해 선박 및 해군 함정에 협조 요청 하였다'는 상황 보고를 받았다. 09 : 10경 해경에 중앙구조본부가, 09 : 39경 국방부에 재난대책본부가, 09 : 40경 해양수산부에 중앙사고수습본부가, 09 : 45경 안행부에 중대본이 설치되었다. 해양수산부는 09 : 40경 위기 경보 '심각' 단계를 발령하였는데, 그 당시 적용되던 「해양 사고(선박)」위기관리 실무 매뉴얼(2013년 6월)은 대규모 선박 사고로 인해 국가적 차원의 대응 및 조치가 요구되는 경우 대통령실(위기관리센터) 및 안행부와 사전 협의하여 최상위 단계인 '심각' 단계의 위기 경보를 발령하도록 하고 있다. 따라서 국가안보실은 늦어도 09 : 40경 이전에 상황의 중대성과 심각성을 알았고, 피청구인이 09 : 00에 집무실에 출근하여 정상 근무를 하였다면 피청구인 역시 당일 09 : 40경에는 상황의 심각성을 알 수 있었다고 봄이 타당하다.

② 피청구인이 제출한 국가안보실 명의의 '진도 인근 여객선(세월號) 침수, 승선원 474명 구조 작업 中(1보)(2014년 4월 16일 10 : 00)' 보고서에는 '현재까지 56명 구조'라는 구조 인원은 기재되어 있으나, 세월호의 기울기 등 상태는 기재되어 있지 않다. 피청구인은 10 : 00경 보고로 사태를 파악한 즉시 응당 국가안보실장에게 세월호의 상태를 확인하였어야 하고, 그랬다면 세월호의 당시 기울기가 60도 정도라는 사실을 바로 알 수 있었을 것이다. 위 보고서에 의하면 474명이 승선한 배가 침수 중이고, 사건 발생 1시간 이상이 지났는데도 그중 불과 56명만 구조되었고 4백 명 이상이 구조되지 않았다는 것이므로, 매우 심각하고 급박한 상황이

라는 점을 곧바로 인지할 수 있었다고 봄이 상당하다.

③ 김△수 당시 국가안보실장은 국회 국정조사에서 당일 10 : 15경 피청구인과 통화하면서 '와이티엔(YTN)을 같이 보시면서 상황을 판단하시는 것도 도움이 될 것 같습니다'라고 하였다고 증언하였다. 11 : 10경부터는 해경 513호에서 송출한 이엔지(ENG) 영상이 청와대 상황실로 실시간으로 송출되고 있었으므로, 피청구인이 당시 청와대 상황실에 위치하였다면 세월호가 침몰하고 있다는 상황의 심각성을 제대로 파악할 수 있었다. 따라서 10 : 00경 이후에도 피청구인이 조금만 노력을 기울였다면 그 심각성을 정확히 알 수 있었던 기회가 얼마든지 있었다.

④ 피청구인은 그 후 11 : 28경, 12 : 05경, 12 : 33경 사회안전비서관실로부터 세월호의 침몰 상황 보고서를 받아 검토하였고, 12 : 54경 행정자치비서관실로부터 세월호 침몰 관련 중대본 대처 상황 보고서를 수령하여 검토하였다고 주장한다. 세월호는 오전 11시 이전에 전복되어 침몰하였으므로, 실제로 위와 같이 보고들이 이루어졌고 그 보고 내용이 거짓으로 작성되지 않았다면, 당시 세월호의 침몰 사실이 반영되어 있었을 것이 분명하다. 따라서 피청구인이 실제 위 보고서들을 모두 검토하였다면 상황의 심각성을 15 : 00경에야 깨달았을 리가 없다.

⑤ 피청구인은 관계 기관의 잘못된 보고와 언론사의 오보 때문에 상황을 정확하고 신속하게 파악하는 데 어려움이 있었다는 취지로 주장한다. 하지만 피청구인이 당일 국가안보실이나 비서실 등으로부터 오보들을 보고받았다고 볼 만한 자료가 없다. 앞서 보았듯이 청와대는 10 : 30경 이미 세월호가 배 밑바닥이 보일 정도로 기울었고, 10 : 52경 세월호는 전복되어 선수만 보이고, 탑승객들은 대부분 선실 안에서 나오지 못하였다는 사실도 인지하였으므로, 10 : 36 케이비에스의 낙관적인 보도가 있었다 하여 국가안보실 등이 피청구인에게 위 보도를 그대로 보고하였을 것으로 보기 어렵다. 청와대는 11 : 07경 해경에 문의하여 '학생 전원 구조'라는 언론 보도가 해경에서 공식적으로 확인하지 않은 보도라는 사실을 그 시점에 이미 파악하고 있었다. 따라서 위와 같은 오보는 피청

구인이 10 : 00경 상황에 관한 심각성을 인식하였으리라는 판단에 지장을 주지 아니한다.

⑥ 피청구인은 당일 13 : 07경 사회안전비서관실 및 13 : 13경 국가안보실장으로부터 '190명이 추가 구조되어 총 370명이 구조되었다'는 내용의 보고를 받아 상황이 종료된 것으로 판단하였다가, 국가안보실장이 14 : 50경 위 보도가 잘못된 것이라고 보고하자 15 : 00경 비로소 상황의 심각성을 깨닫고 중대본 방문을 바로 지시하였다고 주장한다. 그러나 국가안보실은 세월호가 침몰한 후에도 2시간 이상 구조자 수를 파악하고 있었는데, 갑자기 구조자 수가 2배로 증가한 보고를 받았으므로 이를 재차 확인하였어야 한다. 피청구인이 이를 그대로 보고받았다 하더라도 당시 보고된 세월호 탑승객 474명에서 이를 제하면 104명의 승객이 아직 구조되지 못한 상황이라는 것을 쉽게 알 수 있었으므로 370명 구조를 이유로 상황이 종료되었다고 판단하였다는 피청구인의 주장은 받아들일 수 없고, 피청구인이 상황의 심각성을 인식한 시점 또는 인식 가능하였던 시점이 15 : 00경으로 늦어질 수 없다.

무릇 국가의 지도자는 안전한 상황보다는 위험한 상황에 대하여 훨씬 많은 주의와 관심을 기울이는 법이고 그래야 마땅하다. 피청구인의 주장대로라면 피청구인은 상황의 위험성을 경고하는 보고에 대하여는 전혀 주의를 기울이지 않고 낙관적 보고에만 관심을 가져 상황이 종료된 것으로 판단한 셈이 되는데, 이는 그 자체로 위기 상황에서 피청구인의 불성실함을 드러내는 징표이다.

다) 소결

피청구인은 09 : 40경, 늦어도 10 : 00경에는 세월호 사건의 중대성과 심각성을 인지하였거나, 조금만 노력을 기울였다면 인지할 수 있었을 것으로 판단된다. 15 : 00에야 상황의 심각성을 인지하였다는 피청구인의 주장은 받아들일 수 없다.

2) 피청구인의 대처

가) 피청구인이 하였어야 하는 행위

피청구인은 늦어도 10 : 00경에는 상황의 심각성을 인식하였거나 인식할 수 있었던 것으로 보이므로, 그 즉시 재난에 관한 국가의 모든 정보가 수집되고 주요 관계 기관과의 직통 연락망이 구축되어 있는 청와대 상황실로 가서, 실시간으로 현황을 보고받으면서 필요한 조치가 무엇인지 파악하고 그에 맞게 국가적 역량을 총동원하여 신속하고 적절하게 관계 기관의 재난 대응을 총괄·지휘·감독하였어야 한다. 당일 10 : 00경 세월호 주위 해역에 승객 모두를 수용할 수 있는 10대 이상의 선박들이 대기하고 있었으므로, 승객들이 퇴선하여 모두 표류하더라도 구조가 가능한 상황이었고, 헬기 및 항공기도 구조 작업을 펼치고 있었다.

나) 집무실에 출근하지 않고 관저에 머문 행위

당일은 휴일이 아니었으므로, 피청구인은 정당한 사유가 없는 한 업무 시간 중에는 집무실에 출근하여 업무를 수행하여야 했다. 피청구인은 당일 오전부터 17 : 15 중대본을 방문하기 전까지 집무실에 출근하지 않고 관저에 머물렀다. 관저는 기본적으로 대통령의 휴식과 개인 생활을 위한 사적인 공간이므로, 그곳에서의 근무는 직무를 위한 모든 인적, 물적 시설이 완비된 집무실에서의 근무와 업무의 효율, 보고 및 지시의 용이성 면에서 근본적인 차이가 있다. 피청구인이 업무 시간 중에 집무실에 있지 않고 관저에 머무르게 되면, 긴급한 순간에 참모들은 대통령의 위치부터 파악하여야 하므로 보고에 지장이 생기게 될 것은 명백하다.

특히 대형 재난이 발생하여 상황이 급박하게 전개되고 있는 국가 위기 상황의 경우에는 최고 행정 책임자인 피청구인은 즉각적인 의사소통과 신속하고 정확한 업무 수행을 위하여 청와대 상황실에 위치하여야 한다. 따라서 피청구인은 상황의 심각성을 인식한 10 : 00경에는 시급히 출근하여 청와대 상황실에서 상황을 파악, 지휘하였어야 한다. 그럼에도 피청구인은 그 심각성을 인식한 시점부터 약 7시간이 경과할 때까지 별다른 이유 없이 관저에 있으면서 전화로 다음에서 살피는 것처럼 원론적인 지시를 하였다.

다) 피청구인이 주장하는 각종 지시

① 피청구인은 당일 10 : 00경부터 12 : 05경까지 국가안보실로부터 4 회(서면 3회, 유선 1회), 사회안전비서관으로부터 4회(서면)에 걸쳐 세월호 상황에 대한 보고를 받는 등, 17 : 15 중대본을 방문하기 전까지 총 12 회의 서면 보고와 3회의 유선 보고를 받아 검토하였고, 5회의 유선 지시 를 하였다고 주장하나, 다음에서 보듯이 그중 대부분은 그러한 지시나 검토가 있었다고 볼 수 없다.

피청구인은, 10 : 15경 국가안보실장에게 전화하여 '단 한 명의 인명 피 해도 발생하지 않도록 할 것. 여객선 내 객실 등을 철저히 확인하여 누 락 인원이 없도록 할 것'을 지시하였고, 10 : 22경 국가안보실장에게 전 화하여 '샅샅이 뒤져서 철저히 구조해라'라고 강조 지시하였으며, 10 : 30경 해경청장에게 전화하여 '특공대를 투입해서라도 인원 구조에 최선 을 다할 것'을 지시하였다고 주장한다.

피청구인은 12 : 50경 당시 고용복지수석으로부터 기초연금법 관련 국 회 협상 상황에 대하여 10분 간 전화로 보고를 받은 통화 기록이 있다 고 하였다. 국가안보실장 및 해경청장과 피청구인이 실제로 통화를 하 였다면 그 통화 기록도 당연히 존재할 것인데, 피청구인은 이를 제출하 지 아니하고 그 통화 기록이 있다는 주장도 하지 않았으므로, 위와 같은 통화가 실제로 있었다고 보기 어렵다.

청와대와 해경 사이의 10 : 25경 통화 녹취록을 보면 '단 한 명의 인명 피해도 발생하지 않도록 하라. 객실 등을 철저히 확인하여 누락 인원이 없도록 하라고 하면서 이는 피청구인의 지시이니 해경청장에게 전달하 라'고 기재되어 있다. 국가안보실장과 피청구인 사이의 통화를 객관적 으로 증명하는 것은 이 녹취록이 유일한데, 이에 의하면 피청구인의 지 시는 그 무렵 이루어진 것으로 보인다. 이 녹취록에 해경청장에 대한 특 공대 투입 등 지시를 전달하거나 그 지시의 이행 상황을 점검하는 내용 의 대화는 없다. 또한 김○균 당시 해경청장은 국회 국정조사에서 당일 09 : 53경 이미 특공대를 투입하라고 지시하였다고 증언하였다. 피청구인이 실제로 해경청장과 통화를 하였다면 해경청장이 이미 지시한 사항을 보고하였을 것인데도 같은 내용을 다시 지시할 수 없을 것이고, 세월호는 10 : 17 : 06경 108.1도로 전복되어 급속도로 침몰하고 있어 잠수를 통하여 승객을 구조할 수밖에 없었으므로, 해경청장에게 지시하였다는 주장을 인정할 수 없다.

② 지시의 내용에 관하여 본다. 피청구인 주장의 최초 지시 내용은 '단 한명의 인명 피해도 발생하지 않도록 할 것. 여객선 내 객실 등을 철저히 확인하여 누락 인원이 없도록 할 것'이다. 위 내용은 지시받는 자에게 매우 당연하고 원론적인 내용으로서, 급박한 위험에 적절히 대처할 수 있는 어떠한 지도적 내용도 담고 있지 않다. 이 지시에는 현장에 구체적으로 어떤 문제가 있는지에 관한 인식이 없고, 어느 해법을 강구할지에 관하여 어떠한 고민도 담겨 있지 않다.

세월호는 당일 10 : 17 : 06경 108.1도로 전복되었으므로, 위 지시가 있었다는 10 : 15경에는 선체가 전복되어 모든 객실의 출입구가 물에 잠긴 상황이었다. 재난은 시시각각으로 상황이 급변하므로 그때그때 상황을 정확히 파악하고 지시해야 하는데, 피청구인은 상황을 파악하고 그에 맞게 대응하려는 관심이나 노력을 기울이지 않았기에 위와 같이 구체성이 없는 지시를 한 것이다.

라) 결국, 피청구인은 세월호 사건의 심각성을 인식하였을 것으로 보이는 시점부터 약 7시간이 경과한 중대본 방문 이전 까지 관저에 계속 머물면서 상황에 맞지 않아 부적절한 전화 지시를 하였을 뿐이다. 그 내용과 피청구인의 행적을 볼 때, 피청구인이 위기에 처한 수많은 국민의 생명과 안전을 보호하기 위한 적극적이고 심도 있는 대응이나 노력을 기울이지 않았다는 점을 알 수 있다.

마) 대규모 재난과 같은 국가 위기 상황에서 대통령이 그 상황을 지휘하고 통솔하는 것은 실질적인 효과뿐만 아니라 상징적인 효과까지 갖는다. 실질적으로는, 국가원수이자 행정 수반이며 국군통수권자인 대통령이 위기 상황을 지휘, 감독함으로써 경찰력, 행정력, 군사력 등 국가의 모든 역량

을 집중적으로 발휘할 수 있고, 인력과 물적 자원 배분의 우선순위를 정할 수 있으므로, 구조 및 위기 수습이 빠르고 효율적으로 진척될 수 있다. 상징적으로는, 국정의 최고 책임자가 재난 상황의 해결을 최우선 과제로 여기고 있다는 점을 대내외적으로 보여줌으로써 그 자체로 구조 작업자들에게 강한 동기부여를 할 수 있고, 피해자나 그 가족들에게 구조에 대한 희망을 갖게 하며, 그 결과가 좋지 않더라도 정부가 위기 상황의 해결을 위하여 최선의 노력을 다하였음을 알 수 있어 최소한의 위로를 받고 그 재난을 딛고 일어설 힘을 갖게 한다.

바) 진정한 국가 지도자는 국가 위기의 순간에 상황을 신속하게 파악하고 그때그때의 상황에 알맞게 대처함으로써 피해를 최소화하고 피해자 및 그 가족들과 아픔을 함께하며, 국민에게 어둠이 걷힐 수 있다는 희망을 주어야 한다. 물론 대통령이 진정한 지도자상에 부합하지 않는다고 해서 성실 의무를 위반하였다고 할 수 없음은 당연하다. 하지만 국민이 국정 최고 책임자의 지도력을 가장 필요로 하는 순간은 국가 구조가 원활하게 돌아가는 전형적이고 일상적인 상황이 아니라, 전쟁이나 대규모 재난 등 국가 위기가 발생하여 그 상황이 예측할 수 없는 방향으로 급격하게 흘러가고, 이를 통제, 관리해야 할 국가 구조가 제대로 작동하지 않을 때이다. 세월호 참사가 있었던 2014년 4월 16일이 바로 이러한 날에 해당한다. 피해자와 그 가족들은 물론이고 지켜보는 국민 모두가 어느 때보다도 피청구인이 대통령의 위치에서 최소한의 지도력이라도 발휘해 국민 보호에 앞장서 주기를 간절하게 바라고 있었다.

그러나 피청구인은 그날 저녁까지 별다른 이유 없이 집무실에 출근하지도 않고 관저에 머물렀다. 그 결과 유례를 찾기 어려운 대형 재난이 발생하여 최상위 단계인 '심각' 단계의 위기 경보가 발령되었는데도 그 심각성을 아주 뒤늦게 알았고 상황을 파악하고 승객 구조를 지원하기 위하여 대통령으로서 지도력을 발휘하지 않은 채 무성의한 태도로 일관하였다. 4백 명이 넘는 국민들의 생명과 안전에 중대하고 급박한 위험이 발생한 그 순간에 피청구인은 8시간 동안이나 국민 앞에 자신의 모습을 보이지 아니하였다.

(4) 소결

이상과 같이 국민의 생명과 안전에 급박한 위험이 초래되어 대규모 피해
가 생기거나 예견되는 국가 위기 상황이 발생하였음에도, 상황의 중대성
및 급박성 등을 고려할 때 그에 대한 피청구인의 대응은 현저하게 불성실
하였다. 피청구인은 최상위 단계의 위기 경보가 발령되었고 상황의 심각
성을 파악하였음에도 재난 상황을 해결하려는 의지나 노력이 부족하였다.
그렇다면 피청구인은 국민의 생명과 안전을 보호하여야 할 구체적인 작위
의무가 발생하였음에도 자신의 직무를 성실히 수행하지 않았으므로, 헌법
제69조 및 국가공무원법 제56조에 따라 대통령에게 구체적으로 부여된
성실한 직책 수행 의무를 위반한 경우에 해당한다.

다. 결론

어떠한 법위반이 있는 경우에 대통령에 대한 파면 결정을 할 것인지는 파
면 결정을 통하여 헌법을 수호하고 손상된 헌법 질서를 다시 회복하는 것
이 요청될 정도로 대통령의 법위반 행위가 헌법 수호의 관점에서 중대한
의미를 가지는지, 또는 대통령이 자신에게 부여한 국민의 신임을 임기 중
박탈해야 할 정도로 법위반 행위를 통하여 국민의 신임을 저버린 것인지
를 판단하여 정한다(헌재 2004. 5. 14. 2004헌나1 참조).

대통령의 성실의무 위반을 일반적 파면 사유로 볼 경우 사소한 성실의
무 위반도 파면 사유가 될 수 있다. 대통령이 국민으로부터 부여받은 민주
적 정당성과 헌정 질서의 막중함을 고려하면, 대통령의 성실의무 위반을
파면 사유로 삼기 위해서는 그 위반이 당해 상황에 적용되는 행위 의무를
규정한 구체적 법률을 위반하였거나 직무를 의식적으로 방임하거나 포기
한 경우와 같은 중대한 성실의무 위반으로 한정함이 상당하다. 이 사건에
서 피청구인은 국가공무원법 상의 성실의무를 위반하였으나 당해 상황에
적용되는 행위 의무를 규정한 구체적 법률을 위반하였음을 인정할 자료가

없고, 위에서 살핀 것처럼 성실의무를 현저하게 위반하였지만 직무를 의식적으로 방임하거나 포기한 경우에 해당한다고 보기는 어렵다.

그렇다면 피청구인은 헌법상 대통령의 성실한 직책 수행 의무 및 국가공무원법상 성실의무를 위반하였으나, 이 사유만 가지고는 국민이 부여한 민주적 정당성을 임기 중 박탈할 정도로 국민의 신임을 상실하였다고 보기는 어려워 파면 사유에 해당한다고 볼 수 없다.

앞으로도 국민 다수의 지지로 당선된 대통령들이 그 직책을 수행할 것이다. 국가 최고 지도자가 국가 위기 상황에서 직무를 불성실하게 수행하여도 무방하다는 그릇된 인식이 우리의 유산으로 남겨져서는 안 된다. 대통령의 불성실 때문에 수많은 국민의 생명이 상실되고 안전이 위협받아 이 나라의 앞날과 국민의 가슴이 무너져 내리는 불행한 일이 반복되어서는 안 되므로 우리는 피청구인의 성실한 직책 수행 의무 위반을 지적하는 것이다.

13. 재판관 안창호의 보충 의견

나는 피청구인의 헌법과 법률 위반 행위가 '헌법 수호의 관점에서 용납될 수 없는 중대한 법위반 행위'에 해당하여 피청구인이 파면되어야 한다는 법정 의견과 뜻을 같이 한다. 나는 이른바 '제왕적 대통령제'(imperial presidency)로 비판되는 우리 헌법의 권력 구조가 이러한 헌법과 법률 위반 행위를 가능하게 한 필요조건이라고 본다. 따라서 이를 명확히 밝히는 것이 이 사건 심판의 헌법적 의미를 분명하게 드러내고 향후 헌법 개정의 방향을 모색하는 데 필요하다고 생각하여 다음과 같이 보충 의견을 개진한다.

가. 우리 헌정사와 제왕적 대통령제

현행 헌법은 "모든 국민은 인간으로서의 존엄과 가치를 가지며, 행복을 추구할 권리를 가진다. 국가는 개인이 가지는 불가침의 기본적 인권을 확인하고 이를 보장할 의무를 진다."고 규정하고 있다(제10조). 인간의 존엄과 가치는 헌법의 근본적 성격을 결정하고 개인과 공동체의 관계를 규정하는 핵심 개념이다. 그런데 인간의 존엄과 가치를 구현하고자 하는 민주주의 헌법은 이상적인 형태가 따로 존재하는 것이 아니라 국가 공동체의 정치적·경제적·사회적·문화적 환경과 그 시대의 이념적 지향점이 무엇이냐에 따라 각기 다른 모습을 가지게 된다.

우리 헌법은 제정 이후 현행 헌법에 이르기까지 아홉 차례의 개헌이 있었다. 4·19 혁명 직후 의원내각제 도입과 3·15 부정선거 관련자 처벌을 위한 헌법 개정을 제외한 나머지 헌법 개정은 주로 대통령의 선출 방식·임기·지위·권한 등과 관련해 이루어졌다. 그동안 우리 헌법이 채택한 대통령제는 대통령에게 정치권력을 집중시켰음에도 그 권력에 대한 견제 장치가 미흡한 제왕적 대통령제로 평가된다.

현행 헌법은 1987년 6월 민주항쟁 이후 여야 합의로 개정된 것으로서, 인간의 존엄성과 국민의 기본권을 최대한 보장하는 정치 공동체를 실현하려는 국민의 열망을 담고 있다. 대통령 직선제를 규정하여 대통령의 민주적 정당성을 강화하였으며, 대통령 임기를 5년 단임제로 하고 대통령의 국회 해산권 등을 폐지하여 장기 독재의 가능성을 차단하였다. 국회의 국정감사권을 부활시키고 헌법재판소를 신설하는 등으로 대통령의 권한을 제한하고 기본권 규정을 강화하였다.

그러나 이 사건 심판은 현행 헌법 아래에서도 정경 유착과 같은 제왕적 대통령제의 폐해가 상존하고 있음을 확인하였다. 권위주의적 권력 구조를 청산하고자 했던 현행 헌법에서 이러한 폐해가 근절되지 않고 계속되는 까닭은 무엇인가?

나. 현행 헌법상 권력 구조의 문제점

1987년 대통령 직선제 헌법 개정으로 대통령 '권력 형성'의 민주적 정당성 측면에서는 획기적인 변화가 있었지만, 대통령 '권력 행사'의 민주적 정당성 측면에서는 과거 권위주의적 방식에서 크게 벗어나지 못하고 있다. 대통령에게 법률안 제출권과 예산편성·제출권, 광범위한 행정입법권 등 그 권한이 집중되어 있지만, 이에 대한 효과적인 견제 장치가 없거나 제대로 작동하지 않고 있다. 이러한 현행 헌법의 권력 구조는 피청구인의 리더십 문제와 결합하여 '비선 조직의 국정 개입, 대통령의 권한 남용, 재벌 기업과의 정경 유착'과 같은 정치적 폐습을 가능하게 하였다.

(1) 비선 조직의 국정 개입

헌법 제67조 제1항에 따라 대통령은 국민의 보통·평등·직접·비밀선거에 의해 선출되어 민주적 정당성을 부여받게 된다. 이때 대통령은 권력 형성 과정에서 선거를 통해 민주적 정당성을 확보해야 할 뿐만 아니라 권력 행사 과정에서도 투명한 절차와 소통을 통해 민주적 정당성을 끊임없이 확보해야 한다.

비선 조직 이른바 '비선 실세'의 국정 개입은 대통령 권력이 과도하게 집중된 제왕적 대통령제와 관련된다. 현행 헌법의 대통령은 제왕적 대통령제라는 신조어를 만들어 낸 워터게이트사건이 문제된 미국 대통령보다 집중된 권력을 행사할 수 있는 것으로 평가된다. 우리나라에서는 미국과 달리 행정부가 법률안 제출권과 예산편성·제출권을 갖고 있으며, 반면 국회의 동의를 받거나 인사청문회를 거치는 공직자의 범위는 제한적이다. 우리나라의 지방자치단체는 연방 국가인 미국과 달리 중앙정부에 종속되어 있으며 자율과 책임이 미흡한 지방자치가 시행되고 있을 뿐이다.

1987년 제9차 헌법 개정 때보다 국가경제의 규모가 십여 배 확장되고 사회적 갈등 구조가 다층적으로 심화되고 있는 현실에서는, 국가의 원수이자 행정부의 수반인 대통령의 업무는 양적으로 증가되었을 뿐만 아니라

질적으로 전문화·다양화·복잡화 되었다. 이에 따라 대통령 권력은 실질적으로 확대되었고, 민주적 정당성을 부여받지 못한 비선 조직은 강력한 대통령 권력에 기대어 활동 공간을 넓힐 수 있었다. 비선 조직의 국정 개입은 정책 결정의 투명성·공정성 제고, 국민의 예측·통제 가능성 확보, 권력 행사에 따른 책임의 담보라는 측면에서 취약하다. 특히 비선 조직의 '계속적인' 국정 개입은 국민과 국가기관 사이의 '민주적 정당성의 연결고리'를 단절하고, '정치과정의 투명성'과 '정치과정에서 국민의 참여 가능성'을 차단함으로써 대의민주제 원리를 형해화할 수 있다.

이 사건 심판에서 민주적 정당성이 없는 이른바 비선 실세 최○원은 피청구인에게 장·차관, 청와대 참모를 추천하는 등 고위 공직자의 인사에 개입하고, 국가정책 결정에 영향력을 행사하는 등 '계속적으로' 국정에 개입한 사실이 확인되었다. 대통령 권력을 과도하게 집중시킨 현행 헌법의 권력 구조는 최○원의 국정 개입을 조장함으로써 권력 행사의 민주적 정당성과 절차적 투명성 확보에 심각한 문제점을 보이고 있다.

(2) 대통령의 권한 남용

제왕적 대통령의 지시나 말 한마디는 국가기관의 인적 구성이나 국가정책의 결정에서 절대적인 영향력을 발휘한다. 대통령의 리더십에 따라 정도의 차이가 있지만, 국무총리를 비롯한 국무위원과 청와대 참모는 대통령의 의사 결정과 지시에 복종할 뿐, 대통령의 뜻과 다른 의견을 자유롭게 개진하기 어렵다. 더욱이 현행 헌법상 대통령 권력의 과도한 집중은 아직 청산되지 않은 하향식 의사 결정 문화와 정의적(情意的) 연고주의와 결합하여 대통령의 자의적 권력 행사의 문제점을 더욱 심각하게 할 수 있다. 따라서 현행 헌법의 대통령제는 대통령의 자의적 권력 행사를 가능하게 하는 필요조건이 될 수 있다.

우리나라는 선거에서 1표라도 더 얻으면 제왕적 정치권력을 획득하고 그렇지 못하면 권력으로부터 소외되는 승자 독식 다수대표제를 채택하고 있다. 그 결과 우리 사회의 중요한 가치와 자원은 정치권력을 중심으로 편성되고, 정치권은 그 권력 획득을 위해 극한 대립과 투쟁으로 분열되어 있다. 정치 세력 간의 이전투구는 이념 대립과 지역주의를 부추기고 사회적 갈등을 유발하기도 한다. 이에 따라 국가기관의 인적 구성이나 국가정책의 결정이 투명한 절차를 통해 공정하고 객관적으로 이루어지는 것이 아니라, 대통령의 사적·당파적 이익에 따라 자의적으로 이루어지기도 한다.

대통령을 비롯한 국가기관의 모든 의사 결정은 법이 정한 절차에 따라 이루어져야 하고 실질적으로 법의 기속을 받아야 한다. 대통령의 권한 남용은 법치국가의 이념을 훼손하고, 개인의 기본권을 침해할 수 있으며, 직업 공무원 제도의 본질적인 내용을 훼손할 수 있다. 특히 대통령의 권한 남용이 사익 추구를 이유로 할 경우에는 국가 공동체가 지향하는 공동선과 공통 가치를 훼손할 수 있다.

이 사건 심판에서 피청구인은 국가기관의 기밀문서가 최○원에게 상당 기간 유출되도록 지시 또는 묵인하였고, 국가권력의 공공성을 방과(放過)하여 사기업 경영 등에 개입한 사실이 확인되었다. 이처럼 현행 헌법의 권력 구조는 대통령 권력을 과도하게 집중시킴으로써 대통령의 자의적 권력 행사와 권한 남용을 조장하는 등 권력 행사의 공정성과 합법성 확보에 문제점을 보이고 있다.

(3) 재벌 기업과의 정경 유착

현행 헌법상 대통령 권력의 과도한 집중은 우리 사회의 고질적 문제점으로 지적되는 '재벌 기업과의 정경 유착'과도 깊이 관련되어 있다. 과거 재벌 기업은 정치권력의 보호 속에서 고도 경제성장을 이뤄 낸 산업화의 주역이었음을 부인할 수는 없다. 그러나 재벌 기업 중심의 경제성장은 정경 유착과 이로 인한 불법과 부패의 원인이 되기도 하였다. 정치권력의 재벌 기업과의 정경 유착은 재벌 기업에게는 특권적 지위를 부여하는 반면, 다른 경제주체의 자발성과 창의성을 위축시키는 결과를 초래하기도 하였다.

현행 헌법은 "대한민국의 경제 질서는 개인과 기업의 경제상의 자유와 창의를 존중함을 기본으로 한다."(제119조 제1항), "국가는 균형 있는 국민

경제의 성장 및 안정과 적정한 소득의 분배를 유지하고, 시장의 지배와 경제력의 남용을 방지하며, 경제 주체 간의 조화를 통한 경제의 민주화를 위하여 경제에 관한 규제와 조정을 할 수 있다."(제119조 제2항)라고 규정하고 있다. 이는 개인과 기업의 경제상의 자유와 창의를 보장하면서도 과거 재벌 기업 중심의 경제정책과 정경 유착에서 벗어나 경제민주화를 실현하겠다는 헌법적 선언이다.

그러나 1987년 헌법 개정 이후에도 정치권력과 재벌 기업의 정경 유착의 모습은 계속 나타나고 있다. 이 사건 심판에서도 피청구인은 비밀리에 대통령의 권한을 이용하여 재벌 기업으로 하여금 피청구인이 주도하는 재단에 기금을 출연하도록 한 사실이 확인되었다. 대통령 권력의 과도한 집중은 정경 유착의 원인이 되어 시장경제 질서의 골간인 개인·기업의 재산권과 경제적 자유를 침해하고 경제적 정의와 사회적 공정성 실현의 걸림돌이 될 수 있음을 단적으로 보여준다.

(4) 소결론

현행 헌법의 권력 구조 아래에서 계속되고 있는 '비선 조직의 국정 개입, 대통령의 권한 남용, 재벌 기업과의 정경 유착'은 제왕적 대통령제가 낳은 정치적 폐습이다. 이러한 정치적 폐습은 주요한 헌법 가치인 민주적 정당성과 절차적 투명성, 사회적 공정성과 경제적 정의의 실현을 방해하고 있다.

다. 현행 헌법상 권력 구조의 개혁 과제

(1) 국민의 기본권 보장을 위해 권력을 분할하고 권력 상호간의 견제와 균형이 이루어지는 권력분립 원리에 기초하여, 지방의 자율·책임을 강조하는 지방분권 원리와 대의민주주의의 한계를 보완하는 직접민주주의 원리를 강화한 현대적 분권 국가의 헌법 질서는 제왕적 대통령제에 대한 대안이 될 수 있다.

현행 헌법의 권력 구조는 대통령에게 '국가원수'(제66조 제1항), '국가와 헌법의 수호자'(제66조 제2항) 로서의 지위를 부여하고 권력을 집중시켜 국정 수행에서 대통령의 강력한 리더십을 기대한다. 그러나 정치권력은 주권자인 국민으로부터 멀어지는 집권화 경향을 띠고, 집권화는 절대주의로 향하며, 절대 권력은 반드시 부패한다. 더욱이 전문적이고 복잡다기한 현대 국가의 방대한 정책 과제를 대통령 개인의 정치적 역량에 맡기는 것은 오히려 비효율을 초래할 수 있다.

선진국 문턱에서 심각한 발전 장애를 겪고 있는 우리나라는 경제적 양극화의 문제를 해결하고 이념·지역·세대 갈등을 극복하여 사회 통합과 국가 발전을 이루어야 한다. 나아가 미국·중국·일본·러시아 등 강대국의 틈바구니에서 북한의 핵과 미사일 위협으로부터 국가 안전을 도모하고 평화 통일의 길을 열어야 한다. 민주주의는 사회적 갈등을 억압하는 것이 아니라 이를 정치의 틀 안에서 통합하면서 사회적 합의를 만들어 가는 데 있다. 우리나라가 이러한 시대적 과제를 효과적으로 수행하기 위해서는, 권력 구조가 타협과 숙의(熟議)를 중시하고 사회의 다양한 이해관계를 투명한 절차와 소통을 통해 민주적으로 조율하여 공정한 권력 행사가 가능하도록 해야 한다. 투명하고 공정한 권력 행사는 사회적 갈등을 해소하고 사회적 신뢰와 국민 안전을 제고하여 사회 통합과 국가 발전을 이룰 수 있기 때문이다(이사야 32장 16절-17절 참조). 따라서 정경 유착 등 정치적 폐습과 이전투구의 소모적 정쟁을 조장해 온 제왕적 대통령제를 협치와 투명하고 공정한 권력 행사를 가능하게 하는 권력 공유형 분권제로 전환하는 권력 구조의 개혁이 필요하다.

(2) 국민이 선출한 대통령에게 권한을 집중시킨 우리 헌법의 역사, 국민의 개별 국가기관에 대한 신뢰도, 남북 분단에 따른 안보 현실, 정부 형태에 대한 국민의 법 감정 등을 고려할 때, 이원집정부제, 의원내각제 또는 책임총리제의 실질화 등이 국민의 선택에 따라 현행 헌법의 대통령제에 대한 현실적 대안이 될 수 있다.

과도하게 집중된 대통령 권력을 분산하는 방법은 정부 형태의 변경과 함께, 중앙집권적인 권력을 지방으로 대폭 이양하여 주민 근거리 민주주의를 실현하는 것이다. 지방자치제도는 국민주권의 원리에서 출발하여 주권의 지역적 주체로서의 주민에 의한 자기 통치의 실현이다(헌재 1998. 4. 30. 96헌바62). 획기적인 지방분권은 주민의 자율적 참여와 민주 시민 의식을 고양시켜 풀뿌리 자치를 실천하고, 지방의 경제적·사회적·문화적 특성을 바탕으로 지역 발전을 도모하여 상향적 국가 발전을 이룰 수 있다. 또한 이와 같이 강화된 지방분권은 중앙집권적 자원 배분으로 인한 지역 불만을 완화하여 사회 통합에 이바지하고, 나아가 평화통일의 길을 여는 데 일조할 수 있으며 통일 후에는 국민 통합에도 기여할 수 있다.

국회의원 선거에서 비례대표제는 정당제 민주주의에 근거를 두고 국민주권 원리의 출발점인 투표 결과의 비례성을 강화하여 사회의 다원적인 정치적 이념을 유권자의 의사에 따라 충실히 반영하는 것으로 평가된다(헌재 2009. 6. 25. 2007헌마40 참조). 따라서 우리 사회의 다양한 이해관계의 조화로운 해결을 위해서는 정당의 정체성을 확립하고 비례대표 국회의원 후보자의 선정 과정에서 투명성과 공정성을 확보하는 가운데 비례대표제를 확대해야 한다(헌재 2016. 5. 26. 2012헌마347 보충 의견 참조).

국민이 국가정책의 핵심적 사항을 파악하고 국가기관에 대한 효과적인 통제를 하기 위해서는 권력 행사 과정의 투명성 원칙이 헌법적으로 천명되고 법령에 의해 구체화되어야 한다. 그리고 과도하게 집중된 대통령 권력을 분권하는 과정에서 국회나 지방자치기관에 분산된 권력은 국민소환제·국민발안제·국민투표제 등 직접민주제적 요소의 강화를 통해 통제되는 방안이 적극적으로 검토되어야 한다.

행정 각부의 장을 비롯하여 주요 국가권력을 행사하는 국가정보원장·검찰총장·경찰청장·국세청장 등의 임명에 투명성과 공정성을 확보하는 방안, 예컨대 이들의 임명에 있어 국회 동의를 받도록 하는 방안이 적극적으로 검토되어야 한다. 비대한 청와대 참모 조직을 축소하고, 대통령의 사면권을 제한하여 권력분립과 법의 형평성이라는 법치국가 원리가 훼손되지 않도록 해야 한다. 그리고 지방자치의 활성화, 지역주의의 극복, 평화통일과 통일국가의 국민 통합을 위해서는 지역 대표형 상원을 설치하는 국회 양원제도의 도입에 대한 검토가 필요하다. 통일이 현실화하는 단계에서 뒤늦게 국회 양원제도의 도입에 대해 논의하는 것은 오히려 평화통일에 장애가 될 수 있음을 유념해야 한다.

(3) 권력 구조의 개혁은 분권과 협치, 투명하고 공정한 권력 행사를 가능하게 하고, 이를 통해 인간의 존엄과 가치를 존중하고 국민의 기본권을 최대한 보장하기 위한 것이어야 한다. 이러한 권력 구조의 개혁은 주권자인 국민의 의사가 충실히 반영되도록 설계된 국민 참여 과정을 거쳐야 한다. 이는 정치 세력 사이의 권력투쟁이나 담합의 장으로 전락하지 않고 이성적 대화와 숙의가 이루어지고 다수 국민의 의사가 수렴되는 민주적 공론화 과정이 되어야 한다.

라. 탄핵 심판 관련 주장에 대한 의견

과거 정권에서 비선 조직의 국정 개입, 국가권력의 사유화와 재벌 기업과의 정경 유착이 더 심했다고 하면서 피청구인에 대한 탄핵 심판 청구는 기각되어야 한다는 주장이 있다.

(1) 현행 헌법은 국회가 아닌 헌법재판소가 탄핵 심판을 하도록 규정하여 (제111조 제1항 제2호) 법치국가 원리를 강조하는 입장으로 해석된다. 탄핵 제도의 목적은 법위반 행위를 한 공직자를 파면하여 헌법 질서를 확립하는 데 있다. 대통령이 헌법이나 법률을 중대하게 위반하여, 대통령의 직을 유지하는 것이 더 이상 헌법 수호의 관점에서 용납될 수 없거나 대통령이 국민의 신임을 배반함으로써 국정을 담당할 자격을 상실한 때에 헌법재판소는 파면을 결정한다(헌재 2004. 5. 14. 2004헌나1 참조). '대통령의 파면을

정당화 할 정도의 중대한 법위반 행위'의 여부는 확정적·고정적인 것이 아니라 구체적 사건에서 '대통령의 법위반 행위'의 경위와 내용, 침해되는 헌법 질서의 의미와 내용뿐만 아니라, 탄핵 심판의 시대적 상황, 지향하는 미래의 헌법적 가치와 질서, 민주주의의 역사와 정치적·경제적·사회적·문화적 환경, 헌법 수호에 대한 국민의 법 감정 등이 종합적으로 고려되어 결정된다.

헌법은 모든 국민은 법 앞에 평등하다고 하면서 누구든지 성별·종교 또는 사회적 신분에 의하여 정치적·경제적·사회적·문화적 생활의 모든 영역에 있어서 차별을 받지 아니한다고 선언하고 있다(제11조 제1항). 그러나 헌법상 평등은 불법의 평등까지 보장하는 것은 아니다(헌재 2016. 7. 28. 2014헌바372 참조).

따라서 피청구인의 법위반 행위가 증거에 의해 인정되고 그 법위반 행위가 위와 같은 점이 고려되어 '대통령의 파면을 정당화 할 정도의 중대한 법위반 행위'로 인정된 이 사건 심판에서 과거 정권에서의 법위반 행위와 비교하여 이를 기각하여야 한다는 주장은 더 이상 의미 있는 주장이 아니다.

(2) '헌법을 준수하고 수호해야 할 의무'가 법치국가 원리에서 파생되는 지극히 당연한 것임에도, 헌법은 국가의 원수이자 행정부의 수반이라는 대통령의 막중한 지위를 감안하여 제66조 제2항 및 제69조에서 이를 다시 강조하고 있다. 이러한 헌법 정신에 의한다면, 대통령은 국민 모두에 대한 '법치와 준법의 상징적 존재'인 것이다. 이에 따라 대통령은 헌법을 수호하고 실현하기 위한 모든 노력을 기울여야 할 뿐만 아니라, 법을 준수하여 현행법에 반하는 행위를 해서는 안 되며, 나아가 입법자의 객관적 의사를 실현하기 위한 모든 행위를 해야 한다(헌재 2004. 5. 14. 2004헌나1 참조). "지도자가 위법한 행위를 했어도 용서한다면 어떻게 백성에게 바르게 하라고 하겠는가(犯禁蒙恩何爲正)."라는 옛 성현의 지적이 있다. 대통령을 비롯한 지도자의 준법을 강조하는 말이다. 따라서 대통령의 법위반 행위는 일반 국민의 위법행위보다 헌법 질서에 미치는 부정적 영향이 크다고 할

것이므로 엄중하게 대처해야 한다.

우리나라에서는 '부정 청탁 및 금품 등 수수의 금지에 관한 법률'이 2015년 3월 제정되어 2016년 9월 시행되었다. 이 법률은 적용 대상으로 공직자뿐만 아니라 사립학교 관계자와 언론인을 포함하고, 공직자 등의 부정 청탁 행위 자체를 금지하는 한편 공직자 등의 금품 등 수수 행위를 직무 관련성이나 대가성이 없는 경우에도 제재할 수 있도록 하고 있다. 이 법률은 공직 사회의 부패 구조를 청산하여 공직자의 공정한 직무 수행을 보장하고 공공 기관에 대한 국민의 신뢰를 확보하는 것을 입법 목적으로 한다. 이러한 공정하고 청렴한 사회를 구현하려는 국민적 열망에 비추어 보더라도 대통령의 법위반 행위에 대해서는 엄정하게 대처하지 않을 수 없다.

우리와 우리 자손이 살아가야 할 대한민국은 인간의 존엄과 가치를 존중하고 국민의 기본권을 최대한 보장함으로써, 국민 모두가 자유롭고 평등하며 안전하고 풍요로운 가운데 행복한 삶을 영위하는 나라이다. 그런데 이 사건 심판 청구를 기각한다면, 앞으로 대통령이 이 사건과 유사한 방법으로 헌법과 법률을 위반해도 파면 결정을 할 수 없게 된다. 그 결과 비선 조직이 강력한 대통령 권력에 기대어 고위 공직자의 인사와 국가정책의 결정에 개입하여 사익을 취하거나 또는 대통령이 영향력을 행사하여 대기업으로 하여금 자신이 주도하는 재단에 기금을 출연하도록 하는 등의 위법행위가 있다 하더라도 우리 사회가 이를 용인해야 하고 이에 따른 정경 유착 등 정치적 폐습은 확대·고착될 우려가 있다. 이는 현재의 헌법 질서에 부정적 영향을 주는 것일 뿐만 아니라 나아가 우리 헌법이 지향하는 이념적 가치와도 충돌한다.

(3) 그렇다면 우리 헌법의 헌법 질서를 수호하고, 비선 조직의 국정 개입, 대통령의 권한 남용, 재벌 기업과의 정경 유착과 같은 정치적 폐습을 타파하기 위해서라도 이 사건 심판 청구를 인용하여야 한다.

마. 결론

(1) 이 사건 심판 절차의 전 과정에서 대통령의 직무 수행 단절로 인한 국정 공백은 중대하고 국론 분열로 인한 국가적 손실은 엄중하다. 이러한 난국을 극복하고 국민 통합을 이루기 위해서는 대통령 개인에 대한 탄핵 심판을 넘어 비선 조직의 국정 개입, 대통령의 권한 남용, 재벌 기업과의 정경 유착과 같은 정치적 폐습을 청산하고, 정치적 폐습을 조장한 권력 구조를 개혁하기 위한 반성과 성찰이 있어야 한다.

물론 제왕적 대통령제를 규정한 현행 헌법의 권력 구조는 피청구인의 법위반 행위를 정당화하는 구실이 될 수 없다. 그러나 앞서 살펴본 바와 같이 대통령 권력의 과도한 집중이 피청구인의 법위반 행위를 부추긴 요인이었음을 부인할 수 없다. 더욱이 대통령 탄핵 심판에서 나타난 시대정신은 분권과 협치, 투명하고 공정한 권력 행사로 나아갈 것을 명령하고 있다. 제왕적 대통령제를 이러한 시대정신이 반영된 권력 공유형 분권제로 개편하는 것은 우리 사회의 수직적 권위주의 문화의 폐습을 청산하고 정치·경제·사회 곳곳에 자리 잡고 있는 비민주적인 요소를 타파하는 데 기여할 수 있다. 나아가 이는 우리 사회의 모든 영역에서 각인의 기회를 균등히 하고 능력을 최고도로 발휘하게 하며, 국가 공동체의 공정성 강화와 국민 생활의 균등한 향상을 도모할 수 있다.

일찍이 플라톤은 50대에 저술한 『국가』에서 "통치하는 것이 쟁취의 대상이 되면, 이는 동족 간의 내란으로 비화하여 당사자들은 물론 다른 시민들마저 파멸시킨다."고 경고했다. 이러한 플라톤의 경고는 우리가 권력 구조의 개혁을 논의하는데 있어 시사하는 바가 크다.

(2) "오직 공법을 물같이, 정의를 하수같이 흘릴지로다(아모스 5장 24절)." 성경 말씀이다. 불법과 불의한 것을 버리고 바르고 정의로운 것을 실천하라는 말씀이다.

이 사건 탄핵 심판과 관련하여 국민 간의 이념적 갈등에 대한 우려가 있는 것을 알고 있지만, 이 사건 탄핵 심판은 보수와 진보라는 이념의 문제가 아니라 헌법적 가치를 실현하고 헌법 질서를 수호하는 문제이다. 그리고 이 사건 탄핵 심판은 단순히 대통령의 과거 행위의 위법과 파면 여부만을 판단하는 것이 아니라 미래 대한민국이 지향해야 할 헌법적 가치와 질서의 규범적 표준을 설정하는 것이기도 하다.

법정 의견에서 살펴본 바와 같이, 피청구인의 법위반 행위는 대통령이 국민 모두에 대한 '법치와 준법의 상징적 존재'임에도 헌법과 법률을 중대하게 위반한 행위이다. 이 사건 탄핵 심판 청구를 기각한다면 정경 유착 등 정치적 폐습은 확대·고착될 우려가 있다. 이는 현재의 헌법 질서에 부정적 영향을 주는 것일 뿐만 아니라 우리 헌법이 지향하는 이념적 가치와도 충돌하고 최근 부패방지관련법 제정에서 나타난 '공정하고 청렴한 사회를 구현하려는 국민적 열망'에도 배치된다.

이러한 점을 고려할 때, 이 사건 탄핵 심판과 관련하여 소명을 받은 헌법재판관으로서는 피청구인에 대해 파면을 결정할 수밖에 없다. 피청구인에 대한 파면 결정은 자유민주적 기본 질서를 기반으로 한 헌법 질서를 수호하기 위한 것이며, 우리와 우리 자손이 살아가야 할 대한민국에서 정의를 바로 세우고 비선 조직의 국정 개입, 대통령의 권한 남용, 정경 유착과 같은 정치적 폐습을 청산하기 위한 것이다.

(3) 이 사건 심판 절차에서의 파면 결정과 이를 계기로 시대정신을 반영한 권력 구조의 개혁이 이루어진다면 우리나라의 자유민주주의와 시장경제는 보다 높은 단계로 나아갈 수 있다. 자율과 조화를 바탕으로 한 자유민주적 기본 질서는 가일층 확고해지고, 자유와 창의를 기본으로 한 시장경제 질서는 국민 생활의 균등한 향상을 기하는 가운데 더욱 발전하여 우리와 우리 자손의 자유와 평등, 그리고 안전과 행복은 확대될 것이다.

재판장	재판관	이정미
	재판관	김이수
	재판관	이진성
	재판관	김창종
	재판관	안창호
	재판관	강일원
	재판관	서기석
	재판관	조용호

대리인 명단

1. 소추위원의 대리인

변호사 황정근, 김봉준, 신미용, 이명웅, 임종욱, 최규진, 최지혜, 한수정

법무법인 거산 (담당변호사 문상식)

법무법인 공존 (담당변호사 전종민, 탁경국)

법무법인 도시 (담당변호사 이금규)

법무법인 만아 (담당변호사 김현수, 김훈)

법무법인 엘케이비앤파트너스 (담당변호사 이용구, 김현권)

2. 피청구인의 대리인

변호사 이중환, 구상진, 김평우, 서성건, 이상용, 위재민, 유영하, 장창
    호, 정기승, 정장현, 채명성, 최근서

법무법인 율전 (담당변호사 이동흡, 전병관, 배진혁)

법무법인 범무 (담당변호사 조원룡)

법무법인 신촌 (담당변호사 송재원)

법무법인 에이치스 (담당변호사 황성욱)

법무법인 정론 (담당변호사 손범규)

영남 법무법인 (담당변호사 서석구)